Hausmann
Mai 1975

Über dieses Buch

»Seit dem Jahre 1933 haben wir die stärksten Zweifel in das christlich-abendländische Erziehungsprinzip.« So schreibt der Herausgeber, Professor Dr. med. Cremerius, in seiner Einleitung zu diesem Buch, einer Auswahl psychoanalytischer Texte, die sich an Eltern und Erzieher wendet. Sie will Hilfe sein bei der schwierigen Aufgabe, Kinder zu erziehen. Daher wurden vor allem Arbeiten praktischer Natur herangezogen, um eine psychoanalytische Erziehungspraxis zu vermitteln, wobei es sich selbstverständlich nicht um starre Regeln oder simple Patentlösungen handeln kann. Pädagogische Theorie darf nicht als unreflektierte Anweisung für den Erzieher zur abstrakten Autorität werden, wodurch der Erzieher selbst zur bloß reproduzierenden, unerbittlichen Autorität würde.

Eine psychoanalytische Erziehungspraxis gründet sich auf klinische Erfahrungen und die daraus gebildete Theorie der Psychoanalyse Sigmund Freuds. Trieblehre und Kulturalisationsprozeß stehen in ihrem Mittelpunkt. Wie in diesem Spannungsfeld erzogen werden kann, versucht dieses Buch darzustellen.

Der Herausgeber

Johannes Cremerius (1918), Dr. med., Prof. für Psychosomatische Medizin und Psychoanalyse an der Universität Gießen. Studium der Medizin, Psychologie, Philosophie in Gießen, Leipzig, Pavia, Freiburg i. Br., Facharzt für Psychiatrie und Neurologie und für Innere Medizin. 1950 Aufenthalt in den USA zum Studium psychosomatischer und psychoanalytischer Institute und Kliniken. Nach Rückkehr Einrichtung einer der ersten psychosomatischen Beratungsstellen in Deutschland an der Medizinischen Poliklinik der Universität München, die er bis 1960 leitete. Neben zahlreichen wissenschaftlichen Aufsätzen veröffentlichte er folgende Bücher: ›Psychotherapie als Kurzbehandlung in der Sprechstunde‹ (1951); ›Was ist Süchtigkeit?‹ (1961); ›Die Beurteilung des Behandlungserfolges in der Psychotherapie‹ (1962); ›Die Prognose funktioneller Syndrome‹ (1968).

Professor Cremerius arbeitet seit dem Beginn der Vorbereitungen als ständiger Berater am Aufbau der Reihe »Conditio Humana« des S. Fischer Verlages mit.

Psychoanalyse und Erziehungspraxis

Herausgegeben und eingeleitet
von Johannes Cremerius

Fischer
Taschenbuch
Verlag

Originalausgabe
des Fischer Taschenbuch Verlages
1.–25. Tausend: April 1971
26.–40. Tausend: Oktober 1971
41.–50. Tausend: April 1973
Umschlagentwurf: wdz-studio, Feldafing
Fischer Taschenbuch Verlag GmbH, Frankfurt am Main

Gesamtherstellung: Hanseatische Druckanstalt GmbH, Hamburg
Printed in Germany
ISBN 3 436 01372 2

In der Kindererziehung wollen wir nichts anderes als in Ruhe gelassen werden, keine Schwierigkeiten erleben, kurz, das brave Kind züchten und achten sehr wenig darauf, ob dieser Entwicklungsgang dem Kinde auch frommt. *S. Freud*

Bis in die letzten Jahrzehnte war die Kinderaufzucht ein anthropologisches Niemandsland. *E. H. Erikson*

Vieles kann erreicht werden durch Strenge, vieles durch Liebe, das meiste jedoch durch Einsehen. *J. W. v. Goethe*

Inhalt

Einleitung des Herausgebers 9

Abschnitt I: Wie erzieht man Kinder richtig? 21

A Aufklärung, Versagen und Gewähren, Ich-Stärkung 23
1. *Melanie Klein* (1919): Eine Kinderentwicklung 23
2. *Alice Balint* (1932): Versagen und Gewähren in der Erziehung 83
3. *Michael Balint* (1939): Ichstärke, Ichpädagogik und »Lernen« 92

B Die Funktion von Angst und Strafe in der Gewissensbildung 103
1. *Melitta Schmideberg* (1931): Die durch die Strafe ausgelösten psychischen Vorgänge 103
2. *Hans Zulliger* (1957): Psychoanalyse und Pädagogik 112
3. *Sigmund Freud* (1915): Der Verbrecher aus Schuldbewußtsein 124

C Die Notwendigkeit der Erziehung der Erzieher 126
1. *Steff Bornstein* (1934): Unbewußtes der Eltern in der Erziehung der Kinder 126
2. *Lydia Jacobs* (1949): Methoden der Mütterberatung 135

D Praktische Beispiele für psychoanalytische Erziehungshilfe 153
1. *Carl G. Jung* (1912): Über Psychoanalyse beim Kinde 153
2. *Karl Abraham* (1913): Zur Psychogenese der Straßenangst im Kindesalter 164
3. *Hans Zulliger* (1957): Psychoanalyse und die Entwicklung und Erziehung des Gewissens 166
4. *Carl Müller-Braunschweig* (1928): Die pädagogisch grundlegende Bedeutung der Epoche der Reinlichkeitsgewöhnung und des Gehenlernens 185
5. *Erik H. Erikson* (1950): Der Sohn des Bombenschützen 190

Abschnitt II: Die Bedeutung der ersten Lebensjahre für die gesunde seelische Entwicklung des Menschen 193

1. *René A. Spitz* (1958): Die Bedeutung der ersten Lebensjahre 195
2. *René A. Spitz mit Katherine M. Wolf* (1949): Die anaklitische Depression 204
3. *John Bowlby* (1960): Die Trennungsangst 234

Abschnitt III: Einzelarbeiten zu speziellen Themen 247

1. *Oskar Pfister* (1920): Das Kinderspiel als Frühsymptom krankhafter Entwicklung; zugleich ein Beitrag zur Wissenschaftspsychologie 249
2. *Anna Freud* (1952): Die Rolle der körperlichen Krankheit im Seelenleben des Kindes 270
3. *Anna Freud* (1968): Die psychoanalytische Psychologie der Kindheit und ihre Quellen 282

Anhang

A. Quellennachweis der wiedergegebenen Arbeiten 291
B. Biographisches über die Autoren 292
C. Register 295

Einleitung des Herausgebers

Dieses Buch wendet sich an Eltern und Lehrer. Es möchte ihnen bei der schwierigen Aufgabe, Kinder zu erziehen, helfen. Dies versucht es, indem es vor allem auf die tägliche Erziehungs-*Praxis* eingeht – d. h., daß es den wissenschaftlichen Theorien, den verschiedenen Schulmeinungen und ihren historischen Vorgängern weniger Platz einräumt. Doch ist diese Betonung der Praxis nicht so zu verstehen, daß etwa Rezepte, Regeln, Patentlösungen angeboten werden. Gerade dies ist nicht beabsichtigt. Einmal, weil es kein Schema der Erziehung gibt – und geben darf –, zum anderen, weil damit denen, die sich dem Kinde zuwenden wollen, Spontaneität, Frische, Neugier, Freude des unmittelbaren Beobachtens und Entdeckens genommen würde. Der Erzieher käme in dieselbe passive Haltung zur Autorität des Buches, wie sie die Kinder beklagenswerterweise allzulang den Erziehern gegenüber einnehmen mußten. Vielmehr soll versucht werden, eine breite Information anzubieten und dabei dem Faktischen, dem empirisch Beobachteten, dem methodisch Verstehbargewordenen den Vorzug zu geben. Das erstrebte Ziel ist, den Leser in den Stand zu setzen, mit diesem Wissen wie Forschungsreisende mit Instrumenten der Orientierung – Atlas, Sextant, Kompaß, Höhenmesser etc. – in den unbekannten Kontinent der häuslichen Kinderstube, des Kindergartens, des Klassenzimmers vorzudringen. Das Buch wendet sich also an Menschen, die Selbständigkeit mehr schätzen als Geführtwerden und die Freude daran haben, sich offen und lebendig Neuem zuzuwenden. Der Herausgeber hofft, daß das Buch dem Leser Lust macht, verstehen zu wollen, welche Bedingungen notwendig sind, damit ein Kind seelisch gesund heranwachsen kann, und was er in der Lage ist dazu beizutragen, sie zu schaffen. Geht auch nur wenig von dieser Hoffnung in Erfüllung, so bedeutet das, daß der Brunnen zukünftig häufiger zugedeckt wird *bevor* das Kind hineingefallen ist – also Neurosenprophylaxe betrieben wird. Mancher Leser wird vielleicht fürchten, daß zuviel pädagogisches Wissen die naive Freude und unmittelbare Spontaneität im Umgang mit Kindern stören könne. Dem sei entgegnet, daß man einen Sonnenuntergang nicht nur als naturwissenschaftlicher Ignorant genießen kann.

Als schwieriges Problem erweist sich für viele Eltern, den Gegensatz zwischen den Forderungen der Theorie und den eigenen Gefühlen zu ertragen. Immer wieder kommen sie voller Schuldgefühle, sich selber anklagend, in die Sprechstunde und berichten, daß sie zum Beispiel heftig und auffahrend geworden seien oder gar das Kind geschlagen hätten, obgleich sie wüßten, daß das falsch sei. Diesen gewissenhaften Naturen, die stets fürchten, es nicht gut genug gemacht zu haben, sei gesagt, daß keiner aus seiner Haut kann und keiner mehr vermag als sich zu bemühen. Im Zweifelsfalle ist es besser, zu sein, der man ist, als sich im Dienste einer Theorie zu maskieren. Dabei denke ich, daß es für ein Kind hilfreicher ist, im Erzieher einen Menschen zu erleben, der zu sich selber steht, als einen, der mit sich nicht identisch ist. Auch können wir unseren Kindern Leid nicht ersparen, auch nicht das Leiden durch und an uns. Was wir aber geben können ist Orientierungshilfe durch die Eindeutigkeit unseres Standortes.

Es ist im Grunde, wie der Leser schon erkannt haben wird, das uralte Problem, wie man es anstellen soll, nach seinen Vorsätzen zu leben. Wie immer sie auch heißen mögen, bleibt ihre Erfüllung stets unzureichend und im Bereich der Annäherung. Ich meine, wir sollten es aufgeben, die Gesetze erfüllen, die Besten sein zu wollen – statt dessen sollten wir verstehen, daß der Umgang mit der Spannung zwischen Vorsatz und Verwirklichung, Theorie und Praxis, Gebot und Erfüllung das Entscheidende ist. Denn das erfordert eine unendliche Reflexion, und die hält uns offen und macht bewußtes Leben möglich.

Das Buch vermittelt eine psychoanalytische Erziehungspraxis, d. h., es fußt auf den klinischen Erfahrungen und der daraus gebildeten Theorie der Psychoanalyse Sigmund Freuds.

Bei der Auswahl der Arbeiten wurden, wie schon gesagt, vor allem solche praktischer Natur bevorzugt. Damit nun der Leser sich nicht unverstehbaren, schwer zu ordnenden Befunden und verwirrenden Kasuistiken gegenübersieht, wurde darauf geachtet, daß die Arbeiten jeweils auch das zum Verständnis notwendige Stück Theorienlehre enthalten. Lücken wurden auf die Weise ausgefüllt, daß einige Arbeiten von vornehmlich theoretischem Charakter, wie z. B. die von A. Freud (S. 282 ff.), R. A. Spitz (S. 204 ff.) und H. Zulliger (S. 112 ff.) aufgenommen wurden. (Da sie aber zugleich auch spezielle Fragen behandeln und sie an Fallbeispielen verdeutlichen, erscheinen sie nicht in einem gesonderten Kapitel, sondern in dem betreffenden Abschnitt.)

Was ist psychoanalytische Eziehungslehre?

Jede Erziehungspraxis, die mehr sein will als das demiurgische Vergnügen, »die Welt nach meinem Bilde« zu formen, basiert zunächst einmal auf einer Theorie von der Natur des Menschen, einer Anthropologie. Die psychoanalytische Theorie von der Natur des Menschen besagt, auf die kürzeste Formel gebracht, daß er vom Ursprung her ein Wesen ist, das nach Befriedigung seiner Triebe verlangt und nach dem Lustprinzip leben will. Um nun ein Kulturmensch, ein Mitglied der Gesellschaft werden zu können, muß er, das heißt, sein Ich, um jetzt zur leichteren Verständigung die strukturalen Begriffe Es, Ich und Über-Ich einzuführen, lernen, die Triebe, also die Welt des Es, zu beherrschen. Der Leser wird fragen, wo hier das Neue sei, und darauf hinweisen, daß dies ja grundsätzlich die alte abendländisch-christliche Formel sei. Das Neue liegt in der Einschätzung der Triebe und demzufolge in einem anderen Verständnis des Begriffes Beherrschung. Wenn Freud von den Trieben als »diesen kostbaren Kraftquellen«[1] spricht, dann verstehen wir, daß sie nicht wie in der mittelalterlichen Theologie wegen ihrer teuflischen Natur zugeschüttet werden müssen, ehe der Mensch von ihrem Wasser getrunken hat, sondern gerade im Gegenteil gefaßt werden müssen, damit das Kind dieses Wasser kennenlernt, vor allem aber, damit es für das spätere Leben erhalten bleibt. Diese Triebe, sagt Freud, enthalten »die Frühblüte des Sexuellen, die für das Sexualleben der Reifezeit entscheidende Anregungen hinterläßt«[2]. Der Unterschied zwischen den beiden Theorien von der Natur des Menschen ist u. a. der: Im einen Falle heißt die Erziehungsanleitung, der Mensch solle die Welt der Triebe gar nicht erst kennenlernen, von Anfang an dazu erzogen werden, sie zu unterdrücken, im anderen Falle, er solle sie zu voller Entfaltung und Entwicklung kommen lassen. Im einen Falle versteht sich Erziehung als die Heranbildung des Überwinders der triebhaften Gegebenheiten, im anderen des Beherrschers derselben. Seit dem Jahre 1933 haben wir die stärksten Zweifel in das christlich-abendländische Erziehungsprinzip.

Nun hat auch die psychoanalytische Theorie ihre Schwierigkeiten mit der Einordnung des Kindes als eines Triebwesens in die Gesellschaft. Sie nimmt an, daß es nicht möglich ist, die voll entfalteten Triebe unverändert in die Gemeinschaft einzubringen. Hier sind Hilfen notwendig. Die Art der Hilfen hat in den verschiedenen Entwicklungsphasen der psychoanalytischen Theorie jeweils anders ausgesehen. Man kann aber nicht sagen, daß die eine die andere abgelöst habe, die ältere von der jüngeren entwertet worden sei. Vielmehr wurde in jeder Phase *eine* Art der psychoanalytischen Erziehungshilfe entdeckt. Sie alle zusammen bilden das Instrumentarium, das der Erzieher auch heute noch braucht, um allen Möglichkeiten des Kindes gerecht werden zu können. In diesem Sinne konnten auch Arbeiten aus früheren Phasen der psychoanalytischen Theorienbildung hier aufgenommen werden.

In allen Stadien der psychoanalytisch fundierten Erziehungslehre

1 Ges. Werke, London 1940 ff., Bd. VIII, S. 419–420. Da ich weiterhin nach dieser Ausgabe zitieren werde, die seit 1960 im S. Fischer Verlag, Frankfurt am Main, erscheint, gebe ich im folgenden stets nur noch Band-Nr. und Seitenzahl an.
2 Bd. XV, S. 157 ff.

stand die Aufklärung über die beiden großen Triebe, die Sexualität und die Aggressivität, im Mittelpunkt. So stellt Freud fest: »Daß sie (die Erziehung, d. Ref.) dem jugendlichen Menschen verheimlicht, welche Rolle die Sexualität in seinem Leben spielen wird, ist nicht der einzige Vorwurf, den man gegen die heutige Erziehung erheben muß. Sie sündigt außerdem darin, daß sie ihn nicht auf die Aggression vorbereitet, deren Objekt er zu werden bestimmt ist. Indem sie die Jugend mit so unrichtiger psychologischer Orientierung ins Leben entläßt, benimmt sich die Erziehung nicht anders, als wenn man Leute, die auf eine Polarexpedition gehen, mit Sommerkleidern und Karten der oberitalienischen Seen ausrüsten würde. Dabei wird ein gewisser Mißbrauch der ethischen Forderungen deutlich. Die Strenge derselben würde nicht viel schaden, wenn die Erziehung sagte: So sollten die Menschen sein, um glücklich zu werden und andere glücklich zu machen; aber man muß damit rechnen, daß sie nicht so sind. Anstatt dessen läßt man den Jugendlichen glauben, daß alle anderen die ethischen Vorschriften erfüllen, also tugendhaft sind. Damit begründet man die Forderung, daß er auch so werde.«[3]

Gemäß dem Modell des psychischen Apparates, mit dem die Psychoanalyse arbeitet, gibt es drei Stellen, an denen Hilfe ansetzen kann: an den Trieben selber, an der Instanz, die kognitiv und regulierend mit ihnen umgeht und zugleich die Vermittlerrolle zwischen ihnen und den Außenweltsansprüchen einnimmt, dem Ich, und dem Über-Ich, jener inneren Institution, welche die normativen Forderungen der Gesellschaft vertritt. Die Arbeiten von Melanie Klein (S. 23 ff.), Alice Balint (S. 83 ff.) und Michael Balint (S. 92 ff.) zeigen, welche Möglichkeiten und Probleme hier gegeben sind. Der Leser lernt die Scylla des *Gewährens* und die Charybdis des *Versagens* kennen, zwischen der sich der Erzieher hindurchmanövrieren muß.[4] Freud entdeckte sehr früh, daß das Kind den Kulturalisationsprozeß nicht leisten kann, ohne gewisse Triebqualitäten zu verdrängen, und daß dem Kind vieles von der Erziehung aufgedrängt werden muß. Daß aber andererseits gerade die Verdrängung es ist, die »alle Dispositionen zu späteren Erkrankungen und Funktionsstörungen« legt.[5]

Ein großes Problem in der Erziehung stellt die Frage nach der *Strafe* dar. Soll – darf man überhaupt strafen? Geht es nicht allein mit der Liebe? Wenn strafen, welche Mittel sind erlaubt, am wenigsten schädlich, am wirkungsvollsten? In dieses von

3 Bd. XIV, S. 494, Fußnote 2
4 Einblicke in die Dramatik der Diskussion über den Umgang mit der kindlichen Triebwelt gewähren die Zeitschrift für psychoanalytische Pädagogik, die im Jahre 1926/27 3 Hefte (7–9) dem Thema der sexuellen Aufklärung, im Jahre 1927/28 2 Hefte (4–5) dem Thema der Onanie und im Jahre 1928/29 2 Hefte (2–3) dem Thema der Nacktheit in der Erziehung widmete.
5 Bd. XV, S. 157 ff.

vielen Eltern und Erziehern mit Ängsten und Skrupeln erlebte Gebiet führen die Aufsätze von Melitta Schmideberg (S. 103 ff.), Hans Zulliger (S. 166 ff.) und Sigmund Freud (S. 124 ff.) ein. Es wird dem Leser wohltun, zu erfahren, daß es gar nicht so sehr darum geht, ob man straft oder nicht, sondern darum, in welcher Gesinnung es geschieht.[6] Seine Einstellung zur Strafe wird sich grundsätzlich ändern, wenn er erfährt, daß sich ihre Bedeutung für das Kind je nach der Entwicklungsphase und der Struktur desselben verändert – daß sie sogar in den Dienst der Triebbefriedigung genommen werden kann. (Siehe auch die hier wiedergegebene Arbeit von O. Pfister [S. 249 ff.].) Von hier aus wird er kindliche Unarten, Missetaten, ja kriminelle Handlungen als Provokationen von Strafe verstehen lernen. Freuds hier wiedergegebene Arbeit über »Der Verbrecher aus Schuldbewußtsein« belegt dies beispielhaft.

Eine Besonderheit der psychoanalytischen Erziehungspraxis ist es, daß sie nicht nur fragt, was man am Kinde tun kann, damit es sich günstig entwickelt, sondern auch, *wie der Erzieher beschaffen sein muß*, der Kinder erziehen will. Wohl kaum vorher ist die Forderung, der Erzieher müsse in sich selber Ordnung schaffen, wenn er sich mit Kindern beschäftigen will, so entschieden gestellt worden. Aber man hatte auch den verhängnisvollen Einfluß desselben auf das Kind nie so klar, so unmittelbar beobachten können, wie in der psychoanalytischen Sprechstunde. Hier zeigte sich z. B., daß neurotische Symptome des Kindes wie Bettnässen, nächtliche Angstanfälle usw. durch Besprechung der Situation mit den Eltern, also ohne daß der Arzt das Kind je gesehen hatte, beseitigt werden konnten. In den Beiträgen von Steff Bornstein (S. 126 ff.) und Lydia Jacobs (S. 135 ff.) finden sich eindrucksvolle Fallbeispiele zu diesem Thema. Wieder einmal erweist sich auch hier die Einbeziehung des Unbewußten in die Untersuchung zwischenmenschlicher Beziehungen als ein Instrument, mit dem ein bis dahin nicht sichtbar zu machendes Stück Wirklichkeit der Beobachtung zugängig wird. Daß die unbewußten Erwartungsvorstellungen der Eltern dem Kind gegenüber nicht ohne Folgen für seine Charakterentwicklung bleiben, wird sich der Leser nach der Lektüre des nachfolgenden Freud-Textes leicht vorstellen können: »Wenn man die Einstellung zärtlicher Eltern gegen ihre Kinder ins Auge faßt, muß man sie als Wiederaufleben und Reproduktion des eigenen, längst aufgegebenen Narzißmus erkennen. – So besteht ein Zwang, dem Kinde alle Vollkommenheit zuzusprechen, wozu nüchterne Beob-

6 Die beste Darstellung des Problems findet sich bei Fritz Redl »Der Mechanismus der Strafwirkung« (Zeitschrift für psychoanalytische Pädagogik, 9, 1935, S. 221 bis 270), die wegen ihres Umfanges hier nicht wiedergegeben werden konnte. Besonders zu empfehlen sind hier auch das Buch von Heinrich Meng »Strafe und Erziehung« (Bern 1934) und das Sonderheft der Zeitschrift für psychoanalytische Pädagogik des Jahrganges 1931 »Strafe«.

achtung keinen Anlaß fände, und alle seine Mängel zu verdecken und zu vergessen, womit ja die Verleugnung der kindlichen Sexualität im Zusammenhange steht. Es besteht aber auch die Neigung, alle kulturellen Erwerbungen, deren Anerkennung man seinem Narzißmus abgezwungen hat, vor dem Kinde zu suspendieren und die Ansprüche auf längst aufgegebene Vorrechte bei ihm zu erneuern. Das Kind soll es besser haben als seine Eltern, es soll den Notwendigkeiten, die man als im Leben herrschend erkannt hat, nicht unterworfen sein. Krankheit, Tod, Verzicht auf Genuß, Einschränkung des eigenen Willens sollen für das Kind nicht gelten, die Gesetze der Natur wie der Gesellschaft vor ihm haltmachen, es soll wirklich wieder Mittelpunkt und Kern der Schöpfung sein. *His majesty the baby*, wie man sich einst selbst dünkte. Es soll die unausgeführten Wunschträume der Eltern erfüllen, ein großer Mann und Held werden anstelle des Vaters, einen Prinzen zum Gemahl bekommen zur späten Entschädigung der Mutter . . . Die rührende, im Grunde so kindliche Elternliebe ist nichts anderes als der wiedergeborene Narzißmus der Eltern, der in seiner Umwandlung zur Objektliebe sein einstiges Wesen unverkennbar offenbart«.[7]
Durch die psychoanalytische Forschung der letzten 25 Jahre ist die *Bedeutung vor allem des ersten Lebensjahres* für eine gesunde körperliche wie seelische Entwicklung des Menschen immer klarer hervorgetreten. Die bis dahin in der Erziehungswissenschaft wenig beachtete Phase ist uns durch die Forschungsarbeit (Direktbeobachtung des Säuglings) von John Bowlby, Melanie Klein und René A. Spitz nahegebracht worden. Sie hat uns bis dahin durch sentimentale Kind-Mutter-Ideologien völlig verdeckte Tatbestände aus diesem seltsamen, weil ohne Sprachkontakt, sozialen Kommunikationsfeld gezeigt. Besonders die Untersuchung der Störungen dieser Verbindung wurde für die Psychologie des ersten Lebensjahres höchst bedeutsam. Einmal machte sie sichtbar, daß die Gesundheit des Säuglings nicht vom Vorhandensein seiner leiblichen Mutter, sondern von quantitativ genügenden und qualitativ befriedigenden affektiven Zuwendungen ganz bestimmter Art abhängt. Zum anderen, und das ist für die Pädagogik, vor allem für die staatlich organisierte Fürsorge des Kleinkindes von ausschlaggebender Bedeutung, zeigte sich, daß das Fehlen dieser affektiven Zuwendung zu schwersten, oft irreversiblen Dauerschäden auf körperlichem und seelischem Gebiet führen kann. In einer Gesellschaft, in der die Rolle der jungen Mutter unbestimmt geworden ist, in der die Frau nach beruflicher Tätigkeit verlangt und in der nach Wegfall der Aufbringung des Kindes in der Familie für die ersten Lebensjahre des Kindes noch keine oder nur mangelhafte Einrichtungen

7 Bd. X, S. 157/158

geschaffen wurden, sind diese Erkenntnisse für das zukünftige Schicksal ihrer Mitglieder von größter Wichtigkeit. Ich hoffe, daß die Information, die von diesen Forschungsergebnissen ausgeht (siehe S. 204 ff.), aufgenommen wird und die Verantwortlichen zum Handeln bewegt, damit ihnen nicht das Schicksal der gleichlautenden Nachricht zuteil wird, die schon einmal vor 170 Jahren das Prinzipielle der Spitzschen Untersuchung bekanntgab, ohne daß sie das Gewissen der Menschen bewegt hätte: »Den äußersten schrecklichsten Grad menschlicher Sterblichkeit treffen wir in zwey Erfindungen der neueren Zeit an, unter den Negersclaven in Westindien und in den Findelhäusern. – Von den Negersclaven stirbt jährlich der fünfte oder sechste, also ungefähr so viel, als wenn beständig die fürchterlichste Pest unter ihnen wüthete. Und von 7000 Findelkindern, welche gewöhnlich alle Jahre in das Findelhaus zu Paris gebracht werden, sind nach Verlauf von 10 Jahren noch 180 übrig, und 6820 sind gestorben, also von 40 entrinnt nur einer diesem offnen Grab. – Ist es nicht höchst merkwürdig und ein neuer Beweis unseres vorherigen Satzes, daß gerade da die Sterblichkeit am schrecklichsten ist, wo der Mensch sich am weitesten von der Natur entfernt, wo die heiligsten Gesetze der Natur zu Boden getreten und ihre ersten festesten Bande zerrissen werden? Da, wo der Mensch sich im eigentlichsten Verstande unters Vieh erniedrigt, hier das Kind von der Brust der Mutter reißt, und es Miethlingen hülflos überläßt, dort den Bruder vom Bruder, von seiner Heimat, von seinem vaterländischen Boden trennt, ihn auf einen fremden ungesunden Boden verpflanzt, und ihn da ohne Hoffnung, ohne Trost, ohne Freude, mit der beständigen Sehnsucht nach den Hinterlassenen im Herzen, unter den härtesten Arbeiten zu Tode peinigt.«[8]

Zu dem Kapitel ›*Praktische Beispiele für psychoanalytische Erziehungshilfe*‹ (S. 153 ff.) ist einiges zu sagen. Zunächst einmal möchte ich darauf hinweisen, daß auch viele der übrigen, unter anderen Kapitelüberschriften stehenden Arbeiten Fallbeispiele vom verstehenden und helfenden Umgang mit schwierigen Kindern und/oder von den Ursachen solcher Erziehungsschwierigkeiten enthalten. So z. B. die Artikel von S. Bornstein (S. 126 ff.), A. Freud (S. 270 ff.), L. Jacobs (S. 135 ff.), M. Klein (S. 23 ff.), O. Pfister (S. 249 ff.), M. Schmideberg (S. 103 ff.), H. Zulliger (S. 112 ff.). Zum anderen habe ich auf die Frage einzugehen, die sich beim Leser einstellen wird, welchen Nutzen er für die Erziehungspraxis aus Behandlungsberichten gewinnen kann.[9] Da ist

8 Hufeland, Ch. W.: Die Kunst, das menschliche Leben zu verlängern, Jena 1798.
9 Hier sei vermerkt, daß in der ersten uns berichteten psychoanalytischen Behandlung eines Kindes der Vater die Behandlung selber ausgeführt hat, nachdem ihm Freud den verborgenen Sinn der Symptomatik erklärt hatte: S. Freud, »Analyse der Phobie eines 5jährigen Knaben«, Bd. VII, S. 243 ff.

zunächst zu untersuchen, was wir hier unter Erziehungshilfe verstehen. Es ist die Hilfe, die wir dem Kind, wenn es in Schwierigkeiten mit inneren (hoher Triebdruck bei Vorliegen eines noch unreifen Ich) oder äußeren (Geschwisterrivalitäten, elterliche Verbote) Situationen gerät, anbieten mit dem Ziel, eine Bewältigung derselben ohne Symptombildung, Angstzustände, Charakterdeformationen und Einengungen seiner Kreativität zu ermöglichen. Eine so verstandene Erziehungshilfe ist der Versuch der Vermeidung bestimmter Erziehungsfehler. Da uns die Analyse von Erwachsenen gezeigt hat, daß diesen Erziehungsfehlern ursächliche Bedeutung für die Entstehung der Neurosen zukommt, können Eltern und Erzieher aus diesen Krankengeschichten lernen, was sie vermeiden oder, im Falle der bereits eingetretenen Störung, ändern können, um ihren Kindern neurotische Störungen zu ersparen. Welche Fehler sind es, die hier beachtet werden wollen? Ohne Vollständigkeit anstreben zu wollen, seien einige genannt: Unaufrichtigkeit der Eltern in sexuellen Fragen (siehe den in feinste Einzelheiten gehenden Behandlungsbericht von M. Klein, S. 23 ff.), fehlende Aufklärung des Kindes (siehe den über 11 Stunden gehenden Behandlungsbericht von C. G. Jung, der zeigt, wie die ernsten körperlichen Störungen eines elfjährigen Mädchens (Kopfschmerzen und Erbrechen) dadurch behoben werden, daß der Arzt dem Kind seine Fragen nach dem eigenen Körper und seinen Funktionen beantwortet), Vermeidung unnötiger Versagungen und Verwöhnungen (siehe A. Balint, S. 83 ff.), unrealistisch hohe moralische Forderungen (siehe M. Balint, S. 92 ff., und C. Müller-Braunschweig, S. 185 ff.) und frühe Verführung der Kinder.
Der Gewinn aus dem Studium dieser Behandlungsberichte könnte neben neuen Informationen vor allem das Verstehen der Erziehungstendenzen sein, wie sie sich aus dem praktischen Umgang mit Kindern als förderlich erwiesen haben:
Alle Erziehung sollte von den primären Interessen des Kindes ausgehen und sie erst in einem zweiten Akt daraufhin befragen, wie sie sich zum Besten des Kindes und mit Akzeptation der Gesellschaft entwickeln können. Der Erzieher sollte sich bei den erzieherischen Maßnahmen fragen, ob sie so und nicht anders ausfallen müssen, ob die kritische Analyse der Realität, die vorurteilslose Befragung der sogenannten »gegebenen Verhältnisse« (gesellschaftliche Normen) diesen und keinen anderen Weg ermöglicht;
Beschränkung der Triebversagung auf ein unbedingt kulturnotwendiges Maß;
Aufsuchen von Sublimierungsmöglichkeiten, ehe Versagungen gesetzt werden. Aber auch hier stets zuerst noch erforschen, ob es nicht sogar gradlinig, d. h. unter Zulassung der Triebbefriedigung geht – also ohne Sublimierung;

Erziehung mit Hilfe des »kategorischen Imperativs«, über den Appell an normative Instanzen (Gesetze, Verbote) — kurz, »das macht man« oder »wenn du das nicht machst, dann« (Strafandrohung) — macht den Menschen unfrei, erzeugt Angst und Schuldgefühle;
bevor Gebote und Verbote ins Spiel kommen, sollte man sich fragen, ob nicht Verstehen, Begreifen und Einsicht möglich sind; d. h. ob nicht über Informationen und Verbesserungen und Stärkung des altersgemäß noch nicht voll entwickelten psychischen Apparates, so z. B. der apperzeptiven, kognitiven, kritischen, prüfenden, abwägenden, kontrollierenden, aufschiebenden, Spannung ertragen könnenden Fähigkeiten, das Kind zum Erlernen eines selbständigen Umgangs mit sich im Sozialkontakt befähigt werden kann;
»Liebe allein genügt nicht.«[10]
Zum Schluß sei noch eine Warnung vor zu hohen Erwartungen ausgesprochen. Sicher ist »die (psychoanalytische) Erziehung eine Prophylaxe«, welche Neurosen und Perversionen verhindern kann[11], sicher ist das Bemühen der Eltern und Erzieher, ihre erzieherische Rolle zu reflektieren und sich des komplizierten Kommunikationsfeldes zwischen Kind und Erzieher bewußt zu werden, ein wesentlicher Fortschritt auf dem Wege zur Vermeidung krankmachender Fehler[12] — aber es bleibt doch trotz allem das Faktum, daß Kulturerziehung ein schlechthin pathogenes Moment darstellt, weil sie dem Kind durch die unterdrückende Sexualmoral, welche Verdrängungen notwendig macht, zu viele Triebeinschränkungen, und diese zu früh, auferlegt.[13] Freud hat diesen Verzicht des Kulturmenschen auf das volle Triebglück als unerläßlich angesehen — aber immer auch gesehen, wie teuer dieser Verzicht bezahlt werden muß. Auch räumte er ein, daß manche Menschen diesen Verzicht nicht leisten können, und plädierte für Wahrhaftigkeit gegen falsche Fassaden.[14]
Einige der hier aufgenommenen Arbeiten sind bereits durch die verdienstvollen Sammelbände von G. Bittner und W. Rehm: »Psychoanalyse und Erziehung«, Bern—Stuttgart 1964 und von G. Bittner und E. Schmid-Cords: »Erziehung in früher Kindheit«, München 1968, einer dunklen Vergangenheit entrissen und dem

10 So lautet der Titel eines Buches von B. Bettelheim, Stuttgart 1969.
11 S. Freud im Vorwort zu O. Pfister »Die psychoanalytische Methode«, Leipzig—Berlin 1913; siehe auch Ges. Werke, Bd. X, S. 448.
12 So hat das Verständnis für die orale Phase günstig auf das Vorkommen kindlicher Eßstörungen gewirkt; die Toleranz für autoerotische Betätigungen dasselbe für die Einschlafstörungen geleistet; Aggressionsfreiheit hat eine ungehemmte Aktivität im Körperlichen und Geistigen herbeigebracht etc.
13 Bd. VII, S. 143 ff. und Bd. VIII, S. 145 ff.
14 »Die Erfahrung lehrt, daß es für die meisten Menschen eine Grenze gibt, über die hinaus ihre Konstitution der Kulturanforderung nicht folgen kann. Alle, die edler sein wollen, als ihre Konstitution es ihnen gestattet, verfallen der Neurose; sie hätten sich wohler befunden, wenn es ihnen möglich geblieben wäre, schlechter zu sein«. (Bd. VII, S. 154).

deutschsprachigen Leser wieder zugänglich gemacht worden. Wenn sie hier erneut wiedergegeben werden, so geschieht dies wegen ihrer großen Bedeutung, die eine weite Verbreitung wünschenswert erscheinen läßt.

Kommt man in das Haus eines Freizeitphotographen oder eines Menschen, dessen Steckenpferd es ist, Münzen zu sammeln, so findet man in der Regel eine mehr oder weniger gut ausgestattete Bibliothek dieses Fachgebietes vor. Wo ist das Haus mit einer Bibliothek über Kinderpsychologie und Erziehungsfragen? In der Hoffnung, daß die Leser dieses Buches sich einen Grundstock zu einer solchen Bibliothek schaffen möchten, gebe ich nachfolgend einige Titel an. Bei der Auswahl trage ich der Tatsache Rechnung, daß die meisten Eltern jüngere Menschen sind, also solche, deren ökonomische Situation begrenzt ist. Ich gebe deshalb vornehmlich preisgünstige, insbesondere Taschenbuchausgaben an.

I Einführung in die Grundlagen der Psychoanalyse

BALLY, G.: Einführung in die Psychoanalyse Sigmund Freuds. rde Nr. 131/132, Reinbek 1961

BRENNER, CH.: Grundzüge der Psychoanalyse. Frankfurt 1967

FREUD, A.: Einführung in die Psychoanalyse für Pädagogen. Bern–Stuttgart–Wien 1965

FREUD, S.: Darstellungen der Psychoanalyse. Fischer Bücherei Nr. 6016, Frankfurt 1970

Abriß der Psychoanalyse. Das Unbehagen in der Kultur. Fischer Bücherei Nr. 6043, Frankfurt 1970

II Psychoanalytische Psychologie der Kindheit

BALINT, A.: Psychoanalyse der frühen Lebensjahre. München–Basel 1966

BALINT, M.: Die Urformen der Liebe und die Technik der Psychoanalyse. Fischer Bücherei Bd. 1035, Frankfurt 1969

FORNARI, F.: Psychoanalyse des ersten Lebensjahres. Frankfurt 1970

FREUD, A.: Wege und Irrwege in der Kinderentwicklung. Bern–Stuttgart 1968

FREUD, S.: Drei Abhandlungen zur Sexualtheorie. Fischer Bücherei Nr. 6044, Frankfurt 1970

FÜRSTENAU, P.: Soziologie der Kindheit. Heidelberg 1967

SPITZ, R. A.: Vom Säugling zum Kleinkind. Stuttgart 1967

SCHWIDDER, W.: Die Bedeutung der frühen Kindheit für die Persönlichkeitsentwicklung. Göttingen 1962

III Psychoanalytische Erziehungshilfe

AICHHORN, A.: Erziehungsberatung und Erziehungshilfe. Bern 1959

BERNFELD, S.: Sisyphos oder die Grenzen der Erziehung. Frankfurt 1967

FREUD, A.: Einführung in die Technik der Kinderanalyse. München 1965

NEILL, A. S.: Theorie und Praxis der antiautoritären Erziehung. Das Beispiel Summerhill. rororo Nr. 6707/08, Reinbek 1969

RICHTER, H. E.: Eltern, Kind, Neurose. Reinbek 1969

TRIER-SAMUEL, A.: Das trotzende Kind. Bern–Stuttgart–Wien 1969

ZULLIGER, H.: Die Angst unserer Kinder. Fischer Bücherei Bd. 6098, Frankfurt 1971
Heilende Kräfte im kindlichen Spiel. Fischer Bücherei Bd. 6006, Frankfurt 1970
Helfen statt strafen – auch bei jugendlichen Dieben. Fischer Bücherei Bd. 6037
Umgang mit dem kindlichen Gewissen. Fischer Bücherei Bd. 6074, Bücherei Bd. 6037, Frankfurt 1970

IV Einige spezielle Titel zum Thema Sexualität und Aufklärung

MARCUSE, H.: Eros und Kultur. Stuttgart 1957
REICH, W.: Die sexuelle Revolution. Frankfurt 1970
Die Funktion des Orgasmus. Köln 1969
Sexualunterricht. Die schwedischen Richtlinien: ein Handbuch mit Unterrichtsbeispielen und der Darstellung des Lehrstoffes. Weinheim–Berlin–Basel 1969
Samspel. Ein schwedisches Aufklärungsbuch. Ebenda 1968

[Sämtliche Herausgeber-Anmerkungen in den nachfolgenden Texten stehen in eckiger Klammer.]

Abschnitt I

Wie erzieht man Kinder richtig?

A. Aufklärung, Versagen und Gewähren, Ich-Stärkung
B. Die Funktion von Angst und Strafe in der Gewissensbildung
C. Die Notwendigkeit der Erziehung der Erzieher
D. Praktische Beispiele für psychoanalytische Erziehungshilfe

A. Aufklärung, Versagen und Gewähren, Ich-Stärkung

1. *Melanie Klein*: Eine Kinderentwicklung

I. Sexualaufklärung und Autoritätsmilderung in ihrem Einfluss auf die intellektuelle Entwicklung des Kindes [1]

Die Idee der sexuellen Aufklärung der Kinder gewinnt immer mehr an Boden. Die mancherorten auch durch die Schulen eingeleitete Aufklärungsaktion bezweckt, die im Pubertätsalter stehenden Kinder vor realen, durch die Unkenntnis vergrößerten Gefahren zu bewahren, und auf dieser einleuchtenden Grundlage hat die Idee auch am meisten Verständnis und Anhängerschaft gewonnen. Die durch die Psychoanalyse gefundenen Erkenntnisse verweisen aber auf die Notwendigkeit, die Kinder vom zartesten Alter an — wenn auch nicht »aufzuklären« — so doch in einer Weise zu erziehen, die eine eigentliche Aufklärung überflüssig macht, weil sie die vollkommenste, dem Entwicklungsgang des Kindes sich anpassende, naturgemäßeste Aufklärung in sich begreift. Die aus den Erfahrungen der Psychoanalyse unabweisbar sich aufdrängenden Folgerungen gebieten, die Kinder nach Möglichkeit vor überstarker Verdrängung — und damit sei es vor Krankheit, sei es vor ungünstiger Charakterentwicklung — zu bewahren. Der gewiß begründeten Absicht, tatsächlichen, respektive sichtbaren Gefahren durch das Wissen zu begegnen, setzt also die Analyse die Forderung an die Seite, ebenfalls tatsächliche, wenn auch nicht sichtbare (weil als solche nicht erkannte) aber viel allgemeinere, tiefer gehende und deshalb viel beachtenswertere Gefahren zu verhüten. Die Ergebnisse der Psychoanalyse — die in jedem einzelnen Falle immer wieder in die Kinderzeit zurückführen zu den Verdrängungen der kindlichen Sexualität als den Ursachen späterer Erkrankung oder der auch in jedem normalen Seelenleben mehr oder weniger wirksamen krankhaften Elemente oder Hemmungen — weisen uns deutlich den zu betretenden Weg. Wir können dem Kinde übergroße Verdrängung ersparen, indem wir — und vor allem in uns selbst — das ganze große Gebiet der Sexualität von den Schleiern des Geheimnisvollen, Unaufrichtigen und Gefährlichen befreien, die eine heuchlerische auf affektiver und nicht erkenntnismäßiger Basis begründete Zivilisation dicht gesponnen hat. Ist erst von unserer Erkenntnis dieser Schritt gemacht worden,

1 Als Vortrag gehalten im Juli 1919 in der Budapester Psychoanalytischen Vereinigung. Ich habe zu derselben Zeit diese Arbeit zum Drucke fertiggestellt und lasse diese Beobachtungen und die daraus gezogenen Folgerungen unverändert, so wie sie sich mir damals darboten.

bei dem uns die Einsicht in die Wahrheit der durch die Psychoanalyse zutage geförderten Seelenlehre geleitet — ist der Weg leicht. Wir werden dann eben das Kind, in dem Maße als es die Entwicklung seiner Wißbegierde verlangt, der Kenntnis der mit den Schleiern zugleich eines großen Teiles ihrer Gefährlichkeit entkleideten Sexualität teilhaftig werden lassen. Damit erreichen wir, daß nicht, wie es über uns verhängt war, vorhandene Wünsche, Gedanken, Empfindungen zum Teil verdrängt, zum Teil aber — soweit das nicht gelingt — mit falscher Scham und nervösen Leiden ertragen werden müssen. Indem wir aber diese Verdrängung, indem wir die Belastung durch überflüssige Leiden verhüten, legen wir die Grundlagen für Gesundheit, für seelisches Gleichgewicht und günstige Charakterentwicklung. Dieses an sich unermeßlich reich erscheinende Resultat ist nicht der einzige Gewinn, den wir für den einzelnen und die Entwicklung der Menschheit aus einer auf unbedingtester Wahrhaftigkeit aufgebauten Erziehung zu erhoffen haben. Denn ihre Folge ist zugleich eine andere und nicht weniger bedeutungsvolle: die entscheidende Beeinflussung der Entwicklung des Denkens.

Diese aus den Erfahrungen und Lehren der Psychoanalyse hervorgehende Erkenntnis ist mir zu einer tiefen und lebendigen Überzeugung geworden, als sie sich mir in deutlicher und unwiderleglicher Weise an der Entwicklung eines Kindes erwies, mit dem ich mich viel zu beschäftigen Gelegenheit habe.

Es handelt sich um einen Knaben, den kleinen Fritz, Sohn einer verwandten Familie, die in meiner nächsten Nachbarschaft wohnt. Ich hatte dadurch Gelegenheit, viel und ungezwungen mit dem Kinde beisammen zu sein. Da überdies die Mutter alle meine Weisungen befolgt, kann ich weitgehenden Einfluß auf seine Erziehung nehmen. Der nun fünfjährige Knabe, ein gesundes, kräftiges Kind, hat sich auch geistig normal, aber langsam entwickelt. Er hat erst mit zwei Jahren zu sprechen begonnen und war schon über dreieinhalb Jahre alt, als er sich zusammenhängend ausdrücken konnte. Besonders bemerkenswerte Aussprüche, wie man sie mitunter bei veranlagten Kindern schon sehr frühzeitig hört, waren aber auch dann nicht zu verzeichnen. Trotzdem machte er doch sowohl in seinem Aussehen als in seinem Wesen den Eindruck eines geweckten und gescheiten Kindes. Sehr langsam machte er sich einzelne Begriffe zu eigen. Er war schon über vier Jahre alt, als er erlernt hatte, die Farben zu unterscheiden, und fast viereinhalb, als ihm die Begriffe »gestern, heute, morgen« klargeworden waren. In praktischen Dingen, also was die Entwicklung seines Wirklichkeitssinnes betrifft, war er entschieden hinter anderen Kindern seines Alters zurück. Wiewohl er häufig zu Einkäufen mitgenommen wurde, schien es — wie aus seinen Fragen hervorging — ihm nicht recht begreiflich, daß man die Dinge von den Leuten, die mehr davon haben, nicht geschenkt bekommt, und es war ihm nicht recht begreiflich zu machen, daß man — und zwar auch nach ihrem Wert verschieden viel — dafür bezahlen müsse.

Auffallend war dagegen sein Gedächtnis. Er erinnerte und erinnert sich verhältnismäßig sehr weit zurückliegender Dinge mit allen Einzelheiten, und Begriffe oder Tatsachen, die ihm einmal klargeworden, hat er sich gründlich zu eigen gemacht. Gefragt hat er im allgemeinen wenig. Im Alter von ungefähr viereinhalb Jahren setzte eine schnellere geistige Entwicklung und auch etwas stärkere Fragelust ein. Zu dieser Zeit trat auch bei ihm das Allmachtsgefühl sehr in die Erscheinung, das Freud den »Glauben an die Allmacht der Gedanken« genannt hat. Wovon immer — von welcher Kenntnis und Handfertigkeit — die Rede war, Fritz zeigte sich davon durchdrungen, daß er es vollkommen könne und wenn ihm auch das Gegenteil bewiesen, in anderen Fällen auf Fragen zugestanden wurde, daß auch Papa und Mama so manches nicht wissen, so schien das seinen Glauben an die eigene und die Allwissenheit seiner Umgebung nicht zu erschüttern. Wenn er sie anders nicht mehr zu verteidigen wußte, so erklärte er unter dem Drucke der Gegenbeweise: »Wenn man es mir nur einmal zeigt, weiß ich es bestimmt.« So zeigte er sich trotz aller Gegenbeweise unter anderem davon überzeugt, vollkommen kochen, lesen, schreiben und französisch sprechen zu können.

Mit vierdreiviertel Jahren setzten die Fragen nach der Geburt ein. Die Feststellung drängte sich auf, daß damit zugleich auch eine auffallende Verstärkung der Fragelust im allgemeinen Hand in Hand ging.

Ich möchte da bemerken, daß die von dem Kleinen gestellten Fragen (mit denen er sich meist an die Mutter oder an mich wendet) stets wahrheitsgetreu, wenn erforderlich, auf wissenschaftlicher Grundlage, doch natürlich seinem Verständnis angepaßt, aber möglichst kurz gefaßt, beantwortet werden. Niemals wird auf die schon beantworteten Fragen zurückgegriffen, ebensowenig ein neues Thema angeregt, wenn er es nicht durch seine spontan gestellten Fragen wieder oder neu veranlaßt.

Nachdem er einmal die Frage[2]: »Wo war ich, wie ich noch nicht auf der Welt war« gestellt hatte, war sie in der Formulierung: »Wie wird ein Mensch?« wieder aufgetaucht und so stereotyp

2 Die Frage in dieser Formulierung wurde ausgelöst durch gelegentliche Bemerkungen der älteren Schwestern und des Biuders, die bei verschiedenen Anlässen ihm sagten: »Da warst du noch nicht auf der Welt.« Sie schien auch in dem ihm sichtlich peinlichen Gefühl, »einmal nicht dagewesen zu sein« ihre Begründung zu finden — da er auch sofort nach erhaltener Aufklärung und seither auch immer wieder seiner Befriedigung Ausdruck gab — doch also auch früher schon auf der Welt gewesen zu sein. Daß dieses Interesse aber nicht das einzig wirksame bei dieser Fragestellung war, zeigte sich darin, daß nach kurzer Zeit die Frage in der veränderten Formulierung auftauchte: »Wie wird ein Mensch?« Mit vierundeinviertel Jahren war eine Zeitlang

fast täglich gestellt worden. Es war klar, daß die stete Wiederkehr dieser Frage nicht die Folge mangelnden Verstehens sei, denn er begriff sichtlich vollkommen die Erklärungen, die ihm über die im Mutterleib vor sich gehende Entwicklung gegeben wurde (der Anteil des Vaters wurde allerdings dabei nicht berührt, da er die Frage nach dieser Richtung damals noch nicht direkt gestellt hatte). Dafür, daß eine gewisse Unlust, ein »Nichtannehmenwollen«, gegen die sein Wahrheitsdrang ankämpfte, für das häufige Wiederholen der Fragen bestimmend war, sprach sein Benehmen, das zerstreute, etwas befangene Verhalten, das er, kaum daß das Gespräch begonnen hatte, an den Tag legte, und das sichtliche Bestreben, von dem durch ihn selbst herbeigeführten Thema wieder loszukommen. Er setzte dann mit der Stellung dieser Frage an die Mutter und mich einige Zeit aus und wandte sich damit an die ihm sicher weniger maßgebenden Elemente, nämlich die Bonne (die kurz nachher das Haus verließ) und den älteren Bruder. Deren Antworten: daß der Storch die Kinder bringe und daß Gott den Menschen schaffe — beruhigten ihn aber doch nur für einige Tage, und als er nachher mit der Frage: »Wie wird ein Mensch?« wieder bei der Mutter anlangte, schien er endlich geneigter, ihre Antwort auch tatsächlich zur Kenntnis zu nehmen.[3]

Auf die das Gespräch einleitende Frage: »Wie wird ein Mensch?« wiederholte ihm die Mutter wieder die öfter gegebene Aufklärung, wonach er diesmal gesprächiger wurde und ihr erzählte, das Fräulein habe ihm gesagt (das schien er übrigens vorher schon von jemandem gehört zu haben), daß der Storch die Kinder bringe. »Das ist nur eine Geschichte«, erwiderte sie. »Die L.-Kinder haben mir gesagt, daß nicht der Osterhase zu Ostern da war, aber das Fräulein die Sachen im Garten versteckt hat.«[4] »Sie haben vollkommen recht gehabt«, erwiderte sie. — »Nicht wahr, es gibt keinen Osterhasen, das ist nur eine Geschichte?« — »Gewiß.« — »Und gibt es auch keinen Weihnachtsmann?« — »Nein, den gibt es auch nicht.« — »Und wer bringt und richtet

eine andere Frage öfter wiedergekehrt. Er fragte: »Wozu braucht man einen Papa?« und (seltener): »Wozu braucht man eine Mama?« — Diese Frage, deren Bedeutung damals nicht erkannt wurde — beantwortete man dahin, man brauche einen Papa zum Liebhaben und damit er für einen sorgt. Diese Antwort befriedigte ihn sichtlich nicht — und er wiederholte noch öfter diese Frage, bis er sie dann allmählich fallenließ.

3 Zugleich damit erledigte er auch einige andere Vorstellungen, die in der den Geburtsfragen unmittelbar vorhergehenden Zeit wiederholt besprochen, aber anscheinend in ihm ebenfalls nicht geklärt worden waren. Er hatte sogar eine Art Kampf um sie geführt, z. B. die Existenz des Osterhasen damit beweisen wollen, daß auch die L.-Kinder (seine Spielgefährten) einen besitzen, daß er selbst den Teufel von weitem auf der Wiese gesehen habe — und es war viel leichter, ihn davon zu überzeugen, daß das von ihm Vermeinte ein Füllen sei, als ihm die Überzeugung von der Grundlosigkeit des Teufelglaubens an sich beizubringen.

4 Anscheinend war er in der Osterhasenfrage erst durch die Erklärung der L.-Kinder (wiewohl sie ihm oft Unwahres erzählten) überzeugt worden. Das hatte ihn vielleicht auch veranlaßt, auf die so oft von ihm geforderte und doch nicht zur Kenntnis genommene Beantwortung der Frage: »Wie wird ein Mensch?« endlich auch etwas näher einzugehen.

den Baum?« — »Die Eltern.« — »Und Engel gibt es auch nicht, das ist auch nur eine Geschichte?« — »Nein, es gibt keine Engel, das ist auch nur eine Geschichte.«

Es war gewiß eine nicht leicht erkaufte Erkenntnis, als er nach Abschluß dieses Gespräches nach einer kurzen Pause fragte: »Aber nicht wahr, Schlosser, die gibt es, die sind wirklich? Wer würde denn sonst den Kasten machen?« Zwei Tage nachher unternahm er den Versuch eines Elternwechsels, indem er mitteilte, daß er Frau L. zu seiner Mama, deren Kinder zu seinen Geschwistern nehme und diesen Entschluß konsequent einen ganzen Nachmittag aufrechterhielt. Abends war er dann reuig wieder nach Hause zurückgekehrt.[5] Daß zwischen diesem beabsichtigten Elternwechsel und der vorangegangenen so schwer angenommenen Aufklärung ein ursächlicher Zusammenhang bestand, ergab sich daraus, daß er am nächsten Morgen gleich nach dem Gutenmorgengruß seine Mutter fragte: »Mama, bitte, sag, und wie bist du auf die Welt gekommen?«

Von da an zeigt er auch weit mehr Lust, auf das von ihm immer wieder gesuchte Thema wirklich einzugehen. Er fragt, wie das bei den Hunden sei. Dann erzählt er mir, daß er letzthin »in ein aufgeschlagenes Ei hineingeschaut«, aber kein kleines Huhn drinnen gesehen habe. Als ich ihm den Unterschied zwischen dem Hühnchen und dem Menschenkind erkläre, daß dieses so lange in der Wärme im Mutterleib bleibt, bis es auch schon stark genug ist, außerhalb zu gedeihen, gefällt ihm das nun sichtlich gut. »Wer ist denn aber in der Mutter drinnen, der das Kind füttert?« fragt er weiter.

Den nächsten Tag fragt er mich: »Wie wird das, daß man wächst?« Als ich ihm als Beispiel ein kleines Kind der Bekanntschaft anführe und als weitere Beispiele für die Stufen des Wachstums: ihn, seinen Bruder, seinen Papa, sagt er: »Das weiß ich, aber wie wird das überhaupt, daß man wächst?«

Am Abend hat er wegen Unfolgsamkeit einen Verweis erhalten. Er ist betrübt darüber und bestrebt, die Mutter zu versöhnen. Er sagt: »Morgen werde ich folgen und wieder morgen und wieder morgen ...« Plötzlich hält er inne, denkt nach und fragt: »Mama bitte, wie lange kommt dann noch wieder morgen?« Und als sie fragt, wie er das meint, wiederholt er: »Wie lange kommt dann immer noch ein neuer Tag?« — Gleich nachher: »Nicht wahr, Mama, die Nacht gehört immer noch zum vorigen Tag, und in der Früh kommt dann wieder ein neuer Tag.«[6] Sie war etwas holen gegangen und fand ihn, als sie ins

5 Er war auch schon ungefähr zwei Jahre vorher vom Hause durchgegangen, damals blieb allerdings Ziel und Grund unbekannt. Man fand ihn damals vor einem Uhrmachergeschäft, dessen Auslagen er aufmerksam betrachtete.

6 Der Zeitbegriff, den er sich so schwer zu eigen gemacht hatte, scheint sich nun in ihm geklärt zu haben. Denn einmal, als schon die erhöhte Fragelust eingesetzt hatte, sagte er: »Gestern ist, was war, heute ist, was ist, morgen, was sein wird.«

Zimmer zurückkam, vor sich hinsingend. Bei ihrem Eintritt hört er zu singen auf, schaut sie forschend an und fragt: »Nicht wahr, wenn du jetzt sagst, ich soll nicht singen, so darf ich nicht weiter singen?« Als sie ihm erklärt, daß sie so etwas nie sagen würde, weil er immer seinen Willen haben darf, nur dann nicht, wenn es nicht sein kann, wenn sie einen Grund dagegen habe, läßt er sich das an Beispielen erklären und zeigt sich zufrieden.
Den darauffolgenden Tag regnet es. Fritz, der das bedauert, weil er im Garten spielen möchte, fragt die Mutter »ob der liebe Gott bestimmt weiß, wie lange er regnen lassen wird?« Sie erwidert, daß doch nicht Gott regnen läßt, sondern der Regen aus den Wolken kommt und erklärt es ihm. – Den nächsten Morgen empfängt er sie nach langer Zeit wieder mit der Frage: »Wie wird ein Mensch?« Sie sucht zu ermitteln, was er eigentlich an ihren Erklärungen nicht verstanden hat, da sagte er: »Das mit dem Wachsen.« Als sie nun wieder versucht, ihm klarzumachen, wie der kleine Kopf, die kleinen Glieder usw. wachsen, sagt er: »Mama, bitte, aber wie wird – von wo kommt der kleine Kopf und der kleine Bauch und das andere? Als sie ihm erwidert, daß das ganz klein eben schon in dem kleinen Ei drinnen sei, wie in der Knospe die kleine Blüte – fragt er nicht weiter. Etwas später fragt er: »Wie wird der Sessel gemacht?«[7] Inzwischen hatte sie ihn angekleidet. Ganz unvermittelt fragt er: »Nicht der liebe Gott läßt regnen? Die Toni (das Mädchen) hat gesagt, der liebe Gott läßt regnen!« – Nach ihrer Antwort fragt er: »Das ist nur eine Geschichte, daß Gott regnen läßt?« Als sie das bejaht, fragt er weiter: »Aber der liebe Gott ist wirklich?« Sie erwidert ein wenig ausweichend, daß sie ihn nie gesehen habe. »Man sieht ihn nicht, aber er ist wirklich oben im Himmel?« – »Im Himmel« – ist ihre Antwort – »ist nur Luft und Wolken.« »Aber ist Gott wirklich?« fragt er weiter. – Nun kann sie nicht mehr entschlüpfen, faßt einen Entschluß und sagt: »Nein, mein Kind, er ist nicht wirklich.« – »Aber Mama, wenn mir ein wirklicher, erwachsener Mensch sagt, daß Gott wirklich ist und im Himmel wohnt – dann ist es auch nicht wahr?« Sie erwidert ihm, daß auch manche Erwachsene Dinge nicht gut wissen und unrichtig erzählen. Er war nun auch mit seinem Frühstück fertig geworden und stand vor der Tür, die in den Garten führt, und schaute hinaus. Er war nachdenklich. Plötzlich sagt er: »Nicht wahr, Mama, was ist, das sehe ich, und was man sieht, das ist

7 Diese Frage wiederholte er nachher noch eine Zeitlang, bei solchen Gelegenheiten, wenn von dem Werden ihm schwerer verständlicher Entwicklungen die Rede war. »Wie der Sessel gemacht wird«, obzwar er es als Frage stellt, deren Antwort ihm aber wohlvertraut ist, ja die ihm deshalb mit dem Hinweis, daß es ihm ja schon bekannt ist, nicht mehr wiederholt wird – scheint also eine Art Hilfsbegriff für ihn zu sein – den er als Maß oder Vergleich für die Tatsächlichkeit des neu Gehörten verwendet. – In dieser Art verwendet er auch das Wort »wirklich« – wogegen dann auch der Gebrauch »Wie wird ein Sessel gemacht« zurücktritt und schließlich auch aufhört.

auch wirklich so? Ich sehe die Sonne und den Garten — aber ich kann das Haus von Tante Marie nicht sehn, und es gibt es doch?« Sie erklärt ihm, warum er das Haus von Tante Marie nicht sehen kann, und er fragt: »Mama, du kannst das Haus auch nicht sehn?« — und zeigt sich befriedigt, als sie es verneint. Gleich nachher aber fragt er noch immer weiter: »Mama, wie ist die Sonne dort hinaufgekommen?« Als sie ein wenig nachdenkend sagte: »Weißt du, das ist schon sehr, sehr lange so ...« — »Ja aber, viel, viel früher noch, wie ist die da hinaufgekommen?«

Ich muß da für das etwas unentschiedene Verhalten der Mutter in der Gottfrage dem Kinde gegenüber eine Erklärung einfügen. — Die Mutter ist Atheistin. Nichtsdestoweniger aber war in der Erziehung der älteren Kinder diese ihre Überzeugung nicht geltend geworden. Die Kinder wurden zwar absolut frei von Konfessionalität erzogen, bekamen auch sehr wenig von Gott zu hören — aber der von der Umwelt (Schule usw.) fertigpräsentierte Gott wurde auch von ihr nie negiert, so daß er, wenn auch wenig von ihm die Rede, unbedingt für die Kinder vorhanden war und den Grundbegriffen ihres Denkens eingereiht wurde. Sie ging dabei von der Anschauung aus, daß die Gottvorstellung, die vielleicht auch einem tieferen Bedürfnisse des Kindes entspreche, durch das persönliche, geistige Wachstum, durch Entwicklung eigener Weltanschauung entweder verworfen oder ihr in einer der Persönlichkeit entsprechenden Weise eingegliedert würde. Da auch ihrem Manne, der selbst einen pantheistischen Gottbegriff anerkennt, die Einführung des Gottbegriffes in die Kindererziehung vollkommen entsprach — so war über diese Frage zwischen den Eltern absolut nichts Prinzipielles vereinbart worden. — Allerdings aber hatten die älteren Geschwister den Begriff der Existenz Gottes — wie wohl die meisten kleinen Kinder — als gegeben und so selbstverständlich aufgenommen, daß für sie, solange sie noch kleiner waren, die Begründung dieses Begriffes und der Standpunkt der Eltern dazu überhaupt nicht in Frage kam. Nun aber hatte sich unerwarteterweise die Sachlage so gefügt, daß der Kleine so dringend ein prinzipielles Bekenntnis über ihre persönliche Überzeugung von ihr gefordert hatte, daß ihr eine andere als die erteilte Antwort unmöglich war. Es traf sich nur zufällig so, daß sie an diesem Tage nicht mehr Gelegenheit fand, die Veränderung der Sachlage mit ihrem Manne zu besprechen, so daß er, als der Kleine gegen Abend unvermittelt die Frage an ihn richtete: »Papa, ist Gott wirklich?« sie einfach mit »ja« beantwortete. Fritz erwiderte: »Die Mama hat aber gesagt, es gibt nicht wirklich Gott.« In diesem Augenblick betritt gerade die Mutter das Zimmer, und er interpellierte sie sofort: »Mama, bitte, der Papa sagt, es gibt wirklich Gott — gibt es wirklich Gott?« — Sie war natürlich etwas betroffen und erwiderte: »Ich habe ihn nie gesehen und glaube auch nicht, daß es Gott gibt.« Nun kam ihr auch schon ihr Mann zu Hilfe und rettete die Situation, indem er sagte: »Weißt du, Fritz, niemand hat Gott gesehen, und es gibt Leute, die glauben, daß es Gott gibt, und andere, die glauben, daß es ihn nicht gibt. Ich glaube, daß es Gott gibt, die Mama glaubt, daß es ihn nicht gibt.« — Fritz, der die ganze Zeit über recht gespannt von ihm zu ihr blickte, wurde nun ganz vergnügt und erklärte: »Ich glaube auch, daß es nicht Gott gibt.« Nach einer Pause scheinen ihm aber doch Zweifel zu kommen, und er fragt: »Mama, bitte, wenn es Gott gibt, wohnt er dann im Himmel?« Sie wiederholt, daß im Himmel nur Luft und Wolken sind — darauf sagt er wieder ganz munter und bestimmt: »Ich glaube auch, daß es nicht Gott gibt.« Gleich nachher sagt er: »Aber Elektrische, die sind wirklich — und Eisenbahn gibt es auch — ich bin zweimal auf ihr gefahren; einmal als ich zur Großmama und einmal als ich nach E. gefahren bin.«

Diese unvorhergesehene und improvisierte Lösung in der Gottfrage hatte vielleicht den Vorteil, daß sie geeignet ist, die übergroße Autorität der Eltern etwas zu vermindern, die Vorstellung ihrer Unfehlbarkeit und Allwissenheit abzuschwächen, da er — was bis dahin noch nicht der Fall war — eine verschiedene Meinung von Vater und Mutter in einer wichtigen Frage feststellen konnte. Allerdings hätte diese Autoritätsminderung vielleicht auch eine gewisse Unsicherheit zeitigen können, die aber, glaube ich, unbedingt und ohne Schwierigkeit überwunden würde, weil noch immer ein Maß an Autorität zurückbleibt, das mehr als genügend wäre, ihm Stütze zu bieten. Ich habe aber in seinem allgemeinen Verhalten keine Spuren dieses Eindruckes, weder als Unsicherheit, noch als erschüttertes Vertrauen einem der Elternteile gegenüber wahrnehmen können. Eine kleine Beobachtung, die wir ungefähr zwei Wochen nachher machten, mag immerhin damit in Zusammenhang stehen: Seine Schwester hatte ihm bei einem Spaziergang aufgetragen, jemanden nach der Zeit zu fragen. »Ob einen Herrn oder eine Dame?« meinte er. Das sei gleich, wurde ihm erwidert. »Wenn aber der Herr sagt zwölf Uhr und eine Dame sagt viertel zwei?« fragte er nachdenklich.

Die nächsten sechs Wochen seit diesem auf die Existenz Gottes bezüglichen Gespräch haben sich mir gewissermaßen als Abschluß und Höhepunkt eines Abschnittes erwiesen. Ich finde das intellektuelle Wachstum in diesem Abschnitt und seither so stark angeregt und sowohl in der Intensität wie in der Richtung und Art der Entwicklung gegen früher so verändert, daß ich in seiner geistigen Entwicklung seit der Zeit, da er sich zusammenhängend ausdrücken kann, bisher drei Abschnitte unterscheide: Die Zeit vor dem Einsetzen der Geburtsfragenperiode, als zweite den mit diesen Fragen beginnenden und mit der Erledigung des Gottbegriffes abschließenden Abschnitt und die diesem folgende, erst begonnene Periode.

Die Fragelust, die sich in diesem zweiten Abschnitte so stark entwickelt hatte, ist seither nicht schwächer geworden, bewegt sich aber auf etwas anderen Wegen.

Allerdings kommt er auch jetzt noch öfters auf das Thema der Geburt zurück – aber in einer Weise, die zeigt, daß er diese Kenntnis seinem Denken bereits einverleibt hat. Das Interesse für Geburt und damit Zusammenhängendes ist noch immer stark, aber entschieden weniger brennend, was sich auch darin zeigt, daß er diesbezüglich weniger fragt, sondern mehr feststellt. So z. B.: »Der Hund, nicht wahr, wird auch so, daß er in seiner Mama wächst.« – Ein andermal: »Wie wird der Hirsch, so wie der Mensch?« Auf die bejahende Antwort: »Er wächst also auch in seiner Mama drinnen?«

Aus der Frage: »Wie wird ein Mensch?« die in dieser Form nicht mehr gestellt wird, hat sich aber das Fragen nach dem Werden im allgemeinen entwickelt. Er hat in diesen Wochen der Entstehung all dessen, was verfertigt wird und wächst, soweit es seinen Augen und Begriffen zugänglich ist, nachgefragt. Aus der Fülle der nach dieser Richtung in diesen Wochen gefallenen Fragen gebe ich eine Auswahl: »Wie seine Zähne wachsen; wie es ist, daß das Auge drinnen bleibt (in der Augenhöhle); wie es wird, daß die Handlinien entstehen; wie Bäume, Blumen, Wald usw. wachsen; ob der Stengel von der Kirsche von Anfang an mitwächst; ob unreife Kirschen im Magen reifen; ob abgepflückte Blumen versetzt werden können; ob abgepflückter, unreifer Samen nachher reift; wie eine Quelle wird; wie Flüsse entstehen; wie die Schiffe auf die Donau kommen; wie der Staub wird; ferner die Herstellung der verschiedenartigsten Gebrauchsgegenstände, Stoffe und Materialien. Dabei fragt er auch bei den verfertigten Gegenständen nur selten, wie sie gemacht werden, sondern fast immer: »Wie wird (z. B.) Glas?«

Mit den mehr spezialisierten Fragen: »Wie es wird, daß sich der Mensch bewegen, die Füße bewegen, etwas anfassen kann – wie es wird, daß das Blut in ihn hineinkommt – wie die Haut des Menschen wird, daß sie da ist – wieso es kommt, daß überhaupt etwas wächst – wie das wird, daß ein Mensch arbeiten, machen kann« – und der Art, wie er diesen Fragen nachgeht, ebenso wie mit dem immer wieder geäußerten dringenden Wunsch zu sehen, wie die Dinge verfertigt sind, auch ihren inneren Mechanismus kennenzulernen (Klosett, Wasserleitung, Röhren, Revolver), mit dieser Neugierde scheint mir schon das Bedürfnis, das ihm Interessante bis zu Ende zu erforschen, in die Tiefe zu dringen, wirksam zu sein. An dieser Intensität und Tiefenforschung ist vielleicht die unbewußte Neugierde nach dem Anteil des Vaters an der Geburt des Kindes (der er direkt noch nicht Ausdruck gab) auch mit beteiligt. Diese zeigt sich, glaube ich, auch bei einer anderen Art Fragen wirksam, die eine Zeitlang sehr in den Vordergrund trat, und die ohne daß er auch dies bisher bereits geäußert hätte, dem Unterschied der Geschlechter nachforschte. Wiederholt ist in dieser Zeit die Frage gefallen — ob seine Mutter, ich und seine Schwestern immer Mädchen waren — ob jede Frau, wenn sie noch klein, ein Mädchen ist — ob er nie ein Mädchen war[8] — ferner ob sein Papa, als er klein, ein Bub war — ob Papas, wenn sie klein sind, immer Buben sind — ob jeder Mensch, auch jeder Papa zuerst klein ist — auch fragte er, als die Geburtsfrage noch aktueller war, einmal seinen Vater, ob er auch in seiner Mama gewachsen sei, wobei er sagte »im Magen seiner Mama«, eine Behauptung, die er gelegentlich noch einige Male wiederholte, obzwar dieser Irrtum richtiggestellt worden war. Das stets in die Erscheinung getretene, liebevolle Interesse für Stuhl, Harn und alles damit Zusammenhängende ist auch weiter recht lebhaft geblieben, das Vergnügen daran tritt gelegentlich unverhüllt zutage. Dem Wiwi (Penis), den er sehr liebt, hat er eine Zeitlang einen Kosenamen gegeben, ihn »Pipatsch« genannt, sonst aber auch häufig »Pipi«[9]. Er hat auch einmal seinem Vater gesagt, indem er dessen Spazierstock zwischen die Beine klemmte: »Schau, Papa, was ich für ein großes, dickes Wiwi habe.« — Eine Zeitlang sprach er öfters von seinen schönen eleganten Kakis, wobei er auch gelegentlich Form, Farbe, Quantität viel Beachtung schenkt.

Wegen Unwohlseins hatte er einmal einen Einguß bekommen (ein bei ihm recht ungewohnter Vorgang, dem er jedesmal großen Widerstand entgegensetzt; auch Medizin nimmt er nur sehr schwer, speziell in Pillenform) und ist dann sehr überrascht, als er anstatt festen Stuhles — Flüssigkeit kommen fühlt. Er fragt, ob jetzt das Kaki von vorne kommt oder ob das jetzt Wiwiwasser ist. Als man ihm erklärt, daß das ebenso wie sonst vor sich geht, nur flüssig ist — fragt er: »Auch bei Mädchen ist das so — auch bei dir ist das so?«

Ein andermal bezieht er sich auf die Vorgänge im Darm, die ihm die Mutter anläßlich des Eingusses erklärt hat, und fragt nach dem Loch, wo die Kakis herauskommen. Dabei erzählt er mir, daß er letzthin in dieses Loch hineingeschaut hat oder hineinschaun wollte.

8 Im Alter von ungefähr drei Jahren zeigte sich besonderes Interesse für Schmuckgegenstände, speziell seiner Mutter (dieses Interesse hält seither an), und er äußerte wiederholt: »Wenn ich eine Dame sein werde, werde ich auf einmal drei Broschen tragen.« Wiederholt sagte er: »Wenn ich eine Mama sein werde — — —.«

9 Er war im dritten Jahre, als er einmal den um einige Jahre älteren Bruder im Bade ganz nackt sah und voller Freude ausrief: »Der Karl hat auch ein Pipi!« Dann sagte er zum Bruder: »Bitte frage die Lene, ob sie auch ein Pipi hat!«

Er fragt, ob das Klosettpapier auch für die anderen ist? Dann fragt er: . . . »Nicht wahr, Mama, du machst auch Kakis?« Als sie bejaht, meint er: »Denn nicht wahr, wenn du nicht Kakis hättest, hätte niemand auf der Welt Kakis.« Im Anschluß daran erzählt er von der Dicke und Farbe der Hundekakis, von dem anderer Tiere und vergleicht seines damit. Er hilft beim Schotenöffnen und sagt, daß er jetzt ein Klistier der Schote gibt, den Popo öffnet und die Kakis herausnimmt.
Sein praktischer Sinn, von dem festzustellen war, daß er — wie schon erwähnt — vor der Geburtsfragenperiode sehr wenig entwickelt und der Kleine in dieser Beziehung hinter anderen Kindern seines Alters zurück war, zeigte mit Einsetzen dieser Frageperiode einen mächtigen Aufschwung.
Indem er im Kampfe mit seiner Verdrängungsneigung nicht leicht und, wie es scheint, um so lebendiger verschiedene Begriffe als unwirkliche im Gegensatz zu den wirklichen erkannt hat, zeigt sich nun das Bedürfnis, alle Dinge nach dieser Richtung hin zu prüfen. Seit Abschluß der zweiten Periode tritt dies besonders in dem Bestreben zutage, auch längst vertraute, immer wieder geübte und beobachtete Vorgänge und ihm seit jeher bekannte Dinge auf ihre Wirklichkeit, ihre Begründung hin zu untersuchen — so zu selbständigen Feststellungen zu gelangen, aus denen er dann auch wieder seine eigenen Folgerungen zieht.
Z. B., er ißt ein Stück hartes Brot und sagt: »Das Brot ist sehr hart.« Nachdem er es aufgegessen hat: »Ich kann auch sehr hartes Brot essen.« — Er fragt mich, wie das heißt, worauf man in der Küche kocht (das Wort war ihm entfallen). Als ich es ihm sage, stellt er fest: »Nicht wahr, es heißt Sparherd, weil es Sparherd ist — ich heiße Fritz, weil ich Fritz bin. Du heißest Tante, weil du Tante bist.« Er hat beim Essen einen Bissen schlecht gekaut und deswegen nicht herunterschlucken können. Beim Weiteressen sagt er: »Das ist mir nicht heruntergegangen, weil ich es nicht gekaut habe.« Gleich nachher: »Der Mensch kann essen, weil er kaut.« Nach dem Frühstück erzählt er: »Wenn ich den Zucker im Tee umrühre, kommt er in den Magen.« Ich: »Ist das sicher?« Er: »Ja, weil dann bleibt er nicht in der Schale und kommt in den Mund.«
Die auf diese Weise erworbenen Feststellungen und Erkenntnisse dienen ihm sichtlich als Maß und Vergleich für neu sich ihm zur Verarbeitung darbietende Erscheinungen und Begriffe. Indem also sein Intellekt um die Verarbeitung der neu erworbenen Erkenntnisse rang, diese an ihm bekannt gewesenen Tatsachen und Begriffen zu messen und andere zum Vergleich heranzuziehen strebte, wurde er zur Überprüfung und Registrierung der bisher erworbenen und zur Bildung neuer Begriffe geführt.
»Wirklich« — »nicht wirklich« — Worte, die er ja vorher auch gebraucht hat, gewinnen nun einen ganz anderen Sinn durch

die Art ihrer Anwendung. Wenn er, gleich nachdem er Storch, Osterhase usw. als Märchen erkannt, die Geburt durch die Mutter als etwas weniger Schönes, aber Plausibles und Wirkliches festgestellt hat — als Abschluß sagt: »Aber die Schlosser sind wirklich; wer würde denn sonst den Kasten machen?« — wenn er, nachdem von ihm die Nötigung genommen wurde, an ein ihm unbegreifliches und unglaubliches, unsichtbares, allmächtiges, allwissendes Wesen zu glauben, fragt: »Nicht wahr, was ist, das sehe ich — und was man sieht, das ist wirklich. Ich sehe die Sonne und den Garten, usw.«, so hat dieses »wirklich« eben dadurch für ihn eine grundlegende Bedeutung gewonnen, die ihn befähigt, alle sichtbaren, tatsächlichen Dinge — von den bloß in Wunsch und Phantasie vorhandenen, so schönen, aber leider nicht wahren, nicht »wirklichen«, zu unterscheiden. Das »Realitätsprinzip«[10] setzt sich in ihm durch. Wenn er nach dem Gottgespräch mit Vater und Mutter, nachdem er sich mit seiner Meinung dem Unglauben der Mutter angeschlossen hatte, sagt: »Elektrische, die gibt es wirklich, und Eisenbahnen auch, denn ich bin darauf gefahren«, so hat er eben in vorerst greifbaren, körperlichen Dingen den Maßstab gefunden, an dem er auch die vagen und unverläßlichen Dinge mißt, die sein Wahrheitsdrang verwirft. Vorerst mißt er sie bloß an den greifbaren, körperlichen Dingen — aber schon indem er sagt: »Ich sehe die Sonne und den Garten — ich sehe aber nicht das Haus von Tante Marie, und es gibt es doch«, hat er einen weiteren Schritt auf diesem Wege gemacht, der die Tatsächlichkeit des nur Gesehenen auf die Tatsächlichkeit des Gedachten überträgt, indem er nämlich etwas, das ihm auf Grundlage seiner bisherigen geistigen Entwicklung als einleuchtend — also gewissermaßen auch als »greifbar« — erscheint, aber auch nur so Erworbenes, als »wirklich« feststellt und dann diese Feststellung einreiht.

Die starke Anregung und Entwicklung, die sein Wirklichkeitssinn also in der zweiten Periode erfährt, setzt sich im dritten Abschnitt unvermindert, aber mehr in der Weise fort, daß sie sich — gewiß infolge der Menge neu erworbener Feststellungen — mehr einer Überprüfung der früheren und gleichzeitig einer Entwicklung der neuen, nämlich ihrer Verarbeitung in Erkenntnisse, zuwendet. Ich gebe als Beispiele dafür einige der in dieser Zeit gefallenen Fragen und Bemerkungen. — Kurz nach dem Gottgespräch berichtet er seiner Mutter einmal nach dem Erwachen, eines der L.-Mädchen habe im erzählt, daß sie ein Kind aus Porzellan gesehen hätte, das gehen konnte. Als sie ihn fragte, wie man das nennt, was ihm da erzählt worden sei, lacht er und sagt: »Eine Geschichte«. Als sie ihm gleich nachher sein Früh-

10 Siehe Freud: Formulierungen über die zwei Prinzipien des psychischen Geschehens. (1911) (Kleine Schriften zur Neurosenlehre. Dritte Folge.) [Ges. Werke, Bd. VIII, S. 229]

stück bringt, stellt er fest: »Aber das Frühstück, nicht wahr, ist etwas Wirkliches – das Mittagessen ist auch etwas Wirkliches?« – Als man ihm verbietet, Kirschen zu essen, weil sie noch unreif sind, fragt er: »Nicht wahr, jetzt ist Sommer? Im Sommer sind aber die Kirschen reif!« – Es war tagsüber davon die Rede, daß er, wenn andere Buben ihn angreifen, zurückschlagen solle. (Er war nämlich so sanft und wenig aggressiv, daß sein Bruder es für nötig hielt, ihm diesen Rat zu geben.) Am Abend fragt er: »Mama, bitte, wenn mich ein Hund beißt, kann ich ihn zurückbeißen?« Sein Bruder hat bei Tisch Wasser eingeschenkt, wobei er das Glas auf die etwas aufgebogene Kante gestellt und dabei verschüttet hat. Fritz sagt: »Das Glas steht nicht gut auf dieser Grenze.« (Er nennt jeden abschließenden Rand, überhaupt jeden Abschluß, z. B. auch das Kniegelenk »Grenze«.) »Nicht wahr, Mama, wenn ich das Glas auf die Grenze stellen wollte, so wollte ich verschütten!« Ein sehnlicher und oft geäußerter Wunsch von ihm ist, auch das Höschen, das einzige Kleidungsstück, das er nun bei der Hitze im Garten trägt, ablegen und ganz nackt sein zu können. Da die Mutter auf seine Frage, warum er das nicht soll, wirklich keinen triftigen Grund vorbringen kann, so erwidert sie, daß nur ganz kleine Kinder nackt zu sein pflegen; daß doch auch seine Spielgefährten, die L.-Kinder, nicht nackt sind, weil man das nicht macht. Darauf sagt er bittend: »Bitte, erlaube, daß ich nackt bin; dann werden die L.-Kinder sagen, daß ich nackt bin, und sie werden dürfen, und dann werde ich auch nackt sein.« – Für Geldverkehr zeigt er nun endlich nicht nur Verständnis, sondern auch Interesse.[11] Er stellt gelegentlich wiederholt fest, daß man Geld bekommt für das, was man arbeitet, und das, was man im Geschäft verkauft; daß der Papa für seine Arbeit Geld bekommt, aber bezahlen muß für das, was man ihm arbeitet. Auch fragt er seine Mutter, ob sie Geld bekommt für das, was sie arbeitet (im Haushalt). – Als er wieder einmal um etwas bittet, das jetzt nicht zu haben ist, fragt er: »Ist jetzt noch Krieg?« Als man ihm darauf erklärt, daß doch noch immer wenig Waren vorhanden, sie teuer sind, und man deshalb schwer einkaufen könne, fragt er: »Weil wenig ist, ist es teuer?« Nachher läßt er sich noch erklären, welche Gegenstände z. B. billig und welche teuer sind. – Einmal fragt er: »Nicht wahr, wenn man schenkt, das ist so, daß man nichts dafür bekommt?«

Sehr deutlich zeigt sich auch sein Bedürfnis, sich über die Grenzen seiner Rechte und Macht ins klare zu kommen. Er hatte

11 Für das nun hervortretende Interesse und Verständnis für Geld war wohl auch bestimmend, daß die Aufklärung, die sichtlich Hemmungen behob, seinen Komplexen die Möglichkeit gab, bewußter zu werden. Wiewohl seine Koprophilie sich auch bis dahin ziemlich offen geäußert hatte, ist doch wohl anzunehmen, daß die allgemeine, nun einsetzende Tendenz zur Aufhebung von Veränderungen auch in bezug auf seine Analerotik sich geltend machte und so ihr Anstoß zur Sublimierungsmöglichkeit – zum Interesse für Geld – bot.

damit den Anfang gemacht, als er — an dem Abend, da die Frage fiel, »wie lange noch immer ein neuer Tag kommen werde« — sich bei der Mutter erkundigte, ob er aufhören müsse zu singen, wenn sie es ihm verbiete. Damals zeigte er zuerst lebhafte Befriedigung über die Versicherung, daß sie ihn nach Möglichkeit tun läßt, wozu er Lust hat, und er suchte sich das durch Beispiele, wann das möglich sei und wann nicht, klarzumachen. Einige Tage darauf bekam er von seinem Papa Spielzeug mit der Bemerkung, das gehöre ihm, wenn er brav sei. Er erzählt mir das und fragt: »Was mir gehört, das kann mir doch niemand wegnehmen, auch Mama nicht, auch der Papa nicht?« Er war sehr zufrieden, als ich ihm das zugestand. Am selben Tag fragt er noch seine Mutter: »Nicht wahr, Mama, du verbietest mir nichts so — nur mit Grund« (wobei er sich ungefähr der seinerzeit von ihr benützten Worte bedient). Zu seiner Schwester sagt er einmal: »Ich kann alles machen, was ich kann — wie geschickt ich dazu bin und was ich darf.« Mir sagt er ein andermal: »Nicht wahr, ich kann alles machen, was ich will, nur nicht schlimm sein!« Übrigens fragt er einmal bei Tisch: »Darf ich denn nie unartig essen?« Und als man ihn damit tröstet, daß er doch schon oft genug unartig gegessen habe, meint er: »Und jetzt darf ich dann nie mehr unartig essen?«[12] Häufig sagt er beim Spiel oder bei anderen Gelegenheiten von Dingen, die er gerne macht: »Ich tue das — nicht wahr —, weil ich will!« So zeigt es sich, daß er in diesen Wochen mit sich über die Begriffe: Wollen, Müssen, Dürfen, Können vollkommen ins reine gekommen ist. Von einem Spielzeug, dessen Mechanismus darin besteht, daß ein in einem kleinen Käfig befindlicher Hahn beim Öffnen des Türchens, das ihn zurückgedrängt hat, herausspringt, sagt er: »Der Hahn springt heraus, weil er muß.« Als noch am selben Abend von der Geschicklichkeit der Katzen die Rede ist und erzählt wird, daß eine Katze auch aufs Dach klettern kann, fügt er hinzu: »Wenn sie will.«

Er sieht eine Gans und fragt, ob sie laufen kann. Gerade in dem Augenblick beginnt die Gans zu laufen. Er fragt: »Sie läuft, weil ich es gesagt habe?« Als das verneint wird, setzt er fort: »Weil sie wollte?«

In engstem Zusammenhang mit der bedeutenden Entwicklung seines Wirklichkeitssinnes scheint mir der Abbau seines noch vor einigen Monaten so stark in die Erscheinung getretenen »Allmachtsgefühles« zu stehen, der schon in der zweiten Periode einsetzte, aber seither noch merklichere Fortschritte gemacht hat. Er zeigte und zeigt bei verschiedenen Gelegenheiten die Kenntnis

12 Wiederholt bittet er seine Schwester, doch auch manchmal recht unartig zu sein, und verspricht ihr, sie dafür sehr zu lieben. Daß Papa oder Mama mitunter auch etwas schlecht machen, nimmt er mit großer Befriedigung zur Kenntnis und sagte bei so einer Gelegenheit: »Nicht wahr, auch eine Mama kann etwas verlieren?«

der Beschränkung seiner Fähigkeiten, ebenso wie er nun auch nicht mehr so Unbegrenztes von seiner Umgebung voraussetzt. Aber immer wieder zeigen doch Fragen und Bemerkungen, daß es sich eben nur um einen Abbau handelt, daß zwischen seinem sich entwickelnden Wirklichkeitssinn und dem tief wurzelnden Allmachtsgefühl — also zwischen Realitätsprinzip und Lustprinzip — sich Kämpfe abspielen, die häufig zu Kompromißbildungen führen, oft aber zugunsten des Lustprinzips entschieden werden. Ich führe einige Fragen und Bemerkungen an, aus denen ich diese Folgerungen gezogen habe. Einen Tag nach dem Gespräch, in dem er Osterhase usw. erledigt hatte, erkundigt er sich bei mir, wie die Eltern den Weihnachtsbaum herrichten und ob der Baum auch gemacht wird oder wirklich wächst. Dann fragt er mich, ob ihm die Eltern nicht zu Weihnachten einen Wald von Weihnachtsbäumen schmücken und schenken könnten. Noch am selben Tage bittet er die Mutter, ihm den Ort B. (wohin er im Laufe des Sommers fahren soll) zu schenken, damit er ihn gleich habe.[13] In der Frühe sagt man ihm einmal, daß es kühl ist und er deshalb wärmer angezogen werden muß. Nachher sagt er zu seinem Bruder: »Es ist kalt, demzufolge ist Winter. Es ist Winter, demzufolge ist Weihnachten. Du — heute ist Weihnachtsabend. Wir werden Schokolade schlecken und Nüsse vom Baum essen.«

Überhaupt wünscht und bittet er häufig Mögliches und Unmögliches von ganzem Herzen und inständig, wobei er viel Leidenschaftlichkeit und auch Ungeduld zeigt, die sonst nicht sehr in die Erscheinung treten, da er ein ruhiges, wenig aggressives Kind ist.[14] Z. B. sagt er, als von Amerika die Rede ist: »Mama, bitte, ich möchte Amerika sehn — aber nicht, wenn ich groß bin — gleich jetzt möchte ich es sehn.« Dieses »nicht, wenn ich groß bin, gleich jetzt« verwendet er häufig im Anschluß an Wünsche, bei denen er voraussetzen kann, daß er mit ihrer Erfüllung auf später vertröstet werden wird. Aber auch in der Äußerung seiner Wünsche, die in der Zeit, da sein Allmachtsglaube so stark in die Erscheinung trat, durch die Unterscheidung von Erfüllbarkeit oder Unerfüllbarkeit gar nicht beeinflußt schien, zeigt sich nun meist eine Anpassung an Möglichkeit und Wirklichkeit.

Mit den Bitten, ihm einen Wald von Weihnachtsbäumen und den Ort B. zu schenken, die er am Tage nach dem Gespräch äußerte,

13 Zu dieser Zeit bat er auch einmal die Mutter, die in der Küche beschäftigt war, sie möge doch den Spinat so kochen, daß daraus Kartoffeln würden.

14 In seinen Liebesäußerungen zeigt er sich sehr zärtlich, besonders der Mutter, aber auch seiner übrigen Umgebung gegenüber, ist mitunter auch stürmisch, aber im allgemeinen eher zärtlich als stürmisch. Allerdings zeigt sich seit einiger Zeit in der Intensität seiner Fragen eine gewisse Leidenschaftlichkeit. Im Alter von ungefähr eindreiviertel Jahren trat die Liebe zum Vater auch etwas stürmisch hervor. Er liebte ihn zu dieser Zeit entschieden mehr als die Mutter. Einige Monate, bevor sich dies zeigte, war der Vater nach fast einjähriger Abwesenheit wieder nach Hause gekommen.

das ihm den Verlust so vieler Illusionen gebracht hatte (Osterhase, Storch usw.), hat er vielleicht einen Versuch gemacht, wie weit die mit dem Verlust dieser Illusionen zugleich gewiß auch stark erschütterte elterliche Allmacht doch noch reiche. Dagegen fügt er, wenn er mir nun erzählt, was er mir für schöne Dinge aus B. mitbringen wird, jetzt immer hinzu: »Wenn ich kann« oder »Was ich kann«, während er sich früher ebenso wie in der Formulierung von Wünschen auch in der von Versprechungen (was er mir und den anderen alles schenken wird, wenn er groß ist) durch die Unterscheidung von Möglichkeit oder Unmöglichkeit gar nicht beeinflußt zeigte. Wenn nun von ihm unbekannten Kenntnissen oder Handfertigkeiten die Rede ist (z. B. Buchbinden), sagt er, daß er es nicht kann, und bittet, es lernen zu dürfen. Aber es braucht oft nur eines kleinen, ihm günstig scheinenden Umstandes, um seinen Allmachtsglauben wieder wirksam zu zeigen, z. B. wenn er behauptet, daß er auch mit Maschinen umgehen kann wie ein Maschineningenieur, weil er eine kleine Spielmaschine bei seinem Freunde kennengelernt hat, oder wenn er seinem Eingeständnisse, etwas nicht zu wissen, oft hinzufügt: »Wenn man es mir gut zeigt, werde ich es wissen.« Sehr häufig vergewissert er sich in solchen Fällen, ob sein Papa das auch nicht weiß. Es zeigt sich dabei deutlich eine ambivalente Einstellung. Mitunter scheint ihm die Antwort, daß auch Papa oder Mama etwas nicht wissen, befriedigend, ein andermal nimmt er sie ungerne zur Kenntnis und versucht, sie durch Gegenbeweise zu entkräftigen. Das Mädchen hat ihm einmal auf seine Frage, ob sie alles weiß, mit »Ja« erwidert. Obwohl sie nachher diese Behauptung zurückgezogen hat, wandte er sich dann noch eine Zeitlang an sie mit der gleichen Frage, wobei er sie durch eine schmeichelhafte Bemerkung über ihre Geschicklichkeit, die ihn zu diesem Glauben veranlasse, dahin zu beeinflussen suchte, bei ihrer ersten Behauptung des »Alleswissens« zu verbleiben. Auf diese Behauptung, daß die Toni alles weiß (wobei er aber sicher andererseits davon überzeugt ist, daß sie weit weniger weiß als seine Eltern), berief er sich einige Male, als er die Antwort erhielt, daß auch Papa oder Mama etwas nicht machen können, und es ihm eben damals sichtlich unangenehm war, das zu glauben. Er bat mich einmal, die Wasserleitungsrohre auf der Straße bloßzulegen, weil er sich sie von innen ansehen möchte. Auf meine Antwort, daß ich das nicht machen und auch nachher nicht mehr in Ordnung bringen könnte, suchte er diesen Einwand dadurch zu widerlegen »wer aber solche Sachen machen würde, wenn nur die Familie L. und er und seine Eltern allein auf der Welt wären?« Er erzählt seiner Mutter einmal, daß er eine Fliege gefangen hat, und fügt hinzu: »Ich habe Fliegen fangen gelernt.« Wie er das gelernt hat, erkundigte sie sich. »Ich habe probiert, eine zu fangen, und es ist gegangen und jetzt kann ich es.« Da er sich gleich nachher bei ihr erkundigte, ob sie das »Mamasein« gelernt hätte, glaube ich nicht mit der Annahme fehlzugehen, daß er sich — vielleicht nicht ganz bewußt — über sie lustig gemacht hat.

Diese ambivalente Einstellung, deren Erklärung dadurch gegeben ist, daß das Kind sich an die Stelle des mächtigen Vaters (die es doch auch einmal einzunehmen hofft) versetzt, sich mit ihm identifiziert, daß es aber anderseits diese sein Ich tatsächlich einschränkende Macht beseitigen möchte, gilt gewiß auch für dieses Verhalten bezüglich der Allwissenheit den Eltern gegenüber.

Aus der Art aber, wie ein erstarkender Wirklichkeitssinn sichtlich den Abbau des Allmachtsgefühles begünstigt, wie der Kleine die Siege über dieses, deutlich mit entschiedener Unlustüberwindung, durch seinen Forschungsdrang getrieben, nicht leicht erkämpft, meine ich folgern zu können, daß eben dieser Kampf zwischen Wirklichkeitssinn und Allmachtsgefühl die ambivalente Einstellung auch mit beeinflußt. Wenn in diesem Kampfe das Realitätsprinzip die Oberhand gewinnt und die Notwendigkeit durchsetzt, die Unbegrenztheit des eigenen Allmachtsgefühles einzuschränken, läuft parallel damit das Bedürfnis, bei dieser schmerzlichen Notwendigkeit in der Verminderung der elterlichen Allmacht eine Erleichterung zu finden. Siegt aber das Lustprinzip, dann findet es an der Autorität der elterlichen Vollkommenheit eine Stütze, die es zu schützen sucht. Das wäre vielleicht auch mit ein Grund, warum das Kind ebenso wie zur Rettung des eigenen auch zu der des Allmachtsglaubens der Eltern Versuche unternimmt, sowie sich ihm dazu eine anscheinende Möglichkeit bietet.

Wenn er, durch das Realitätsprinzip bewogen, den schmerzlichen Verzicht auf das eigene, unbegrenzte Allmachtsgefühl versucht, ergibt sich vielleicht — auch mit Anschluß daran — das beim Kinde so deutlich zutage tretende Bedürfnis, die Machtgrenzen der Eltern und die eigenen festzustellen.

Es scheint mir, als ob in diesem Falle der Wißtrieb als der im Kinde primärer und stärker entwickelte den schwächer entwickelten Wirklichkeitssinn angeregt und mit Überwindung der Verdrängungsneigung zu den Feststellungen der für ihn so neuen und bedeutsamen Erkenntnisse gedrängt hätte.[15] Durch diese, speziell auch die mit ihnen verbundene Autoritätsminderung, hätte dann das Realitätsprinzip in ihm eine neuerliche und so verstärkte Kräftigung erfahren, daß er die schon mit diesen

15 Es ist anzunehmen, daß das Kind in der Entwicklung seines Wirklichkeitssinnes auf einer gewissen Stufe des Allmachtsglaubens fixiert geblieben war. (Siehe Ferenczi: Entwicklungsstufen des Wirklichkeitssinnes. Int. Zeitschr. f. ärztl. Psychoanalyse, Jahrg. I, 1913.) Sichtlich ist es der nun infolge der Aufklärung mit ungehemmter Wirksamkeit einsetzende Wißtrieb, der es ermöglicht, daß mit Überwindung des Lustprinzipes das Realitätsprinzip in ihm zur Geltung kommt, er eine weitere Stufe des Wirklichkeitssinnes zu nehmen vermag.

Entwicklungen zugleich begonnene Beeinflussung und Überwindung des Allmachtsgefühles in bezug auf Denken und Erkennen erfolgreich fortführen konnte. Diesen Abbau aber, der das Bedürfnis nach Verminderung der elterlichen Vollkommenheit mit sich führt (was gewiß auch zur Feststellung der Grenzen ihrer und der eigenen Macht beiträgt), beeinflußt wieder die Verminderung der Autorität, so daß zwischen Autoritätsverminderung und dem Abbau des Allmachtsgefühles eine Wechselwirkung, eine gegenseitige Unterstützung bestünde.

Sehr stark entwickelt zeigt sich, gewiß im Zusammenhang mit dem so wenig erschütterten Allmachtsgefühl, sein Optimismus, was früher besonders hervortrat, aber sich auch jetzt bei verschiedenen Gelegenheiten erweist. In der Anpassung an die Wirklichkeit hat er auch hierin parallel zum Abbau des Allmachtsgefühles große Fortschritte gemacht, aber sehr häufig zeigt sich auch sein Optimismus stärker als alle Realität. Dies trat besonders bei einer sehr schmerzlichen Enttäuschung, ich denke der schwersten seines bisherigen Lebens, zutage. Seine Spielgefährten, in derem guten Verhältnis zu ihm infolge äußerer Gründe eine Störung eingetreten war, trugen im Gegensatz zu der bis dahin bewiesenen Liebe und Zärtlichkeit ein vollkommen verändertes Verhalten zur Schau. Sie gaben ihm, da sie in der Mehrheit und älter sind, in jeder Weise ihre Macht zu fühlen, verhöhnten und kränkten ihn. Da er wenig aggressiv und zärtlich ist, versuchte er beharrlich, durch Freundlichkeit und Bitten sie wieder zu gewinnen, und schien eine Zeitlang ihre Unfreundlichkeiten auch vor sich selbst nicht zur Kenntnis zu nehmen. Z. B. war er, obwohl er nicht umhin konnte, die Tatsache anzuerkennen, absolut nicht geneigt zuzugestehen, daß sie ihn belügen, und als sein Bruder es ihm gelegentlich wieder bewies und ihn ermahnte, ihnen doch nicht zu glauben, sagte Fritz bittend: »Aber nicht immer lügen sie.« Dann aber zeigten doch gelegentliche, wenn auch seltene Klagen, daß er sich entschließt, das ihm widerfahrene Unrecht zur Kenntnis zu nehmen. Es traten nun auch aggressive Tendenzen ganz unverhüllt hervor (er sprach davon, sie mit seinem Spielrevolver wirklich totzuschießen, ihnen ins Auge zu schießen, sprach auch einmal von totschlagen, als er von den Kindern geschlagen worden war, und zeigte so und durch andere Bemerkungen und auch im Spiel seine Todeswünsche)[16], aber dabei hat er nichtsdestoweniger seine Versuche, sie wiederzugewinnen, nicht aufgegeben. Sobald sie wieder mit ihm spielen, scheint er alles Erlebte vergessen zu haben und alles für gut zu halten, wiewohl dann doch wieder gelegentliche Bemerkungen zeigen, daß er sich

16 Auch früher hat er gelegentlich, wenn auch sehr selten, wenn er auf seinen Bruder sehr böse war – von totschießen und totschlagen gesprochen. Seit letzter Zeit erkundigt er sich öfter, wen man totschießen darf – und stellt fest: »Wer mich erschießen will, den darf ich totschießen.«

der Veränderung des Verhältnisses vollkommen bewußt ist. Er hat, da ihn besonders mit dem einen der kleinen Mädchen eine zärtliche Liebe verbindet, unter dieser Sache sichtlich gelitten, aber doch mit Ruhe und großem Optimismus sich hineingefunden. Als er einmal vom Sterben hörte und ihm auf seine Frage erklärt wurde, daß jeder Mensch, wenn er alt ist, sterben muß, meinte er zu seiner Mutter: »Dann werde auch ich sterben, du auch, die L.-Kinder auch. Und dann werden wir wieder kommen, und dann werden sie wieder brav sein. Kann sein — vielleicht —.« Als er dann andere Spielgefährten fand — Buben —, schien er die ganze Sache verschmerzt zu haben und behauptet jetzt auch wiederholt, die L.-Kinder nicht mehr zu lieben.

Die Frage der Nichtexistenz Gottes hat er seit diesem Gespräch nur selten und flüchtig berührt, ist auf Osterhase, Weihnachtsmann, Engerl usw. überhaupt nicht mehr zurückgekommen. Den Teufel hat er noch einmal erwähnt. Er fragte seine Schwester, was alles im Lexikon steht. Als sie ihm erklärte, daß man dort alles nachschauen kann, was man nicht weiß, erkundigte er sich: »Steht auch etwas vom Teufel drinnen?« Auf ihre Antwort: »Ja, es steht drinnen, daß es keinen gibt«, erwiderte er nichts mehr. Eine eigene Theorie scheint er sich bezüglich des Todes konstruiert zu haben, wie zuerst aus seiner Bemerkung betreffend die L.-Kinder: »Dann werden wir wiederkommen«, hervorging. Bei einer anderen Gelegenheit sagt er: »Ich möchte gerne Flügel haben und fliegen können. Haben die Vögel schon Flügel, wenn sie noch tot sind? Man ist doch schon tot, wenn man noch nicht da ist.« Auch in diesem Falle wartet er keine Antwort ab und geht gleich zu einem anderen Thema über. Vom Fliegen und Flügel-haben phantasierte er nachher noch einige Male. Als ihm seine Schwester bei so einer Gelegenheit vom Luftschiff erzählt, das dem Menschen Flügel ersetzt, gefällt ihm das weniger. Das Thema »Sterben« scheint ihn jetzt überhaupt zu beschäftigen. Seinen Papa fragt er einmal, wann er sterben wird; dem Mädchen erzählt er auch, daß es einmal sterben wird; »aber nur, wenn sie sehr alt ist«, wie er tröstend hinzufügt. Daran anschließend sagt er mir, daß er, wenn er gestorben ist, sich nur mehr langsam bewegen wird — so: (er bewegt ganz langsam und wenig den Zeigefinger) — und daß auch ich, wenn ich tot bin, mich nur so langsam werde bewegen können. Ein andermal fragt er mich, ob, wenn man schläft, man sich gar nicht rührt, und meint dann: »Nicht wahr, mancher rührt sich, mancher nicht?« Er sieht in einem Buche ein Bild Kaiser Karls des Großen und erfährt auf seine Frage, daß er schon vor langen Zeiten gestorben ist. Darauf fragt er: »Und wenn ich der Kaiser Karl wäre, wäre ich schon lange gestorben?« Auch fragt er, wenn man sehr lange nicht ißt, ob man dann sterben muß, und wie lange das dauert, bis man daran stirbt.

Wenn ich die Beobachtungen über die unter dem Einfluß der neuen Erkenntnis intensiv gesteigerte Denktätigkeit des Kindes mit früheren Beobachtungen und Erfahrungen über mehr oder weniger ungünstige Entwicklungen zusammenhalte, so ergeben sich mir daraus neue Einsichten.

Die Ehrlichkeit dem Kinde gegenüber, die aufrichtige Beantwortung aller seiner Fragen und die ihm dadurch ermöglichte innere Freiheit beeinflussen grundlegend in günstiger Weise die geistige Entwicklung, indem sie es vor den das Denken treffenden Hauptschädigungen der Verdrängungsneigung bewahren: dem Entzug von Triebkraft, von der auch ein Teil der Sublimierung verlorengeht, und der mit den verdrängten Komplexen zugleich verbundenen Mitverdrängung von Ideenassoziationen, wodurch die Folgerichtigkeit des Denkens gestört wird. Darüber sagt Ferenczi in seinem Artikel »Symbolische Darstellung des Lust- und Realitätsprinzips im Ödipus-Mythos«[17]: »Diese durch die kulturelle Erziehung der Rasse und des einzelnen für das Bewußtsein höchst unlustvoll gewordenen, daher verdrängten Tendenzen ziehen eine große Menge anderer mit diesen Komplexen assoziierten Vorstellungen und Tendenzen mit sich in die Verdrängung und schalten sie aus dem freien Gedankenverkehre aus oder lassen sie zumindest nicht mehr mit wissenschaftlicher Sachlichkeit behandeln.«

Bei dieser Hauptschädigung des Denkens — der Ausschaltung der Assoziationen aus dem freien Gedankenverkehr — käme nun, meine ich, auch die Art der Schädigung in Betracht, die Dimensionen gewissermaßen, unter denen das Denken von ihr betroffen wird, wodurch die Richtung des Denkens, nämlich die Ausbreitung nach Breite oder Tiefe bestimmend beeinflußt würde. Wie nun in dieser Zeit des intellektuellen Erwachens Begriffe aufgenommen oder als dem Bewußtsein unerträglich abgestoßen werden, dafür wäre bedeutsam die Art der Schädigung, die diesen Vorgang (der vorbildlich für das Leben bleibt) auslöst. Die Schädigung käme so zustande, daß bis zu einem gewissen Grade auch unabhängig voneinander das »Eindringen in die Tiefe« oder aber die die Breitendimension füllende »Quantität« betroffen werden kann.[18]

In beiden Fällen würde nicht etwa nur eine Veränderung der Richtung bewirkt und die der einen Dimension entzogene Kraft der anderen zugute kommen. Wie sich aus allen anderen durch zu große Verdrängung zustande gekommenen psychischen Entwicklungen folgern läßt, bleibt die durch Verdrängung betroffene Kraft auch tatsächlich gebunden.

17 Imago, I, 1913.

18 In dem 1902 erschienenen Buch von Dr. Otto Groß: »Die zerebrale Sekundärfunktion« stellt er zwei Typen der Minderwertigkeit bei »verflachtem« und der bei »verengtem« Bewußtsein auf, deren Entwicklung er auf »typische konstitutionelle Veränderungen der Sekundärfunktion« zurückführt.

Daß aber diese erste, wichtigste Schädigung des Denkens einem das Ich belastenden Übermaß an Verdrängung — ob nun in seiner Gesamtheit oder in einer seiner Dimensionen —, in besonderem Maße der durch Heuchelei, Lüge und Verheimlichung bewerkstelligten Absperrung und Verheimlichung des Sexuellen und Primitiven entstammt, folgt daraus, daß sie damit jenes Gebiet trifft, dem sich die ursprünglichsten Wünsche, Triebe und Interessen zuwenden — an dem also auch der erwachende Intellekt seine Begriffe bilden und einreihen lernt; mit der Beschränkung des einen geht auch die Verstümmelung des anderen Hand in Hand.

Wenn nun durch diese Absperrung und Verheimlichung die natürliche Neugierde, unbewußt als vorhanden geahnten Tatsachen und Erscheinungen auf den Grund zu kommen, zurückgedrängt wird, so werden dann die tiefergehenden Fragen, von denen das Kind unbewußt fürchtet, daß es auf Verbotenes, Sündhaftes, stoßen könnte, mit verdrängt — zugleich aber auch das Bedürfnis, überhaupt tiefergehenden Fragen nachzuforschen, unterbunden. So wäre damit die Scheu vor der Tiefenforschung an sich hergestellt, und es wäre der Weg gegeben, daß dann zufolge angeborener, nicht zu unterdrückender Lust daran das Fragebedürfnis sich an der Oberfläche bewegen, eben zur oberflächlichen Neugierde werden wird. Oder aber es entwickelt sich der Typus des Begabten, dem man so häufig im täglichen Leben wie auch in der Wissenschaft begegnet, der, reich an Ideen, bei deren tiefergehender Ausführung versagt. Hierher gehört auch der Typus des anpassungsfähigen, klugen, praktischen Menschen, der Sinn für die Wirklichkeiten der Oberfläche hat, aber blind für die Wirklichkeiten ist, die nur in tieferreichenden Zusammenhängen zu finden sind — der das Tatsächliche vom Autoritativen im Gedanklichen nicht zu unterscheiden vermag. Die Furcht, ihm autoritativ als wahr aufgedrängte Begriffe als falsch erkennen zu müssen, die Furcht, verpönte und verleugnete Dinge unbefangen als vorhanden festzustellen — hat ihn zur Scheu, mit seinen Zweifeln tiefer einzudringen, hat ihn zur Flucht vor der Tiefe überhaupt geführt. In diesen Fällen könnte, so denke ich es mir, die Entwicklung mit beeinflußt worden sein durch die infolge Verdrängung in der Tiefenausdehnung erfolgte Beschädigung des Wißtriebes und damit der Entwicklung des Wirklichkeitssinnes.

Wenn aber die Verdrängung den Wißtrieb in einer Weise trifft, daß durch die Scheu vor Verheimlichtem und Verpöntem die ungehemmte Lust zum Fragen nach diesen verbotenen Dingen, damit auch die allgemeine Fragelust, die Quantität des Forschungsdranges unterbunden, sie also in ihrer Breitendimension betroffen wird, so wäre damit die Vorbedingung zum späteren Mangel an Interessen gegeben. Wenn das Kind dann eine gewisse

Hemmungsperiode seines Forschungsdranges überwunden hat und dieser selbst wirksam bleibt oder wieder wird — kann er, dem nun die Scheu vor dem Anschneiden neuer Fragen anhaftet — die ganze Wirksamkeit seiner noch übrigen, nicht gebundenen Kraft auf die Tiefe einzelner weniger Probleme verwenden. So würde sich der Typus des Forschers entwickeln, der, von einer Frage angezogen, ihr die Arbeit seines Lebens widmen kann, ohne außerhalb dieses ihm gemäßen begrenzten Gebietes besondere Interessen zu empfinden. Ein anderer Typus des Gelehrten ist der Forscher, der, in die Tiefe dringend, dem Erkennen des Wirklichen sich gewachsen zeigt und auf diese Weise neue und große Wahrheiten findet, aber den größeren und kleinen Wirklichkeiten des täglichen Lebens gegenüber vollkommen versagt — er ist absolut unpraktisch. Das kann sich nicht daraus erklären, daß er, großen Aufgaben zugewendet, die kleinen nicht mehr seiner Aufmerksamkeit würdigt. Wie Freud bei der Untersuchung der Fehlleistungen feststellt, kann der Aufmerksamkeitserziehung nur eine Bedeutung als Nebenmoment zukommen. Sie bedeutet nichts für die grundlegende Ursache, nichts für den Mechanismus, durch welchen die Fehlleistung zustande kommt, sie kann höchstens eine begünstigende Wirkung haben. Wenn wir nun auch annehmen können, daß der mit großen Erkenntnissen beschäftigte Denker wenig Interesse für die Dinge des täglichen Lebens übrig hat, so sehen wir ihn dann in solchen Situationen versagen, wo er zufolge eiserner Notwendigkeit schon das Interesse hätte, aber sich eben praktisch nicht zurechtfinden kann. Daß er so geworden ist, dafür meine ich den Grund darin zu finden, daß er in einer Zeit, wo in erster Linie greifbare, einfache, alltägliche Dinge und Begriffe von ihm als wirklich erkannt werden sollten, an deren Erkenntnis durch etwas gehindert wurde, was auf dieser Stufe gewiß noch nicht Aufmerksamkeitsentziehung zufolge Mangel an Interesse für das Einfache, Naheliegende, sondern nur Verdrängung sein konnte. Es ließe sich annehmen, daß er früher einmal, am Erkennen anderer von ihm als wirklich geahnter, aber verpönter, primitiver Dinge gehemmt, zugleich auch das Erkennen der Dinge des täglichen Lebens, der ursprünglichen, der greifbar sich ihm darbietenden, in diese Hemmung und Verdrängung mit hineinbezog. So bliebe ihm — sei es, daß er sich ihm gleich zuwendet oder vielleicht erst nach Überwindung einer gewissen Hemmungsperiode — nur mehr der Weg in die Tiefe; er scheut nach dem in der Kindheit hergestellten vorbildlichen Vorgang die Breite, die Oberfläche. Dadurch hat er einen Weg nicht beschritten und kennengelernt, der auf diese Weise für immer für ihn ungangbar wurde, den er also in späterer Zeit nicht einfach und natürlich gehen kann, wie es sich wohl auch ohne besonderes Interesse auf einem Wege machen läßt, der einem von früherer Zeit bekannt und wohlver-

traut ist. Er hat eben diese eine in die Verdrängung eingeschlossene Stufe übersprungen, so wie im Gegensatz dazu der andere, der »nur Praktische« nur diese eine Stufe nehmen konnte, aber den Zugang zu den tieferführenden Stufen verdrängt hat.
Es ereignet sich häufig, daß Kinder, die (meist noch vor Einsetzen der Latenzzeit) durch ihre Äußerungen hervorragende geistige Fähigkeiten zeigen und zu großen Hoffnungen für ihre Zukunft zu berechtigen scheinen, später nachlassen und schließlich als Erwachsene wohl ganz gescheit sind, aber einen durchaus nicht über den Durchschnitt sich erhebenden Intellekt aufweisen. Bei den Ursachen dieser Nichtentwicklung könnte wohl auch die größere oder kleinere Beschädigung der einen oder anderen Dimension mit als Erklärung dienen. Dafür würde die Tatsache sprechen, daß so manche Kinder, die durch ihre außerordentliche Fragelust, durch die Anzahl ihrer Fragen – andere, die durch ihr fortwährendes Forschen nach dem »wieso und warum« jeder Sache – ihre Umgebung ermüden, nach einiger Zeit nachlassen und schließlich: die einen wenig Interesse, die anderen Oberflächlichkeit in ihrem Denken zeigen. Daß sich bei ihnen das Denken – sei es in seiner Gesamtheit oder in der einen oder anderen Dimension betroffen – nicht nach allen Seiten ausdehnen konnte, hat es an der Entwicklung gehindert, die eben die Bedeutung des Geistes ergeben hätte, zu der es in der Kindheit bestimmt schien.
Die bedeutsame Schädigungsursache des Wißtriebes und Wirklichkeitssinnes, die Verpönung und Verleugnung des Sexuellen und Primitiven, löst die Wirkung der Verdrängung durch Absperrung aus – zugleich aber droht ihnen eine andere eminente Gefahr, und zwar nicht durch Entziehung, sondern durch Aufoktroyierung, durch Aufdrängung fertiger, und zwar auf eine solche Art fertig gereichter Begriffe, daß die Erkenntnis des Tatsächlichen, die sich dagegen nicht aufzulehnen wagt, die Folgerung, die daraus Schlüsse zu ziehen gar nicht unternimmt, dauernd dadurch ungünstig beeinflußt werden.
Die erste und übermächtige Autorität, der die Begriffe des Kindes begegnen, zu einer Zeit also, da es, hilflos und autoritätsbedürftig, sie als mit vollkommener Macht ausgerüstet empfindet, sind die Eltern. Wie das Kind sich dieser Autorität gegenüber verhalten – ob es sich ihr bedingungslos beugen, sich gegen sie auflehnen oder sich möglichst unbehindert davon entwickeln kann –, wird somit bestimmend für seine spätere Einstellung jeder Autorität gegenüber. Die Art also, wie die Eltern die Macht- und Autoritätsfrage auch schon in der ersten Erziehung handhaben, wird gewiß in bedeutsamer Weise dazu beitragen, nicht nur ein mehr oder weniger widerspruchlos folgsames, kritikloses Kind, sondern auch diese Geistesentwicklung für das ganze Leben zu bilden.

Man hebt bei besonders voraussetzungslosen, im Gegensatz zu Herkommen und Autorität zustande gekommenen Forschungsergebnissen den »Mut« des Denkers hervor. Es würde keinen so großen erfordern, wenn er nicht eben in der Kindheit einer außerordentlichen Tapferkeit bedurft hätte, die heiklen, von den höchsten Autoritäten teils verleugneten, teils verbotenen Themen im Gegensatz zu ihnen zu durchdenken. Wenn es nun auch eine häufige Beobachtung ist, daß der Widerstand die Kräfte entwickelt und stählt, die zu einer Überwindung geweckt werden, so gilt das sicher nicht für die seelische und geistige Entwicklung. Sich im Gegensatze zu jemandem oder etwas entwickeln, heißt ja nicht weniger abhängig sein, als sich seiner Autorität bedingungslos zu unterwerfen, zwischen beiden Extremen entwickelt sich die wirkliche geistige Unabhängigkeit. Der Kampf, den der sich entwickelnde Wirklichkeitssinn gegen die mitgebrachte Verdrängungsneigung zu führen hat, der Prozeß, aus dem, ähnlich wie die Errungenschaften von Wissenschaft und Kultur in der Geschichte der Menschheit, auch beim einzelnen die Erkenntnisse mühsam werden müssen, und die unvermeidlichen Hindernisse der Außenwelt sind reichlich genug, den Widerstand zu vertreten, der als Anregung der Entwicklung der Kräfte durch Gegenwirkung noch dienen kann, ohne die Selbständigkeit der Entwicklung zu gefährden. Was außerdem in der Kindheit noch überwunden werden muß – in der Form von Gegensatz oder Unterwerfung –, was äußerlich noch als Widerstand zugetragen wird, ist zumindest überflüssig, meist aber schädlich, weil es als Hemmung und Schranke wirken wird.[19] Wenn auch häufig nebst deutlich kennbaren Hemmungen hohe geistige Fähigkeiten beobachtet werden, so sind auch diese gewiß nicht unbeeinflußt geblieben von den ungünstigen, hindernden Einflüssen ihres Werdebeginnes. Wieviel von dem geistigen Besitz des einzelnen ist nur scheinbar sein Besitz, wie vieles ist dogmatisch, theoretisch, in Anlehnung an Autoritäten gewonnen, nicht auf dem Weg freien, unbehinderten Zuendedenkens sein eigen geworden! Daß die Erfahrung und Einsicht des Erwachsenen für einen Teil der in der Kindheit verbotenen, unlösbar scheinenden und deshalb zur Verdrängung verurteilten Fragen die Lösung gefunden hat, macht trotzdem diese Behinderung des kindlichen Denkens nicht ungeschehen, nicht bedeutungslos. Denn wenn auch der Erwachsene einzelne der in der Kindheit vor seinem Denken errichteten Schranken später scheinbar niederzulegen vermag,

19 Es ist zweifellos, daß jede Erziehung, auch die verständnisvollste, da sie ein gewisses Maß an Festigkeit voraussetzt, auch ein gewisses Maß an Widerstand und Unterwerfung erregen wird, ebenso wie eine größere oder kleinere Quantität an Verdrängung gegeben, unvermeidlich ist und wohl zu den Notwendigkeiten der Kulturentwicklung und Erziehung gehört. Die auf psychoanalytischer Einsicht basierende Erziehung wird aber dieses Maß auf ein Mindestmaß einzuschränken, die hemmende und schädigende Überlastung des psychischen Organismus zu vermeiden wissen.

das, was zur Schranke für seinen Intellekt werden soll, die Art, wie er gegen sie, sei es in Trotz anrennt oder sie in Furcht umgeht, das Fundament der Denkrichtung und Denkweise also bleibt von den späteren Erkenntnissen unberührt. So zeigt denn der Bau des Denkens hinter der anscheinend so wohl und organisch gegliederten Fassade Sprünge und klaffende Risse. Vielleicht läßt sich da auch das zum Vergleich vorbringen, was Freud uns vom manifesten Trauminhalt im Vergleich zum latenten lehrt: daß der Teil der Traumarbeit, der den Traum für das Bewußte mit der Rücksicht auf Verständlichkeit herrichtet, mit Rationalisierung arbeitet, unbegründete Assoziationen künstlich herstellt, die aber dann häufig ganz plausibel wirken.
Die dauernde Unterwerfung unter das Autoritätsprinzip, die dauernde stärkere oder geringere geistige Unselbständigkeit und Beschränkung wird in diesem ersten und bedeutsamsten Auftreten der Autorität, im Verhältnis der Eltern und des kleinen Kindes begründet. Ihre Wirkung wird verstärkt und gestützt durch die Menge ethischer und moralischer Begriffe, die — dem Kinde fertig gereicht — zu ebenso vielen Schranken für die Freiheit seines Denkens werden. Immerhin — wenn auch als unumstößlich gegeben —, der stärker begabte, in seiner Widerstandsfähigkeit weniger beschädigte kindliche Intellekt kann doch häufig gegen sie einen kleineren oder größeren Kampf unternehmen. Denn wiewohl sie durch die autoritative Art ihrer Einführung dem Kinde gegenüber geschützt sind, müssen diese verschiedenen Begriffe immerhin gelegentliche Proben für ihre Wirklichkeit ablegen, und da entgeht es dem schärfer beobachtenden Kinde nicht, daß nicht alles, was von ihm als so selbstverständlich, als gut, als richtig, als schön gefordert, von denen, die es fordern, von den Erwachsenen, auch ebenso eingehalten wird. So bieten einer stärkeren Kritik diese Begriffe immerhin Angriffsflächen dar, gegen die ein Kampf, wenigstens in der Form von Zweifeln eher unternommen werden kann. Aber wenn die so fundamentalen früheren Hemmungen besser oder schlechter überwunden sind, bringt die Einführung der unkontrollierbaren, der übernatürlichen Begriffe eine neue schwere Gefahr für das Denken. Die Vorstellung des unsichtbaren, allmächtigen und allwissenden Gottes ist für das Kind eine überwältigende, um so mehr als zwei Umstände ihr affektives Wurzelfassen sehr begünstigen. Der eine ist eine mitgebrachte Autoritätsbedürftigkeit. Freud sagt darüber in »Eine Kindheitserinnerung des Leonardo da Vinci«: »Die Religiosität führt sich biologisch auf die langanhaltende Hilflosigkeit und Hilfsbedürftigkeit des kleinen Menschenkindes zurück, welches, wenn es später seine wirkliche Verlassenheit und Schwäche gegen die großen Mächte des Lebens erkannt hat, seine Lage ähnlich wie in der Kindheit empfindet und deren Trostlosigkeit durch die regressive Erneuerung der

infantilen Schutzmächte zu verleugnen sucht.« Da nun das Kind den Prozeß der Menschheitsentwicklung wiederholt, so findet der Gottbegriff an dieser Autoritätsbedürftigkeit einen Nährboden. Aber auch das eingeborene Allmachtsgefühl, »der Glaube an die Allmacht der Gedanken«, von dem wir durch Freud und seit Ferenczis »Entwicklungsstufen des Wirklichkeitssinnes«[20] wissen, wie tief seine Wurzel reicht und daß es deshalb im Menschen unvergänglich bestehen bleibt — das Gefühl der eigenen Allmacht kommt der gefühlsmäßigen Aufnahme des Gottbegriffs entgegen. Denn das Gefühl der eigenen Allmacht führt das Kind dazu, diese auch bei seiner Umgebung vorauszusetzen. So kommt der Gottesbegriff, der eine Autorität mit der vollkommensten Allmacht ausstattet, diesem Allmachtsgefühl des Kindes entgegen, indem es zu seiner Befestigung dient, respektive dazu beiträgt, dessen Abbau zu verhindern. Wir wissen, daß auch in dieser Beziehung der Elternkomplex maßgebend ist und die Art, wie dieses Allmachtsgefühl durch das Schicksal der ersten wichtigsten Liebe des Kindes befestigt oder gestört wird, seine Entwicklung zum Optimisten oder Pessimisten und damit gewiß auch die Frische und Unternehmungslust oder aber einen übermäßigen behindernden Skeptizismus in seiner Denkrichtung bestimmt. Daß aber das Resultat der Entwicklung nicht schrankenloser Utopismus und Phantasmus, sondern Optimismus sei, dazu ist das rechtzeitige Korrektiv durch das Denken notwendig. Die »mächtige religiöse Denkhemmung«, wie es Freud nennt, verhindert nun das rechtzeitige grundlegende Korrektiv des Allmachtsgefühles durch das Denken. Sie verhindert eben dadurch, daß sie durch die autoritative Einführung einer mächtigen unumstößlichen Autorität das Denken überwältigt, den Abbau des Allmachtsgefühles, der eben nur rechtzeitig und stufenweise mit Hilfe des Denkens erfolgen kann. Die vollkommene Entwicklung des Realitätsprinzips im wissenschaftlichen Denken aber hängt auf das Innigste damit zusammen, daß das Kind rechtzeitig in sich die Auseinandersetzung wagt, die das Realitätsprinzip und das Lustprinzip in ihm miteinander zu führen haben. Bei einem glücklichen Verlauf dieser Auseinandersetzung wird sich das Allmachtsgefühl zum Denken in ein gewisses auf Kompromissen basierendes Verhältnis zu setzen wissen, indem es Wunsch und Phantasie als das ihm zugewiesene Reich anerkennt, im Denken und Feststellen aber dem Realitätsprinzip die Herrschaft überläßt.[21]

Im Gottesbegriff aber erwächst diesem Allmachtsgefühl ein

20 Internat. Zeitschr. für ärztl. Psychoanalyse I, 1913. [Jetzt in: Schriften zur Psychoanalyse, Hrsg. M. Balint, Bd. I, Conditio Humana, S. Fischer Verlag, Frankfurt am Main 1970, S. 148 ff.]

21 Dafür bringt Freud (in »Formulierungen über die zwei Prinzipien des psychischen Geschehens«. Sammlung kleiner Schriften. Dritte Folge. S. 275) einen besonders einleuchtenden Vergleich. [Ges. Werke, Bd. III, S. 232 ff.]

übermächtiger Bundesgenosse, der fast unbesiegbar ist, weil das kindliche Denken — unfähig, mit den bisher geübten Mitteln sich diesem Begriff zu nähern, anderseits aber durch seine überwältigende Autorität zu sehr eingeschüchtert, um ihn zu verwerfen — einen Kampf, einen Zweifel ihm gegenüber in den meisten Fällen gar nicht wagt. Daß das Denken später einmal vielleicht sogar dieses Hindernis niederzulegen vermag, wiewohl sehr viele Denker und Gelehrte über diese Schranke niemals hinübergelangten und ihre Erkenntnisse deshalb vor diesem Hindernis ein Ende fanden, macht auch hier den geschehenen Schaden nie mehr ungeschehen. Er kann durch Erschütterung des Wirklichkeitssinnes, der das ihm unglaublich, unwirklich Scheinende nicht zu verwerfen wagt, diesen so treffen, daß er auch die Erkenntnis des Greifbaren, Naheliegenden, des sogenannten »Selbstverständlichen« im Gedanklichen, wie auch das in die Tiefe dringende Erkennen mit verdrängt. Gewiß ist aber, daß diese erste Stufe des Erkennens und Folgerns ungehemmt zu nehmen, das Selbstverständliche sowohl wie auch das Wunderbare nur auf Grund eigener Feststellung und Folgerung zu erkennen, nur wirklich Erkanntes dem geistigen Besitz einzureihen, die Grundlage legen heißt für die vollkommene, ungehemmte Entwicklung des Denkens nach jeder Richtung hin. Der Schaden kann gewiß verschiedenartig und verschieden groß sein, er kann das Denken als Ganzes oder mehr die eine oder andere Dimension betreffen, sicher ist er durch spätere erkenntnismäßige Entwicklung nicht aufgehoben. So ist also nach den primären und grundlegenden Schädigungen des Denkens im frühesten Kindesalter auch die später einsetzende Hemmung durch den Gottesbegriff noch bedeutungsvoll. Es genügt also nicht, die Erziehung von Konfessionalität und Dogmen zu befreien, deren hemmende Einwirkung auf das Denken allgemeiner einleuchtet. Den Gottesbegriff in die Erziehung einführen und es der persönlichen Entwicklung überlassen, damit fertig zu werden, heißt durchaus nicht, ihr diesbezüglich Freiheit geben. Denn man hat durch die autoritative Einführung zu einer Zeit, da das Kind erkenntnismäßig noch nicht gerüstet und der Autorität gegenüber ohnmächtig ist, seiner Stellungnahme in dieser Frage in gewaltsamer Weise eine Richtung gegeben, von der es sich nie mehr oder nur durch große Kämpfe und Energieverschwendung befreien kann. Ihm in dieser Frage Freiheit gewähren, heißt, die autoritative Einführung des Gottesbegriffes im Kindesalter vermeiden und so der eigenen persönlichen Entwicklung die unbehinderte Möglichkeit aller Erkenntnisse, also auch der des Gottesbegriffes freigeben.

Das Bedürfnis der Menschen nach Denkfreiheit ist ein tief eingeborenes, ihre um sie ertragenen Kämpfe und Leiden so alt wie die Geschichte der Menschheit selbst. Aber nichts, was sie an äußerem Zwange abzuschütteln vermögen, kann dem Gewinn an Freiheit verglichen werden, der diesem Kampf beschieden sein wird, dem Kampf gegen die Unterbindung des Denkens an seiner Quelle. Ein Kampf zugleich auch um die Höherentwicklung der Menschheit. Denn wenn Schwärmer und Utopisten an eine Entwicklung als an sein Besserwerden zufolge Kulturhebung glauben, so hätte ihnen gewiß dieser Krieg mit seinen unermeßlichen Greueln beweisen können, daß die gewalttätigen, egoistischen, grausamen Instinkte nicht auszurotten sind. Nein, nicht auszurotten, aber zu beherrschen. An Stelle der auf Verleugnung der vorhandenen Instinkte basierenden Ethik eine neue setzen, die ihre freie Erkenntnis gewährt, die Kinderseele vor der Last übermäßiger Verdrängung bewahren und die Freiheit des Kinderdenkens sichern, heißt die Menschen von der Herrschaft ihrer unbewußten und deshalb ungebändigten Triebe erlösen und sie zum Teil dem freien, folgerichtigen Denken übertragen. Denn die Psychoanalyse will keine Utopie verkünden, keinen neuen Glauben gründen. Sie weiß, mit den tiefsten Tiefen der Seele vertraut, daß der »Mensch nie seinen Nächsten so lieben wird wie sich selbst«, daß er nie »den Feind lieben wird«, wie es die auf Unkenntnis der menschlichen Natur basierenden unerfüllbaren Forderungen der verschiedenen Religionen verlangen. Unerfüllbar und unerfüllt geblieben. Sie haben ihre Unfähigkeit erwiesen, die Menschen edler, im Verhältnis zueinander besser zu machen, sie gehören einer zu überwindenden infantilen Periode der Menschheit an, da diese mit ungeheuren Anforderungen an sich selbst ihr böses Gewissen übertönen, sich über die Tatsache hinwegtäuschen wollte, daß sie auch nicht einmal einen Bruchteil dieser Gebote zu erfüllen vermöge. Die Menschen von diesem Schuldbewußtsein befreien, das ihnen noch von Ahnen her, dem einzelnen immer wieder eine die ursprünglichsten Triebe der menschlichen Natur verkennende und deshalb auf Verdrängung beruhende Kultur eingeimpft hat, das hieße schon, sie glücklicher zu machen und sie von dieser infantilen Stufe hinaufheben auf eine solche, die zweckmäßige, erfüllbare Gebote aufzustellen und diese dann auch einzuhalten vermag. Denn das wirkliche, nicht theoretische oder dogmatische Wissen um die tiefsten eigenen Schwächen macht gut, macht nachsichtig und rücksichtsvoll gegen die anderen. Auf dieser Basis könnten die Menschen jeder für sich und doch alle miteinander sich häuslich einrichten.

II. ZUR FRÜHANALYSE

Der Widerstand der Kinder gegen die Aufklärung[22]

Die Ergebnisse der Analyse bei erwachsenen Neurotikern, die mit den Erkrankungsursachen immer wieder in die Kindheit zurückführen, haben die Möglichkeit und Notwendigkeit der Kinderanalyse als unabweisbare Folge ergeben. In seiner Analyse des kleinen Hans[23] hat *Freud* wie in allem auch hierin den Weg gewiesen, den dann vor allem Frau Dr. *Hug-Hellmuth* und auch andere in so verdienstvoller Weise beschritten und erforscht haben.

Der sehr interessante und lehrreiche Vortrag der Frau *Dr. Hug*[24], den wir auf dem letzten Kongreß zu hören Gelegenheit hatten, brachte uns manchen Aufschluß darüber, wie sie in ihren Kinderanalysen die Technik der Analyse zu variieren, sie den Erfordernissen der Kinderpsyche anzupassen versteht. Es handelte sich dabei um Analysen erkrankter oder ungünstige Charakterentwicklung aufweisender Kinder, wobei die Vortragende bemerkte, daß sie Analysen bei Kindern erst nach sechs Jahren für angebracht hält.

Ich möchte nun aber die Frage aufwerfen: Was entnehmen wir den Analysen der Erwachsenen und Kinder für Lehren, die wir auf die Psyche des Kindes unter sechs Jahren anwenden können, da doch bekanntlich die Analysen der Neurosen als Traumen und schädigende Ursachen Vorfälle, Eindrücke oder Entwicklungen aufdecken, die in einem sehr frühen Alter, also vor sechs Jahren, erfolgt sind. Was ergibt sich aus diesen Erkenntnissen an Handhaben für die Prophylaxe, was können wir tun, und zwar gerade in dem Alter, von dem uns die Analyse gelehrt hat, daß es nicht nur für spätere Erkrankungen, sondern auch für die dauernde Charakterbildung und intellektuelle Entwicklung so überaus bedeutsam ist?

Die erste und selbstverständliche Folge unserer Erkenntnisse wird vor allem die Vermeidung von Momenten sein, die uns auch die Psychoanalyse gelehrt hat, als grobe Schädigungen der Kinderpsyche zu werten. Wir werden also als unbedingte Notwendigkeit feststellen, daß das Kind, und zwar von Geburt an, nicht das Schlafzimmer der Eltern teilen soll, wir werden dem kleinen, sich entwickelnden Wesen gegenüber mit ihm aufgezwungenen ethischen Forderungen sparsamer sein, als man es uns gegenüber war. Wir werden es ihm gönnen, länger und un-

22 Als Vortrag gehalten in der Berliner Psychoanalytischen Vereinigung im Februar 1921.

23 Analyse der Phobie eines fünfjährigen Knaben. Jahrbuch für Psychoanalyse, I. Band, 1909, abgedruckt in Sammlung kleiner Schriften. [Ges. Werke, Bd. VII, S. 243 ff.]

24 Zur Technik der Kinderanalyse. Internationale Zeitschrift für Psychoanalyse, VII, 2, 1921.

gehemmter natürlich zu bleiben, ungestörter, als es bis jetzt der Fall war, sich seiner verschiedenen Triebregungen und seiner Lust daran bewußt zu werden, ohne sofort gegen diese Natürlichkeit mit ganzer Kraft seine Kulturneigungen aufzupeitschen. Wir werden eine langsamere Entwicklung anstreben, die Raum bietet zum teilweisen Bewußtwerden seiner Triebe und daran anschließend zu deren möglicher Sublimierung, dabei seiner erwachenden Sexualneugierde nicht die Äußerung wehren und sie stufenweise befriedigen, und zwar — meine ich — in rückhaltlosester Weise. Wir werden ihm genügend Liebe zu geben und dabei ein schädliches Übermaß zu meiden wissen, wir werden vor allem körperliche Strafen und Drohungen verwerfen und uns die zur Erziehbarkeit notwendige Folgsamkeit durch die Handhabe des Liebesentzuges sichern. Es ließen sich auch noch andere, mehr ins Detail gehende Forderungen dieser Art aufstellen, die aus unseren Erkenntnissen als mehr oder weniger selbstverständlich hervorgehen und hier nicht mehr begründet werden müssen. Auch darüber, wie diese Forderungen im Rahmen der Erziehung erfüllt werden können, ohne daß das Kind in seiner Entwicklung als Kulturwesen beeinträchtigt, noch durch besondere Schwierigkeiten im Verkehr mit der anders denkenden Umwelt belastet wird, darauf jetzt näher einzugehen, liegt nicht im Rahmen dieser Arbeit.

Ich will jetzt darüber nur bemerken, daß diese Forderungen für die Erziehung praktisch durchführbar sind (ich selbst hatte wiederholt Gelegenheit, mich davon zu überzeugen) und daß sie entschieden eine günstige Wirkung, eine nach vieler Hinsicht freiere Entwicklung zur Folge haben. Es wäre, wenn es gelingen könnte, sie zu allgemeinen Erziehungsprinzipien zu machen, schon viel erreicht. Ich muß da allerdings gleich eine Einschränkung machen. Ich fürchte, daß selbst da, wo Einsicht und guter Wille diese Forderungen befolgen möchten, die innere Möglichkeit von seiten der nichtanalysierten Erzieher nicht immer vorhanden wäre. Ich will aber der Vereinfachung halber vorläufig nur an dem günstigen Fall festhalten, daß bewußter und unbewußter Wille sich diese Erziehungsforderungen zu eigen machen und mit gutem Resultate durchführen. Ob dann — wir kehren damit zur ursprünglichen Fragestellung zurück — diese prophylaktischen Maßnahmen die Entstehung von Neurosen oder ungünstige Charakterentwicklung hindern können? Meine Beobachtungen haben mir die Überzeugung erbracht, daß wir auch damit oft nur einen Teil des Angestrebten erreichen, tatsächlich aber auch nur einen Teil der sich aus unseren Erkenntnissen ergebenden Forderungen angewendet haben. Denn aus den Analysen der Neurotiker ersehen wir, daß nur ein Teil der zufolge Verdrängung entstehenden Schäden auf das unrichtige Vorgehen der Umgebung oder sonstige ungünstige äußere

Umstände zurückzuführen ist. Ein anderer und sehr gewichtiger Teil ergibt sich aus einer seit dem zartesten Alter vorhandenen Einstellung des Kindes. Es hat häufig auf Grundlage der Verdrängung seiner starken Sexualneugierde ein Nichtwissen, eine unüberwindliche Abneigung gegen alles Sexuelle entwickelt, das später nur die tiefgehende Analyse aufzulösen vermag. In welchem Maße die belastenden Umstände, in welchem die neurotische Anlage an der Entwicklung der Neurose beteiligt sind, läßt sich — besonders in der Rekonstruktion — aus den Analysen Erwachsener nicht überall feststellen. Es handelt sich dabei um variable, nicht genau bestimmbare Größen. Soviel ist aber sicher, daß es bei stärkeren neurotischen Anlagen oft nur ganz geringer Abweisungen von seiten der Umwelt bedarf, um in dem Kinde einen ausgesprochenen Widerstand gegen jede sexuelle Aufklärung und überhaupt eine die psychische Konstitution im Übermaße belastende Verdrängung zu fixieren. Für diese Erfahrungen aus den Analysen von Neurotikern erhalten wir die Bestätigungen aus den Beobachtungen an Kindern, welche die Möglichkeit bieten, diese Entwicklung im Werden kennenzulernen. Es zeigt sich nämlich, daß trotz aller Erziehungsmaßnahmen, die unter anderem auch die rückhaltlose Befriedigung der Sexualneugierde bezwecken, diese sich doch häufig nicht frei äußert. Die Ablehnung nimmt dann, vom absoluten Nichtwissenwollen angefangen, die verschiedensten Formen an. Mitunter erscheint sie als ein auf anderes verschobenes Interesse, das sich meist dadurch kennzeichnet, daß es zwanghaft ist. Mitunter setzt die Ablehnung erst bei einem Teil der Aufklärung ein; dann zeigt das Kind trotz bisher bewiesenen lebhaften Interesses heftigen Widerstand, einen weiteren Teil der Aufklärung anzunehmen, und nimmt ihn einfach nicht zur Kenntnis.

In dem Falle, den ich im ersten Teile dieser Arbeit[25] ausführlich besprach, wurden die eingangs erwähnten günstigen Erziehungsmaßnahmen mit gutem Erfolg angewendet und hatten speziell auch eine vorzügliche Einwirkung auf die intellektuelle Entwicklung des Kindes zur Folge. Die Aufklärung war — wie dort berichtet — soweit gegeben worden, daß das Kind über die Entwicklung des Fötus im Mutterleibe und den Geburtsvorgang mit allen ihn interessierenden Details orientiert wurde. Die Frage nach dem Anteil des Vaters an der Geburt des Kindes, wie nach dem Akte überhaupt, fiel wohl nicht direkt. Aber ich meinte schon damals, daß sie wohl unbewußt in ihm wirksam sei. Es gab auch einige Fragen, die trotz möglichst eingehender Beantwortung oft wiederkehrten. Ich bringe dafür einige Beispiele: »Mama, bitte, von wo kommt der kleine Bauch und der kleine

25 Die sexuelle Aufklärung und Autoritätsmilderung in ihrem Einflusse auf die intellektuelle Entwicklung des Kindes.

Kopf und das andere?« »Wie kommt das, daß ein Mensch sich bewegen, daß ein Mensch machen, arbeiten kann?« »Wie wird das, wie kommt das, daß beim Menschen Haut wächst, daß sie da ist?« Diese und einige andere Fragen kehrten während der Zeit der Aufklärung und der ihr unmittelbar folgenden, von dem berichteten starken Entwicklungsschub begleiteten, zwei bis drei Monate umfassenden Periode immer wieder. Ich legte der häufigen Wiederkehr dieser Fragen nicht gleich die volle Bedeutung bei, die ich ihnen später geben mußte, was auch zum Teil daran lag, daß zufolge der im allgemeinen so stark angeregten Fragelust diese Bedeutung mir auch nicht so klar wurde. Nach der ganzen Entwicklung, die sein Forschungsdrang und sein Intellekt zu nehmen schienen, hielt ich die weitergehenden Aufklärungsfragen für unausbleiblich und meinte, an dem Grundsatz stufenweiser, nur den gestellten bewußten Fragen entsprechender Aufklärung festhalten zu sollen.

Nach dieser Periode trat insofern eine Veränderung ein, als nun hauptsächlich die früher erwähnten und andere stereotyp werdende Fragen wiederkehrten und die aus sichtlichem Forschungstrieb gestellten sich verminderten und meist grüblerisch wurden. Dazu traten überwiegend oberflächliche, gedankenlos und unbegründet scheinende Fragen. Immer wieder fragte er, woraus die verschiedenen Dinge sind und wie sie gemacht werden, z. B.: »Woraus ist die Tür?« »Woraus ist das Bett?« »Wie wird das Holz gemacht?« »Wie wird Glas gemacht?« »Wie wird der Stuhl gemacht?« Als Beispiel für grüblerische Fragen: »Wie kommt die viele Erde unter die Erde?«[26] »Wo kommen die Steine her, das Wasser?« usw. Es war kein Zweifel, daß er im großen und ganzen die Beantwortung dieser Fragen vollkommen erfaßt hatte und ihre Wiederkehr intellektuell nicht begründet war. Auch zeigte er bei der Stellung der Fragen durch ein unaufmerksames zerstreutes Benehmen an, daß es ihm eigentlich gar nicht um die Beantwortung der Fragen zu tun war, obwohl er sie mit großer Leidenschaftlichkeit stellte. Aber auch die Quantität der Fragen hatte zugenommen. Es war das so oft beobachtete Bild der Kinder, die mit ihren oft ganz unbegründet scheinenden Fragen ihre Umgebung quälen, ohne daß die Beantwortung der Fragen Abhilfe schaffen würde.

Nach dieser neuerlichen, nicht ganz zwei Monate umfassenden Periode gesteigerten grüblerischen und zum Teil oberflächlich gewordenen Fragens setzte eine Veränderung ein. Der Knabe wurde schweigsam, und es zeigte sich eine ausgesprochene Spielunlust. Er hatte wohl nie gern oder phantasievoll zu spielen

26 Wiederholt gab er dem Bedauern Ausdruck, daß die Mutter nicht »alles wisse« und ihm nicht »alles« erklären könne. Als sie ihn dabei einmal aufforderte zu sagen, was sie ihm denn erklären solle –, dachte er erst ein wenig nach und sagte dann: »Wie man die Bausteine einräumt«.

verstanden, aber Bewegungsspiele mit anderen Kindern immer gerne geübt. Er spielte auch oft stundenlang Kutscher oder Chauffeur, wobei eine Kiste, Bank oder Stühle die verschiedenen Vehikel darstellten. Aber auch diese Art Spiele und Beschäftigungen hörten auf, zugleich auch der Wunsch nach Gesellschaft anderer Kinder, mit denen er, wenn er mit ihnen zusammenkam, nichts mehr anzufangen wußte. Er zeigte Langeweile, schließlich sogar, was bisher nie der Fall gewesen war, in Gesellschaft seiner Mutter. Er äußerte auch Unlust, sich von ihr Geschichten erzählen zu lassen, blieb aber unverändert zärtlich und liebebedürftig ihr gegenüber. Die Zerstreutheit, die er oft bei Beantwortung der von ihm gestellten Fragen gezeigt hatte, trat nun auch sonst sehr häufig auf. Trotz dieser von einem schärfer beobachtenden Auge nicht zu übersehenden Veränderung ließe sich doch für diesen Zustand nicht die Bezeichnung »krank« verwenden. Sein Schlaf und Befinden waren tadellos. Wenn auch schweigsam und zufolge des Unbeschäftigtseins schlimmer, blieb er weiter freundlich, normal behandelbar und munter. Allerdings ließ auch seit den letzten Monaten seine Eßlust viel zu wünschen übrig; er begann wählerisch zu werden und zeigte ausgesprochene Abneigung gegen verschiedene Speisen, aß dagegen ihm Zusagendes mit sehr gutem Appetit. Er hing nur noch leidenschaftlicher an der Mutter, wiewohl er, wie gesagt, auch in deren Gesellschaft sich langweilte. Es war eine jener Veränderungen, wie sie im allgemeinen von der Umgebung nicht besonders bemerkt oder wenn ja, als unwichtig genommen werden. Die Erwachsenen sind ja im allgemeinen so gewöhnt, bei Kindern vorübergehende oder bleibende Veränderungen zu beobachten, ohne irgendwie eine Begründung dafür finden zu können, daß man derlei Entwicklungsschwankungen als durchaus normal zu betrachten pflegt, gewissermaßen mit Recht, da es doch fast kein Kind ohne neurotische Züge gibt und nur die Entwicklung, die diese Züge später nehmen, und ihre Quantität die Krankheit ausmachen. Es fiel mir besonders seine Abneigung, Geschichten zu hören, auf, die so sehr gegen seine frühere große Vorliebe dafür abstach.

Wenn ich die der teilweisen Aufklärung folgende, stark angeregte, später zum Teil grüblerische, zum Teil oberflächliche Fragelust mit der dann folgenden Frageunlust und der sich daran schließenden Abneigung, auch nur Geschichten zu hören, zusammenhielt, wenn ich mir außerdem einzelne stereotyp gewesenen Fragen vergegenwärtigte, ergab sich mir als Überzeugung: Der sehr starke Forschungstrieb des Kindes sei mit seiner ebenfalls starken Verdrängungsneigung, die den im Unbewußten gewünschten Teil der Aufklärung ablehnte, in Konflikt geraten, wobei die letztere ganz die Oberhand behalten habe. Nachdem er als Ersatz für die von ihm verdrängten Fragen viele und andere

gestellt hatte, sei er im weiteren Verlauf der Entwicklung dort angelangt, das Fragen überhaupt, aber auch das Zuhören, das ungefragt von ihm Abgelehntes bringen könnte, zu vermeiden.
Ich möchte da zurückgreifen auf einige Bemerkungen über die Wege der Verdrängung, die ich in dem ersten Teile brachte. Ich sprach dort von den oft festgestellten Schädigungen der Intellektualität durch die Verdrängung, die dadurch erfolgen, daß verdrängte Triebkraft gebunden und nicht für die Sublimierung frei wird und daß mit den Komplexen zugleich auch Gedankenassoziationen ins Unbewußte versenkt werden. Ich stellte nun im Anschlusse daran die Vermutung auf, daß außerdem die Verdrängung die Intellektualität auf einem ganzen Entwicklungswege, nämlich in der Tiefen- und in der Breitendimension treffen könne. Daß also z. B. der Forschungstrieb, der zufolge Verdrängung die in die Tiefe gehenden Fragen scheut, sich nach der Oberfläche hin ausbreitet, was viele und oberflächliche Fragen und auf diese Art ein Oberflächlichwerden des Intellekts zur Folge haben könnte. Ein anderer Entwicklungstypus wäre der, daß der Forschungstrieb aus Scheu vor dem Fragen die Oberfläche, die Breitenausdehnung meidet und den Weg in die Tiefe nimmt. Vielleicht könnten die zwei Perioden, die ich in dem von mir beobachteten Fall feststellte, diese frühere Vermutung irgendwie illustrieren. Wenn sich der Entwicklungsweg in dem Stadium fixiert hätte, da das Kind zufolge Verdrängung seiner Sexualneugierde viel und oberflächlich zu fragen begann, wäre die Schädigung des Intellekts in der Tiefendimension gegeben. Das daran anschließende Stadium des Nichtfragens und Nichthörenwollens könnte durch Fixierung die Vermeidung der Oberfläche und Breite der Interessen die ausschließliche Richtung in die Tiefe ergeben.
Nach dieser Abschweifung möchte ich zu meinem ursprünglichen Thema zurückkehren. Die in mir erwachsende Überzeugung, daß verdrängte Sexualneugierde eine Hauptursache der psychischen Veränderung des Kindes sei, bestätigte mir die Richtigkeit einer Anregung, die ich einige Zeit vorher erhalten hatte. In der Diskussion, die meinem Vortrage in der Budapester Vereinigung folgte, hatte Dr. Anton von *Freund* mir entgegengehalten, daß meine Beobachtungen und Gruppierungen wohl analytisch seien, nicht aber die Aufklärung selbst, da ich bei dieser nur die bewußten, nicht aber auch die unbewußten Fragen in Betracht ziehe. Ich erwiderte ihm damals, daß ich der Ansicht sei, es genüge ein Eingehen auf die bewußten Fragen, solange nicht ein zwingender Gegengrund vorliege. Nun zeigte sich mir, daß seine Meinung sich als richtig, das Nureingehen auf die bewußten Fragen sich als ungenügend erwiesen habe.
Ich hielt es nun für ratsam, dem Kinde den bisher noch nicht erteilten Rest der Aufklärung zu geben. Eine seiner damals

seltenen Fragen nämlich: Welche Gewächse wohl alle aus Samen wachsen, wurde als Anlaß genommen, ihm zu erklären, daß auch der Mensch aus Samen würde, und ihn über den Begattungsakt aufzuklären. Er legte aber ein zerstreutes, unaufmerksames Verhalten an den Tag, unterbrach die Erklärung durch eine andere, nicht zum Thema gehörende Frage und zeigte keinerlei Bedürfnis, sich über Details zu orientieren. Bei einer anderen Gelegenheit erzählte er, er habe von den Kindern gehört, daß zur Henne, damit sie Eier lege, auch ein Hahn notwendig sei. Er zeigte aber, kaum daß er das Thema angeschnitten hatte, auch den offenkundigen Wunsch, davon wieder loszukommen. Er machte dabei entschieden den Eindruck, daß er diesen ganzen neu erhaltenen Teil der Aufklärung überhaupt nicht zur Kenntnis genommen habe und nicht zur Kenntnis zu nehmen wünsche. Die früher erwähnte psychische Veränderung des Kindes zeigte sich auch durch diesen Fortschritt der Aufklärung in keiner Weise beeinflußt.

Da gelang es einmal der Mutter durch einen Scherz, an den sich eine kleine Geschichte schloß, seine Aufmerksamkeit und seinen Beifall zu erregen. Sie sagte, als sie ihm ein Zuckerl gab, daß dieses schon lange auf ihn warte, und schloß eine kleine Geschichte daran an. Er unterhielt sich vorzüglich darüber, äußerte den Wunsch nach mehrmaliger Wiederholung und hörte dann der Erzählung einer anderen Geschichte, der der Frau, der auf Wunsch des Mannes eine Wurst auf der Nase wuchs, gerne zu. Ganz unvermittelt begann er dann zu erzählen, und zwar brachte er, von da angefangen, lange und kürzere phantasieartige Geschichten, die, manchmal von gehörten Geschichten ausgehend, meist aber schon von Beginn an ganz frei phantasiert, eine Menge analytisches Material lieferten. Bis dahin hatte das Kind ebensowenig Neigung zum Erzählen wie zum Spielen gezeigt. In der der ersten Aufklärung folgenden Periode zeigte sich zwar auch in dieser Beziehung eine starke Anregung, er machte manche Ansätze zum Erzählen, die aber im großen und ganzen doch eher Ausnahmen blieben. Diese Geschichten nun, die selbst von der primitiven Kunst, die Kinder in Nachahmung der Erwachsenen auf ihre Erzählungen zu verwenden pflegen, nichts aufwiesen, machten den Eindruck von Träumen, denen es an sekundärer Bearbeitung fehlt. Sie begannen manchmal mit dem Traume der letzten Nacht, setzten sich dann als Geschichte fort, waren aber auch ganz derartig, wenn er sie gleich als Geschichte begann. Er erzählte sie mit Leidenschaft, von Zeit zu Zeit, wenn Widerstand — trotz vorsichtiger Deutungen — einsetzte, brach er damit ab, um sie aber nach kurzem wieder mit Vergnügen aufzunehmen. Ich bringe in kurzem Auszüge aus einigen dieser Phantasien.

»Zwei Kühe gehen miteinander; dann springt die eine der

anderen auf den Rücken und reitet auf ihr, und die andere springt der anderen auf die Hörner und hält sie dort fest. Das Kalb springt auch der Kuh auf den Kopf und hält sich an den Zügeln fest. (Auf die Frage, wie die Kühe heißen, nennt er die Namen der Dienstmädchen.) Dann gehen sie miteinander und gehen zur Hölle; dort ist der alte Teufel; so finstere Augen hat er; er sieht gar nichts, er weiß aber, daß es Menschen gibt. Auch der junge Teufel hat so finstre Augen. – Dann gehen sie weiter zum Schloß, das Däumelinchen sah; dann gehen sie hinein, mit dem Mann, der bei ihnen war, und gehen hinauf in ein Zimmer und stechen sich an der Spinn (Spindel). Dann schlafen sie hundert Jahre; dann kommen sie auf und gehen zum König, der freut sich sehr und fragt sie – den Mann, die Frau und die Kinder, die mit waren, ob sie nicht dort bleiben wollen? (Auf meine Frage nach den Kühen: »Die waren auch da und die Kälber auch.«) – Es war vom Friedhofe und vom Sterben die Rede. Da sagt er: »Wenn aber ein Soldat jemanden erschießt, dann begräbt man ihn nicht, dann bleibt er so liegen, weil der Kutscher vom Leichenwagen ist auch ein Soldat, und der macht es nicht.« Als ich frage, wen er z. B. erschießt, nennt er zuerst seinen Bruder Karl, dann aber, da er ein wenig erschrocken ist, verschiedene Namen von Familienmitgliedern und Bekannten.[27] – Er erzählt einen Traum: »Mein Stock ist auf deinen Kopf gegangen, dann hat er die Presse (Tischtuchpresse) genommen, hat damit darauf gedrückt.« – Des Morgens, als er seiner Mutter guten Morgen sagen kommt, sagt er, nachdem er sie geliebkost hat: »Ich werde dich besteigen, du bist ein Berg und ich besteige dich.« Etwas später sagt er: »Ich kann besser laufen als du, ich kann Treppen hinauflaufen, und du kannst das nicht.« – Nach längerer Zeit stellt er nun wieder leidenschaftlich einige Fragen: »Wie wird Holz –, wie wird das Fensterbrett hineingemacht –, wie wird Stein?« Auf die Antwort, daß der eben immer da war, sagt er unbefriedigt: »Aber woraus ist er hergekommen?« – Er erzählt eine Phantasie von einer Taube und einer Biene. »Sie kamen zu einem sehr großen und tiefen Flusse. Weißt du, was das für ein Fluß war? Das war ein Meer, das ist tief genug. Für einen Riesen wäre es nicht zu tief. Und da ist die Biene und die Taube immer größer und größer geworden, wie der Kasten, und dann wollten sie ins Wasser. Aber das Wasser war noch immer zu tief für sie. Da sagte die Taube – sie war gescheiter –: Schnell geh und hol einen Kasten. Dann sind sie beide in die Luft geflogen. Die Luft war nicht ihre Wohnung, nur ihr Feld. Dann sind sie in ihre Wohnung, sie konnten so herein, daß sie von oben auf die Treppe flogen. Dann kam ein Schornsteinfeger. In der Wohnung waren auch große Menschen, lauter Soldaten, die haben

27 Kurz vorher hat er geäußert: »Ich möchte sehen, wie jemand stirbt, nicht wie er schon tot ist, sondern wie er stirbt, dann seh ich auch, wie er tot ist.«

mit ihren Bajonetten den Rauchfangkehrer gestochen und mit ihren Schießgewehren geschossen. Das war nur, weil er schon den Rauchfang ausgeputzt hatte. Auch die Biene und die Taube haben ihre kleinen Bajonette umgehängt und die Gewehre, die sie von ihren Papas bekommen haben, und haben geholfen. Dann haben sie ihm ein Loch in seinen Hut geschossen. Dann ist er zurückgekommen. Da haben sie ihm schnell das Loch mit Nadel und Spagat (Bindfaden) zugenäht. Er hat gewußt, es war ein Loch, hat es aber nicht mehr gefunden. Dann ist der Rauchfangkehrer mit der Taube und der Biene weggegangen.«

In einer Traumphantasie, in der er ausführlich schildert, wie er mit den L.-Kindern (von denen er zufolge einer Ortsveränderung getrennt ist und die er sehr liebte) in einem eigenen, mit schweren Gefäßen beladenen Wagen herumkutschiert, erzählt er dann: »Dann sind wir wieder zurück, dann sind wir in das Haus hinaufgegangen. Ich habe finster gemacht, ich habe von draußen die Roletten heruntergelassen; dort hat sich niemand hingetraut, die Mädchen hätten sich dabei schmutzig gemacht.« Nachdem er dann geschildert hat, wie sie zusammen gewohnt haben, erzählt er: »Daß sie zusammen eine Brücke gebaut haben, die war so, daß sie niemand sehen konnte, auch die Mama nicht, nur sie — die Kinder. Sie haben sie aus Brettern, Eisen und Syndetikon gemacht. Die Brücke ist so hoch geworden wie die Sonne. Er hat dazu die hohe Leiter gebracht und sie gehalten. Die Brücke konnten sie hinlegen, wo sie wollten, und dort, wo sie sie hinlegten, war dann rein. Dann haben sie sie in zwei Kanäle hineingesteckt, sie haben nur ein Stück von der Brücke hineingesteckt und dann wieder zurückgezogen. Das Eisen war so häßlich, da haben sie es zu Holz gemacht und mit einem großen Pinsel eingefärbt . . . usw.«

Hand in Hand damit begann er zu spielen. Vor allem mit andern, mit seinem Bruder oder Freunden, spielte er nun gern und ausdauernd alles mögliche. Er begann aber auch allein zu spielen. Er spielte Galgen, behauptete, daß er seine Geschwister geköpft habe, ohrfeigte die Köpfe und sagte: »So einen Kopf kann man ohrfeigen, der kann einem nichts machen« und nennt sich einen »Galger«. Ein andermal sehe ich, wie er folgendes spielt: Die Schachfiguren sind Menschen; der eine ist ein Soldat, die andere ein König. Der Soldat hat dem König »Dreckvieh« gesagt. Da wurde er verhaftet und hingerichtet. Dann wurde er geprügelt, das hat er aber nicht mehr gespürt, weil er tot war. Der König hat mit seiner Krone das Loch größer gemacht, das der Soldat am Fuß hatte. Dann ist der Soldat wieder lebendig geworden; man hat ihn gefragt, ob er das wieder tun wird, er hat gesagt: nein; da hat man ihn nur verhaftet. — Eines der ersten nun einsetzenden Spiele war folgendes: Er spielt mit seiner Trompete und sagt, daß er zugleich Offizier, Fahnenträ-

ger, Trompeter ist. Er sagt »wenn Papa auch Trompeter wäre und ihn in den Krieg nicht mitnimmt, so nimmt er seine eigene Trompete und sein Schießgewehr und geht ohne ihn in den Krieg«. — Er spielt mit seinen Figuren, darunter sind zwei Hunde. Den einen hat er immer den Schönen, den andern den Schmutzigen genannt. Nun spielt er, die Hunde sind Herren. Dabei ist der Schöne er, der Schmutzige Papa.
Es kam bei seinen Spielen ebenso wie in seinen Phantasien eine außerordentliche Aggression gegen seinen Vater und auch die allerdings schon stark gezeigte Leidenschaft für seine Mutter heraus. Zugleich wurde er gesprächig, lustig, konnte stundenlang mit andern Kindern spielen und zeigte neuerlich eine fortschreitende, auf alle Gebiete sich erstreckende Wiß- und Lernbegierde, so daß er auch in kurzem mit nur sehr wenig Hilfe lesen lernte. Allerdings zeigte er in dieser Beziehung einen so großen Eifer, daß er manchmal als Übereifer erschien. Seine Fragen hatten den stereotypen zwangsartigen Charakter verloren. Diese Veränderung erfolgte zweifellos durch das Freiwerden seiner Phantasie, wobei meine nur gelegentlichen und vorsichtigen Deutungen gewissermaßen nur die Hilfe zu diesem Freiwerden boten. Bevor ich nun ein mir bedeutungsvoll erscheinendes Gespräch wiedergebe, muß ich noch etwas nachtragen: Der Magen besaß für ihn eine besondere Bedeutung. Trotz Aufklärung und wiederholter Berichtigungen hielt er an der Auffassung fest, die er bei verschiedenen Gelegenheiten äußerte, daß die Kinder im Magen der Mutter wachsen. Aber auch sonst zeigte sich der Magen für ihn als besonders affektbetont. Er replizierte scheinbar sinnlos bei allen Gelegenheiten mit dem Magen. Z. B. als ein anderes Kind ihm sagte: »Geh in den Garten«, erwiderte er: »Geh in deinen Magen« oder »du hast dir den Magen angestoßen«. Er zog sich auch Verweise zu, weil er dem Mädchen auf ihre Frage, wo der eine oder der andere Gegenstand sei, wiederholt erwiderte: »In Ihrem Magen.« Auch klagte er manchmal — wenn auch nicht häufig — während des Essens über »kalt im Magen« und behauptete, daß das vom kalten Wasser sei. Er zeigte auch einen lebhaften Widerwillen gegen verschiedene kalte Speisen. Zu dieser Zeit äußerte er Neugierde, die Mutter ganz nackt zu sehen. Gleich nachher meinte er: »Ich möchte auch deinen Magen sehen und das Bild, das in deinem Magen ist.« Auf ihre Frage, »meinst du dort, wo du drinnen warst?« erwiderte er: »Ja, ich möchte in deinem Magen nachschaun, ob kein Kind drinnen ist.« Etwas später äußerte er: »Ich bin sehr neugierig, ich möchte alles in der Welt wissen.« Auf die Frage, was er denn so gerne wissen möchte, sagte er: »Wie dein Wiwi und Kakiloch ist. Ich möchte, (lachend) wenn du auf dem Klosett bist, hineinschaun, ohne daß du es weißt, und dann dein Wiwi und Kakiloch sehen.«

Einige Tage später schlägt er seiner Mutter vor, sie könnten alle zugleich auf dem Klosett Kaki machen, und zwar übereinander, seine Mutter, seine Geschwister und zu oberst er. Vor dem nun folgenden Gespräche, das deutlich seine Theorie zeigte, daß die Kinder aus Essen würden und mit Stuhl identisch seien, hatten vereinzelte Bemerkungen schon darauf hingewiesen. Er hatte von seinen Kakis als schlimmen Kindern gesprochen, die nicht kommen wollen; bei dieser Gelegenheit hatte er übrigens sofort der Deutung beigestimmt, daß die Kohle, die in einer seiner Phantasien die Treppe hinauf und hinunterlief, auch Kinder seien. Auch sprach er einmal sein Kaki an, er werde es prügeln, weil es so langsam komme und so hart sei.
Ich bringe nun das Gespräch. Er sitzt in der Früh auf dem Topf und erklärt, daß die Kakis schon auf dem Balkon sind, die Treppe wieder hinaufgelaufen sind und nicht in den Garten kommen wollen (als den er wiederholt den Topf bezeichnet hat). Ich frage ihn: »Also das sind die Kinder, die im Magen wachsen?« Da ich Interesse bei ihm merke, fahre ich fort: »Denn die Kakis werden aus dem Essen, die wirklichen Kinder werden nicht aus Essen.« Er: »Das weiß ich, die werden aus Milch.« Ich: »O nein, sie werden aus etwas, was der Papa macht, und aus dem Ei, das in der Mama drinnen ist« (er ist jetzt wieder sehr aufmerksam und sagt, ich soll es ihm erklären). Als ich wieder beim kleinen Ei beginne, unterbricht er: »Das weiß ich.« Ich setze fort: »Der Papa kann mit seinem Wiwi etwas machen, das wirklich etwas ähnlich wie Milch aussieht und Samen heißt: das macht er ähnlich, wie wenn man Wiwi macht, nur nicht so viel. Mamas Wiwi ist anders als das von Papa« (er unterbricht): »Das weiß ich!« Ich: »Mamas Wiwi ist ähnlich wie ein Loch. Wenn nun der Papa in das Wiwi von der Mama aus seinem Wiwi den Samen hineinmacht, so fließt der Samen tiefer in den Körper hinein, und wenn er auf ein solches kleines Ei, das in der Mama drinnen ist, kommt, so beginnt dieses kleine Ei zu wachsen, und es wird ein Kind daraus.« Fritz hat mit großem Interesse zugehört und sagt: »Ich möchte so gern einmal sehen, wie so ein Kind hineingemacht wird.« Ich erklärte ihm, daß dies nicht geht, aber wenn er schon groß sein wird, denn früher geht das nicht, da wird er das selbst machen. Er: »Aber dann möchte ich es in die Mama hineinmachen.« Ich: »Das geht nicht, die Mama kann nicht deine Frau sein, sie ist doch die Frau von deinem Papa. Und dann hätte der Papa doch keine Frau.« Er: »Wir können es doch beide in sie machen.« Ich: »Nein, das geht nicht. Jeder Mann hat nur seine Frau. Wenn du groß bist, ist deine Mama schon alt. Du heiratest dann ein schönes, junges Mädchen, und das wird dann deine Frau sein.« Er: (dem das Weinen nahe ist und die Mundwinkel zittern) »Aber wir werden in einem Hause mit

der Mama zusammen wohnen?« Ich: »Sicherlich. Auch liebhaben wird dich deine Mama immer, nur deine Frau kann sie nicht werden!« Er erkundigt sich dann nach verschiedenen Details, nach der Ernährung des Kindes im Mutterleibe, woraus die Nabelschnur ist, wie das hinuntergenommen wird — er ist voll Interesse, und es ist gar kein Widerstand mehr zu bemerken. Zum Schlusse sagt er: »Nur einmal möchte ich doch sehen, wie ein Kind hinein und herauskommt.«

Im Anschluß an dieses Gespräch, das seine Sexualtheorie bis zu einem gewissen Grade zur Auflösung brachte, zeigte sich also zum erstenmal wirkliches Interesse für den bis dahin zurückgewiesenen Teil der Aufklärung, den er erst jetzt eigentlich zur Kenntnis nahm. Wie spätere gelegentliche Bemerkungen zeigten, hat er auch diese Kenntnisse seinem Wissen einverleibt. Von dieser Zeit an war auch das außerordentliche Interesse für den Magen stark vermindert.[28] Ich möchte aber trotzdem nicht behaupten, daß es seines affektiven Charakters vollkommen entkleidet worden wäre und er diese Theorie ganz aufgegeben hätte. Über das teilweise Festhalten an einer schon bewußt gewordenen infantilen Sexualtheorie hörte ich einmal von *Ferenczi* die Meinung, daß die infantile Theorie gewissermaßen die Abstraktion von lustbetonten Funktionen sei, weshalb, da ja die Funktion weiter lustbetont bleibt, ein gewisses Beharren an dieser Theorie sich ergibt. Dr. *Abraham* führte in seinem jüngsten Kongreßvortrag »Über den weiblichen Kastrationskomplex« aus[29], daß die Ursache der Bildung der Sexualtheorien in der Abneigung des Kindes zu suchen sei, den Anteil des andersgeschlechtlichen Elternteiles zur Kenntnis zu nehmen. *Róheim* wies dasselbe als Ursache für die Sexualtheorien der Primitiven nach. — In diesem Falle könnte vielleicht das teilweise Festhalten an dieser Theorie auch dadurch mitverursacht sein, daß ich ja nur einen Teil des reichen analytischen Materials gedeutet hatte und ein Teil der unbewußt gebliebenen Analerotik noch wirksam war. Jedenfalls zeigte sich erst mit der Auflösung der Sexualtheorie der Widerstand gegen die Kenntnisnahme der wirklichen sexuellen Vorgänge beseitigt, trotz teilweisen weiteren Beharrens[30] an seiner Theorie war doch die

28 Von dem Symptom »Kalt im Magen« ist nur ein Teil erledigt worden, nämlich soweit es sich auf den Magen bezog. Später äußerte er, allerdings nur einige Male: »Kalt im Bauch.« Auch ist der Widerstand gegen kalte Speisen geblieben, die Antipathie gegen verschiedene Speisen, die in den letzten Monaten aufgetreten war, blieb überhaupt durch die Analyse unverändert, wechselte nur gelegentlich das Objekt. Stuhl hat er im allgemeinen regelmäßig, aber häufig langsam und schwer. Darin zeigte sich zufolge der Analyse auch keine bleibende Änderung, nur gelegentliche Schwankungen.

29 Wird veröffentlicht in der Intern. Zeitschr. f. Psychoanalyse. [Jetzt in: Psychoanalytische Studien, Ges. Werke, 2 Bde., Hrsg. J. Cremerius, Conditio Humana. S. Fischer Verlag, Frankfurt am Main 1971]

30 Beim Mittagessen sagte er einmal: »Die Nudeln werden gleich über den Gang in den Kanal rutschen.« Ein andermal: »Die Marmelade geht gleich in das Wiwi.« (Übrigens gehört Marmelade zu seinen Antipathien.)

Kenntnisnahme der tatsächlichen Vorgänge ermöglicht worden. Er schloß gewissermaßen einen Kompromiß zwischen der in seinem Unbewußten noch teilweise fixierten Theorie und der Wirklichkeit, was ich durch eine Bemerkung des Knaben selbst am besten beleuchtet finde. Er brachte — allerdings dreiviertel Jahre später — wieder einmal eine Phantasie, in der sich der Mutterleib als vollkommen eingerichtete Wohnung präsentierte, wobei speziell der Magen aufs vollständigste und sogar mit einer Badewanne und einem Seifenbehälter ausgestattet war. Er machte zu dieser Phantasie gleich selbst die Bemerkung: »Ich weiß, daß das nicht wirklich so ist, aber ich sehe es so.«
Nach dieser Auflösung und der damit verbundenen Kenntnisnahme der tatsächlichen Vorgänge tritt der Ödipuskomplex besonders in den Vordergrund. Ich berichte als Beispiel dafür folgende Traumphantasie, die drei Tage nach dem vorhergehenden Gespräche gebracht wurde und die ich ihm auch teilweise deutete. Er beginnt mit dem Bericht eines Traumes: »Es war ein großes Auto, das hat ganz so ausgesehen wie eine Elektrische. Es hat auch Bänke gehabt, und da war ein kleines Auto, das ist mit dem großen zugleich gefahren. Man hat ihnen das Dach öffnen können und wenn es regnet, schließen. Dann sind die Autos gefahren und sind gegen eine Elektrische gefahren und haben sie weggestoßen. Dann ist das große Auto auf die Elektrische hinauf und hat das kleine nachgezogen. Und dann haben sie sich zusammengetan, die Elektrische und die beiden Autos. Die Elektrische hat auch einen Zusammenspanner gehabt. Du weißt, was ich meine? Das große Auto hat ein großes, schönes silbernes Eisen gehabt, das kleine auch etwas wie zwei kleine Hafteln. Das kleine war zwischen der Elektrischen und dem großen Auto. Sie sind dann zusammen einen hohen Berg hinaufgefahren und schnell wieder hinunter. Die Autos sind auch in der Nacht dort geblieben. Wenn Elektrische gekommen sind, haben sie sie weggestoßen, und wenn jemand nur so . . . mit dem Arm gemacht hat, sind sie gleich zurückgefahren.« (Ich erkläre ihm, daß das große Auto der Papa, die Elektrische die Mama und das kleine Auto er ist. Und daß er sich zwischen Papa und Mama getan hat, weil er gar so gerne den Papa so ganz wegtun wollte und allein bei der Mama bleiben und das mit ihr machen, was nur der Papa tun darf.) Nach einigem Zögern stimmt er bei, setzt aber schnell fort: »Das große und kleine Auto sind dann gefahren, sie waren in ihrer Wohnung, sie haben beim Fenster hinausgeschaut, es war ein sehr großes Fenster. Dann sind zwei große Autos gekommen. Das eine war der Großvater, das andere der Großpapa. Die Großmama war nicht da, sie war (er zögert ein wenig und sieht sehr ernst drein) sie war gestorben. (Er schaut mich an, aber da ich ganz unverändert bleibe, setzt er fort): Und dann sind sie alle zu-

sammen den Berg hinuntergefahren. Der eine Chauffeur hat mit dem Fuß die Türe geöffnet, der andere mit dem Fuß das, was man aufdreht (Kurbel). Der eine Chauffeur ist krank geworden, das war der Großpapa (wieder schaut er mich fragend an, da er mich gleichmütig sieht, setzt er fort): Der andere Chauffeur hat ihm gesagt: »Du Dreckvieh, willst du eine Ohrfeige, ich werde dir gleich eine herunterhauen!« (Ich frage, wer war denn der andere Chauffeur?) Er: »Ich! Und da werfen ihn unsere Soldaten um. Das waren alle Soldaten — und zerbrechen das Auto und schlagen ihn und schmieren ihm das Gesicht mit Kohle ein und stopfen ihm auch Kohle in den Mund. (Begütigend): Er hat nämlich gemeint, daß es ein Zuckerl ist, und da hat er es genommen, und es war Kohle. Dann waren alle Soldaten, und ich war der Offizier. Ich habe eine schöne Uniform gehabt, und (er richtet sich stramm auf), so habe ich mich gehalten, und dann haben mir alle gefolgt. Sie haben ihm das Schießgewehr weggenommen, er hat nur mehr ›so‹ gehen können! (dabei verkrümmt er sich ganz). (Begütigend): Die Soldaten haben ihm dann, weil sie ihm das Schießgewehr weggenommen haben, eine Auszeichnung und ein Bajonett gegeben. Ich war der Offizier und die Mama war die Pflegerin (bei seinen Spielen ist die Pflegerin immer die Frau vom Offizier), und der Karl und die Lene und die Anna (seine Geschwister), die waren meine Kinder, und wir haben eine schöne Wohnung gehabt — die war schon von außen wie die vom König[31] — sie war noch nicht ganz fertig, die Türen haben noch gefehlt, das Dach hat noch gefehlt, aber sie war sehr schön. Was noch gefehlt hat, haben wir uns dann noch gemacht.« (Meine Deutung, was die unfertige Wohnung usw. bedeutet, nimmt er jetzt schon ohne große Schwierigkeit zur Kenntnis.) »Der Garten war sehr schön, er war oben auf dem Dach. Ich habe immer eine Leiter genommen, um hinaufzukommen. Macht nichts, ich habe sehr gut hinaufkönnen. Karl, Lene und Anna habe ich schon helfen müssen. Das Speisezimmer war auch sehr schön, es sind auch Bäume und Blumen dort gewachsen. Macht nichts, das geht ja sehr leicht, man legt Erde hin, und dann wächst es. Dann ist der Großpapa hineingekommen in den Garten, ganz leise ›so!‹ (er macht wieder den eigentümlichen Gang nach) in der Hand hat er eine Schaufel und will etwas graben. Da schießen die Soldaten auf ihn und (er macht wieder ein ernstes Gesicht) er ist gestorben.« Nachdem er dann noch lange von zwei blinden Königen gesprochen hat, von denen er jetzt schon selbst sagt, daß der eine sein Papa, der andere der Papa von seiner Mama ist, erzählt er: »Der König hat Schuhe gehabt, so groß wie bis

31 Als ihm seine Mutter einmal liebkosend sagte: »Mein Pupperl«, meinte er: »Pupperl sag lieber der Lene oder Anna, das ist eher für ein Mädchen, mir sag lieber: mein Lieblingsköniger.«

Amerika, man hat auch hineingehen können, und man hat darin Platz gehabt. In der Nacht hat man die Wickelkinder darin schlafen gelegt.« Nach dieser Phantasie setzte die Spiellust verstärkt und anhaltend ein. Er spielte nun stundenlang allein, und zwar mit gleich großer Lust, mit der er diese Phantasien brachte.[32] Er äußerte auch direkt: »Jetzt gehe ich das spielen, was ich erzählt habe«, oder »Ich werde das nicht erzählen, gleich spielen.« Während also in der Mehrzahl der Fälle die unbewußten Phantasien eben im Spiel ihr Ventil finden, erwies sich in diesem Falle wie wahrscheinlich auch in den immerhin nicht seltenen ähnlichen Fällen als Ursache der Spielhemmung die Hemmung seiner Phantasie, die miteinander behoben wurden. Ich konnte dabei die Feststellung machen, daß die vorher geübten Spiele und Beschäftigungen nun in den Hintergrund traten. Ich meine da in erster Linie das stundenlang fortgesetzte »Chauffeur-, Kutscher- usw. Spiel«, das ja eigentlich daraus bestanden hatte, daß er Bänke, Stühle oder eine Kiste zusammenschob und sich darauf setzte. Auch hatte er es nie unterlassen, sowie er ein Vehikel fahren hörte, zum Fenster zu laufen, und war ganz unglücklich, wenn er das einmal verpaßte. Stundenlang konnte er am Fenster oder vor der Haustür stehen, hauptsächlich um den vorüberfahrenden Wagen zuzusehen. Die Leidenschaftlichkeit und Ausschließlichkeit, mit der er diese Beschäftigungen betrieb, ließen sie mir als zwanghaft erscheinen.[33]

In letzter Zeit, da er so starke Langeweile zeigte, hatte er aber auch mit dieser Art Spielersatz aufgehört. Als man ihm einmal, um ihn zur Beschäftigung anzuregen, vorschlug, auf eine neuere Art ein Vehikel zusammenzustellen, das wäre so interessant, erwiderte er: »Nichts ist interessant.« Als er mit den Phantasien zugleich das Spiel aufnahm oder eigentlich erst richtig begann, kamen wohl auch in seinen Spielen, die er meist aus Figuren, Tieren, Menschen, Wagen, Bausteinen zusammenstellte, Fahrten und Übersiedlungen vor, das bildete aber nur einen Bestandteil seines Spieles, das sich dann verschiedenartig und mit starker Phantasieentwicklung (die er vorher nie gezeigt hatte), fortsetzte. Gewöhnlich kam es dabei auch zu Kämpfen zwischen Indianern, Räubern oder Bauern einerseits und Soldaten andererseits, wobei die letzteren immer von ihm und seiner Truppe dargestellt wurden. Es war davon die Rede, daß sein Vater, als er nach Beendigung des Krieges aufhörte, Soldat zu

32 Damals machte er einmal des Morgens einen »Turm« (wie er es nannte) aus seinem Bettzeug, kroch da hinein und erklärte: »Jetzt bin ich der Schornsteinfeger und putze gut den Schornstein aus.«

33 Das Interesse für Vehikel, wie auch für Türen, Schlösser, Verschlüsse bleibt deshalb auch weiterhin stark bestehen, es verlor nur an Zwanghaftigkeit und Ausschließlichkeit, so daß es sich auch in diesem Falle zeigte, daß durch die Wirkung der Analyse nicht die günstige Verdrängung, sondern nur deren Zwanghaftigkeit behoben wurde.

sein, seine Montur und seine Waffen ablieferte. Er war darüber ganz betroffen, speziell wegen Ablieferung des Bajonettes und Gewehrs. Gleich nachher spielte er: Bauern kommen, um den Soldaten etwas zu stehlen. Sie werden aber von den Soldaten furchtbar mißhandelt und getötet. — Am Tage nach der Autophantasie spielte er folgendes Spiel, das er mir erklärt: »Ein Indianer wird verhaftet von den Soldaten. Er gesteht, daß er mit ihnen schlimm war. Sie sagen: ›Wir wissen, daß du noch schlimmer warst.‹ Man spuckt auf ihn, macht Wiwi und Kaki auf ihn, steckt ihn ins Klosett und macht alles auf ihn. Er schreit, und da kommt ihm das Wiwi gerade in den Mund. Ein Soldat geht weg, ein anderer fragt: ›Wohin?‹ ›Mist suchen und auf ihn zu werfen!‹ Der Schlimme geht mit einer Schaufel und macht Wiwi darauf, und das schüttet man ihm ins Gesicht.« Auf meine Frage, was er denn eigentlich angestellt habe, sagt er: »Er war schlimm. Er ließ uns nicht ins Klosett gehen und dort machen.« Dann erzählt er noch, im Klosett, neben dem ins Klosett gesteckten Schlimmen, machen zwei Leute Kunststücke. — Um diese Zeit spricht er (wiederholt) das Papier, mit dem er sich nach dem Stuhlabsetzen gereinigt hat, höhnisch an: »Bitte, essen Sie es, mein Lieber!« Auf eine Frage sagt er, daß das Papier der Teufel ist, der das Kaki essen soll. — Ein andermal erzählt er: »Ein Herr hat seine Krawatte verloren und er sucht sie sehr. Endlich findet er sie doch.« — Vom Teufel erzählt er einmal wieder, daß man ihm den Hals und den Fuß abgeschnitten habe. Der Hals konnte gehen, nur wenn man dazu Füße gemacht hat. Der Teufel konnte jetzt nur mehr liegen, da konnte er nicht mehr auf die Straße gehen. Da hat man gemeint, er ist gestorben. Und einmal hat er aus dem Fenster geschaut, jemand hat ihn gehalten, das war ein Soldat, der hat ihn hinausgestoßen, da ist er gestorben. Durch diese Phantasie erscheint mir eine zwei Wochen vorher aufgetauchte, bei ihm ungewohnte Angst begründet. Er schaute beim Fenster hinaus, und das Mädchen hatte sich hinter ihn gestellt und ihn gehalten. Er zeigte Furcht und beruhigte sich erst, als das Mädchen ihn losließ. Die Furcht erwies sich durch die spätere Phantasie als die Projektion seiner unbewußten aggressiven Wünsche.[34] — In einem Spiel, bei dem der feindliche Offizier getötet, mißhandelt und wieder lebend wurde, sagt dann der Feind auf die Frage, wer er denn sei: »Ich bin doch der Papa!« Darauf werden alle mit ihm sehr freundlich und man sagt ihm (dabei wird

34 Es zeigte sich da besonders in letzter Zeit dieser Beobachtungsperiode sowohl in den Phantasien wie auch im Spiel gelegentlich ein Zurückweichen, ein Erschrecken vor der eigenen Aggressivität. Er erklärte dann manchmal beim leidenschaftlich geübten Räuber- und Indianerspiel, er wolle nicht weiterspielen, er fürchte sich davor, auch zeigte er zugleich ein übermäßiges Bestreben, brav zu sein. Damals kam es auch vor, daß er, wenn er sich angeschlagen hatte, sagte: »Das ist gut, das ist die Strafe, weil ich schlimm war.«

Fritz' Stimme ganz sanft): »Ja, Sie sind der Papa, dann bitte, kommen Sie doch her!« — Auch in einer anderen Phantasie, wo ebenfalls der Hauptmann nach den verschiedensten Mißhandlungen, auch Blendung und Verhöhnungen, wieder lebend wird, erzählt er, daß er dann mit ihm ganz gut war, und fügt hinzu: »Ich habe ihm doch zurückgegeben, was er mir getan hat, da war ich nicht mehr böse auf ihn. Hätte ich es ihm nicht zurückgegeben, wäre ich böse gewesen!« Auch nach dieser Phantasie, wie nach so vielen, erklärt er, daß er das jetzt spielen geht. — Sehr gern spielt er jetzt mit Teig und sagt, daß er im Klosett kocht.[35] (Das Klosett ist eine kleine Schachtel mit einer Vertiefung, die er beim Spielen verwendet.) — Beim Spielen zeigt er mir auch einmal zwei gleiche Soldaten und die Pflegerin und sagt, daß das er und sein Bruder und die Mama ist. Auf meine Frage, welcher von beiden er ist, sagt er mir: »Der, der da unten so etwas hat, was sticht, bin ich.« Ich frage, was denn das ist, was unten so sticht? Er: »Ein Wiwi.« »Und das sticht?« Er: »Im Spiel nicht, aber in Wirklichkeit — nein, ich habe mich geirrt, in Wirklichkeit nicht, aber im Spiel.« — Er brachte immer mehr und weitere Phantasien, sehr häufig war es der Teufel, aber auch der Hauptmann, Indianer, Räuber, auch wilde Tiere, denen gegenüber sowohl in den Phantasien wie in den parallellaufenden Spielen sein Sadismus ebenso wie anderseits auch die auf die Mutter gerichteten Wünsche herauskamen. Oft schildert er, wie er dem Teufel oder feindlichen Offizier oder König die Augen ausgestochen, die Zunge abgeschnitten hat, er besitzt sogar ein Gewehr, das wie ein Wassertier beißen kann. Überhaupt wird er dabei immer stärker und mächtiger. Er kann auf keine Art getötet werden, wiederholt sagt er, seine Kanone sei so groß, daß sie bis zum Himmel reiche.

Ich hielt es dann nicht mehr für nötig zu deuten, so daß ich in dieser Zeit nur ganz vereinzelt und andeutungsweise ihm das eine oder das andere bewußt machte. Ich gewann übrigens aus der ganzen Art seines Phantasierens und Spielens und aus gelegentlichen Bemerkungen den Eindruck, daß ihm selbst ein Teil seiner Komplexe bewußt oder wenigstens vorbewußt geworden sei und hielt dies für genügend. So äußerte er einmal, als er sich auf den Topf setzte: »Er gehe Brodel machen.« Als die Mutter darauf eingehend sagte: »Also mach nur deine Brodel schnell«, meinte er: »Du freust dich, wenn ich genug Teig habe«, und fügte gleich hinzu: »Ich habe Teig anstatt Kaki gesagt.« »Wie geschickt ich bin«, meinte er, als er fertig war, »so einen großen Menschen habe ich gemacht. Wenn man mir Teig gibt, mache ich einen Menschen daraus. Nur etwas Spitzes brauche ich für die Augen und Knöpfe.«

35 Das Formen mit Sand oder Erde liebte er eine Zeitlang als kleines Kind, aber nicht lange und anhaltend.

Seit der Zeit, als ich mit gelegentlichem Deuten eingesetzt hatte, waren ungefähr zwei Monate vergangen. Es trat dann in meinen Beobachtungen eine mehr als zweimonatliche Pause ein. In dieser Zeit trat bei dem Knaben Angst auf, die sich schon andeutungsweise darin gezeigt hatte, daß er doch schon vorher im Spiel mit den anderen Kindern sich weigerte, das ihm in den letzten Monaten so liebgewordene Räuber- und Indianerspiel fortzusetzen. Abgesehen von einer Zeit, da er im Alter zwischen zwei und drei Jahren pavor nocturnus gezeigt hatte, war Angst bei ihm nachher nicht manifest gewesen oder jedenfalls nicht beobachtet worden. So war die jetzt auftretende Angst eines jener Symptome, die vielleicht der Verlauf der Analyse manifest macht. Sie war wohl auch dadurch entstanden, daß er das Bewußtwerdende wieder stärker zu verdrängen suchte. Befördert wurde die Auslösung der Angst wahrscheinlich durch das Anhören der ihm in letzter Zeit so lieb gewordenen Grimm-Märchen, an die sie auch wiederholt anknüpfte.[36] Es mag auch beigetragen haben, daß die Mutter einige Wochen leidend war und sich mit dem Kinde, das sonst sehr an sie gewöhnt war, nur sehr wenig befassen konnte, was gewiß auch die Umsetzung der Libido in Angst erleichterte. Die Angst zeigte sich meist vor dem Einschlafen, das dadurch im Gegensatze zu früher sich auch oft recht lange hinauszog, und auch durch gelegentliches Aufschrecken aus dem Schlafe. Aber auch sonst war ein Rückfall zu verzeichnen. Das Alleinspielen und Erzählen hatten stark nachgelassen, das Lesenüben war so eifrig geworden, daß es nun entschieden als übereifrig erschien, da er oft stundenlang lernen wollte und fortwährend übte. Auch war er viel schlimmer und weniger munter.

Als ich wieder Gelegenheit hatte, mich mit ihm zu befassen — allerdings nur gelegentlich —, erfuhr ich nun, im Gegensatze zu vorher unter recht starkem Widerstande, von einem Traume, vor dem er sich sehr gefürchtet habe und auch jetzt noch selbst bei Tage fürchte. »Er hat Papierbogen mit Reitern angeschaut, da haben sich diese Bogen geöffnet, und es sind zwei Männer herausgekommen. Er und seine Geschwister haben sich an die Mutter angehalten und wollten fliehen. Sie sind zu einem Haustor gekommen, und da hat eine Frau gesagt: Da kann man sich nicht verstecken. Dann haben sie sich aber doch so versteckt, daß die Männer sie nicht finden konnten.« Er brachte diesen Traum unter heftigstem Widerstand, der sich beim Einsetzen des Deutens noch erhöhte, so daß ich, um den Widerstand nicht zu sehr zu erregen, nur unvollkommen und wenig deutete. An Einfällen bekam ich wenig, und zwar: Daß die Männer in den

36 Vor dem Beginn der Analyse hatte er eine starke Abneigung gegen die Grimm-Märchen, die dann mit der günstigen Veränderung zugleich sich in Vorliebe verwandelte.

Händen Stöcke, Schießgewehre und Bajonette gehabt hätten. Als ich ihm erklärte, daß die das große Wiwi des Papa bedeuten, das er zugleich wünscht und auch fürchtet, entgegnete er mir, »daß doch diese Waffen hart, das Wiwi aber weich sei«. Er nahm aber, als ich ihm erklärte, daß das Wiwi auch hart wird, gerade dabei, was er zu tun sich wünscht, die Deutung ohne viel Widerstand an. Dann erzählte er noch, daß es ihm manchmal so vorkommt, als ob der eine Mann in dem andern gesteckt hätte und nur ein Mann wäre!

Kein Zweifel, daß die bisher wenig beachtete homosexuelle Komponente nun stärker in den Vordergrund tritt, was auch die nächsten Träume und Phantasien zeigen. Ein anderer Traum, der aber nicht mit Angstempfindung verknüpft war, ist folgender: »Überall, hinter Spiegel, Türen usw. waren Wölfe mit lang heraushängenden Zungen. Die hat er alle weggeschossen, so daß sie starben. Er habe sich deshalb nicht gefürchtet, weil er stärker war.« — Auch darauffolgende Phantasien handeln von Wölfen. Als er einmal wieder vor dem Einschlafen Angst zeigt, berichtet er darüber: Er hat sich vor dem Loch in der Mauer, wo das Licht hereinschaut (ein Mauerausschnitt zum Zwecke der Durchheizung), gefürchtet, weil das dann auch auf dem Plafond wie ein Loch ausschaut. Von dort könnte ein Mann mit einer Leiter auf das Dach steigen. Auch spricht er davon, ob nicht der Teufel im Ofenloch sitzt. Er erzählt, er habe in einem Buch mit Bildern folgendes gesehen: Eine Dame ist in ihrem Zimmer. Da sieht sie, daß im Ofenloch der Teufel sitzt und der Schwanz herausschaut. Im Laufe der Einfälle zeigt sich, wenn auch widerwillig und unter fortgesetztem Widerstand, daß er befürchtet hat, daß der Mann mit der Leiter auf ihn treten, ihm auf dem Bauche wehtun könne, und gibt schließlich zu, daß er für sein Wiwi fürchtet.

Nicht lange nachher höre ich wieder, was allerdings sehr selten vorkam: »Kalt im Bauch.« In einem sich daran anschließenden Gespräch über Magen und Bauch bringt er folgende Phantasie: Im Magen ist ein Zimmer, da sind Tische, Stühle. Jemand setzt sich auf einen Stuhl, legt den Kopf auf den Tisch, da stürzt das ganze Haus ein, der Plafond auf den Fußboden, auch der Tisch fällt um, das Haus stürzt ein. Auf meine Frage: »Wer ist der Jemand und wie kam er hinein?« Er: »Ein kleiner Stock kam durch das Wiwi in den Bauch und so in den Magen.« In diesem Falle setzt er meiner Deutung wenig Widerstand entgegen. Ich sage ihm, daß er sich an die Stelle von seiner Mama gedacht hat und sich wünscht, sein Papa möchte das mit ihm machen, was er mit ihr macht. Er fürchtet aber (was er sich auch so von der Mama denkt), daß, wenn dieser Stock — Papas Wiwi — in sein Wiwi hineinkommt, ihm dabei weh geschieht und dann drinnen im Bauch, im Magen, alles zerstört wird. — Ein andermal berichtet er von der Angst, die er vor einem Grimm-Märchen empfindet. Es ist das Märchen von einer Hexe, die einem Manne vergiftete Nahrung reicht, er aber gibt sie seinem Pferde weiter, das daran zugrunde geht. Er erzählt, er fürchte sich vor Hexen, denn es könne doch sein, daß das nicht wahr ist, was man ihm gesagt hat: Daß es in Wirklichkeit keine Hexen gibt. Es gibt doch auch Königinnen, die schön und doch auch Hexen sind, und er möchte gerne wissen, wie Gift ausschaut, ob es fest oder flüssig ist.[37] Als ich ihn dann frage, warum er denn von seiner Mama so etwas Böses befürchtet, was er ihr denn getan oder gewünscht habe, gibt er zu, daß er, wenn er böse war, sowohl ihr wie dem Papa schon gewünscht hat, daß sie sterben möchten, und sich auch schon gedacht hat »dreckige Mama«. Auch daß er ihr böse ist, wenn sie ihm verbietet, mit dem Wiwi zu spielen, gibt er zu. Übrigens zeigt sich im Verlaufe des Gespräches, daß er auch von einem Soldaten befürchtet, Gift zu bekommen, und zwar ist das ein fremder Soldat, der ihm zusah, als er, Fritz, vor einem Geschäft die Beine an einen Wagen angestemmt hatte, um darauf zu springen. Im Anschlusse an meine Deutung, daß der Soldat der Papa ist, der ihn für seine bösen Absichten, nämlich auf den Wagen — die Mama — zu springen, bestrafen will, richtet er bis dahin noch nicht gestellte Fragen an mich nach dem Akte. »Wie der Mann das Wiwi hineinstecken könne — ob der Papa noch ein Kind machen möchte — wie groß man sein muß, damit man ein Kind machen kann — ob auch die Tante mit der Mama das machen könnte« usw. Der Widerstand zeigt sich wieder verringert. Am Anfang, bevor er zu erzählen beginnt, erkundigt er sich ganz munter, ob ihm das »Unangenehme«, wenn ich es ihm erklärt haben werde, wieder nicht unangenehm sein wird, ebenso wie es mit dem bisherigen war. Er erzählt dabei, daß er sich vor den ihm erklärten Sachen, auch wenn er daran denkt, gar nicht mehr fürchtet.

Das Gift wurde leider nicht weiter aufgeklärt, da keine Einfälle mehr dafür zu haben waren. Das Deuten mit Hilfe der Einfälle gelang überhaupt nur manchmal, meist war es so, daß spätere Einfälle, Träume, Geschichten vorhergehende erklärten und ergänzten. Auch daraus erklärt sich teilweise mein manchmal recht unvollkommenes Deuten.

Ich hatte in diesem Falle ein sehr reiches Material, das zum großen Teile ungedeutet blieb. Außer seiner vorherrschenden Sexualtheorie lassen sich verschiedene andere Geburtstheorien und Störungen erkennen, die, anscheinend nebeneinander laufend, manchmal die eine oder die andere stärker betont wirksam sind. Die Hexe in dieser zuletzt besprochenen Phantasie

37 Damit scheint mir auch das kurz vorher aufgetretene Interesse, woher es kommt, daß Wasser flüssig ist, und wie das überhaupt ist, daß Sachen fest und flüssig sind, mitbegründet. Die Angst war wohl auch schon bei diesem Interesse wirksam.

leitet nur eine, dann öfter wiederkehrende Gestalt ein, die er, so scheint es mir, durch Teilung der Mutter-Imago erhalten hat. Dies zeigt sich mir auch in der seit einiger Zeit zutage tretenden gelegentlichen ambivalenten Einstellung dem weiblichen Geschlecht gegenüber. Seine Einstellung ist zwar im allgemeinen der Frau wie dem Manne gegenüber eine sehr gute, aber gelegentlich bemerke ich doch, daß er kleine Mädchen oder auch weibliche Erwachsene mit einer nicht genügend begründeten Antipathie bedenkt. Diese zweite weibliche Imago, die er, um sich die geliebte Mutter, so wie sie ist, zu erhalten, von dieser abgespalten hat, ist die Frau mit dem Penis, über die anscheinend auch bei ihm der Weg zu der stark zum Vorschein kommenden Homosexualität führt. Das Symbol für die Frau mit dem Penis ist auch bei ihm die Kuh, die er nicht liebt, während er das Pferd zärtlich liebt.[38] Um nur ein Beispiel dafür anzugeben: Vor dem Schaum, den die Kuh vor dem Maul hat, zeigt er Ekel und behauptet, daß sie einen damit anspucken will, vom Pferde behauptet er, daß es ihn küssen will. Daß die Kuh ihm die Frau mit dem Penis darstellt, geht nicht nur unzweifelhaft aus seinen Phantasien hervor, sondern auch aus verschiedenen Bemerkungen. Wiederholt hat er beim Urinieren den Penis mit der Kuh identifiziert. Zum Beispiel: »Die Kuh läßt Milch in den Topf«, oder, als er die Hose öffnet: »Die Kuh schaut beim Fenster heraus.« Das Gift, das ihm dann die Hexe reicht, könnte wohl auch noch mit der Theorie der Befruchtung durch das Essen, die an ihm vollzogen würde, determiniert sein. Mehrere Monate vorher war von dieser ambivalenten Einstellung noch kaum etwas zu merken. Als er von jemandem die Bemerkung hörte, eine Dame sei ekelhaft, frug er ganz erstaunt: »Eine Dame kann ekelhaft sein?«

Von einem andern weiteren Traume mit Angstempfindung berichtete er wieder unter starkem Widerstand. Er begründete die Unmöglichkeit, ihn zu erzählen, damit, daß er so lang sei. Da müßte er den ganzen Tag erzählen. Ich erwiderte ihm, so würde er eben nur einen Teil erzählen. »Aber gerade im Langen war das Unangenehme«, war seine Antwort. Daß dieses »Unangenehme, Lange« das Wiwi des Riesen sei, von dem der Traum handelte, leuchtete ihm bald ein. Es kehrte in verschiedenen Formen wieder als Aeroplan, der die Leute nach einem Gebäude bringt, bei dem man gar keine Türen sieht, auch gar keinen Boden ringsherum, und doch die Fenster voller Leute. Aber der Riese selbst ist ganz mit Menschen behängt und greift auch nach ihm. Es war eine Mutterleibs- und Vaterleibsphantasie, dabei auch Wunsch nach dem Vater. Aber auch eine seiner Geburtstheorien, die Vorstellung, daß er den Vater (sonst auch die

38 Die Bedeutung des Pferdes ist mir nach dem bisherigen Material noch nicht ganz klar: es scheint manchmal männliches, manchmal weibliches Symbol darzustellen.

Mutter) auf analem Wege zeuge und gebäre, zeigt sich wirksam. Zum Schluß kann er selbst fliegen; mit Hilfe der anderen Leute, die schon aus dem Zuge ausgestiegen sind, sperrt er den Riesen in den fahrenden Zug und fliegt mit dem Schlüssel fort. Bei diesem Traume deutete er auch selbst vieles mit. Dem Deuten brachte er überhaupt großes Interesse entgegen und fragte, ob das ganz »innen drinnen« ist, wo er das denkt, was er selbst nicht weiß, ob das jeder Erwachsene erklären kann? usw.

Von einem andern Traume berichtet er, daß er unangenehm war, es fällt ihm aber nur ein, daß da ein Offizier war, der einen großen Mantelkragen hatte, und daß er sich ebenfalls einen solchen Mantelkragen umnahm. Sie sind zusammen von irgendwo herausgekommen. Es war finster und er ist gefallen. Nach der Deutung, daß er es wieder einmal mit dem Papa aufnehmen und ein ebensolches Wiwi haben wolle, fällt ihm plötzlich das ein, was unangenehm war. Der Offizier hat ihn bedroht, gehalten, nicht wieder aufstehen lassen usw. Ich will aus den freien Einfällen, die er diesmal ganz willig brachte, nur ein Detail hervorheben, das ihm auf die Frage einfiel, von wo er mit dem Offizier herausging. »Es fiel ihm ein Geschäftshof ein, der ihm dadurch gefiel, daß auf schmalen Schienen kleine Wagen mit Gepäck aus- und einfuhren.« Wieder der Wunsch, es mit dem Papa zugleich bei der Mama zu machen, was aber mißlingt, worauf er die dem Vater geltende Aggression auf diesen ihm gegenüber projiziert. Auch da scheint mir als andere Determinante die sehr starke analerotische und homosexuelle (die ja auch unzweifelhaft in den vielen Teufelsphantasien, wo der Teufel auch in einer Höhle oder in einem eigentümlichen Haus wohnt) wirksam zu sein.

Nach dieser auf ungefähr sechs Wochen sich erstreckenden neuerlichen Beobachtung mit meist nur an die Angstträume anschließender Analyse war die Angst wieder vollkommen geschwunden; Schlafen und Einschlafen wieder tadellos geworden. Spiel und Geselligkeitsbedürfnis ließen nichts zu wünschen übrig. Eine kleine Phobie vor Straßenkindern war zugleich mit der Angst aufgetreten. Ihre reale Begründung lag darin, daß wiederholt Straßenjungen ihn bedroht und ihn belästigt hatten. Er zeigte Furcht, allein über die Straße zu gehen, und ließ sich dazu nicht bewegen. Dieser Phobie noch analytisch beizukommen, war mir wegen neuerlicher Abreise nicht mehr möglich. Davon abgesehen aber machte, wie gesagt, das Kind einen absolut günstigen Eindruck. Als ich einige Monate später Gelegenheit hatte, ihn wiederzusehen, bestärkte sich mir dieser gute Eindruck. Seine Phobie hatte er in der Zwischenzeit verloren, und zwar, wie er mir berichtete, auf folgende Weise: Bald nach meiner Abreise ist er zuerst über die Straße gelaufen und hat die Augen zugemacht. Dann ist er gelaufen und hat nur den Kopf weggedreht, und schließlich ist er wieder ganz ruhig gegangen. Dagegen zeigte er (wohl auch zufolge dieses Selbstheilungsversuches — er versicherte mir stolz: nun fürchte er sich vor gar nichts mehr!) eine entschiedene Abneigung gegen Analyse, vermied aber auch das Erzählen von Geschichten und Anhören der Märchen, das einzige also, was sich ungünstig verändert hatte. Ob die — wie ich noch ein halbes Jahr später feststellen konnte — anscheinend haltbare Erledigung der Phobie *nur* eine Folge seines Selbstheilungsverfahrens war? Oder nicht doch, zumindest teilweise, eine nachträgliche Wirkung der Kur nach deren Beendigung, wie man es mit dem Schwinden des einen oder anderen Symptoms nach Analysen häufig beobachten kann?

Ich möchte übrigens den Ausdruck »beendigte Kur« auf diesen Fall nicht anwenden. Mit ihrem nur gelegentlichen Deuten wäre diese Beobachtung nicht als Kur zu bezeichnen, ich möchte dafür die Bezeichnung »Erziehung mit analytischem Einschlag« verwenden. Aus demselben Grunde möchte ich auch nicht behaupten, daß sie beendigt war bei dem Punkte, bis zu dem ich sie hier geschildert habe. Schon daß sich so lebhafter Widerstand gegen die Analyse und ein Nichtanhörenwollen von Märchen zeigte, läßt es mir als wahrscheinlich erscheinen, daß auch die fernere Erziehung noch Anlaß zu gelegentlichem analytischen Eingriff bieten kann.

Ich komme damit zu der Folgerung, die ich aus diesem Falle ziehen möchte. Ich meine, daß keine Erziehung des analytischen Einschlages entbehren sollte, weil sie sich damit einer wertvollen, in ihren prophylaktischen Wirkungen noch unabsehbaren Hilfe begibt. Wenn ich diese Forderung auch nur mit einem Fall begründen kann, in dem sich mir die Analyse als Behelf in der Erziehung sehr förderlich erwies, so stehen mir anderseits viele Beobachtungen und Erfahrungen zur Seite, die ich an Kindern machen konnte, die ohne analytische Hilfe erzogen wurden. Ich möchte von diesen Beobachtungen nur zwei mir gut bekannte Kinderentwicklungen[39] anführen, die mir als Beispiele geeignet erscheinen, da sie weder zur Neurose noch zu abnormer Charakterentwicklung geführt haben, also zu den normalen zu rechnen sind. Es handelt sich dabei um sehr gut veranlagte und recht vernünftig und liebevoll erzogene Kinder. Es war z. B. ein Erziehungsprinzip, daß jede Frage gestattet sei und gerne beantwortet werde; es war auch sonst den Kindern ein größeres Maß an Natürlichkeit und Meinungsfreiheit gestattet, als es im allgemeinen üblich ist, doch wurden sie, wenn auch mit Zärtlichkeit, so doch mit Festigkeit geleitet. Von der so bereitwillig

39 Es handelt sich um Geschwister, die zwei Kinder einer gut befreundeten Familie, so daß ich ihre Entwicklung genau kenne.

befriedigten Fragefreiheit hat in bezug auf die Aufklärung nur das eine Kind und auch das nur in sehr geringem Maße Gebrauch gemacht. Viel später erst — als er fast erwachsen war — erzählte der Knabe, daß ihm die auf seine Frage nach der Geburt erteilte richtige Antwort vollkommen ungenügend erschienen sei und ihn dieses Problem weiter stark beschäftigt habe. Die Auskunft war wohl nicht vollkommen gewesen, da sie — allerdings entsprechend der gestellten Frage — sich nicht auf den Anteil des Vaters an der Geburt erstreckt hatte. Auffallend aber ist, daß der Knabe innerlich mit diesem Problem beschäftigt, doch weitere, sich darauf beziehende Fragen nie gestellt hat, aus ihm selbst unbekannten Gründen, da er gar keinen Anlaß hatte, an der Bereitwilligkeit der Antwort zu zweifeln. Bei diesem Knaben setzte mit dem vierten Jahre eine Phobie vor dem näheren Verkehr mit Menschen — speziell Erwachsenen — ein, zu der dann auch eine Phobie vor Käfern trat. Diese Phobien hielten einige Jahre an und wurden nach und nach durch Liebe und Gewöhnung so ziemlich behoben. Der Ekel vor kleinem Getier verlor sich allerdings nie. Auch zeigte der Knabe nachher nie den Wunsch nach Gesellschaft, wenn auch keine direkte Scheu mehr davor. Der Knabe hat sich im übrigen psychisch, physisch und intellektuell gut entwickelt und ist normal gesund. Aber eine ausgesprochene Ungeselligkeit, Reserve, auf sich selbst Zurückgezogensein und noch einige damit zusammenhängende Charaktereigenschaften scheinen mir als die Spuren der sonst glücklich überwundenen Phobie, als dauernde Elemente der Charakterbildung zurückgeblieben zu sein. — Beim zweiten Beispiel handelt es sich um ein Mädchen, das sich in den ersten Lebensjahren geradezu ungewöhnlich begabt und wissensdurstig zeigte. Vom Alter von ungefähr fünf Jahren angefangen, hat das Kind in seinem Forschungsdrang stark nachgelassen[40], wurde nach und nach oberflächlich, nicht lerneifrig und ohne tieferes Interesse und hat, wenn auch vorhandene gute intellektuelle Anlagen weiter unverkennbar sind, sich bisher wenigstens — sie ist jetzt im fünfzehnten Jahre — zu einem durchschnittlichen Intellekt entwickelt.

Wenn auch die bisherigen guten und bewährten Erziehungsprinzipien viel für die Kulturentwicklung der Menschheit geleistet haben, die Erziehung des einzelnen ist dabei, wie gerade die besten Pädagogen wußten und wissen, ein kaum lösbares Problem geblieben. Wer Gelegenheit hat, die Entwicklung von Kindern zu verfolgen und sich mit den Charakteren der Erwachsenen eingehender zu beschäftigen, weiß es: daß oft die best veranlagten Kinder plötzlich, ohne daß sich dafür ein Grund finden ließe, versagen, und zwar in der mannigfaltigsten

40 Dieses Kind hat die Frage nach sexueller Aufklärung überhaupt nie gestellt.

Weise. Einzelne, die bis dahin gut und lenkbar waren, werden scheu, schwer behandelbar oder direkt trotzig und aggressiv. Da sieht man heitere und freundliche Kinder ungesellig und verschlossen werden. Bei anderen, deren intellektuelle Anlagen schönste Blüte versprachen, erscheint diese auf einmal wie abgeschnitten. Glänzend veranlagte Kinder versagen oft vor einer kleinen ihnen gestellten Aufgabe und verlieren dann Mut und Selbstvertrauen. Freilich kommt es auch häufig vor, daß solche Schwierigkeiten in der Entwicklung auch wieder glücklich überwunden werden. Aber die kleineren Schwierigkeiten, über die oft die Elternhand liebevoll hinweghalf, zeigen sich im späteren Verlaufe des Lebens oft als große, unüberwindliche Schwierigkeiten wieder, die dann zum Zusammenbruche oder doch zu viel Leiden führen können. Unzählig sind die Schäden und Hemmungen, die die Entwicklung betreffen, ohne von den vielen zu sprechen, die später der Neurose verfallen.

Wenn wir die Notwendigkeit erkennen, die Psychoanalyse in die Erziehung einzuführen, so bedeutet das nicht den Umsturz der bisherigen guten und bewährten Erziehungsprinzipien. Die Psychoanalyse hätte dabei der Erziehung als Behelf — als Ergänzung — zu dienen, die als richtig erkannten bisherigen Grundlagen blieben dadurch unberührt.[41] Zu allen Zeiten haben ja wirklich gute Pädagogen aus ihrem Unbewußten heraus das Richtige angestrebt: sich durch Liebe und Verständnis zu den tieferliegenden, manchmal so unbegreiflich und verdammenswert scheinenden Regungen des Kindes in Beziehung zu setzen. Es lag nicht an den Pädagogen, es lag an den Behelfen, wenn ihnen dieses Bestreben nicht oder nur sehr unvollkommen gelang. In dem schönen Buch der Lily Braun: »Memoiren einer Sozialistin« lesen wir, wie sie in dem Bestreben, die Sympathie und das Vertrauen ihrer Stiefsöhne (ich glaube ungefähr 10- und 12jähriger Knaben) zu gewinnen, ihnen, von ihrer bevorstehenden Niederkunft ausgehend, über die sexuellen Vorgänge Aufklärung geben will. Sie wird traurig und ratlos, wie sie bei diesem Bemühen auf offenen Widerstand und Ablehnung stößt, und muß den Versuch aufgeben. Wie viele

41 Nach meinen Erfahrungen konnte ich feststellen, daß sich äußerlich anscheinend nicht viel in der Erziehung verändert. — Es sind jetzt seit dem Zeitpunkt, da ich die hier geschilderten Beobachtungen abschloß, ungefähr eineinhalb Jahre vergangen. Der kleine Fritz besucht die Schule, fügt sich tadellos in deren Rahmen ein und gilt dort wie auch sonst als wohlerzogenes Kind, das bei aller Unbefangenheit und Natürlichkeit sich ganz entsprechend benimmt. Der wesentliche, dem uneingeweihten Beobachter aber kaum bemerkbare Unterschied liegt in einer völlig veränderten Grundeinstellung von seiten der Erzieher des Kindes. So erweist es sich — wobei auch zugleich ein absolut herzliches freundschaftliches Verhältnis sich entwickelt hat —, daß erzieherische Forderungen, die sonst häufig nur unter großem autoritativem Nachdruck und mit Schwierigkeiten zur Geltung gebracht werden können, sich ganz leicht erfüllen lassen — da die dagegen im Kinde wirksamen unbewußten Widerstände durch Analyse behoben werden. — Es ergibt sich also als Resultat der Erziehung mit Hilfe der Analyse — daß das Kind die auch sonst üblichen Erziehungsforderungen erfüllt, aber aufgrund anderer Voraussetzungen.

Eltern, deren größtes Bestreben es ist, sich die Liebe und das Vertrauen ihrer Kinder zu erhalten, sehen sich plötzlich vor einer Situation, in der sie — ohne es zu begreifen — erkennen müssen, daß sie beides nie richtig besessen haben.
Um zu dem hier ausführlich beschriebenen Beispiel zurückzukehren: Wodurch war die Einführung der Psychoanalyse in die Erziehung dieses Kindes begründet? Es war bei dem Knaben eine Spielhemmung vorhanden, die Hand in Hand ging mit einer Hemmung, Geschichten zu hören und zu erzählen, ferner zunehmende Schweigsamkeit, Grübelsucht, Zerstreutheit und Ungeselligkeit. Wenn nun auch das psychische Gesamtbild des Kindes in diesem Stadium die Bezeichnung »Krankheit« keinesfalls verdient hätte, läßt sich doch nach Analogien eine Vermutung über mögliche Entwicklungen aussprechen: Vielleicht hätten diese Hemmungen in bezug auf Spiel, Erzählen, Zuhören, ferner die Grübelsucht und die Zerstreutheit, auf einer späteren Stufe zu neurotischen Zügen sich entwickelt — die Schweigsamkeit und Ungeselligkeit zu Charakterzügen. Ich muß da — als bedeutungsvoll — folgendes nachtragen: Die hier angegebenen Eigentümlichkeiten waren zum Teil, wenn auch nicht so prägnant, von ganz klein angefangen bei dem Kinde vorhanden gewesen, nur indem sie sich verstärkten und andere dazutraten, hatten sie das auffallendere Bild ergeben, daß mir ein Eingreifen der Psychoanalyse als wünschenswert erscheinen ließ. Der Knabe, der sich vollkommen gesund und normal, wenn auch langsam entwickelt hatte, begann erst mit zwei Jahren zu sprechen. Schon vorher aber und auch nachher hatte er einen ungewöhnlich nachdenklichen Gesichtsausdruck, der, als das Kind dann fließender zu sprechen begann, in gar keinem Verhältnisse zu den zwar normalen, aber keineswegs auffallend klugen Bemerkungen stand, die der Knabe hören ließ. Er hatte auch nie viel erzählt, überhaupt nie viel gesprochen, am Spielen, soweit die Phantasie mitbeteiligt ist, nie Vergnügen gefunden; in Gesellschaft ihm lieber Kinder hielt er sich wohl gerne auf, aber ohne recht zu spielen, eigentlich liebte er nur Bewegungsspiele und eine Zeitlang Formen im Sand. Er war bei aller Munterkeit meist nachdenklich, schaute und beobachtete gerne. An der Gesellschaft Erwachsener, außer ihm vertrauter, fand er gar kein Vergnügen, er zeigte wohl keine Scheu, aber auch keine Lust, sich mit ihnen zu unterhalten. Wie weit eine im Alter von nicht ganz einem Jahre restlos überstandene schmerzhafte Erkrankung als Trauma und Ursache langsamerer Entwicklung gewirkt haben mag, entzieht sich meinem Urteile. Beobachten ließ sich, daß er vor dieser Erkrankung, wenn auch nicht Sprechversuche, aber immerhin darauf hindeutende Laute hören ließ, die dann erst sehr viel später wieder einsetzten. Ob nicht das späte Sprechen zum Teil auch schon ein »Nichtgerne-

sprechen« bedeutete, das sich dann in der späteren Schweigsamkeit zeigte, oder in welcher Beziehung es zu dieser stand? Tatsächlich aber ist mit dem Einsetzen der sexuellen Fragen und deren Befriedigung nicht nur der starke Entwicklungsschub erfolgt, sondern auch die von klein auf vorhanden gewesene Schweigsamkeit, die geringe Fragelust und das wenige Erzählen zeigten sich dadurch vollkommen verändert. Allerdings traten sie nach den hier beschriebenen Perioden wieder in der ursprünglichen Art auf und verschlechterten sich bis zum Einsetzen der Psychoanalyse. Diese hat dann die Hemmungen behoben, eine freie Entwicklung eingeleitet. Auffallend ist im Gegensatze zu früher nun seine muntere Gesprächigkeit, sein ausgesprochenes Geselligkeitsbedürfnis, und zwar nicht nur Kindern, auch Erwachsenen gegenüber, mit denen er sich ebenfalls gerne und frei unterhält.
Aber noch etwas anderes konnte ich aus diesem Falle lernen. Wie vorteilhaft und notwendig es wäre, den analytischen Einschlag ganz zeitlich in die Erziehung einzuführen — sobald wir uns mit dem Bewußten des Kindes ins Einvernehmen setzen, auch schon die Beziehung zu seinem Unbewußten anzubahnen. Dann ließe sich wahrscheinlich leicht die Hemmung oder der neurotische Zug, sowie sie sich zu bilden beginnen, auch schon auflösen. Es ist kein Zweifel, daß das normale dreijährige, eventuell auch noch jüngere Kind, das so häufig schon so lebhafte Interessen zeigt, auch schon intellektuell fähig wäre, die ihm gegebenen Erklärungen so gut wie etwas anderes zu erfassen. Wahrscheinlich viel besser als das größere Kind, das schon durch einen stärker befestigten Widerstand affektiv daran verhindert ist, während diese natürlichen Dinge dem kleinen Kinde noch viel näher liegen, solange noch nicht die Schädlichkeiten der Erziehung allzusehr ihre Wirkung ausgeübt haben. Das wäre dann, weit mehr noch als in dem Falle dieses schon fünfjährigen Knaben, die eigentliche Erziehung mit analytischem Einschlage.
So groß auch die Hoffnungen sind, die man für den einzelnen und die Allgemeinheit an eine derartige, allgemeine Erziehung knüpfen könnte, so braucht andererseits eine zu weitgehende Wirkung nicht befürchtet zu werden. Auch wo wir uns dem Unbewußten des ganz kleinen Kindes gegenübersehen, werden wir uns sicherlich vor all seinen fertigen Komplexen finden. In welchem Maße diese Komplexe phylogenetisch mitgebracht, in welchem Maße schon ontogenetisch erworben sind? Nach *A. Stärcke* liegt eine ontogenetische Wurzel des Kastrationskomplexes für den Säugling im zeitweiligen Verschwinden der ihm zugehörig scheinenden Mutterbrust. Das Absetzen des Stuhles wird als eine andere ontogenetische Wurzel des Kastrationskomplexes aufgefaßt. In dem Falle dieses Knaben, wo

Drohungen nie geübt wurden und die Lust zur Onanie auch ziemlich frei und furchtlos sich äußerte, war doch ein sehr stark ausgesprochener Kastrationskomplex vorhanden, der sicherlich zum Teil auf dem Boden des Ödipus-Komplexes erwachsen war. Jedenfalls aber liegen bei diesem Komplexe und so bei der Komplexbildung überhaupt, die Wurzeln in einer Tiefe, zu der wir hinabzudringen nicht vermögen. In dem hier beschriebenen Falle scheinen mir die Grundlagen seiner Hemmungen und neurotischen Züge zum Teil vielleicht schon in die Zeit, bevor er sprach, zurückzureichen. Es wäre gewiß schon viel früher und leichter, als es geschah, möglich gewesen, sie aufzulösen, nicht aber die Wirksamkeit der Komplexe ganz auszuschalten, die sie verursacht hatten. Eine zu weit gehende Wirkung der Frühanalyse, eine Wirkung, die die Kulturentwicklung des einzelnen und damit die Kulturgüter der Menschheit gefährden könnte, ist sicherlich nicht zu befürchten. Wie weit wir auch da vordringen mögen, es findet sich immer wieder die Schranke, vor der wir notgedrungen haltmachen müssen. Viel Unbewußtes, Komplexbetontes, wird weiter kunst- und kulturbildend wirksam sein. Was die Frühanalyse leisten kann, wird die Verhütung zu großer Verschüttung, die Beseitigung von Hemmungen sein. Damit wird sie aber nicht nur der Gesundheit des einzelnen, sondern gerade auch der Kultur dienen, indem sie durch die Beseitigung von Hemmungen Entfaltungsmöglichkeiten frei macht. Bei dem von mir beobachteten Knaben war es auffallend, wie sehr seine allgemeinen Interessen angeregt wurden, als die Befriedigung eines Teiles seiner unbewußten Fragen erfolgte. Und wie sehr sein Forschungsdrang dann wieder nachließ, weil weitere unbewußte Fragen in ihm wirksam wurden und sein ganzes Interesse auf sich zogen.

Es erübrigt sich wohl, näher darauf einzugehen, daß die Wirksamkeit von Wünschen und Triebregungen durch das Bewußtwerden nur vermindert werden kann. Ich kann aber auch aus meinen Beobachtungen feststellen, daß ebenso wie beim Erwachsenen auch beim kleineren Kinde dies ohne jegliche Gefährdung vor sich geht. Es ist wohl wahr, daß schon mit der Aufklärung beginnend und mit dem Einsetzen der Analyse sich sehr verstärkend, eine ausgesprochene Charakteränderung bei dem Knaben hervortrat, wobei allerdings auch »unbequeme« Charakterzüge zum Vorschein kamen. Der vorher sanfte und bloß ausnahmsweise aggressive Knabe wurde aggressiv, rauflustig, und zwar nicht nur in seinen Phantasien, sondern auch in Wirklichkeit. Es ging damit auch eine Verminderung der Autorität der Erwachsenen Hand in Hand, die aber keineswegs mit einer mangelnden Fähigkeit, andere anzuerkennen, identisch ist. Ein gesunder Skeptizismus, der gerne auch sieht und begreift, was er glauben soll, vereinigt sich bei ihm mit der

Fähigkeit, die Verdienste oder Geschicklichkeit anderer, speziell des sehr geliebten und bewunderten Vaters oder auch des älteren Bruders, anzuerkennen. Dem weiblichen Geschlechte gegenüber fühlt er sich, dies aber aus anderen Quellen fließend, eher überlegen, mehr beschützerisch. Die Verminderung der Autorität äußert sich bei ihm in erster Linie darin, daß er sich zu jedermann in ein kameradschaftliches, freundschaftliches Verhältnis setzt, wie es auch seinen Eltern gegenüber der Fall ist. Er legt sehr viel Wert auf die Möglichkeit, seine Meinung, seinen Willen zu behalten; das Folgen fällt ihm entschieden mitunter schwer. Dabei ist er aber doch unschwer eines Besseren zu belehren und folgte, um die geliebte Mutter zufriedenzustellen, obwohl es ihm manchmal sauer fällt, im großen ganzen doch recht gut. Alles in allem betrachtet, bietet seine Erziehung keine besonderen Schwierigkeiten, trotz der zutage getretenen »unbequemen« Charakterzüge.

In keiner Weise beeinträchtigt, ja eher noch stärker angeregt, zeigt sich die bei ihm sehr günstig entwickelte Fähigkeit, gut zu sein. Er gibt leicht und gerne, legt sich für Menschen, die er liebt, auch Opfer auf, ist rücksichtsvoll und besitzt in vollem Maße, was man »Herzensgüte« nennt. In diesem Falle zeigt sich auch, was uns aus den Analysen Erwachsener bekannt ist: daß die Analyse diese geglückten Bildungen keineswegs ungünstig, sondern eher noch fördernd beeinflußt. Mir scheint deshalb der Rückschluß erlaubt, daß auch die Frühanalyse schon geglückte Verdrängungen, Reaktionsbildungen und Sublimierungen nicht beeinträchtigen, dagegen die Möglichkeit zu anderen Sublimierungen frei machen wird.[42]

Eine andere für die Frühanalyse sich ergebende Schwierigkeit muß noch erwähnt werden. Unleugbar kommt durch das Bewußtwerden seiner Inzestwünsche die auf die Mutter gerichtete Leidenschaft auch im Leben stark heraus, macht aber keinen Versuch, die ihr gesetzten Schranken in einer andern Weise zu überschreiten, als es sonst bei zärtlichen kleinen Jungen der Fall ist. Das Verhältnis zum Vater ist trotz (oder wegen) der bewußt gewordenen Aggression ein ausgezeichnetes. Es ist eben auch damit so, daß die bewußt werdende Leidenschaft leichter zu beherrschen ist als die unbewußt bleibende. Zugleich aber macht er mit der Erkenntnis seiner Inzestwünsche auch schon Versuche zur Ablösung dieser Leidenschaft und ihrer Übertragung auf ihm erreichbare Objekte. Dies scheint mir auch aus einem der hier zitierten Gespräche zu folgen, wo er schmerzlich feststellte, daß er dann wenigstens mit der Mutter zusammenwohnen will. Auch andere wiederholte Bemerkungen weisen darauf hin, daß der Ablösungsprozeß von der Mutter teilweise

42 Es wurden in diesem Falle nur deren Übertriebenheit und Zwanghaftigkeit aufgehoben.

eingeleitet ist, oder wenigstens der Versuch dazu unternommen wird.[43]

Es ist also zu hoffen, daß seine Ablösung von der Mutter den richtigen Weg einschlagen wird, den der Objektwahl nach der Mutter-Imago.

Aber auch von den Schwierigkeiten, die sich für das Kind mit der anders denkenden Umwelt durch die Frühanalyse ergeben könnten, habe ich wenig wahrgenommen. Das Kind, das sich so empfindlich auch nur ganz leichten Abweisungen gegenüber zeigt, weiß ganz gut, wo es auf Verständnis rechnen kann und wo nicht. In diesem Falle hatte der Knabe nach einigen leichten, mißglückten Versuchen es vollkommen aufgegeben, anderen als seiner Mutter und mir in dieser Beziehung sein Vertrauen zu schenken. Dabei aber blieb er in bezug auf andere Dinge der Umwelt gegenüber ganz zutraulich.

Eine andere Sache, die leicht zu Übelständen führen könnte, erweist sich auch bald als leicht regulierbar. Das Kind hat das natürliche Bedürfnis, auch die Analyse zu Lustgewinn auszunützen. Des Abends, wenn es einschlafen sollte, meldet es sich dann wohl mit der Mitteilung, daß ihm etwas eingefallen sei, das es unbedingt besprechen muß. Oder es sucht tagsüber die Aufmerksamkeit mit derselben Mitteilung auf sich zu lenken, kommt eventuell auch zu ungelegener Zeit mit seinen Phantasien, kurz, es kann auf mannigfaltige Weise den Versuch machen, die Analyse ins Leben umzusetzen. Mir hat sich dabei ein ebenfalls von Dr. *Freud* erteilter Rat vorzüglich bewährt: Ich setzte, auch wenn ich dies dann gelegentlich veränderte, eine gewisse Zeit für die Analyse fest und habe dem Kinde gegenüber, obwohl ich bei unserem nahen Zusammenleben recht viel in seiner Nähe war, unbedingt daran festgehalten. Und das Kind fand sich nach einigen mißglückten Versuchen vollkommen hinein. Ebenso lehnte ich seine Versuche, etwas von der in der Analyse herauskommenden, seinen Eltern und mir geltenden Aggression auch sonst zu äußern, energisch ab und forderte von ihm den üblichen höflichen Ton, was auch sehr bald eingehalten wurde. Wenn es sich auch hier schon um ein über fünf Jahre altes, und deshalb vernünftigeres Kind handelte, so zweifle ich nicht, daß auch beim kleineren Kinde sich Mittel und Wege finden lassen, um diese Übelstände zu verhindern. Dafür wird es sich ja auch beim kleineren Kinde nicht gleich um so ausführliche Gespräche, sondern um gelegentliche

43 Nicht im Zeitraume dieser Beobachtungen, sondern fast ein Jahr später, äußerte er nach einer Liebeserklärung wieder einmal sein Bedauern, daß er die Mutter nicht heiraten könne. »Du wirst ein schönes Mädchen heiraten, daß dir gefällt, wenn du groß bist«, erwiderte sie ihm. »Ja, aber«, sagte er, schon ganz getröstet, »so ähnlich muß sie aussehen wie du, so ein Gesicht, solche Haare. Und sie muß auch Frau Walter W. heißen, wie du.« (Walter ist nicht nur der Name des Vaters, sondern auch sein zweiter Name.)

Deutungen, sei es beim Spiele oder anderen Gelegenheiten, handeln, die es wohl leichter und natürlicher annehmen wird als das größere. Übrigens hat ja auch die bisher übliche Erziehung immer wieder bei jedem einzelnen Kinde die Aufgabe, ihm den Unterschied zwischen Phantasie und Wirklichkeit, zwischen Wahrheit und Lüge beizubringen. Dem wird sich die Unterscheidung zwischen Wünschen und Handeln (später auch *Aussprechen* der Wünsche) gewiß angliedern lassen. Das im allgemeinen so gelehrige und zum Kulturwesen veranlagte Kind wird unschwer auch das erlernen, daß es alles denken und wünschen, aber nur einen Teil davon ausführen kann.

Ich meine übrigens, daß man vor diesen Dingen nicht gar so ängstlich zu sein braucht. Ohne Schwierigkeiten ist keine Erziehung möglich, und sicherlich werden diese eher von außen einwirkenden Schwierigkeiten eine geringere Belastung für das Kind darstellen, als die unbewußt von innen wirkenden. Ist man erst innerlich von der Richtigkeit der Sache durchdrungen, werden sich gewiß nach einiger Erfahrung auch die äußeren Schwierigkeiten ebnen lassen. Ich meine auch, daß das mit Hilfe der Frühanalyse psychisch robustere Kind dann eine unvermeidliche Belastung leichter und ohne Schaden ertragen kann.

Es läßt sich gewiß die Frage aufwerfen, ob denn eigentlich jedes Kind dieser Unterstützung bedarf? Es gibt ja auch ganz gesunde, nach jeder Richtung ausgezeichnet entwickelte Menschen, und so gibt es ja wohl auch Kinder, die keine neurotischen Züge zeigen oder solche ohne Schädigung überwunden haben. Man kann allerdings nach den Erfahrungen der Analyse behaupten, daß die Erwachsenen und die Kinder, für die das zutrifft, verhältnismäßig selten sind. In seiner »Analyse der Phobie eines fünfjährigen Knaben«[44] spricht *Freud* ausführlich darüber, daß dem kleinen Hans kein Schaden und wohl nur Nutzen erwachsen sei durch das völlige Bewußtwerden des Ödipuskomplexes. *Freud* meint, daß die Phobie des kleinen Hans von den so außerordentlich häufigen Phobien anderer Kinder sich nur dadurch unterscheide, daß man sie eben beachtete. Er führt aus, daß sie »gewissermaßen einen Vorteil für ihn darstellte, da er vielleicht nun vor anderen Kindern das voraus habe, daß er nicht mehr jenen Keim verdrängter Komplexe in sich trägt, der für das spätere Leben jedesmal etwas bedeuten muß, der gewiß Charakterverbildung in irgendeinem Ausmaße mit sich bringt, wenn nicht die Disposition einer späteren Neurose«. Des weiteren spricht *Freud* dann dort darüber, »daß man zwischen nervösen und normalen Kindern keine scharfe Grenze ziehen darf, daß Krankheit ein rein praktischer Summations-

44 Sammlung kleiner Schriften zur Neurosenlehre, 3. Folge, Seite 119 und 120 [op. cit.].

begriff ist, daß Disposition und Erleben zusammentreffen müssen, um die Schwelle für die Erreichung dieser Summation erreichen zu lassen, daß infolgedessen fortwährend viele Individuen aus der Klasse der Gesunden in die der nervös Kranken übertreten« usw. In der »Geschichte einer infantilen Neurose«[45] schreibt er (S. 690): »Man wird mir entgegenhalten, daß wenige Kinder solchen Störungen wie einer vorübergehenden Eßunlust oder einer Tierphobie entgehen. Aber dieses Argument ist mir sehr willkommen. Ich bin bereit zu behaupten, daß jede Neurose eines Erwachsenen sich über seiner Kinderneurose aufbaut, diese aber nicht immer intensiv genug ist, um aufzufallen und als solche erkannt zu werden.«

Es wäre also bei der Mehrzahl der Kinder wohl angebracht, deren beginnenden neurotischen Zügen Aufmerksamkeit zu schenken; wenn wir aber diese Züge feststellen und auflösen wollen, ergibt sich uns die Einführung einer möglichst frühen analytischen Beobachtung und gelegentlicher analytischer Eingriffe als unbedingte Notwendigkeit. Ich glaube, es ließe sich da eine Art Norm aufstellen: Wenn ein Kind zur Zeit, da sein Interesse an sich und der Umwelt erwacht und sich äußert, auch den sexuellen Fragen nachforscht und sie stufenweise zu befriedigen trachtet, wenn es sich in dieser Neugierde nicht gehemmt zeigt und die erhaltene Aufklärung vollkommen zur Kenntnis nimmt, wenn es in Spiel und Phantasie auch einen Teil seiner Triebregungen, speziell des Ödipuskomplexes ungehemmt auslebt, wenn es z. B. die Grimm-Märchen gerne hört und keinerlei Angst nachher produziert und sich auch sonst in gutem psychischen Gleichgewicht zeigt — wenn das alles der Fall ist, kann wohl die Frühanalyse ausbleiben —, obwohl sie sicherlich auch in diesen nicht allzu häufigen Fällen nur zum Nutzen angewendet würde, weil manche Hemmungen, unter der auch die bestentwickelten Menschen leiden oder litten, dadurch beseitigt würden.

Ich habe da, unter den Zeichen der psychischen Gesundheit des Kindes, speziell auch das angstlose Anhören der Grimm-Märchen erwähnt, weil unter den verschiedenen Kindern, die ich kenne, nur sehr wenige sind, bei denen es der Fall war. Wohl zum Teil aus dem Bestreben heraus, die damit verbundene Angstentbindung zu vermeiden, sind die verschiedenen bearbeiteten abgeschwächten Ausgaben dieser Märchen entstanden und bevorzugt man auch in der modernen Erziehung andere, weniger Angst erregende Märchen, d. h. solche, die nicht so sehr — lust- und unlustvoll — an die verdrängten Komplexe rühren. Ich meine aber, daß die Erziehung mit analytischem Einschlag diese Märchen nicht nur nicht zu vermeiden braucht, sondern

45 Sammlung kleiner Schriften zur Neurosenlehre. 4. Folge [Ges. Werke, Bd. XII, S. 132/133].

sie direkt als Maßstab und Behelf verwenden kann. Mit ihrer Hilfe läßt sich leichter die auf Verdrängung beruhende latente Angst des Kindes manifest machen, die dann durch analytischen Eingriff gründlich beseitigt wird.
Wie aber läßt sich praktisch die Erziehung mit analytischem Einschlag durchführen? Die durch die analytischen Erfahrungen so wohlbegründete Forderung, die Eltern, Kindergärtnerinnen und Lehrer zu analysieren, wird wohl noch auf lange hinaus ein frommer Wunsch bleiben. Und selbst wenn sich dieser Wunsch erfüllte, hätten wir wohl eine Garantie für die Durchführung der eingangs erwähnten günstigen Maßnahmen, noch immer aber nicht die Möglichkeit der Frühanalyse. Ich möchte da einen Vorschlag machen, der wohl nur einen Notbehelf darstellt, aber übergangsweise, bis andere Zeiten andere Möglichkeiten bringen, doch nützlich wirken könnte: Ich meine die Gründung von Kindergärten, an deren Spitze Analytikerinnen stehen. Es ist kein Zweifel, daß eine Analytikerin, die einige von ihr unterrichtete Kindergärtnerinnen zur Verfügung hat, eine ganze Schar Kinder so zu beobachten vermag, daß sie die gelegentliche Angebrachtheit analytischer Eingriffe erkennt und auch gleich durchführt. Es läßt sich wohl unter anderem dagegen einwenden, daß dadurch in einem sehr zarten Alter das Kind psychisch zum Teil der Mutter entzogen würde. Ich meine aber, daß das Kind dabei so viel zu gewinnen hätte, daß schließlich auch die Mutter an anderer Stelle zurückgewönne, was sie da vielleicht eingebüßt hat.

2. *Alice Balint:* Versagen und Gewähren in der Erziehung[46]

Trotz den schönen Erfolgen, die nach mehrjähriger intensiver und ausgedehnter Arbeit auf dem Gebiete der Kinderanalyse und Erziehungsnachhilfe bereits zu verzeichnen sind, befinden wir uns doch noch immer in der unangenehmen Lage, die Antwort auf die naive Frage: »Also, wie soll man nun seine Kinder richtig erziehen?« schuldig bleiben zu müssen. Bei der Erörterung dieser Frage müssen wir jedesmal auf die psychoanalytischen Auffassungen über die kindliche Entwicklung, über das Wesen und die Funktion der Erziehung zurückgreifen; der ungeduldige Zuhörer oder Leser findet dann häufig, daß ihm damit wenig Positives geboten wurde. Dazu kommt dann noch als besonders erschwerendes Moment, daß es unter den Vertretern der Psychoanalyse selbst verschiedene Auffassungen und nicht

46 Nach einem auf dem XII. Internationalen Psychoanalytischen Kongreß in Wiesbaden (4. bis 7. September 1932) gehaltenen Vortrag.

nur eine einzige Anschauung oder Forderung, »wie erzogen werden soll«, gibt. Wer die Sonderhefte dieser Zeitschrift über Nacktheit, Onanie, Strafe studiert hat, weiß selbst, wie uneinig die Autoren in diesen elementaren Fragen der Erziehung sind. Auch bei der Behandlung anderer Erziehungsfragen gehen die Autoren eher vorsichtig tastend vor, bemühen sich zu erklären, warum direkte Ratschläge unmöglich sind, und beschränken sich oft auf eine Mahnung zur vorsichtigen Verwertung der neugewonnenen Einsichten. Das beweist nur, daß die bisherigen Erfahrungen und Erfolge, an Einzelfällen gewonnen und gesammelt, eine Verallgemeinerung in Form von jederzeit gültigen Regeln noch nicht zulassen.

Diese Situation erinnert stark an die, in welcher sich die psychoanalytische Neurosenlehre befindet, die ebenfalls noch keine allgemein gültige Antwort auf die Frage, wodurch ein Mensch neurotisch werde, gefunden hat, obwohl sie in den einzelnen Fällen die Ursachen der Erkrankung aufdecken kann. Diese zwei ungelösten Probleme der Psychoanalyse stehen in mehrfachem Zusammenhang miteinander. Sie sind aber sicher nicht wie das Ei des Kolumbus durch einen glücklichen Einfall mit einem Schlag zu lösen. Wir stehen da vor etwas Unbekanntem und Unberechenbarem, das noch gefunden werden muß. Einige Vermutungen können immerhin heute schon geäußert werden.

Versuchen wir zuerst den äußeren Zusammenhang der beiden Probleme zu verstehen. Eine Erziehung, welche die seelische Gesundheit des Menschen gewährleistet, wollten wir zuerst (in den therapeutischen Analysen) aus den Erfahrungen mit seelisch kranken Erwachsenen ableiten.[47] Es wurden hier Erlebnisse und Einwirkungen als krankheitsverursachend entdeckt, die ebensogut als Erziehungsfehler bezeichnet werden können. Die Folgerung schien einfach und leicht: was in der Kindheit dieser Kranken geschah oder unterlassen worden war, sollten wir fortan in der Erziehung nicht tun, bzw. nicht unterlassen.

Heute wissen wir, daß sich dieses scheinbar einfache Programm in der Folge als unausführbar erwies. Es zeigte sich nämlich, daß diese Ergebnisse der Analyse am Einzelfall für eine praktische Umsetzung noch zu allgemein, zu vieldeutig waren. Man konnte daraus sehr verschiedene Vorschriften für ein Verhalten gegenüber Kindern ableiten. Die einen propagierten ein extrempuritanisches Verhalten, die Eltern gestatteten sich kaum eine körperliche Zärtlichkeit gegenüber dem eigenen Kind oder untereinander vor dem Kinde, denn sie fürchteten, dadurch die aus den Analysen wohlbekannten Leidenschaften, insbesondere die Ödipusliebe zu entfachen. Andere kamen zu dem Schlusse, dem Kinde müsse eine größtmögliche Freiheit gewährt werden,

47 Vgl. hierzu Freud: Analyse der Phobie eines fünfjährigen Knaben. Ges. Schr. Bd. V [Ges. Werke, Bd. VII. S. 243 ff.]

sie machten die gesellschaftlichen Einrichtungen und ihre Freiheitsbeschränkungen für die seelischen Störungen verantwortlich. Ich glaube nicht, daß man diese Gegensätze mit dem üblichen Hinweis auf den »goldenen Mittelweg« erledigen kann.

Es soll nun zuerst die Frage besprochen werden, warum der Versuch, die Forderungen nach richtiger Erziehung aus den Erfahrungen der Krankenanalysen direkt abzuleiten, nicht gelingen konnte. Ich denke da an eine Fehlerquelle, welche mir selbst erst in letzter Zeit auffiel, die, wie ich glaube, zu wenig beachtet wurde.

In den Erwachsenenanalysen wird immer wieder beobachtet, wie bei fortschreitender Beschäftigung mit der eigenen Kindheitsgeschichte der Kranke für die Analysenstunde selbst vollkommen »zum Kinde wird«. Dieser Eindruck wird immer stärker, je mehr der Kranke selbst seine frühe Kindheit »wiedererlebt«, sich als Kind sieht und fühlt. Für ihn gibt es in diesem Moment nicht mehr die Ekel- und Schamreaktionen, über die er sonst als Erwachsener selbstverständlich und oft sogar in übertriebener Weise verfügt, und es können alte, primitive Lustsensationen auftauchen, die ihm sonst nicht zur Verfügung stehen. Für uns als Zuschauer scheint es dann, als wäre das frühere kindliche Triebleben wiedererwacht. Ist dem aber auch wirklich so? Nicht einmal für den sich kindisch gebärdenden Geisteskranken träfe diese Behauptung zu, wie ich nach einer mündlichen Mitteilung *S. Ferenczis* bemerken möchte. So groß auch der Unterschied zwischen dem seine Triebe beherrschenden Erwachsenen und dem wieder Kind gewordenen Kranken erscheinen mag, die Analyse hat doch nur ein Guckloch in die Triebwelt geöffnet und nicht ein reines Triebwesen aus ihm gemacht. In ähnlichem Zusammenhang legt *Anna Freud* das Hauptgewicht auf die Tatsache, daß der Erwachsene im Gegensatz zum Kinde auch in der analytischen Situation ein ausgebildetes Über-Ich besitzt. Auf diese Tatsache stützen sich dann bekanntlich die von ihr hervorgehobenen Unterschiede in der Technik der Erwachsenen- und der Kinderanalyse.

Wenn wir diesen Gedankengang weiterführen, kommen wir also zu folgendem Schluß: Das Triebleben des Erwachsenen tritt uns niemals mehr in seiner ursprünglichen, ungezügelten Form wie beim Kleinkind entgegen; wir können es nur insoweit und in der Form wahrnehmen, als es das übergeordnete Über-Ich (Gewissen) zuläßt. Dieses Über-Ich ist das in der analytischen Behandlung eigentlich Veränderbare, es kann wenigstens zum Teil abgebaut und durch ein andersartiges, brauchbareres ersetzt werden. Nicht rückgängig aber kann die Tatsache gemacht werden, daß ein Über-Ich vorher schon einmal da war; das Triebleben war schon dem Erziehungsprozeß unterworfen worden, ein regulierendes Ich sorgt nunmehr für einen Triebhaushalt, in dem Entsagen, Warten, Ertragen größerer Triebspannungen ebenso notwendig sind wie das Vorsorgen für Triebentspannung und -befriedigung. Etwas von den Trieben verlangt nicht mehr nach der direkten Befriedigung, es hat sich den Bedürfnissen der Realität, wie sie das wahrnehmende Ich erkannt hat, angepaßt und ist auf diese Anpassung trainiert worden.

Ich denke hier an ein Beispiel, wie es in den analytischen Behandlungen öfter zu beobachten ist: In einem Abschnitt der analytischen Kur käme z. B. die Freude und Lust am nackten Körper zur Sprache; der Patient hat in der vorhergehenden Analysenarbeit von sich erfahren, daß diese Lust durch das Kleidertragen und durch die verschiedenen Einflüsse der frühen Erziehung stark unterdrückt und verkümmert ist. Die Scheu vor der Nacktheit hat er als etwas Sekundäres, als mehr oder weniger wirksamen Schutz gegen die ursprüngliche, durch die Verbote der Erzieher gefährlich gewordene Lust erkannt. Nachdem das alles wirklich verstanden und mit den entsprechenden Affektbeträgen wiedererlebt wurde, sind wir doch sicher, daß der Patient trotzdem nicht in der Lage ist, die wiederentdeckte Triebbefriedigung im gleichen Ausmaß wie als Kind genießen zu können. Die vorangegangene Erziehung hat ihre Wirkung nicht ganz aufgegeben. Die für die Analyse unerläßliche Bedingung, Wünsche zur Kenntnis zu nehmen, ohne ihre Befriedigung unter allen Umständen durchzusetzen, setzt einen hohen Grad von Fähigkeit zur Spannungsertragung voraus, auf die wir allerdings in der Arbeit mit neurotisch Kranken rechnen können. Neurotiker sind bekanntlich hierzu viel besser befähigt als Kinder, psychotisch Kranke und Verwahrloste; die Technik für die Behandlung solcher Störungen weicht ja auch von der klassischen Analysentechnik der Neurosen ab. Es wäre also ein Mißverstehen der Psychoanalyse, würde man annehmen, daß sie die Fähigkeit, Triebregungen zu beherrschen, an sich bekämpfen wollte. Nicht die Fähigkeit an sich, sondern die Folgen der übertriebenen Forderungen nach solcher Fähigkeit sind die Angriffspunkte der analytischen Kur. In ihr erscheint dem Kranken der Vertreter dieser Forderungen, der Erzieher, als Mensch unaufrichtig und ungerecht, seine Gebote zu streng, seine Verbote übertrieben; nicht der Triebverzicht als solcher wird angegriffen, sondern das Zuviel, das zur Erkrankung führen mußte. Die Grundlage, auf der also die Analyse ihre befreiende Wirkung erreicht, ist dennoch die Fähigkeit zum Triebverzicht. Es wäre aber ein Irrtum, zu meinen, die ideale Erziehung wäre gleichbedeutend mit einer ausgedehnten Analysestunde. Im Gegenteil: Die Erziehung ist Voraussetzung der Analyse. Sie erzeugt nicht bloß die Schädigungen, die die Analyse später reparieren helfen soll, sondern vielmehr den Rahmen, innerhalb dessen die Analyse erst arbeiten kann. Wo dieser fehlt, muß er erst geschaffen werden.

Wir müssen daher den inhaltlichen Teil der Erziehung, d. h. den Inhalt der in das Über-Ich aufgenommenen Verbote und Gebote, von der im Laufe der Entwicklung des Über-Ichs erworbenen Fähigkeit, Triebeinschränkungen tragen zu können, trennen. Ich möchte sagen, daß das Kind zu dieser Fähigkeit trainiert wird.[48]

Kinder unterscheiden gewöhnlich sehr genau, was in einem Menschen vorgeht, der Triebbeherrschung gewöhnt ist, und jenem, der unbeherrscht seinen Triebansprüchen gehorchen muß. Das illustriert folgende Geschichte: Ein neunjähriger Junge las eine Geschichte, in der ein Affe wegen Verrats anderer Urwaldtiere an die Menschen zur Strafe selbst in einen Menschen verwandelt wurde; als Mensch verkleidet, mußte er nun den Urwald verlassen. Das Kind brach über die Härte der Strafe in Tränen aus, und auf die Frage, ob es denn gar so schlimm wäre, ein Mensch zu sein, antwortete es: »Das nicht; aber für jemanden, der im Dschungel gelebt hat, muß es schrecklich sein.«

Die Aufgabe der Erziehung kann, von diesem Gesichtspunkt betrachtet, in folgender Weise umschrieben werden: Wir wollen dem Kinde unnötige und schädlich wirkende Triebeinschränkungen ersparen, wollen aber dabei doch die Fähigkeit, höhere Triebspannungen zu ertragen, fördern und entwickeln. Dazu sind aber konkrete Aufgaben notwendig, etwa wie die Turnübungen für die Förderung der körperlichen Kraft und Behendigkeit. Welcher Art sollen diese Aufgaben sein?

Die Fähigkeit, Spannungen zu ertragen, das »Wartenkönnen«, kennen wir seit langem unter dem Namen »Realitätsprinzip«. *Freud* meinte bereits in den »Formulierungen über die zwei Prinzipien des seelischen Geschehens«, Funktion der Erziehung sei, das biologisch vorgebildete Lustprinzip in das Realitätsprinzip überzuführen, d. h. an Stelle des blinden Jagens nach Lust ein Benehmen zu setzen, das den Dauernutzen einer Handlung voraussehen und berechnen kann.

Der Text der Aufgaben wäre damit bereits gegeben; es ist eben die Realität. Doch welche Realität? Was ist die Realität für unsere Kinder? Sie setzt sich im wesentlichen, wenn auch durch gesellschaftliche und ökonomische Differenzen gekennzeichnet, aus den Personen zusammen, auf die das Kind vom Beginn sei-

48 Dieses Training kann sowohl als Trainieren der Triebe wie als Trainieren des Ichs aufgefaßt werden. Welches die metapsychologisch richtigere Formulierung ist, kann bei dem heutigen Stand unseres Wissens schwer entschieden werden. Ich selbst neige eher zu der ersteren, denn es scheint mir sinnvoller, die Kräftigung oder Erweiterung des Ichs auf Kosten des Es bereits als Folge des Triebtrainings zu betrachten. Wie dem auch sei, gewiß ist, daß es sich hier um Vorgänge handelt, die sich an der ineinanderfließenden Grenze zwischen Ich und Es abspielen.

nes Lebens an angewiesen ist. Die Naturgewalten haben wohl auf den Naturmenschen erzieherisch gewirkt, heute treten sie nur in Zeiten außergewöhnlicher Not an die Kinder der zivilisierten Welt heran. Die unmittelbare Aufgabe heißt nicht mehr wie für das Tier Anpassung an die Naturgewalten, Nahrungssuche, sondern Anpassung an die Welt, wie sie von den Mitmenschen eingerichtet und organisiert worden ist.[49] Die Anforderungen, welche die Erzieher sehr früh an das Kind stellen, dienen in Wirklichkeit der Bewältigung erst viel später eintretender Situationen. Die wirkliche Aufgabe, die Bewältigung der Welt des Erwachsenen, fehlt dem Kind noch völlig, und doch soll es lernen, sich so zu verhalten, als lebe es bereits in dieser Welt. In einer Zeit, in der das Kind noch voraussetzungslos geliebt und versorgt wird, muß es sich vorbereiten lassen, in einer Umgebung zu leben, wo ihm Liebe und Schutz nicht ohne weiteres geboten werden.

Je nach der gesellschaftlichen Zugehörigkeit des Kindes und seiner Eltern dauert diese Periode kürzer oder länger, doch kann ganz allgemein gesagt werden, daß die Erziehung dem Kinde einen Realitätsersatz schafft, an dem es sich üben und stärken kann.

Von diesem Gesichtspunkt aus betrachtet, können die formalen Elemente der Erziehung – wie z. B. das Einhalten bestimmter Zeiten beim Aufstehen, Essen usw., der Zwang, eine gewisse Art Kleidung zu tragen, bei gewissen Gelegenheiten bestimmte Worte zu gebrauchen (Grüßen, Bitten, Danken) – recht gut als solche Ersatzrealitäten oder, besser gesagt, als »Realitätsanpassungsübungen« gelten. Das Wesentliche an ihnen ist nämlich das Warten. Das Kind soll nicht einfach in die Schüssel greifen, sondern sich der Eßbestecke bedienen oder gar die in der Familie übliche Reihenfolge einhalten. Bei einer Begegnung soll es nicht mit seinen Mitteilungen herausplatzen, sondern vorerst grüßen; sich die Schuhe abwischen, bevor es ins Haus tritt; den anderen ausreden lassen usw. Die Einhaltung dieser und ähnlicher Regeln bedeutet das Ertragen ganz beträchtlicher Spannungen. Die Fähigkeit zur Triebbeherrschung, die sie dem Kinde vermitteln, ist jedoch eine unentbehrliche Eigenschaft im Lebenskampf.

Manche werden hier einwenden: Warum Training, warum automatisieren, warum nicht durchweg an die Einsicht des Kindes appellieren? Die Triebbeherrschung bietet ja handgreifliche praktische Vorteile, die dem Kinde veranschaulicht werden können. Dieser Einwand liegt mir um so näher, als er zum Teil meinen eigenen Standpunkt vertritt. Oft gilt es wirklich nur, etwas mehr Geduld zu haben und die Zeit abzuwarten, wo es

49 »Soziale Anpassung« spielt auch bei den Tieren eine, wenn auch geringere Rolle.

möglich ist, dem Kinde zu »erklären«, was einige Monate früher nur »eingedrillt« werden kann. Ein solches Abwarten des richtigen Moments, wo eine Versagung von dem Kinde leichter ertragen wird, weil wir ihm eine intellektuelle Entschädigung (eben die Erklärung) dafür bieten können, ist sicher richtig. Doch ist das Appellieren an die Einsicht des Kindes keineswegs immer möglich. Erstens, weil die systematische Erziehung meist früher einsetzt, als das Kind Erklärungen überhaupt zugänglich ist (z. B. das Einhalten geregelter Stillzeiten); zweitens, weil nur ein Teil der erzieherischen Maßnahmen mit dem Hinweis auf ihren praktischen Sinn erklärbar sind. Die Einschränkungen, die dem Kinde auferlegt werden, können in zwei Hauptgruppen geteilt werden. In die eine Gruppe gehören jene Verhaltensregeln, die das Kind und seine Umgebung vor irgendeinem Schaden schützen sollen (z. B. »Rühre nicht den heißen Ofen an« usw.). Diese Regeln lassen sich mit dem Hinweis auf die unmittelbaren Folgen ihrer Außerachtlassung vollkommen erklären (»Du verbrennst dir die Finger . . .«, »Vater wird böse, wenn du ihn nicht schlafen läßt . . .«). Diese Regeln sind aber auch keine Realitätsanpassungsübungen in unserem Sinne. Sie vertreten vielmehr jenen Teil der einfachen Realität, mit der auch das Kind bald in Berührung kommt. Ganz anders steht es mit den eigentlichen Anpassungsübungen, zu denen wir die Regeln der Pünktlichkeit, Reinlichkeit (mit Ausnahme der rein hygienischen Maßnahmen) und der Schicklichkeit rechnen können. Ihr Sinn wird selbst für uns erst in einem viel weiteren, für das Kind sicher unerfaßbaren Zusammenhang verständlich. Wollten wir auch hier durchwegs mit Hilfe von Erklärungen vorgehen, so müßten wir bald zu Scheinrationalisierungen, also zu einer Fälschung der Realität greifen, die meines Erachtens schädlicher ist als ein einfaches: »Sieh', du mußt, denn alle machen es so.«

Folgerichtig müssen wir uns nunmehr die Frage vorlegen, ob die »an sich« sinnlosen, formalen Forderungen für die Entwicklung des kulturnotwendigen Maßes an Fähigkeit zur Triebbeherrschung überhaupt notwendig sind, d. h. ob wir dasselbe nicht auch allein mit Hilfe der einfachen äußeren Realität erreichen könnten. Eine Antwort auf diese Frage gibt uns die Ethnologie. Sie zeigt uns die — am kulturellen Maßstab gemessen — geringe erzieherische Kraft der einfachen Realität. Der Hungersnöten ständig ausgesetzte Australier lernt es nicht, etwas für morgen aufzuheben. *Róheim* meint, diese Sorglosigkeit hätte ihren Grund in der Freigebigkeit, mit der die australische Mutter ihre Kinder nährt. Menschen, denen das schmerzliche Erlebnis der Entwöhnung erspart wurde, können sich keine karge Mutter Natur vorstellen, so realitätsgerecht dies auch sein möge. Der »orale Optimismus« ist jedoch wahrscheinlich nicht die einzige Ursache dieses Verhaltens. Da die Kinder nicht entwöhnt werden, fehlt ihnen auch jene frühe Trieberziehung (Training), die sie befähigen würde, ihre Eßlust zu hemmen, um Vorräte zu sammeln. Sie müssen eben sogleich alles verspeisen, was da ist. Die in tropischer Fülle lebenden Papuas hingegen kennen die ängstliche Sorge um die nächste Mahlzeit, das Sammeln von Vorräten und auch die Entwöhnung von der Brust im ersten Lebensjahr.

Es ist also kein Zufall, daß die – von mir so genannten – Drill- oder Trainingselemente der Erziehung bei Völkern, deren Kulturstufe als niedrig bezeichnet werden muß, in geringerem Maße zu finden sind. Bei solchen primitiven Stämmen gibt es keine regelmäßige Tageseinteilung, kein striktes Erledigen eines vorgeschriebenen Arbeitsprogramms, kein Erziehen zur Reinlichkeit. Ferner zeigen die Beobachtungen von *Róheim* und der amerikanischen Ethnologin *M. Mead*, wie unter primitiven Verhältnissen die Kinder regelmäßig solchen Erlebnissen ausgesetzt sind, die der Kulturmensch an und für sich für schädlich halten und dem Kind nach Möglichkeit ersparen würde.

Auf der Insel Samoa z. B. sind die Kinder Zuschauer bei dem Geschlechtsakt, bei der Geburt, sie können sehen, wie der Fötus aus der Leiche einer schwangeren Frau herausgeschnitten wird; die weitestgehenden sexuellen Spiele der Kinder untereinander werden geduldet: alles Dinge, die innerhalb unserer Kultur für schwerwiegende Traumen gelten, an denen Menschen neurotisch erkranken, derentwegen sie Behandlung und Heilung suchen. Es ist klar, daß triebhafte Erlebnisse dort weniger schädlich wirken, wo die allgemeine Forderung zur Triebbeherrschung niedriger ist.[50]

Ich glaube, daß diese Beobachtungen weit über das uns vorstellbare Maß der Kulturbedingtheit der Triebversagung hinausgehen. Wissen wir aber dies, so sehen wir auch, daß Kultur und Menschenglück in einer recht verhängnisvollen Beziehung zueinander stehen. Die kulturnotwendigen Triebeinschränkungen haben, ganz ähnlich wie der soldatische Drill, keinen eigentlichen Sinn vom Standpunkte des Glückes des einzelnen. Daher die allgemeine Sympathie für den tölpelhaften, aber vom Triebstandpunkte einzig gescheiten Rekruten, aus dem man auf keine Weise einen richtigen Soldaten machen kann.

Die Erziehung des Kulturmenschen schließt das volle Triebglück aus. Was wir aber versuchen können und müssen, ist, die am wenigsten kostspielige Lösung zu finden. *Freud* weist darauf hin, welche Gefahr das »Unbehagen in der Kultur« für die Kultur bedeutet. Die Bemühung, die Triebversagung auf das unbedingt kulturnotwendige Maß zu beschränken, ist also nicht kul-

50 Freud: Vorlesungen zur Einführung in die Psychoanalyse. Ges. Schr., Bd. VII, Vorl. XXII. S. 351. [Ges. Werke, Bd. XI, Vorl. XXII. S. 351 ff.]

turfeindlich. Im Gegenteil: Sollte es uns gelingen, einen Teil des verlorenen Triebglückes dem Kulturmenschen wiederzugeben, so beschützen wir unser Werk, die Kultur, vor der ihr drohenden Triebgefahr.
Ich hoffe, diese Gedankengänge können einigermaßen zu der Lösung der grundlegenden Frage der Erziehung beitragen, *was* und *wieviel* wir dem Kinde gewähren können und sollen und auf welchem Gebiet es nützlich sein kann, ihm Versagungen aufzuerlegen, damit es die Fähigkeit zur Selbstbeherrschung, d. h. zum Ertragen höherer Spannungen erlangt. Bei der Überlegung der Frage, was dem Kinde aus erzieherischen Gründen versagt oder erlaubt werden soll, denken wir natürlich nicht an die undiskutierbaren, weil in jeder menschlichen Gesellschaft vorhandenen Versagungen, deren Inbegriff die Inzestschranke ist. Das Trainieren der Seele ist etwas darüber Hinausgehendes. Es handelt sich hierbei um die Erreichung der Fähigkeit zur Triebbeherrschung im allgemeinen. (Ihr Ausmaß ist aber je nach der Art der betreffenden Kultur variabel.)
Zusammenfassend können wir sagen, daß es vielleicht ein Irrtum war, wenn wir — wie wohl die meisten unter uns — geneigt waren, das Gewähren auf seelisch-inhaltlichem Gebiet mit der Vernachlässigung der formalen Disziplin zu verknüpfen. Das Kind soll möglichst frei denken und fühlen und seinen Gedanken und Gefühlen auch gelegentlich Ausdruck geben dürfen und soll sich doch den verschiedenen Formansprüchen der Gesellschaft bequemen müssen. Es soll lernen, daß es nicht alles sagen und tun darf, was ihm einfällt, wobei aber offen anerkannt wird, daß einem Dinge einfallen, die mit den gesellschaftlichen Vorschriften nicht übereinstimmen. Durch Gewöhnung an die Formansprüche der Gesellschaft, *ohne gleichzeitige moralische Verurteilung* der zu zügelnden Triebregungen, kann vielleicht jene Elastizität der Seele erreicht werden, die uns befähigt einerseits Entsagungen zu ertragen und anderseits die sich bietenden Gelegenheiten zu freierem Ausleben einer Triebregung zu genießen. Mit anderen Worten hieße das: *die Sonderung der Erziehung zum Realitätsprinzip von der Über-Ich-Bildung.*
Das Ziel einer jeden Erziehung ist eigentlich ein zweifaches: Sie soll die praktische Leistungsfähigkeit (Tüchtigkeit im Lebenskampf) *und* die Glücks- oder Genußfähigkeit des Menschen gewährleisten. Das erste Ziel wird mehr von der offiziellen Schulerziehung, das andere mehr von der inoffiziellen elterlichen Erziehung vertreten. Diese Einseitigkeit der Zielsetzungen hat die unnötige Härte und Starre der einen und die Unsicherheit und Planlosigkeit der anderen Erziehung zur Folge. Eine allgemeine Erziehungslehre wird unbedingt beide Ziele vereinigen müssen.

3. *Michael Balint*: Ichstärke, Ichpädagogik und »Lernen«

Seit *Freuds* Berliner Kongreßvortrag (»Das Ich und das Es«), also seit 16 Jahren, ist die Vorstellung von der Schwäche des Ichs allgemein verbreitet. Es ist seltsam, daß dies so schnell, so kampflos geschehen konnte; versuchte doch eine der ältesten, eigentlich nie widersprochenen Formulierungen der Psychoanalyse, die Entstehung aller psychoneurotischen Symptome aus dem Kampfe der Sexualtriebe und der Ich-Interessen abzuleiten. Wenn das Ich schwach ist, wie kann es denn seine Interessen so energisch vertreten, daß es zu einem dauernden Kompromiß, zu einem ständigen Symptom kommen mußte? Diese und ähnliche Fragen wurden aber nicht gestellt. Die Theorie ging einen anderen Weg; sie hielt an der Annahme des schwachen Ichs fest und übertrieb sie sogar. Die Ich-Interessen verschwanden aus den theoretischen Betrachtungen beinahe vollkommen, ihren Platz nahmen die verschiedenen Forderungen ein, und zwar die Forderungen des Es, der Umwelt, des Über-Ichs. Das Ich hatte fast keine Eigeninteressen mehr; man sprach nur von Abhängigkeiten und Aufgaben, denen es zu entsprechen hatte. Die Folge dieser theoretischen Einstellung zeigt sich am besten in den Sachregistern, weil die bewußte sekundäre Bearbeitung auf sie weniger achtet als auf den Text; in allen, die seit 1930 erschienen sind, fehlen die Schlagwörter »Ich-Interessen« und »Ichstärke« vollkommen.[51] Dies ist um so merkwürdiger, als *Freud* schon 1926 in »Hemmung, Symptom und Angst«[52], 3 Jahre nach dem Erscheinen von »Das Ich und das Es«, uns mahnte, nicht zu vergessen, daß das Ich auch stark sein kann. Er führte uns zwar nur wenige Fälle an, in denen diese Stärke klar zu beobachten war, aber nur deshalb wenige, weil er damals bloß beweisen wollte, daß das Ich zeitweise auch stark sein kann. Unsere Theorie hat dieser Mahnung nicht viel Aufmerksamkeit geschenkt. Um so erfreulicher ist es, daß die Kongreßleitung eben dieses wichtige, aber arg vernachlässigte Thema zur Diskussion stellte.

Was verstehen wir heute unter »Ichstärke«? Der Begriff ist, wie es so oft in der Geschichte der Psychoanalyse mit neuen Begriffen geschah — wie absichtlich — nicht streng definiert worden. Man weiß aus der praktischen Arbeit ungefähr, was man darunter verstehen soll. Wenden wir uns also an die Klinik: Wann sprechen wir von Ichstärke? Es kommt ziemlich häufig vor, daß wir bei einer Deutung zögern, ob wir sie dem Patienten bereits

51 So: Fenichel: Hysterien und Zwangsneurosen. Wien, 1931. Fenichel: Perversionen, Psychosen usw. Wien, 1931. M. Klein: Die Psychoanalyse des Kindes. Wien, 1932. Nunberg: Allg. Neurosenlehre. Bern, 1932; wie auch in den jährlichen Registern von »The Psychoanalytic Quarterly« und »Ztschr. f. psa. Pädagogik«.
52 Ges. Schr. Bd. XI, S. 34. [Ges. Werke, Bd. XIV., S. 111 ff.]

jetzt mitteilen oder lieber warten sollen? Wir befürchten, daß der Patient sich gegen diese Deutung so energisch wehren wird, daß die friedliche Zusammenarbeit auf lange Zeit arg gefährdet werden kann. Durch unsere Deutung würde das Es ermuntert werden; Erregung würde das Ich überstürmen, das sich gegen diese Anforderungen mit erneuten Abwehrmaßnahmen schützen müßte. Was aber erwarten wir, wenn wir einige Wochen oder Monate mit der Deutung warten? Sicher nicht eine umwälzende Veränderung des Es; ist es doch ein großes Problem, ob das Es im Erwachsenenalter durch unsere technischen Mittel überhaupt verändert werden kann. Wir hoffen vielmehr, daß das Ich stärker wird, d. h. die Fähigkeit erlangt, das Ausmaß von Erregung, das vor einiger Zeit noch Störungen verursacht hätte, nunmehr störungsfrei zu ertragen.

Es ist dies ein vor allem technisch äußerst wichtiges Problem. Eigentlich schätzen wir — bewußt oder unbewußt — bei jeder unserer technischen Maßnahmen die jeweilige Ichstärke ab und richten unser Benehmen, hauptsächlich aber unsere Deutungen danach. Form, Wortlaut, Tiefe der Deutung und auch der Zeitpunkt, in dem sie gegeben werden soll, werden so ausgewählt, daß das Ich — wenn auch unter Anstrengung — sie noch ertragen kann.[53]

Nehmen wir den Fall einer richtig gegebenen Deutung, etwa: Eine bisher automatisch betätigte Abwehrform wird entlarvt, d. h. bewußt gemacht. Die Folge ist, daß diese Abwehrmaßnahme nunmehr nur bewußt ausgeübt werden kann. Falls der Patient versucht, sie wieder automatisch unkontrolliert zu betätigen, so folgt ein neuerlicher Hinweis, eine wiederholte Deutung. Diesen mehr-minder lang dauernden Kampf hat *Freud* »*Durcharbeiten*« genannt. Im günstigen Falle wird schließlich diese Form der Abwehr aufgelassen; das Ich hat die Fähigkeit erlangt, diese spezielle Art von Erregung zu ertragen. Demnach wären *Stärkung des Ichs* und *Durcharbeiten* Begriffe, die sehr verwandte, beinahe identische klinische Erfahrungen beschreiben. Uns aber erwächst die Aufgabe, den sehr wichtigen klinischen Begriff des Durcharbeitens in die Terminologie der Ichpsychologie, d. h. der Topik und Ökonomie zu übersetzen.

Wir verstehen unter Durcharbeiten eine Ichveränderung, deren Fortschreiten wir an der wechselnden Fähigkeit des Ichs erkennen, eine bestimmte Art von Triebspannungen, eben jene, die »durchgearbeitet« werden, in immer größerer Intensität zu er-

53 Beide Bedingungen sind gleich wichtig: das Ertragen der Deutung (bzw. der technischen Maßnahmen im allgemeinen) soll womöglich eine Anstrengung für das Ich bedeuten, diese Anstrengung soll aber nicht so groß sein, daß gegen sie eine starke Abwehr mobilisiert werden muß. Im ersten Falle besteht die Gefahr, daß unsere Deutung keine Reaktion hervorruft, wir haben unser Pulver umsonst verschossen; im zweiten haben wir einen nutzlosen Widerstand wachgerufen und die analytische Arbeit erheblich erschwert.

tragen. Vielleicht könnte man auch von einer wachsenden Kapazität des Ichs dieser Art von Triebspannung gegenüber sprechen. Mir schwebt dabei das Bild des elektrischen Kondensators, etwa einer Leydener Flasche, vor, die bekanntlich die merkwürdige Eigenschaft besitzt, in sich Elektrizität, d. h. Energie ansammeln zu können, ohne daß dabei die Spannung erheblich steigen müßte. Die arbeitsfähige Energieladung kann sehr groß sein und doch besteht, bei richtiger Struktur des Kondensators, keine Gefahr einer unerwünschten, stürmischen, nutzlosen Entladung.[54]
Die Kapazität eines Kondensators wird durch zwei Faktoren bestimmt: *a*) durch seine Dimensionen; *b*) durch die Güte der Isolation, d. h. eigentlich durch die schadhaften Stellen des angewendeten Dielektrikums. Es ist merkwürdig, daß eben diese und nur diese zwei Variabeln zur theoretischen Beschreibung der Ichveränderungen benützt wurden. Es ist ein allgemein gebrauchter Ausdruck, daß das Ich wachsen, bzw. schrumpfen kann. So bestimmt *Freud* z. B. die Aufgabe der analytischen Therapie: »Wo Es war, soll Ich werden.«[55] Die topische Deskription der Bewußtmachung benutzt das Bild des Wachstums des Ichs. *Federn*[56] spricht von Erweiterung und Einengung der Ichgrenzen. Der Terminus Icherweiterung wird oft als gleichbedeutend mit Introjektion benutzt, ebenso wie Projektion und Ichschrumpfung eng zusammenhängen. Bei anderen Erklärungsversuchen wird nicht die Dimension, sondern die Isolation benützt. Freud hat oft darauf hingewiesen, daß in der Analyse besonders die schadhaften Stellen der Ich-Organisation ausgebessert werden sollen. Diese rühren von einer Störung der Ichentwicklung her und stellen die *loci minoris resistentiae* dar, die leicht zu unerwünschten Kurzschlüssen Anlaß geben oder, umgekehrt, durch Reaktionsbildungen sorgfältigst gehütet werden müssen. Ebenso wird der Kondensator an den ungleichmäßigen Stellen am leichtesten durchgeschlagen und verliert bedeutend an Kapazität, wenn das Dielektrikum unnötigerweise verdickt wird.
So betrachtet, ist unser Bild, das Ich als Kondensator, die Ichstärke als Kapazität, vielleicht etwas mehr als ein Bild, besonders, wenn man noch die *Lamarck*istische Auffassung hinzunimmt, nach der die Eigenschaften der Lebewesen durch Wünschen und Üben gerichtet verändert werden können. Ob Lamarcks Theorie in dieser allgemeinen Form wahr ist oder nicht, bleibe dahingestellt; sicher ist es aber, daß sie für be-

54 In Wirklichkeit stelle ich mir die Sache umgekehrt vor; das Werkzeug »Kondensator« wurde, unbewußt, nach dem Bilde des menschlichen Ichs geschaffen, ist also, wie die meisten Werkzeuge, eine Organprojektion.
Vgl. S. Ferenczi: Zur Psychogenese der Mechanik. Imago V, 1917–1919 (abgedruckt in: Populäre Vorträge. Wien, 1922). [Schriften zur Psychoanalyse, Hrsg. M. Balint, Bd. I, Conditio Humana, S. Fischer, Frankfurt am Main 1970, S. 288 ff.]
55 Ges. Schr., Bd. XII, S. 234. [Ges. Werke, Bd. XV, S. 86]
56 z. B. Imago, Bd. XXII, 1936

stimmte Leistungen des Ichs uneingeschränkt gültig ist.[57] Denken wir z. B. an Klavierspielen oder an Skifahren; sicher können diese Fähigkeiten durch Wünschen und Üben »gerichtet geändert werden«. Man darf an die Geschichte der Weltrekordleistungen erinnern; Leistungen, welche vor 30 Jahren noch ehrfurchtsvoll angestaunt wurden, genügen heute oft nicht mehr, um dem Bewerber einen bescheidenen Platz in einem Provinzwettkampfe zu sichern. Was für die körperlichen Ichleistungen so einfach und einwandfrei erwiesen werden kann, kann für die seelischen Ichleistungen nicht gut geleugnet werden. Übrigens liefert uns die weitgehende Disziplinierbarkeit des Menschen, wie in der Yogapraxis, in religiösen Orden, aber auch im Militärdienst, und im weiteren Sinn im Verlaufe jeder Erziehung, genug überzeugende Beispiele für die streng gerichtete Veränderbarkeit bestimmter seelischer Ichleistungen.

Der Einfachheit halber möchte ich vorerst den Einfluß des Über-Ichs außer acht lassen. Er ist übrigens bei manchen Leistungen sicher nicht ausschlaggebend (z. B. beim Skifahren). Die oben aufgezählten Veränderungen geschehen zweifellos auch, und vielleicht vorwiegend am Ich. Das Resultat ist in jedem gelungenen Falle eine Stärkung des Ichs. Das Ich kann nun etwas nach Belieben tun, wozu es bisher nicht fähig war. Der Vorgang, durch den diese potenzierte Fähigkeit entwickelt wurde, heißt *»Lernen«*. Dieses Verbum hat zwei Bedeutungen. Die eine ist: Aufnahme und richtige Registrierung von Sinneseindrükken und intellektuellen Zusammenhängen; sie ist wahrscheinlich die neuere; das englische »to learn« hat beinahe nur diese Bedeutung. Die zweite, wahrscheinlich ältere, kann am besten durch Zusammensetzungen demonstriert werden, wie z. B. ertragenlernen, aushaltenlernen oder lernen, eine Fähigkeit zur Entfaltung zu bringen.[58]

Diese zwei Bedeutungen des Verbums »lernen« entsprechen den zwei Faktoren, die die Kapazität des Kondensators bestimmen. Das intellektuelle Lernen, die Aufnahme neuer Elemente, entspricht der Vergrößerung der Dimensionen, das Ertragenlernen

57 Sehr viel gute Ichpsychologie ist in der Theorie der exakten Naturwissenschaften enthalten. Wir können gar nicht anders als anthropomorphisierend denken. Die Erfahrungen können nicht anthropomorph sein, die Auslegung, die Auffassung derselben kann nur durch Projektion oder Introjektion geschehen, ist also unausweichlich auf einer anthropomorphen Grundlage aufgebaut.

58 Dies wird im Englischen (leider für mein Gefühl viel zu zielbewußt) etwa durch »to train« ausgedrückt. Das erschlossene Stammwort vom Lernen ist »leir«, »ich habe erfahren, erwandert«, daraus wurde das Faktitiv »leirjan« = »lehren« = »erfahren, wissend machen« abgeleitet; aus dessen Partizip entstand dann »lirnan« = lernen« = »erfahren, wissend werden«. Das verwandte Wort »List« wird in der altgermanischen und mittelhochdeutschen Dichtung noch im rühmenden Sinne als »Erfahrenheit« gebraucht. (Nach Kluge-Götz, Etymologisches Wörterbuch der deutschen Sprache, 1934. / Den Hinweis verdanke ich Dr. E. Lüders./)
Im Ungarischen hat das entsprechende Wort als Stamm: »tanu« = »Zeuge« . . . »Lehren« = »tanitani« heißt eigentlich »zum Zeugen machen«, »in einen Zeugen umwandeln«; »lernen« = »tanulni« bedeutet demnach »zum Zeugen werden«, »in einen Zeugen verwandelt werden«.

einer besseren Isolierung. Wir haben bereits »Stärkung des Ichs« mit »Durcharbeiten« in Verbindung gebracht, sollte nun auch das »Lernen« hierher gehören? Wenn aber »Stärkung des Ichs« mit Lernen gleichbedeutend oder auch nur verwandt ist, so müßte daraus gefolgert werden, daß Analyse und Unterricht miteinander ebenfalls verwandt sind, und es scheint die Gefahr zu drohen, daß die analytische Kur in Pädagogik ausarte.
Man darf aber daran erinnern, daß *Anna Freud* einmal davon sprach, daß man die Kinder oft zuerst analysefähig machen, »zur Analyse erziehen« muß. Trotz des anfänglich hervorgerufenen Widerstandes hat sich dieses Verfahren behaupten können, es fanden sich immer mehr Analytiker, die dies als eine unumgängliche Phase der Behandlung beschrieben haben. *Ferenczi* sprach dann von einer »Kinderanalyse an Erwachsenen«, in der ähnliche Erfahrungen zu beobachten waren. Dann wagte sich die analytische Methode immer mutiger an das große Problem der Psychosenbehandlung und mußte — ungern genug — bekennen, daß diese Patienten in der ersten Zeit der Kur tatsächlich »zur Analyse erzogen« werden müssen.
Und schließlich sollten wir nicht vergessen, daß die ganze analytische Situation ein Kunstprodukt ist, zu dem unsere Patienten — manche nur nach Überwindung erheblicher Schwierigkeiten — konsequent erzogen werden müssen. Unter Umständen haben etwa Patienten zu lernen, pünktlich am Anfang der Stunde zu erscheinen und — was weit schwieriger ist — pünktlich am Ende der Stunde wegzugehen. Denken wir ferner an die freie Assoziation, an die Aufrichtigkeit und Offenheit, zu der unsere Patienten gleichfalls erzogen werden müssen. Sicher helfen uns die Deutungen bei dieser Entwicklung erheblich; aber der ganze Vorgang gehört, besonders durch den unerschütterlich festgesetzten Endpunkt, viel mehr zur Erziehung als z. B. zur Auflösung eines neurotischen Symptoms.
Vom Standpunkt des Analytikers betrachtet, werden diese Kinder, Neurotiker oder Psychotiker, erzogen; subjektiv betrachtet heißt das, daß sie etwas lernen müssen. Das Ich dieser Patienten war nicht stark genug, den Anforderungen einer analytischen Kur entsprechen zu können, folglich war die erste Aufgabe der Kur, dieses Ich dementsprechend erstarken zu lassen. Wir haben nun vier synonyme Begriffe, alle vier klinisch gut fundiert: »Stärkung des Ichs«, »Durcharbeiten«, »Lernen«, »Zur-Analyse-Erziehen«.[59] Es ist deutlich, das Erziehen zur

59 Th. M. Frensch entwickelt in seinem Aufsatz »Klinische Untersuchung über das Lernen im Verlauf einer psychoanalytischen Behandlung«, Int. Ztschr. f. Psa., Bd. XXIII, 1937, ähnliche Gedanken über das Lernen und Durcharbeiten in der Analyse, betont aber nicht den Zusammenhang dieser beiden Begriffe mit dem der Ichstärkung. Ferner beschreibt er sehr klar, daß die Analyse den Patienten fortwährend vor Aufgaben stellt, zieht aber nicht den Schluß, daß zwischen Analyse und einer besonderen Art Erziehung offenbar eine gewisse Verwandtschaft besteht.

Analyse und das Lernen beschreiben in diesem Zusammenhang denselben Vorgang; es bleibt aber noch zu zeigen, daß Stärkung des Ichs und Durcharbeiten ebenfalls das gleiche Geschehen beschreiben. Wir kehren jetzt für einen Augenblick zum Bilde des Kondensators zurück und fragen nach seiner Verwendung in der Technik. Man wird ihn überall finden, wo eine Funkenbildung, also eine Energieverschwendung verhütet oder vermindert werden soll. Der Kondensator verhindert eben, daß die Spannung sprunghaft steigt, er sammelt die überschüssige Energie — ohne erhebliche Spannungssteigerung — in sich auf und kann sie später ohne erhebliche Verluste wieder abgeben. Der Gedanke *Freuds*, daß die frei flottierende Energie des Primärvorganges beim Sekundärvorgang tonisch gebunden wird, bis sie realitätsgerecht abgeführt werden kann, erscheint uns wie eine Paraphrase dieser Vorgänge.

Schon in der ersten Auflage der Traumdeutung hat *Freud* diese Gedankengänge entwickelt; sie wurden aber kaum je, und eigentlich nie auf ihre Brauchbarkeit, geprüft. Besonders seit der Einführung des Über-Ichs in die psychoanalytische Theorie sind sie schwer einzuordnen. Man hat sich gewöhnt, alles Aushalten und Ertragen summarisch als Gehorsam vor den Befehlen des Über-Ichs zu beschreiben; man studierte die Abhängigkeiten des Ichs, nicht aber seine Struktur, seine eigenen Funktionen. Ich will nicht bestreiten, daß in sehr vielen Fällen das Ich den Befehlen des Über-Ichs gehorcht, wenn es die vom Es heranströmende Erregung erträgt, aber das ist doch nicht immer der Fall. Es gibt viele einwandfrei nachweisbare Gelegenheiten, in denen das Ich — für sich selbst, man möchte sagen aus purer Freude, sogar gegen die Befehle des Über-Ichs — diese Leistungen vollbringt. Das einfachste Beispiel hierfür sind die Sportleistungen, vom einfachen Bergsteigen bis zur akrobatischen Felskletterei, vom bequemen Konditionstraining für »old boys« bis zum höchstgespannten Wettkampfe. Überall handelt der betreffende Mensch zunächst gegen das Lustprinzip, nimmt, ohne gezwungen zu sein, Arbeit, Anstrengungen und Erregungen auf sich, spannt alle seine Kräfte an — aus Lust und Freude. Ähnliches gilt auch für die in manchen Fällen zu beobachtende freie Lernfreude.

Rank[60] hat meines Wissens als erster darauf aufmerksam gemacht, »daß wir die Lust durch Schaffung innerer Widerstände erhöhen wollen«. Es ist wohl unnötig, die These mit Beispielen zu belegen. Für meinen Gedankengang ist es unwesentlich, ob diese Widerstände alle durch Introjektion äußerer Befehle entstanden sind, also zum Über-Ich gehören, wesentlich ist es nur, daß sie und die Kondensatorfunktion des Ichs einander gegen-

60 O. Rank: Der Künstler. I. Aufl., Wien, 1907.

seitig bedingen. Ohne diese Widerstände bleibt die erreichbare Lust klein, weil zu wenig Erregung angesammelt wird; ohne ein genügend starkes Ich wird die Erregung schon bei einer kleinen Intensität durch Kurzschluß abgeführt. Diese Verhältnisse lassen sich am instruktivsten an der Funktion des Orgasmus[61] studieren. Die Lust im Orgasmus hängt von der erreichten Höhe der Sexualerregung während des Aktes ab. Alle Artes amandi der Weltliteratur sind eigentlich Gebrauchsanweisungen, um die Erregung vor und im Orgasmus absichtlich höher zu treiben. Zwar ist diese Steigerung — *Freud* hat dies bereits in den »Drei Abhandlungen« hervorgehoben — unlustvoll und lustvoll zugleich, doch das Ertragen dieser Spannung bedeutet eine Belastungsprobe, zu der nur Leute mit einem praktisch gesunden Ich fähig sind. Denken wir wieder an den Kondensator; kleinere Energiemengen können ohne weiteres in ihm angesammelt werden, es kommt nicht zu einer unbeabsichtigten Entladung. Will man aber einen Funken absichtlich hervorrufen, so wird er bedeutend mächtiger sein als derjenige, den dieselbe Energiequelle ohne Kondensator hervorbringen könnte.

Kann nun das Ertragen und noch mehr das absichtliche Steigern der Sexualerregung während des Koitus als ein Gehorsam vor den Befehlen des Über-Ichs erklärt werden? Offenbar handelt es sich eher um ein bewußtes Übertreten dieser Gebote — etwa durch »Verstöße« gegen Scham, Mitleid, Ekel oder auch Moral —, also um einen Triumph des Ichs über das Über-Ich. Einen weiteren Beweis liefert etwa die analytische Heilung einer Ejaculatio praecox. Das Ertragen der Sexualspannung gelingt nach der Analyse besser, nicht weil das Über-Ich, sondern wohl weil das Ich stärker geworden ist. Ich glaube damit genügend belegt zu haben, daß das Ertragen von Spannungen nicht nur auf Befehl des Über-Ichs erfolgt, sondern auch ohne, sogar gegen einen solchen Befehl, also eine autonome Ich-Funktion sein kann.[62]

All dies haben wir doch immer gewußt, sogar immer danach gehandelt. Das Bestreben jeder analytischen Kur war immer, das automatisch wirkende Über-Ich abzubauen und an dessen Stelle ein starkes, auch schweren Belastungen gewachsenes Ich im Patienten entwickeln zu lassen. Demnach haben wir klinisch immer angenommen, daß das Aushalten und Ertragen auch eine eigene Funktion des Ichs sein kann. Theoretisch aber haben wir diese sicher fundierten klinischen Erfahrungen außer acht gelassen; wohl deshalb, weil sie uns immer wieder vor das theoretisch ungelöste Problem gestellt hätten, was der eigent-

61 M. Balint: Eros und Aphrodite. Int. Ztschr. f. Psa., Bd. XXII, 1936.
62 Daß das Ertragen keine Es-Funktion sein kann, braucht wohl nicht besonders diskutiert zu werden.

liche Sinn und die Bedeutung der Pädagogik innerhalb der analytischen Kur sein kann.

Zwei schwerwiegende Erfahrungen können gegen das Vermischen von Psychoanalyse und Pädagogik ins Treffen geführt werden. Jede analytische Stunde bringt uns neue Beweise dafür, wie verhängnisvoll erzieherische Einwirkungen die Lebensfreude, die Genußfähigkeit, die seelische Gesundheit des Menschen beeinträchtigen können. Wir wissen nur zu gut, daß in der gefühlsheißen Atmosphäre der Übertragung jede Beeinflussung von seiten des Analytikers sehr intensive, nachhaltige und oft unberechenbare Wirkungen auslösen kann. Es ist also ganz natürlich, daß die Psychoanalyse dieser Verantwortung bewußt und wohlweislich ausgewichen ist. Auf der anderen Seite hat man versucht, die Resultate der Psychoanalyse auf die Pädagogik anzuwenden. So entstand eine wertvolle Kritik der erzieherischen Methoden, aber zunächst nur eine negative Kritik. Die späteren versuchsweise gegebenen positiven Ratschläge mußten, wie *Anna Freud* in ihrem Vortrag an der II. Vierländertagung in Budapest 1937 überzeugend dargetan hat, zuerst modifiziert, dann eingeschränkt und schließlich zurückgezogen werden. Der Vortrag *Anna Freuds* gipfelte in der Feststellung, daß wir, nach Jahren intensiver Arbeit, geleistet durch eine ausgewählte Schar unserer besten Kräfte, wenigstens bestimmt wissen, daß es noch keine praktisch brauchbare psychoanalytische Pädagogik gibt.

Woran mag dies liegen? Die Psychoanalyse hat sich — in ihrer Kritik wie in ihren Ratschlägen — bisher, nicht ausschließlich, aber überwiegend, für ein Teilgebiet der Pädagogik interessiert. Dieses Gebiet umfaßt alle die Einschränkungen, die die Gesellschaft dem einzelnen auferlegt. Hierher gehören: Reinlichkeit, Ekel, Scham, Mitleid, Ästhetik, Moral, Ehrfurcht usw., diejenigen Kräfte also, die aus dem Über-Ich ihre Energie beziehen. Die psychoanalytische Pädagogik war vornehmlich eine Über-Ich-Pädagogik, ihr Hauptproblem war zu erforschen, welche Art von erzieherischen Methoden und in wie starker Intensität sie angewendet werden sollen, um eine optimale Über-Ich-Bildung zu erzielen.

Diese Problemstellung stammt unmittelbar aus unserer Theorie, die vorwiegend auf das Studium der Zwangsneurose und der Melancholie aufgebaut wurde. Die Probleme der Hysterie, obwohl auf diesem Gebiete *Freud* die Forschung eröffnet hat, sind in den späteren theoretischen Erörterungen immer weniger berücksichtigt worden. Um nur ein einziges, aber schwerwiegendes Beispiel zu bringen: In dem Buche von *Anna Freud*[63] wurden unter den zehn Abwehrarten eben die zwei für die

63 Das Ich und die Abwehrmechanismen. Wien, 1936. [München 1964]

Hysterie charakteristischen Mechanismen nicht erwähnt. Diese sind: die Verschiebung und die Konversion. Diese Auslassung ist für die herrschende theoretische Einstellung bezeichnend.
Nun hat der Zwangsneurotiker im allgemeinen ein ziemlich gut entwickeltes Ich mit einer erheblichen Kapazität. Es ist gar keine Seltenheit, daß z. B. selbst schwer zwangskranke Menschen ihren Beruf ausüben können, oft sogar so, daß niemand von ihrer Krankheit weiß. Dies ist theoretisch verständlich; ist es doch eine Hauptbedingung der Entstehung dieser Krankheitsformen, daß die Erregung, wenn auch in kleine Quantitäten aufgeteilt, im Ich verbleibt, also weder verdrängt noch konvertiert wird. Bei einer Zwangsneurose wird dementsprechend die Analyse viel seltener vor die Aufgabe gestellt, nach der Bewußtmachung des Verdrängten sich noch um die Stärkung des Ichs bemühen zu müssen. Viel häufiger, beinahe regelmäßig erwächst uns aber diese Aufgabe bei einer Hysterie oder Hypochondrie und ähnlichen Krankheitsformen. Die Erfinderin unserer Methode, Frl. Anna O . . ., ist uns auch hier beispielgebend vorangegangen. Nachdem sie die pathogenen Ereignisse bewußt erinnert hatte, setzte sie sich absichtlich der ehemaligen pathogenen Situation, zwar in einer gemilderten Form, aus[64] und inaugurierte damit die Vermischung von pädagogischen und analytischen Methoden. Bekanntlich war ihre Krankheit eine klassische Hysterie.
Auch unsere Ichpsychologie wurde im wesentlichen auf die Erfahrungen bei der Zwangsneurose und Melancholie aufgebaut. Näher betrachtet entpuppt sie sich dementsprechend als eine Abhängigkeitspsychologie oder, anders gesagt, zum kleineren Teil als Es-Psychologie, vorwiegend aber als Über-Ich-Psychologie. Das Ich selbst spielt in dieser Ichpsychologie bloß die Rolle eines Kampfplatzes. Die psychoanalytische Ichpsychologie und die psychoanalytische Pädagogik sind annähernd gleichaltrig; sie haben sich auch gegenseitig in ihrer Entwicklung weitgehend beeinflußt. Beide stehen seit ihren Anfängen unter dem Banne des Über-Ichs.
Wir wissen aber, daß es auch eine wahre Ich-Psychologie, eine echte Ich-Pädagogik geben muß. Sie wird aber viel komplizierter als die des Über-Ichs sein. Alles, was mit dem Über-Ich zu tun hat, bleibt innerhalb der Psychologie. Das Ich aber ist vor allem ein Körper-Ich, und die hier auftauchenden Probleme greifen vielfach auch auf die Biologie über; sie machen »den rätselhaften Sprung ins Organische«. Sicher war diese Kompliziertheit mit ein Grund dafür, daß die Forschung sich weniger mit diesem Gebiete befaßt hat. Und doch gehören so wichtige Probleme hierher, wie die Auto- und Alloplastik, die Sublimierung

64 Breuer-Freud: Studien über Hysterie. 3. Aufl. Wien, 1916, S. 32 [Fischer Bücherei Nr. 6001, Frankfurt 1970]

und vor allem die Lustabfuhr, sowohl als Vorlust als auch als Endlust. Wir wissen über die hier herrschenden Vorgänge und Gesetze wenig, verglichen z. B. mit unserem Wissen über den Primärvorgang. Es steht nur soviel fest, daß die vier angeführten Erscheinungen Funktionen des Ichs sind; sie sind zwar, jede für sich, auf angeborene Veranlagung aufgebaut, müssen aber doch mühsam gelernt werden.[65] Außerdem ist eine ihrer Bedingungen die Realitätsprüfung, also wieder etwas, was erlernt werden muß.

»Lernen« heißt also nicht nur Befehle introjizieren und als Über-Ich weiterbilden und kräftigen, im Gegenteil: »Lernen« heißt im ursprünglichen Sinne »erfahren werden«, d. h. das Ich bereichern und entwickeln. Also gerade das, was sich bereits seit langem als der eigentliche Zweck der psychoanalytischen Behandlung entpuppt hat. *Die Bewußtmachung des Unbewußten ist eben nur der eine Aspekt der analytischen Kur, der andere Aspekt hingegen ist die Stärkung des Ichs.* Individuell verschieden ist das von der Vorgeschichte des Patienten bestimmte, unbewußte Material, das zutage gefördert werden soll. Die Stärkung des Ichs hingegen, also das Ertragenlernen des bisher Verdrängten, die strenge Wahrung und Aufrechterhaltung der analytischen Situation, das ständige Drängen zur vollen Aufrichtigkeit, das Erzogenwerden zur Analyse, das »Lernen«, d. h. »Erfahren« neuer Zusammenhänge u. a. m. sind die in jedem Fall gleichbleibenden, von der individuellen Vorgeschichte, Krankheitsform usw. unabhängigen Elemente der analytischen Kur. Sie stellen Aufgaben dar, die von uns und nicht vom Patienten bestimmt werden. Es ist eine Art Pädagogik, die hier im bewußten Gegensatz zur sonstigen Über-Ich-Pädagogik als Ich-Pädagogik beschrieben wurde.

Um Mißverständnissen vorzubeugen, möchte ich nochmals betonen, daß die Ich-Pädagogik nicht etwa eine besonders zu verwendende Maßnahme während der Behandlung darstellt, sondern ein *immanenter Bestandteil der Analyse* ist. Die Analyse wurde bloß deshalb nicht als Ich-Pädagogik erkannt, weil uns Pädagogik meist Über-Ich-Pädagogik schlechthin bedeutet hat, also Ermahnen, Führen, Moralisieren und besonders Werten. Selbstverständlich muß innerhalb der psychoanalytischen Behandlung all dies, d. h. die ganze Über-Ich-Pädagogik aus wohlbekannten Gründen nach wie vor schärfstens abgelehnt werden.[66]

Die psychoanalytische Kur arbeitet sicher nicht für, sondern gegen das Über-Ich, will sie doch das Starrgewordene wieder

65 Wie das Byron von seiner Poesie so treffend gesagt hat: sie ist das Resultat von »$^1/_4$ inspiration and $^3/_4$ perspiration«.

66 Zur Sonderung der Ichstärkung (dort als Triebtraining aufgefaßt) und der Überichbildung s. Alice Balint: Versagen und Gewähren in der Erziehung. Ztschr. f. psa. Pädagogik. Bd. X, 1936. [s. S. 83 ff.]

elastisch machen, den automatischen »kategorischen Imperativ« des Über-Ichs in das freiwählende, realitätsgerechte Urteilen und Handeln des Ichs verwandeln. Dazu ist aber ein leistungsfähiges Ich mit einer guten Kapazität notwendig, ein Ich, das »gelernt« hat, auch hohe Triebspannungen zu ertragen. Man hat meiner Meinung nach in der letzten Zeit viel zu viel Aufmerksamkeit auf die frühesten Entwicklungsstadien des Ichs, den nie beobachtbaren Uranfang der Ich-Bildung verwendet. Ich glaube, die Zeit ist gekommen, wo wir die klinisch täglich beobachtbaren Ich-Veränderungen genauer studieren sollten.

Die beiden erwähnten Erfahrungen — die immer wieder nachweisbare verhängnisvolle, oft schwer pathogene Wirkung der Erziehung einerseits, die Unmöglichkeit, eine praktisch brauchbare psychoanalytische Pädagogik auszuarbeiten, andererseits — führten dazu, daß die psychoanalytische Technik alles, was nur entfernt an die Pädagogik erinnerte, ohne es zu prüfen ausnahmslos ablehnte. So entwickelte sich eine Art von Phobie, die sicher berechtigt war, solange Pädagogik schlechthin mit Über-Ich-Erziehung gleichgesetzt wurde. Wenn wir jedoch die hier vorgeschlagene Sonderung von Icherziehung und Über-Ich-Erziehung streng durchführen, müssen wir nicht mehr befürchten, daß die Analyse zu Pädagogik entartet, sondern können hoffen, daß das Studium der feineren Vorgänge im Ich während des Durcharbeitens, des zur Analyse Erzogenwerdens, d. h. während der Stärkung des Ichs dazu beitragen wird, jene psychologischen Grundlagen zu erarbeiten, auf die dann jede Pädagogik aufbauen kann und muß. Wir sollten aber zu diesem Zwecke unsere Aufmerksamkeit und unsere Forschungsarbeit viel intensiver auf die Hysterie und auf die ihr verwandten Krankheitsformen richten, d. h. wir brauchen heute wieder, wie vor mehr als 40 Jahren, gründliche »Studien über Hysterie«.

B. Die Funktion von Angst und Strafe in der Gewissensbildung

1. *Melitta Schmideberg:* Die durch die Strafe ausgelösten psychischen Vorgänge[1]

Eine Aufgabe jeder Erziehung ist es, beim Kinde Verzicht auf Triebbefriedigung und die Erfüllung von Forderungen, denen es nur ungerne nachkommt, zu erzielen. Diese notwendige Anpassung wird im wesentlichen durch zwei Mittel, die schon seit uralter Zeit angewendet werden — in besserer oder schlechterer Weise —, erreicht: *Strafe* und *Belohnung*. Sie kommen in verschiedenen Modifikationen und Abstufungen zur Anwendung, die Strafe als körperliche Züchtigung, als Entziehung von etwas Lustvollem, als Liebesentzug, als Drohung, als Tadel, die Belohnung als Liebkosung, Geschenk, Lob usw. Nach der allgemeinen Auffassung ist die Strafe ein wirksameres Erziehungsmittel als die Belohnung.

Mit der Erklärung des psychischen Vorganges, durch den die Strafe ihre Wirkung erzielt, hat man sich in voranalytischen Zeiten wenig befaßt. Die übliche Annahme war, daß das Kind die Strafe fürchtet und brav wird, um eine Wiederholung zu vermeiden, daß die Strafe also durch Abschreckung wirkt. Dieser Meinung widerspricht *Groddek* (12). Er meint, das Kind »lechze« nach Strafe aus Masochismus; nach erhaltener Strafe sei es brav, zufrieden, zuweilen zärtlich, weil sein Masochismus befriedigt sei. Diese Ansicht wird durch *Alexander* (2) ergänzt.[2] Er weist auch auf die Rolle des Masochismus hin, legt aber das Hauptgewicht auf die Befriedigung des Schuldgefühls. Häufig ermöglicht die Strafe die Sünde, indem das Kind durch die Strafe das Recht auf Schlimmheit erkaufe. Die Auffassung von *Melanie Klein* (13) befaßt sich weniger mit der spezifischen Wirkung der Strafe, sondern erklärt die übermäßige Reaktion des Kindes darauf. Sie meint, daß die der geringen Härte der Strafe oft nicht adäquate Wirkung der Strafe dadurch zustande kommt, daß durch die aktuelle Versagung die früheren, ersten Versagungen, vor allem die der Entwöhnung und der Reinlichkeitsgewöhnung, aktiviert werden.

Wenn wir zunächst die vierte Ansicht, die sich nicht mit der spezifischen Wirkung der Strafe, sondern mit der Versagung im allgemeinen befaßt, beiseite lassen und nur die anderen drei vergleichen, so müssen wir feststellen, daß sie einander in ver-

1 Die Zahlen im Text beziehen sich auf das Literaturverzeichnis am Schluß des Aufsatzes.

2 Vgl. auch [Th.] Reik: »Geständniszwang und Strafbedürfnis«, [Leipzig, Wien, Zürich] 1925.

schiedenen Punkten widersprechen. Während die übliche Annahme besagt, daß die Kinder die Strafe fürchten, meinen *Groddeck* (12) und *Alexander* (2), daß sie sie wünschen. Indem aber *Groddeck* annimmt, daß das Kind nach erhaltener Strafe brav wird, stimmt er mit der allgemeinen Auffassung überein, widerspricht aber der Ansicht von *Alexander.*
Es lassen sich für die Richtigkeit jeder dieser — einander widersprechenden — Auffassungen Beweise bringen. Die allgemeine Auffassung, daß das Kind die Strafe fürchtet und sie zu vermeiden trachtet, beruht auf einer alltäglichen Beobachtung, und die Strafe wäre wohl auch nicht so lange Zeit hindurch als Erziehungsmittel angewendet worden, wenn sie nicht in den meisten Fällen das erwünschte Resultat — die Bravheit des Kindes — erzielt hätte. Die Richtigkeit der Behauptung *Groddecks,* daß die Strafe eine masochistische Befriedigung bietet und deshalb provoziert wird, bestätigen viele Psychoanalysen; das bekannteste literarische Beispiel dafür steht in den »Confessions« von *Rousseau* (15). Der Mißbrauch des Ablasses im Mittelalter scheint mir ein deutlicher Beweis für die Auffassung *Alexanders;* die für die begangenen wie für die zukünftigen Sünden erhaltene Strafe erlaubte ein skrupelloses Sündigen. Ähnlich erzählt *Rousseau,* wie er sich durch die harte Behandlung seines Lehrherrn berechtigt fühlte zu stehlen; da er ohnehin so häufig bestraft wurde, brauchte er sich keine Gewissensbisse zu machen (15).
Es scheint also, daß keine der hier angeführten Ansichten falsch ist, sondern daß sie verschiedene Seiten des durch die Strafe ausgelösten Vorganges beschreiben. Die populäre Auffassung betrachtet die Wirkung nur vom Standpunkt des *Ichs,* das, der *Realität angepaßt,* die Unlust der Strafe zu vermeiden trachtet, während *Groddek* die *libidinöse Komponente,* die masochistische Befriedigung hervorhebt und *Alexander* die Rolle des *Schuldgefühls,* also die *Wirkung des Über-Ichs,* würdigt. Die verschiedenen Wirkungen der Strafe scheinen verschiedene Ausgänge des durch die Strafe ausgelösten Vorganges zu sein, der sich oft nachhaltig auf das ganze Leben auswirkt.
Versuchen wir den durch die Strafe ausgelösten Prozeß dynamisch zu verstehen: Die Strafe bewirkt absichtlich Unlustgefühle und weckt dadurch Haß. Die *Wirkung der Strafe* scheint vom *Schicksal dieses Hasses* bestimmt: darf dieser Haß bewußt werden, weil er durch die erlittene Strafe gerechtfertigt erscheint, wird das Kind rebellisch. Meistens kann der Haß aber nicht ertragen werden, weil er zu stark ist, und er muß verdrängt werden. Daß dieser Ausgang der häufigere ist, dürfte dadurch zustande kommen, daß der durch die Strafe ausgelöste Haß den tieferen verdrängten, aus dem Ödipuskomplex stammenden Haß aktiviert. Dadurch, daß die durch die Strafe ver-

ursachte Versagung die früheren Versagungen aktiviert (*Klein*, 13), wird zugleich der Haß geweckt, der diese frühen Versagungen begleitet hat. Dieser Vorgang wird noch dadurch verstärkt, daß die strafende Person ein Elternteil oder ein Elternersatz ist, also die Person oder deren Imago (Ersatz), von der auch die früheren Versagungen ausgingen.

Der plötzlich auf diese Art geweckte Haß ist meist so intensiv und wird als so unerträglich empfunden, daß das Kind sich seiner nur durch Verdrängung erwehren kann. Der verdrängte Haß muß durch Liebe überkompensiert werden, und so wird das bestrafte Kind brav und folgsam, unter Umständen sogar zärtlich und liebebedürftig, um sein Schuldgefühl wegen seines unbewußten Hasses zu beruhigen. Zweifellos gewährt die Strafe auch masochistische Befriedigung; diese wird jedoch bei den meisten Kindern nicht ausreichend sein, um die Strafe zu provozieren. Erst durch die Strafe wird das Kind in die masochistische Einstellung gedrängt, indem, wenn der Haß verdrängt wird, der Sadismus leicht in Masochismus umschlägt und das Kind die masochistische Lust dann als Prämie empfindet, die ihm hilft, in der passiven Einstellung — wenigstens zeitweise — zu verharren. Im allgemeinen möchte ich annehmen, daß, wenn das Kind die Strafe provoziert, es dies tut, um sich seines Sadismus zu erwehren. Durch die Strafe wird das Schuldgefühl befriedigt, ein gewisser Grad von Haß gerechtfertigt, und die durch die Strafe gebotene masochistische Befriedigung hilft dem Ich, den Sadismus zu bewältigen.

Die Strafe spielt also die Rolle eines *»Agent provocateur«*; sie *verstärkt die Verdrängung* auf indirektem Wege, in dem sie durch die absichtlich zugefügte Unlust so intensive *Haßgefühle* hervorruft, daß das Ich des Kindes sich ihrer nur durch Verdrängung erwehren kann. *Freud* hat im »Unbehagen in der Kultur« ausgeführt (7), daß »äußere Versagung die Macht des Gewissens im Über-Ich so sehr fördert« (S. 104), daß die Versagungen des Schicksals — einer Elterninstanz — als Strafe aufgefaßt werden und daß jeder Triebverzicht die Strenge und Intoleranz des Gewissens steigert. Ferner: Das Gewissen sei im Anfang entstanden durch die Unterdrückung einer Aggression und verstärke sich im weiteren Verlauf durch neue solche Unterdrückungen (S. 110). Dadurch, daß die Strafe eine solche Unterdrückung der Aggression verursacht, wirkt sie sich in den meisten Fällen dahin aus, daß die Strenge des kindlichen Gewissens gesteigert wird.

Jede Strafe weckt durch die absichtlich zugefügte Unlust Haß. Wie stark der Haß ist, den die körperliche Züchtigung auslöst, läßt sich daraus ermessen, daß im Erwachsenenalter ein Schlag als eine »tödliche Beleidigung« empfunden wird, die sich nur »durch Blut abwaschen« läßt. Diese übermäßige Reaktion entstammt sicher der Kindheit, in der der Haß wegen einer Züchtigung mühsam unterdrückt werden mußte. Manche Strafen lösen außer dem Haß noch Reaktionen anderer Art aus. Das Wesen gewisser Strafen besteht darin, daß sie eine sonst gestattete Lust entziehen, das ist der Fall z. B. beim Essens- oder Liebesentzug. Die Befriedigung hat neben ihrer ursprünglichen Funktion, den Lusthunger des Individuums zu sättigen, im seelischen Haushalt noch eine sekundäre angenommen, nämlich die, den Verzicht auf primitive Wünsche zu ermöglichen. *Sachs* hat nachgewiesen (16), daß bei den Perversionen diese sekundäre Funktion — die Abwehr des Ödipuskomplexes — die ursprüngliche Funktion, die Lustbefriedigung bestimmter Partialtriebe, bedeutend verstärkt hat und deshalb vom Über-Ich als Bundesgenosse zur Abwehr des Ödipuskomplexes geduldet wird. Auch beim Normalen ist dieser Prozeß — in geringerem Grade — ausgebildet, so erhält z. B. die primäre Homosexualität eine bedeutende Verstärkung durch die Überkompensierung des Hasses aus der Ödipusstellung.

Das seelische Gleichgewicht beruht auf einem Kompromiß von Triebverzicht und Triebbefriedigung; bestimmte verpönte Wünsche werden aufgegeben und andere werden in einer vom Über-Ich gestatteten Form befriedigt. Wenn diese vom Über-Ich gestattete Befriedigung aus äußeren Gründen unterbleiben muß, wird das seelische Gleichgewicht erschüttert. Dieser Vorgang zeigt sich deutlich bei jenen Neurotikern, die an einer Versagung erkranken. Sie erkranken nicht einfach an der Entbehrung, also an der fehlenden Lust, sondern wie *Freud* nachgewiesen hat (8), daran, daß die fehlende normale und gestattete Befriedigung die Libido zu Regressionen treibt, die das Über-Ich verpönt. Dieser Kampf wird zur Ursache der Neurose, während die reale Versagung nur den auslösenden Anlaß darstellt.

Einen ähnlichen Konflikt löst die durch die Strafe verursachte Entziehung von Lust aus. Wenn das Kind zur Strafe kein Essen erhält, werden sonst latent bleibende kannibalistische Wünsche in starkem Maße geweckt. Bei der Bestrafung durch Liebesentzug fällt z. B. die Befriedigung, die das Kind durch die Liebe des andersgeschlechtlichen Elternteiles erhält, weg; dadurch wird die Verarbeitung des Ödipuskomplexes, die auf dieser Befriedigung beruhte, erschüttert, und es besteht die Gefahr, daß die ursprünglichen Ödipuswünsche wieder zum Vorschein kommen. Gegen diese Gefahr setzt sich das Über-Ich zur Wehr, und der häufigste Ausgang dieses Kampfes ist dann eine vermehrte Verdrängung. Auf diese Weise kann die Strafe, indem sie Haß weckt, wie auch indem sie die sonst gestattete Lust entzieht, verbotene Regungen hervorrufen, die vom Über-Ich bekämpft werden. Auf diesem Umwege würde die Strafe die vermehrte Verdrängung herbeiführen.

Die Wirksamkeit eines Partialtriebes kann von außen her auf zwei Arten gesteigert werden: 1. Durch Absperrung der normalen Befriedigung regrediert die Libido zu früheren Triebzielen. 2. Die latenten Wünsche werden durch Annäherung eines ihnen entsprechenden Triebzieles verstärkt. Wenn sich das Über-Ich gegen die latenten Wünsche wehrt, wird aber die Annäherung an ein solches Triebziel als unlustvoll empfunden. Je mehr der Kampf um eine bestimmte Triebregung noch schwankt, je unentschiedener noch der Konflikt ist, um so heftiger wird die Reaktion auf eine Situation sein, die an »komplexbetonte« Dinge rührt. Von australischen Häuptlingen, die in ihrer Jugend Kannibalen waren, später aber die Menschenfresserei aufgaben, wird berichtet (3), daß sie voller Empörung aus der Kirche kamen, in der der Missionar über das Höllenfeuer predigte. Die Schilderung des Höllenfeuers weckte, wie man annehmen darf, ihre kannibalistischen Gelüste; Europäer hingegen, die gegen derartige Phantasien weniger stark ankämpfen müssen, werden von einer solchen Schilderung kaum erregt.
Ähnlich ist das Gleichgewicht des Kindes, dessen Konflikte noch nicht fest verarbeitet sind, bei dem der Kampf zwischen dem Über-Ich und dem Es noch zu keinem sicheren Ausgleich kam, viel leichter zu erschüttern als das des Erwachsenen; so lösen z. B. Erzählungen, die sich den vom Über-Ich verpönten Triebzielen zu stark nähern, Unlust aus. Wenn einem Kind vorgeworfen wird, es habe die Mutter gekränkt, so wird dieser Vorwurf dann besonders wirksam sein, wenn es früher diese Absicht in starkem Grade gehabt und intensiv verdrängt hat. Die Tatsache, daß dieser verpönte Wunsch in Erfüllung gegangen ist, bewirkt dann eben besonders starkes Schuldgefühl. *Ferenczi* hat in zwei Fällen beobachtet, daß die Mutter dem Sohne damit drohte, sich nackt vor ihm zu zeigen (6); hier wird durch das Über-Ich das einst gewünschte Triebziel in Unlust verwandelt. Ähnlich berichtet *Barberino,* daß sein Vater ihn zur Strafe nackt ans Fenster stellte und daß diese Strafe ihm ärger schien als Prügel (4).
In meinen bisherigen Ausführungen versuchte ich zu zeigen, daß die Strafe *das Gleichgewicht des Kindes zu erschüttern trachtet,* indem sie auf indirektem Wege verbotene Regungen weckt: Durch die verursachte Unlust wird der *Haß* geweckt, durch Entziehung sonst gestatteter Befriedigungen oder durch Annäherung an ein verpöntes Triebziel werden *verschüttete Wünsche neu belebt.* Gegen diese so mobilisierten Regungen setzt sich das Über-Ich zur Wehr und meistens so erfolgreich, daß *ein neues, mehr auf Verdrängung basiertes Gleichgewicht* hergestellt wird. Das ist offenbar das Ziel der Erziehung—allerdings verstärkt die Erreichung dieses Zieles oft die Neurose des Kindes.

Manchmal kommt es aber zum Gegenteil des von der Erziehung gewünschten Resultates: wenn nämlich nicht das Über-Ich den Sieg über die aktivierten Regungen davonträgt, sondern das Es sich durchsetzen kann. Die Rebellion wird dann gerade durch die Unlust der Strafe gerechtfertigt. Daß dieser Mißerfolg jedoch der ungleich seltenere Fall ist, scheint durch zwei Momente bedingt. Indem die Strafe frühere Versagungen erneuert und die strafende Person einen Elternersatz darstellt, wird der Ödipuskomplex aktiviert. Dieser wird gewöhnlich durch Verdrängung und Überkompensierung des Hasses überwunden, und bei seiner späteren Aktivierung wird dieser schon gebahnte Weg abermals beschritten. Dazu trägt bei, daß im Unbewußten die Strafe der Kastration gleichgesetzt wird. In Analysen zeigt sich häufig, daß nicht nur körperliche Strafen und Entziehung eines Besitzes, sondern auch milde Strafen, ja sogar Tadel diese Bedeutung annehmen (13). Diese unbewußte Bedeutung gibt der anscheinend oberflächlichen Meinung, daß das Kind aus Angst vor der Strafe brav werde, einen tieferen Sinn: es wird brav aus Kastrationsangst. Wie einst der Ödipuskomplex an der Kastrationsdrohung zerschellte, so werden später seine Abkömmlinge und Ersatzbildungen, die kindlichen Unarten, durch den symbolischen, aber tatsächlich vollzogenen Ersatz der Kastration, durch die Strafe vernichtet.
So ist die Wirksamkeit der Strafe dadurch bedingt, daß gleichzeitig die verbotenen Regungen aktiviert werden und die Kastration angedroht wird; dabei bereitet entweder der unbewußt empfundene Haß gegen den Vater dessen Kastrationsdrohungen den Boden oder umgekehrt wird die *Wirksamkeit des Über-Ichs*, das gegen die verbotenen Regungen einschreitet, durch die von außen kommende Drohung verschärft.

Bei gewissen Kindern kommt eine paradoxe Reaktion auf die Strafe vor; ihr Schuldgefühl und ihre Angst wird durch die Strafe beruhigt (10). Der wichtigste Grund dafür, daß die Strafe die Angst des Kindes herabsetzt, dürfte in dem Vorgang zu suchen sein, den *N. Searl* in ihrer Arbeit »Die Flucht in die Realität« beschreibt (17). Gegen die Vorspiegelungen der Angst bietet die Realität einen Schutz, denn »von der Härte dieser Phantasien, in denen der Vater oder die Mutter das böse Kind schneidet, verbrennt oder auffrißt, sind die ärgsten Strafmaßnahmen der realen Mutter weit entfernt« (S. 262). So beruhigt die Strafe die Angst des Kindes dadurch, daß es z. B. »nur« geschlagen wird – *die reale Strafe schützt vor der phantasierten.*[3]

3 Wegner schildert (18), daß Moni, ein kleines Mädchen im dritten Jahr, trotz des Verbotes der Mutter das Spielzeug des Bruders zerbricht. Der Vater schützt sie vor der angedrohten Strafe, indem er der Mutter sagt, er hätte es ihr gestattet. Als der Vater weggeht, fühlt sich Moni bedrückt und verlangt von der Mutter, daß sie sie

Während bei dem ersteren Typus die Strafe als symbolische Kastration die Angst steigert, wirkt sie bei dem zweiten eher beruhigend; diese zwei Typen von Kindern entsprechen den zwei Typen von Neurotikern, die an der Versagung (8) und jene, die an der Erfüllung scheitern (9). Bei den ersteren löst die Versagung einen Konflikt aus, der zur Erkrankung führt, bei den anderen kann das Schuldgefühl eine Erfüllung nicht gestatten, sondern fordert Strafe. Ob die Strafe bei einem Kind die eine oder die andere Wirkung zur Folge hat, hängt davon ab, ob die Strenge des Über-Ichs durch die von außen kommende Kastrationsdrohung noch verstärkt wurde oder ob die erlittene Strafe das Über-Ich zufriedengestellt hat.

Die Strafe erschüttert demnach das Gleichgewicht des Kindes in der Absicht, ein neues, stärker auf Verdrängung basiertes und den Absichten der Erziehung besser entsprechendes Gleichgewicht herzustellen. Weil aber die Strafe — wie hier gezeigt wurde — nicht einfach auf das Ich einwirkt, sondern einen komplizierten Prozeß auslöst, kann die *Stärke* der hervorgerufenen Reaktion von vornherein *nicht bestimmt* werden. Im wesentlichen sind es folgende Faktoren, von denen der Ausgang des durch die Strafe ausgelösten Konfliktes abhängt: 1. Die Intensität der ausgelösten Affekte. 2. Die Strenge des Über-Ichs, das sich dagegen zur Wehr setzt. 3. Die Intensität der hervorgerufenen Angst, weil sie die Verdrängung fördert, indem sie die Strenge des Über-Ichs verstärkt. 4. Ob die Strenge des Über-Ichs durch die von außen kommende Kastrationsdrohung verstärkt wird oder ob die erlittene Strafe das Über-Ich zufriedenstellt. Die Intensität der Affekte hängt von der Reaktionsart des Kindes, von der Härte der Strafe, von vielen Nebenumständen, z. B. Ungerechtigkeit oder Ungewöhnlichkeit der Strafe ab. Ob die Strenge des Über-Ichs durch die erlittene Strafe befriedigt wird, wird weitgehend von der Härte der Strafe bestimmt; eine harte Strafe ist eher geeignet, das Schuldgefühl zu beruhigen, weckt aber andererseits stärkeren Haß und führt so indirekt zu einer Verstärkung des Schuldgefühls. Stärkere Angst wird schließlich der Verdrängung der Haßregungen Vorschub leisten.

Das Problem wird aber noch dadurch kompliziert, daß in der *psychischen Realität* sich die Strafe anders spiegelt, als sie tatsächlich vorgefallen ist. In einer Tageszeitung veröffentlichte ein Lehrer folgenden Bericht: Er hatte einem Schüler drei Stockschläge gegeben und ließ sich diese Szene nachher von den anderen Schülern, die sie mitangesehen hatten, schildern. Die Berichte waren alle verschieden, von der Wahrheit abweichend,

auf die Hand schlägt. Die Mutter straft sie aber nicht, und nun fürchtet sich Moni vor dem Bullen. (Wie aus dem Buch hervorgeht, stellt der beißende Bulle Monis Über-Ich dar.) Sie fällt hin und schlägt sich an. »Aber Moni, die einen Augenblick heftig aufgeschluchzt hat, beruhigt sich bald. Wollüstig schluckt sie an ihrem Kummer; der schwarze Bulle hat sein Opfer bekommen.«

manche geradezu phantastisch. Die Komplexe, die durch ein solches Erlebnis stark aufgewühlt werden, verfälschen die Realität. In einem noch stärkeren Grade trifft das natürlich für das bestrafte Kind selbst zu. Man kann in Analysen immer wieder die Beobachtung machen, daß eine anscheinend milde Strafe als sehr hart empfunden wird[4], ähnlich wie beim Neurotiker die neurotische Angst die real begründeten Befürchtungen verstärkt und verzerrt.

Diese Umstände erschweren natürlich die Neurosenprophylaxe, denn die Strafe bewirkt immer eine vermehrte Verdrängung, und die Intensität der Reaktion läßt sich meiner Ansicht nach nicht voraussehen. Strafen, die eine besonders starke Reaktion hervorrufen, sollten nicht angewendet werden. So weckt insbesonders die körperliche Züchtigung in starkem Ausmaße die Kastrationsangst und ruft starken Haß hervor, der verdrängt werden muß. Besonders wirksam und deshalb besonders schädlich vom prophylaktischen Standpunkte ist das Abwechseln von Strenge und Freundlichkeit, von Züchtigung und Liebkosung, von »Vater- und Mutterhypnose«, worauf *Ferenczi* schon vor zwanzig Jahren aufmerksam gemacht hat (5). Wenn der Vater nach der Züchtigung freundlich ist, müssen die Haßregungen mehr verdrängt werden, und jede Liebkosung nach einer symbolischen Kastration drängt den Knaben stärker in die passivhomosexuelle Einstellung.

Auch der Liebesentzug, der von manchen Pädagogen als eine milde Strafe angesehen wird, übt oft eine außerordentliche Wirkung aus. *Freud* hat gezeigt, daß der Liebesverlust die Gefahrsituation für die frühe Kindheit ist und beim Mädchen die gleiche Rolle spielt wie beim Knaben die Kastrationsangst (11). Ich habe früher darauf hingewiesen, daß die zärtliche Liebe der Eltern eine wichtige Hilfe für die Verarbeitung des Ödipuskomplexes bildet (vgl. auch 11), die beim Liebesentzug erschüttert wird. *M. Klein* hat hervorgehoben (13), daß die Liebe der Eltern auch die Bedeutung des Angstschutzes hat und der Liebesentzug die ganze latente Angst vor den Eltern weckt. Schließlich kommt noch hinzu, daß, während bei jeder anderen Strafe die Eltern dem Kinde etwas antun, was seinen Haß wenigstens teilweise rechtfertigt, diese Rechtfertigung beim Liebesentzug fehlt und daß somit das Schuldgefühl des Kindes wesentlich

4 Dafür, daß die Strafe meist härter empfunden wird, als real begründet wäre, möchte ich zwei Beispiele anführen: Ein Schlag, vom Lehrer erhalten, wirkt meistens schmerzhafter als der von einem anderen Jungen empfangene, den man zurückgeben kann. Ein Kind, das zufolge äußerer Not kein Essen erhält, wird das Hungern nicht so hart empfinden, als wenn der Essensentzug eine Strafe wäre. Es scheint, daß die zur Unterdrückung des Hasses gebrauchte Anstrengung die Unlust des Schmerzes verstärkt. In der chirurgischen Klinik pflegt man bei kleinen Eingriffen, die ohne Anästhesie gemacht werden, dem Patienten zu sagen, er möge, wenn es schmerzt, den Arzt oder die Schwester in den Arm kneifen; dies pflegt erfahrungsgemäß den Schmerz zu lindern. Dadurch, daß der Haß wegen der schmerzhaften Operation abreagiert werden kann, scheint auch der Schmerz verringert zu werden.

verstärkt wird. Aus diesen Gründen wird der Liebesentzug von den Kindern nicht nur hart empfunden, sondern diese Strafe verstärkt — nach meinen Beobachtungen — oft übermäßig die Verdrängung.

Wenn also einerseits bestimmte Strafen das Schuldgefühl und die Angst des Kindes außerordentlich steigern können und dadurch seine Verdrängungsneigung unheilvoll verstärken, so garantiert andererseits die Vermeidung solcher Strafen noch nicht einen günstigen Erfolg. Denn auch eine mild scheinende Strafe kann auf das Kind eine tiefe Wirkung ausüben, wenn sie gerade besonders stark an seine Komplexe rührt. (So wird z. B. ein Kind, das unter dem Eindruck der oralen Entbehrung steht, durch den Entzug von Süßigkeiten besonders hart getroffen.) In der psychischen Realität wird die Strafe oft ganz anders empfunden, als der Erzieher es beabsichtigte, und die Stärke der Reaktion wird letzten Endes von der Strenge des Über-Ichs des Kindes abhängen. Demnach wäre vom Standpunkt der Neurosenprophylaxe eine Erziehung wünschenswert, die den nötigen Triebverzicht und die Realitätsanpassung erzielt, ohne Strafen und ohne Mittel, die die Angst und das Schuldgefühl des Kindes wesentlich steigern.[5] Ob und inwiefern sich dieses Ideal unter günstigen Umständen verwirklichen läßt, kann jedoch erst die praktische Erfahrung entscheiden.

Literatur

1. Abraham, Karl: Geschichte eines Hochstaplers. Imago XI (1925).
2. Alexander, Franz: Psychoanalyse der Gesamtpersönlichkeit. 1926.
3. Andree, Franz: Anthropophagie. 1883.
4. Blei, Franz: Männer der Renaissance. 1928.
5. Ferenczi, Sándor: Zähmung eines wilden Pferdes. In: Bausteine zur Psychoanalyse. I, 192.
6. Ferenczi, Sándor: Die Nacktheit als Schreckmittel. Int. Zeitschr. f. Psa. V (1919).
7. Freud, Sigm.: Das Unbehagen in der Kultur. 1930 (XIV).
8. Freud, Sigm.: Über neurotische Erkrankungstypen. Ges. Schr. V (VIII).
9. Freud, Sigm.: Die am Erfolge scheitern. Ges. Schr. X.
10. Freud, Sigm.: Die Verbrecher aus Schuldbewußtsein. Ges. Schr. X.
11. Freud, Sigm.: Hemmung, Symptom und Angst. Ges. Schr. XI, S. 21 (XIV).
12. Groddeck, Georg: Die Arche. 1926.
13. Klein, Melanie: Erwachsenenpsychologie im Lichte der Kinderanalyse. Vortragskurs, gehalten in London 1927.
14. Reik, Theodor: Geständniszwang und Strafbedürfnis (1925).
15. Rousseau, Jean Jacques: Confessions.

5 Hingegen läßt sich auch die Ansicht vertreten, daß das Kind zur Herstellung seines seelischen Gleichgewichtes die Strafe als Verdrängungshilfe braucht: die Strafe befriedigt sein Schuldgefühl, gibt seinem Haß eine Berechtigung, hilft ihm seine Triebe zu bändigen.

16. Sachs, Hanns: Zur Genese der Perversionen. Int. Zeitschr. f. Psa. IX, 1923.
17. Searl, N.: Die Flucht in die Realität. Int. Ztschr. f. Psa. XV (1929).
18. Wegner, Armin T.: Moni (1929).

2. *Hans Zulliger*: Psychoanalyse und Pädagogik

Meine Damen und Herren!
Die erste Vorlesung habe ich betitelt »Der Einfluß der Psychoanalyse auf die Pädagogik«.
Der viereinhalbjährige Franz Singer[6] wird seit einiger Zeit während der Nacht von Angstzuständen befallen. Er schreckt plötzlich aus dem Schlafe auf, tut zunächst einen lauten Schrei, als stecke er am Messer, und dann weint er erbärmlich. Die Mutter, der Vater oder alle beide stürzen herbei, Franz hat sich aufgesetzt und schwimmt in Tränen. Man faßt das Häufchen Elend liebevoll, nimmt es in die Arme, drückt es an die Brust, und jetzt schluchzt er nur noch, beruhigt sich zusehends. »Was war denn los?« fragt die Mutter. Franz reißt die Augen weit auf. »Es war ein Wolf in meinem Stübchen«, flüstert er, als habe er Angst, das Untier wieder herbeizurufen, wenn er seinen Namen laut ausspreche. »Ein Wolf?« sagt der Vater, »Unsinn! Dein Stübchen war ja verschlossen, und wo wäre er denn jetzt hingekommen?« »Irgendwohin«, erwidert Fränzchen, »er hat sich versteckt.« Die Mutter, die ihrem Söhnchen über den Scheitel streicht, gibt dem Gatten einen Blick. Herr Singer versteht; er geht und zieht die Vorhänge zurück. »Da ist der Wolf nicht«, stellt er fest. Er öffnet die Schranktüre, leuchtet hinein, »da ist der Wolf auch nicht.« Er leuchtet unters Bettchen. »Hat sich das Tier etwa hier verborgen? Nein, es ist nicht da. Nirgends ist ein Wolf, Fränzchen. Und, weißt du, wenn einer daherkäme, würde ich mein Gewehr nehmen und ihn erschießen.« Fränzchen läßt sich beruhigen. Die Mutter legt ihn wieder in sein Bett, damit er weiterschlafe. »Bitte«, sagt der Kleine, »laßt doch die Tür einen Spalt breit offen. Dann höre ich, wie ihr atmet, und weiß, ihr seid da, falls der Wolf wiederkommen sollte.« Um nicht nochmals in der gleichen Nacht durch Franz aufgeweckt zu werden, willfahren die Eltern dem Wunsche des Knaben. Aber in den nächsten Nächten wiederholt sich die Schreckszene. Es handelt sich um einen pavor nocturnus, würden die Ärzte sagen und leichte Betäubungsmittel und Baldriantropfen oder Orangenblütentee verordnen, die in solchen Fällen in der Regel nichts nützen, wenigstens nicht auf die Dauer. »Was ist da zu tun?« fragt Herr Singer. »Diese nächtlichen Ruhestörungen halte ich nicht

6 Alle Namen sind erfunden.

aus, sie machen mich allmählich nervös. Ich muß doch gewiß ausgeschlafen zu meiner Tagesarbeit antreten können. Vielleicht wäre eine tüchtige Tracht Prügel am Platze. In früheren Zeiten hätte man jedenfalls nicht davor zurückgescheut, dieses ›Heilmittel‹ anzuwenden.« Frau Singer schüttelt den Kopf. »Du hast doch gewiß selber gesehen, daß Fränzchen wirklich Angst hat und fest glaubt, es sei ein Wolf dagewesen. Und heute morgen hat das Büblein zu mir gesagt: ›Weißt du, Mutti, du brauchst nur finster zu machen, dann ist der Wolf da. Ich sehe ihn in der Dunkelheit, und sobald du kommst und das Licht andrehst, verschwindet er. Er fürchtet sich vor dir und auch vor Vati‹ — und du glaubst, man könne diese kleine Wahnidee Fränzchen mit einer Tracht Prügel austreiben.« — »Ach nein«, entgegnet Herr Singer, »aber was ist denn besseres anzufangen?«
Die Eltern Singer kamen überein, eine Kinder-Psychoanalytikerin, Frau Dr. Lenz, aufzusuchen. Diese erteilte einen Rat, der den Eltern komisch vorkam. Herr Singer sollte zusammen mit Fränzchen ein Nachtlämpchen basteln. Er möge mit einer Schere aus einem Konservenbüchsendeckel einen kleinen Stern ausschneiden, in die Mitte ein Löchlein bohren und einen Docht aus Garn durchziehen. An den Hörnern des Sterns solle er Schwimmer aus einem Korkzapfen befestigen, den Stern in ein Glas legen, worin sich eine Lage Wasser und darauf zwei Zentimeter Salatöl befänden. Bei all diesen Arbeiten müsse Fränzchen mithelfen, und der Vater solle ihm freundschaftlich sagen: »So, da hast du jetzt mit mir zusammen ein Licht, *dein* Licht hergestellt. Das stellen wir in deinem Stübchen auf die Schrankecke und zünden es an, wenn du dich zum Schlafen hinlegst. Es brennt die ganze Nacht durch und behütet dich vor dem Wolfe. Du wirst sehen, der zeigt sich nicht wieder.« Ob diese Maßnahme etwas nütze, fügte die Beraterin hinzu, sei abzuwarten. Aber vermutlich genüge sie, um die Wolfsangst des Kleinen zu bannen. »Wir könnten Fränzchen aber auch ein kleines elektrisches Nachtlämpchen anschaffen«, erklärte Frau Singer, »solch ein offenes Feuer ...« — »Tun Sie dies nicht«, riet die Frau Doktor. »Es kommt sehr darauf an, daß der Knabe den Eindruck hat, *aus eigener Kraft* ein Mittel zur Vertreibung des Wolfes geschaffen zu haben. Dies stärkt sein Selbstgefühl und des Knaben innere Sicherheit. Und damit kein Unglück geschehe wegen des offenen Feuers — diesen Einwand wollten Sie doch machen, Frau Singer — stellen Sie das Lämpchen außer Reichweite des Söhnchens. Sie erklären ihm, man müsse sein Licht so hoch stellen, damit der Wolf es nicht ausblasen oder mit der Tatze herunterschlagen könne.« Herr Singer schüttelte zweifelnd den Kopf, als die Gattin ihm berichtete. Aber er folgte dem Rat, und siehe, es stellte sich ein Erfolg ein. Fränzchen schreckte nicht weiter auf. Nach ungefähr einem halben Jahr riet Frau Doktor, an einem

Abend dem Fränzchen mitzuteilen, das Salatöl sei gerade ausgegangen, man werde am nächsten Tage anderes kaufen. Es sei zu beobachten, wie sich der Knabe verhalte. Er schlief durch. In der Folge wurde das Experiment von Zeit zu Zeit neuerdings durchgeführt. Die Wolfsangst zeigte sich nicht wieder. Nun riet Frau Dr. Lenz, mit Fränzchen zu vereinbaren, daß man das Lämpchen nur mehr bereitstelle, es nicht anzünde. Der Wolf glaube dann, es brenne immer noch, und er werde darum nicht erscheinen. Der Ratschlag wurde durchgeführt, und Fränzchen schlief weiter ungestört. Schließlich konnte man das Lämpchen verschwinden lassen. Franz hatte kein Interesse mehr daran, denn eben bastelte er mit dem Vater zusammen einen Lastwagenzug. Die kleine Wahnidee hatte sich aufgelöst.

Wir haben nun ein paar Fragen zu erörtern.

Weshalb fürchtet sich Fränzchen nicht, wenn ein Lämpchen in seinem Stübchen brennt? Er hat uns die Antwort selber gegeben: »Wenn Licht vorhanden ist, dann ist der Wolf nicht da.« Das schlimme Angsttier erscheint nur in der Finsternis, und dann sieht es Fränzchen ganz genau. Denn in seinem kindlichen Denken hält er seine Phantasien für Wirklichkeit.

Jedes Kind, das entdeckt hat, es sei nicht allmächtig, wie es zuallererst glaubte, empfindet Angst. Sie kann sich auf sehr verschiedene Art äußern. Fränzchen ist es gelungen, seine Angst in ein Phobietier, das er in Wirklichkeit nie gesehen hat, zu lokalisieren. Er ist nun der Lebensangst so lange enthoben, als das Phobietier nicht in seiner Nähe ist. Es belästigt ihn nicht, wenn heller Tag herrscht und er mit seinen Augen sehen kann, der Wolf sei nicht da; wenn in der Nacht ein Lichtlein die Schlafkammer beleuchtet und Franz, falls er erwacht, sofort feststellt, er sei in einem ihm bekannten, vertrauten, heimischen Raume und nicht ins leere Dunkel gestellt, dann gilt die mit den Augen erkannte Realität und nicht das mit dem inneren Auge »gesehene« Phantasie-Tier. Der Anblick des vertrauten Raumes spendet Fränzchen Trost, beruhigt ihn, schenkt ihm Zuversicht, beschützt ihn. Ist es jedoch finster, dann weiß Franz, erwachend, nicht, wo er sich befindet. Seine Phantasie hat freies Spiel. Er projiziert seine inneren Bilder, so das Angstbild des Wolfes, in den leeren, fremden Raum.

Wir sehen die Bedeutung des Phobieobjektes: Es bindet Angst; durch gewisse Zeremonielle, im Falle Franzens mit dem Lichtmachen, kann die Angst vermieden werden. Der Wolf, an den sie gebunden ist, ist nicht mehr da. Ich kannte eine Vierjährige, die Angst vor Hunden hatte, obwohl ihr nie ein Hund ein Leid angetan hatte. Da sah sie einmal, wie der Nachbarhund von der Mutter des Mädchens gefüttert wurde. »Er bellt nicht«, fragte die Kleine, »wenn man ihm Essen gibt?« Und in der Folge brachte sie dem Hunde von ihren Speisen, wagte es allmählich, sich ihm ohne Angst zu nähern. Durch das Zeremoniell einer Opfergabe gelang es der Vierjährigen, ihre Angst zu meistern. Das Opfer ist — pars pro toto — ein Selbstopfer. — Eine andere Gleichaltrige hatte die Gänse als Phobietiere ausgewählt, und ohne Begleitung der Eltern wagte sie nirgends vorüberzugehen, wo sie die Anwesenheit von Gänsen vermutete oder wo sie wußte, daß sich welche da befanden. Schließlich entdeckte sie, daß sie ohne Angst an den Phobietieren vorüberkam, wenn sie sich mit Vaters Regenschirm bewaffnete, den sie aufspannte. »Weißt du«, erklärte sie, »dann sieht man die Gänse nicht.« Auch sie bediente sich eines Abwehrzeremoniells.

Aber kehren wir zu Franz Singer zurück. Weshalb sagte Frau Dr. Lenz, es sei möglich, daß ihr Rezept gegen die Wolfsphobie des Knaben fehlschlagen könnte? Erstens: Die Beraterin konnte nicht im voraus wissen, ob ihre Ratschläge von den Eltern richtig durchgeführt würden. In dieser Hinsicht kann man oft blaue Wunder erleben, auch dann, wenn man den Ratsuchenden ganz genau erklärt, wie sie sich zu verhalten haben. Es wäre beispielsweise möglich gewesen, daß Herr Singer, gereizt von den Schlafstörungen und nachträglich erregt, während der Bastelarbeiten spöttische, hämische Worte an den kleinen Sohn gerichtet, eine Bemerkung eingeflochten hätten, die des Knaben ohnehin herabgesetztes Selbstvertrauen noch ärger würde erschüttert haben, als dies ohnehin schon der Fall war. Dann wäre der Erfolg in Frage gestellt gewesen. Zweitens: Die Beraterin konnte nicht wissen, wie tief die Wolfsangst in dem Knaben saß, wie stark sie sich hatte fixieren können, und ob die Maßnahme, die sie angeraten hatte, nicht zu spät kam. Drittens: Die Beraterin war sich wohl bewußt, daß man kleine monosymptomatische Neurosen bzw. deren Symptom in den seltensten Fällen mit einem Rezept zum Verschwinden bringen könne; daß es allgemeingültige Rezepte in der Erziehung überhaupt nicht gebe. Andernteils, wenn die Umstände alle günstig liegen, kann man manchmal mit einem einfachen Ratschlag helfen. Dies lehrt die Erfahrung. Also war gestattet, einen solchen auszuprobieren, bevor man eine kinderpsychotherapeutische Kur vorschlug.

Eine weitere Frage: Warum war die Maßnahme, das Rezept, bei Franz wirksam? Was geschah, was vollzog sich in dem Bübchen? War denn mit dem Verschwinden der Wolfsphobie und des damit verbundenen pavor die Angst aufgelöst? Wenn ja, wie kam die Angstauflösung zustande, ohne daß es nötig wurde, Franz die entsprechenden Inhalte seines Unbewußten in psychoanalytischem Sinne zu deuten und ihm allmählich klarzumachen, der Wolf sei in seiner, Franzens, Phantasie eigentlich eine Abspaltung der Vater-Imago, nämlich der feindselige Anteil des Vaterbildes? Dies hätte doch dem Vorgehen einer Erwachsenen-Psychoanalyse entsprochen. Die Antwort auf die erwähnten Fragen lautet: In Franz wurde das Ich dermaßen gestärkt, daß er allmählich seiner Angst Herr werden konnte. Hinzu kam die gemeinsame Arbeit mit dem Vater; das Lämpchen wurde gebastelt, dann andere Dinge, so der Lastwagenzug. Diese gemeinsame Arbeit brachte dem Sohn den Vater näher, erleichterte auch die Identifikation mit dem Vater. Das Bewußtsein, einen freundschaftlich gesinnten, liebenden Vater zu besitzen, einen, der einen beschützen und etwas gegen den Wolf unternehmen wollte, überwog schließlich den anderen Anteil des inneren Vaterbildes, jenen des fordernden, drohenden, gefährlichen Vaters. Wir wissen, daß die Gefühle, die das Kind seinen Eltern entgegenbringt, immer ambivalent sind; daß die Imagines ein doppeltes Gesicht, ein Janusgesicht haben, eine für das Empfinden des Kindes positive und eine negative Seite. — In Bern auf dem Kornhausplatz steht als Brunnenfigur der »Kindlifresser«. Er ist ein häßlicher Mann mit einem gewaltigen Mund, und eben steht er im Begriff, ein Kind hineinzustoßen, um es zu verzehren. In einer umgehängten Tasche hat er weitere Kinder gesammelt. Es ist dies die mittelalterlich-künstlerische Darstellung jenes vererbten, urtümlichen Teiles der Vater-Imago, die dem Kinde feindlich gesinnt ist. Franz Singer hat sie in der Figur des Wolfes verkörpert. Ferner hat er mit Hilfe des durch das Verhalten des wirklichen Vaters verstärkten gütigen Vater-Imago-Anteiles den Wolf in den Hintergrund gerückt, ihn schließlich unwirksam gemacht. Franz identifizierte sich mit dem Vater, weil ihm durch die Basteleien der Vater näherkam. Die reale Beziehung zum Vater wurde inniger, dadurch wurde die reale Angst vor dem Vater, zugleich aber auch die Urangst vor dem bösen Anteil des imaginären Vaterbildes besänftigt und so weit aufgehoben, daß sie nicht weiter wirksam werden konnte. Ihr Maß, könnte man sagen, war erträglich. Angst bewältigt der Mensch regelmäßig dann, wenn er sein Ich entsprechend stärken kann. Das Kind stärkt sein Ich hauptsächlich durch die Identifizierung mit Starken, mit dem Vater, mit anderen Menschen, die ihm als Autoritäten einleuchten.

Die Hauptfrage, die uns beschäftigt, sparte ich auf bis zuletzt, und sie lautet: War das, was mit Franz Singer geschah, psychoanalytische Pädagogik, war es psychoanalytische Kinderpsychotherapie, oder als was ist es einzuordnen? Genau die gleiche Frage könnte man in bezug auf Freuds klassische Arbeit »Analyse der Phobie eines fünfjährigen Knaben«[7] stellen. Hier wurde zum erstenmal in der Weltgeschichte eine infantile Phobie auf psychoanalytischem Wege zum Verschwinden gebracht. Wenn ich nicht irre, trug diese Arbeit dazu bei — sie war im Jahre 1909 erstmals veröffentlicht worden —, daß der Zürcher Pfarrer

7 *S. Freud:* »Analyse der Phobie eines fünfjährigen Knaben«, Werke Bd. VII, S. 243 ff.

Dr. Oskar Pfister versuchte, seelisch erkrankten Unterweisungsschülern mit Hilfe psychoanalytischer Kenntnisse und Techniken zu helfen. Er modifizierte das gewöhnliche psychoanalytische Vorgehen, und im Jahre 1913 gab er eines seiner hauptsächlichsten Bücher, »Die psychoanalytische Methode«, heraus. Mir schien damals, daß das, was Pfister mit seinen fünfzehn- und sechzehnjährigen Schülern gelang, vielleicht auch Bedeutung haben könnte für die Heilung psychogen erkrankter Kinder der Volksschulstufe. — Ich bin Lehrer, bin es noch heute; die Psychoanalyse hatte ich am eigenen Leibe und durch das Studieren der damals darüber existierenden Bücher kennengelernt. Es war mir wohl bekannt, daß die Lehren Freuds auf heftigsten Widerspruch gestoßen waren, deshalb ging ich bei meinen Arbeiten an Volksschülern mit äußerster Vorsicht vor. Als man aber einen schweizerischen Direktor eines Lehrerseminars, Ernst Schneider, veranlaßte, seinen Posten aufzugeben, weil er den Seminaristen von der Psychoanalyse erzählt hatte, schien mir die Zeit gekommen, ein Bändchen über meine ersten Arbeiten zu publizieren[8] und damit zu zeigen, was für ein Segen mit psychoanalytischer Pädagogik an den Schülern getan werden konnte. Es ging mir dabei auch darum, meine Arbeit bei den Fachleuten zur Diskussion zu stellen. Über die gute Aufnahme des Büchleins war ich erstaunt. Es brachte mir die Mitgliedschaft der Schweizerischen Gesellschaft für Psychoanalyse ein, der ich seit 1921 angehöre, und aus Wien kam, von Freud geschrieben, ein ermunterndes Brieflein in mein Haus geflogen. — Damals verstand ich unter psychoanalytischer Pädagogik hauptsächlich das, was ich heute als »kleine psychoanalytische Psychotherapie« bezeichnen würde; und ich arbeitete in sehr ähnlicher Weise wie Pfister. Wenn mein Schüler stotterte, nervösen Husten hatte, Tiere quälte, bei gewissen Schulforderungen mit Durchfall reagierte, einen Tick aufwies, Lernstörungen zeigte usw., dann suchte ich behutsam einzugreifen; und heute darf ich sagen, daß ich von beachtenswertem Anfängerglück begünstigt war. Es gelang mir, den Kindern Hilfe zu bringen. Nachdem ich einen zweiten kleinen Rechenschaftsbericht veröffentlicht hatte[9], erschien im Jahre 1925 Aichhorns »Verwahrloste Jugend«, ein Buch, das zu den Grundpfeilern der psychoanalytischen Pädagogik gehört. Schon vorher war mir auf einem Kongreß der Psychoanalytiker in Berlin, wo ich Freud zum ersten Mal persönlich sah und sprechen konnte, bekannt geworden, daß auch anderen Ortes als nur in der Schweiz Versuche angestellt wurden, die Psychoanalyse auf mannigfachste Weise der Erziehung dienstbar zu machen — außer in Berlin auch in Wien

8 *H. Zulliger:* »Psychoanalytische Erfahrungen aus der Volksschulpraxis«, Bern 1921.
9 *H. Zulliger:* »Aus dem unbewußten Seelenleben unserer Schuljugend«, Bern 1927 (2. Aufl.).

und in Stuttgart. Autoren wie Heinrich Meng, Anna Freud, Paul Federn, Wilhelm Hoffer, Edith Buxbaum, Fritz Redl, Richard und Edita Sterba, Sabine Spielrein, Josef Friedjung, Otto Fenichel, Frieda Fromm-Reichmann und immer mehr andere traten auf und vereinigten sich schließlich zum Mitarbeiterstab der neugegründeten »Internationalen Zeitschrift für psychoanalytische Pädagogik«[10], die dann allerdings — und leider — beim Umbruch in Österreich unterging und seither nicht wieder erscheinen konnte, weil sich das Zentrum der Psychoanalyse nach den anglo-amerikanischen Ländern verschoben hat.

Schon in meiner allerersten Veröffentlichung habe ich darauf aufmerksam gemacht, daß im zwischenmenschlichen Bereich des psychoanalytisch orientierten Lehrers und seiner Schüler durch sein Gesamtverhalten eine »andere Einstellung« Platz greife, die äußerst wichtig sei. Ich meinte damit die *Phänomene der gelenkten Übertragung und Gegenübertragung*, die in der Schulstube und bei der Schularbeit eine günstige Atmosphäre schaffen. Sie bewirkt, daß Lehrer und Schüler in ihrem Bewußten und Unbewußten leichter, enger miteinander kommunizieren. Allmählich merkte ich, daß dies den Hauptfaktor der psychoanalytischen Pädagogik im Rahmen des Schulehaltens bedeutete; daß also psychoanalytische Pädagogik in der Schule vornehmlich ein *gemeinschaftspsychologisches* Spiel sein müßte, gestützt auf das tiefe Verständnis all der Erscheinungen an den Kindern als Gesamtheit; daß psychoanalytische Schulpädagogik der kollektiven Neurosenprophylaxe und dem seelischen Gesundheitsschutz der Jugend zu dienen habe. Freuds »Massenpsychologie und Ich-Analyse«[11], sein »Totem und Tabu«[12] erteilen dem Pädagogen die nötigen Fingerzeige. Auch sollte er nicht nur die »Drei Abhandlungen zur Sexualtheorie«[13] und »Das Ich und das Es«[14] kennen und deren Hinweise in seine praktische Tätigkeit umzusetzen suchen; er sollte auch Abrahams »Versuch einer Entwicklungsgeschichte der Libido« und die »Psychoanalytischen Studien zur Charakterbildung«[15], Alexanders »Psychoanalyse der Gesamtpersönlichkeit«[16] und Reiks »Geständniszwang und Strafbedürfnis«[17] eingehend studieren. Aus der psychoanalytischen Lehre muß er all das herausneh-

10 »Internationale Zeitschrift für psychoanalytische Pädagogik«, Stuttgart—Wien, 1926—1939.
11 *S. Freud:* »Massenpsychologie und Ich-Analyse«, Werke Bd. XIII, S. 71 ff. [Fischer Bücherei Nr. 6054]
12 *S. Freud:* »Totem und Tabu«, Werke Bd. XI. [Fischer Bücherei Nr. 6053]
13 *S. Freud:* »Drei Abhandlungen zur Sexualtheorie« Werke Bd. V, S. 27 ff. [Fischer Bücherei Nr. 6044]
14 *S. Freud:* »Das Ich und das Es«, Werke Bd. XIII, S. 235 ff.
15 *K. Abraham:* »Versuch einer Entwicklungsgeschichte der Libido«, Wien 1924.
– *Derselbe:* »Psychoanalytische Studien zur Charakterbildung«, Wien 1925.
16 *F. Alexander:* »Psychoanalyse der Gesamtpersönlichkeit«, Internationale Psychoanalytische Bibliothek, Bd. 12, 1927.
17 *Th. Reik:* »Geständniszwang und Strafbedürfnis«, Wien 1925.

men und zusammenfassen, was er nachher zur Ausübung der seelischen Hygiene der Kinder benutzen kann. Es ist dies für die Gesamtheit mindestens ebenso wichtig, wie wenn er einen einzelnen, in seinem Verhalten abwegigen Schüler wieder auf die rechte Bahn bringt, etwa einen Dieb und Lügner heilt, eine Lernstörung beseitigt — was ihm zwar auch nicht zu tun verboten sein sollte. Nach und nach haben sich nämlich bei der psychoanalytischen Kinderbehandlung gewisse engere Gebiete abgegrenzt. *Psychoanalytische Pädagogik* im Sinne von seelischem Gesundheitsschutz können auch die Eltern und die Kinderpflegerinnen, die Kindergärtnerinnen, Hortleiter usw. treiben, nicht allein nur die Schule. Ein anderer Zweig der psychoanalytischen Pädagogik ist die *Erziehungsberatung* und *Erziehungshilfe*. Hier nähert sich die Arbeit schon der eigentlichen *Kinderpsychotherapie*. Bei dieser haben sich verschiedene Methoden herausgebildet.[18]
Um die dreißiger Jahre machte ich bei psychoanalytischen Arbeiten mit Kindern die Beobachtung, daß die kleinen Patienten oft gesund wurden, auch wenn ich ihnen überhaupt nichts gedeutet hatte. Ich konnte mir dies nicht erklären, vermutete, es handle sich um sogenannte »Übertragungsheilungen«, wie wir sie von Erwachsenenanalysen her kennen. Bei ihnen kann es geschehen, daß diese Erwachsenen auf einmal alle ihre Symptome aufgeben und als geheilt erscheinen. Es kann sich darum handeln, daß sich der Patient dem Analytiker gegenüber als besonders gehorsam erweisen möchte; vielleicht darum, weil er in ihm den Vater erblickt und diesem gegenüber Schuldgefühle zu besänftigen hat. Möglich ist auch, daß der Patient unmittelbar vor der Aufhebung eines verdrängten peinlichen Tatbestandes dem Zugriff des Analytikers ausweichen möchte und darum lieber alle seine Symptome aufgibt. Regelmäßig gibt es bei solchen Heilungen Rückfälle in die Krankheit. Bei den Kindern nun, die ich erwähnte, ereigneten sich keine Rückfälle. Die Heilung erwies sich als dauernd. Dabei hatte ich nichts weiter mit den kleinen Patienten getan; nur gespielt hatte ich mit ihnen. Die Spiele hatten *sie* ausgewählt und erfunden oder gefunden; das Spielmaterial war in der Regel sehr primitiv gewesen; aus herumliegenden Zweigen im Garten hatten die Kinder etwa Wohnungen hergestellt, die aussahen wie der Plan eines Architekten — Tannenzapfen oder allerhand Gemüse zu Tieren und Menschen gemacht: »König Kartoffel«, »Prinzessin Lauch«, »Prinz Karott«, »Königin Rübenkohl«; es waren mit diesem Material vom Kinde erdichtete dramatische Szenen aufgeführt worden, wobei ich gewisse Rollen zu übernehmen gehabt hatte und ab und zu eigenen Einfällen gefolgt war, um das Kind zu Gegenreaktionen herauszufordern. Beispiel: Wir spielten »Gemüsetheater«. Die kleine Patientin — sie lebt unter einem pavor

18 vgl. »Psychoanalyse und Kinderpsychotherapie«, S. 364 ff.

nocturnus, wie der uns bekannte Franz Singer — hatte aus einem Baumrindenstück ein breites Bett gemacht. Sie legte den »König Kartoffel« hinein, neben ihn die »Prinzessin Lauch« und neben diese die »Königin Rübenkohl«; sie sollten schlafen. Nun ergriff ich die Königin stillschweigend und drängte sie zwischen die Prinzessin und den König. Das etwa sechsjährige Mädchen nahm die Prinzessin und legte sie, mir einen wütenden Blick zuwerfend, wieder neben den König. Als ich dann meinen Eingriff später wiederholte, packte die Kleine die »Königin Rübenkohl«, lief damit zu den Kaninchen und warf sie ihnen zum Fraße vor. »Mach jetzt, wenn du kannst«, triumphierte das Mädchen und meinte damit, ich möchte den Eingriff wiederholen, wenn ich jetzt noch könne. Ich ließ den »König Kartoffel« weinen. »Meine Königin ist von Ungeheuern gefressen worden«, klagte er durch meinen Mund. »Das tut nichts«, tröstete das Mädchen, »er hat ja die Prinzessin; die kann für ihn kochen und Strümpfe strikken, und warm im Bette gibt sie ihm auch.« Durch meinen Eingriff ins Spiel hatte ich provoziert, daß mir das Mädchen seine Einstellung zur Mutter verriet. Denn für des Kindes Phantasie bedeutete die Königin die Mutter, der König den Vater, die Prinzessin sie selbst. Dies deutete ich der Kleinen *nicht*, aber später einmal ließ ich die neuerstandene »Königin Rübenkohl«, angetan mit einem weißen Tuchfetzen — ich hatte einen anderen Rübenkohl herbeigeschafft — wiedererscheinen, um damit die Auseinandersetzung des Kindes mit seiner Mutter weiterzutreiben. Die Königin erschien nun als Fee, die zaubern konnte. Und sie zauberte der Prinzessin ein eigenes Schlafgemach, das besonders reich und schön ausgestattet wurde — mit Stäbchen, mit Zweigen und Steinen. Damit konnte im Spiel die Versöhnung des Mädchens mit seiner Mutter angebahnt, der weibliche Ödipuskomplex bearbeitet werden usw. Dies mag andeuten, wie ich vorging. Und nach vielen solchen und ähnlichen Spielen verschwand das Symptom, der pavor, plötzlich und wiederholte sich nicht mehr. Ich habe erstmals im Jahre 1935 darüber publiziert, und später, als ich solche Heilungen auch theoretisch begründen konnte, veröffentlichte ich das Buch »Heilende Kräfte im kindlichen Spiel«[19], worin ich die deutungsfreie Spielanalyse bei kleineren Kindern propagierte. Vorher schon hatte Gerhild v. Staabs in Berlin den »Szenotest« entwickelt, der allerdings weniger als therapeutisches und mehr als psychodiagnostisches Hilfsmittel gedacht ist. Man könnte nun darüber streiten, ob die reine Spielanalyse in die psychoanalytische Pädagogik oder ob sie in die psychoanalytische Kinderspychotherapie einzureihen sei. Und wieder sehen wir, wie undeutlich manchmal die Grenzen zwischen den beiden Disziplinen sind.

19 *H. Zulliger:* »Heilende Kräfte im kindlichen Spiel«, Stuttgart 1954 (2. Aufl.) [Fischer Bücherei Nr. 6006, Frankfurt 1970]

Wenn wir uns nun neuerdings fragen, was eigentlich mit Fränzchen Singer geschehen sei, ob bei ihm Therapie oder Pädagogik angewendet worden sei — dann können wir sagen: Die Frau Dr. Lenz hat den Eltern Singer psychoanalytisch fundierte Erziehungsberatung erteilt. Man kann nicht wohl von Therapie sprechen, weil Frau Dr. Lenz sich nicht direkt mit Franz beschäftigte und weil den Eltern Singer, welche nur Ratschläge durchführten, die psychologischen Hintergründe dazu nicht bekannt waren.
Es stellt sich nun noch eine letzte wichtige Frage: Inwiefern haben die Lehren Freuds die Pädagogik befruchtet? Sie taten es in dreierlei Hinsicht. Zum ersten: Es ist heute möglich, allerhand abwegige Erscheinungen am Kinde, schon am kleinen Kinde, seien sie in der Richtung der Neurose, der Verwahrlosung oder Kriminalität, durch psychoanalytisch begründete Eingriffe zu beseitigen. In früheren Zeiten kannte man fast nur die Abschreckungsstrafen, die häufig keinen Erfolg zeitigten und nur bewirkten, daß die Symptomatik verschoben, verändert wurde. Die psychoanalytische Pädagogik fußt hauptsächlich auf der Erkenntnis der infantilen Entwicklungsgeschichte, der Trieb- und der Ich-Komponenten und deren Einfluß auf die Verhaltensweisen des Kindes und auf dessen Charakter. Zum zweiten: Die Psychoanalyse ermöglicht, in der Kinderstube, innerhalb von Kindergruppen, Schulen usw. ein »Klima« zu schaffen, das für die Jugend besonders günstig ist, weil es eine innigere Kontaktnahme gewährleistet. Dieses Klima wirkt prophylaktisch im Sinne der psychischen Hygiene. Außerdem erleichtert es in den Schulen infolge der besseren Kommunikation zwischen Lehrern und Schülern das Lehren und Lernen. Und auch dies ist kein zu unterschätzendes Phänomen. Es ist durch die Praxis erhärtet worden und nicht etwa nur eine theoretische Annahme. Besondere Sparten der psychoanalytischen Pädagogik sind die Erziehungsberatung und die Erziehungshilfe. Wie diese arbeiten, konnte am Beispiel des Franz Singer einigermaßen geschildert werden. Zum dritten: Die Psychoanalyse kann als Scheidewasser der pädagogischen Theorien und Grundlagen benutzt werden. Es gibt bekanntlich nicht nur eine einzige Pädagogik, es gibt Pädagogiken. Diese Behauptung sei ein wenig deutlicher an zwei Extremen skizziert. Wie man hört, wird gegenwärtig in den Vereinigten Staaten von Amerika da und dort eine möglichst frustrationslose Erziehung betrieben. Es scheint dort das sogenannte »Jahrhundert des Kindes« erst angebrochen zu sein. Jüngst kam eine amerikanische Mutter mit zwei vorschulpflichtigen Kindern, Mädelchen, zu Bekannten. Sie wünschte, ihre Kleinen für längere Zeit in einem gut geführten Kinderheim mit nicht allzuvielen Insassen unterzubringen. Man gab ihr die Adressen solcher Institutionen an, und die Dame reiste zum In-

augenscheinnehmen hin. Nachdem sie etwa ein Dutzend Heime besucht hatte, kam sie zurück und war ganz entsetzt. »Ihr habt ja keine Kinderheime«, erklärte sie, »ihr habt Kleinkinder-Zwangserziehungsanstalten.« Die Kinder in den besuchten Heimen seien allzu brav, viel zu »erzogen«. Sie müßten sich an bestimmte Ordnungen halten und ein Leben führen wie die Rekruten in einer Kaserne. Sogar die Spiele würden größtenteils angeordnet. Die Überwachung sei zu streng. Kurz, den Kindern werde überhaupt keine Freiheit gewährt. Der gute Ruf der schweizerischen Kinderheime bestehe zu Unrecht, und sie wisse wahrlich nichts Besseres zu tun, als zurückzufliegen und ihre Töchterchen in ein amerikanisches Heim zu geben. — Meine Bekannten waren sehr froh, die kleinen Amerikanerinnen wieder loszuwerden; denn sie hatten sich wie Wilde benommen, hatten sich keinen Befehlen fügen wollen, hatten alles kaputt gemacht, die Pflänzchen in dem Garten ausgerissen, eine Brut junger Kätzchen zu Tode getreten, sich geweigert, zu den richtigen Zeiten bei den Mahlzeiten zu erscheinen, abends zu Bette zu gehen, morgens aufstehen usw. — Das wäre die Form *einer* Pädagogik. Und nun das Gegenstück: Die Samurai-Kaste im alten Japan setzte die kleinen Knaben, die später todesmutige Krieger werden sollten, von früh auf den größten Ängsten aus. Sie wurden daran gewöhnt, den Vätern und den männlichen Vorgesetzten willenlos zu gehorchen. Dagegen wurde ihnen von Kindesbeinen an die Verachtung alles Weiblichen, auch der Mutter, eingepflanzt. Hatten sie das Schulalter erreicht, kamen sie in besondere Schulen, wo man sie mit äußerster Strenge anfaßte und Regeln unterwarf, die Tag und Nacht galten und ihnen überhaupt keine Freiheit ließen. Aus ihnen wurden Kreaturen, die in Kadavergehorsam ihren militärischen Vorgesetzten untertan waren und deren Bestand die beste, zuverlässigste Stütze des Tenno und seines Reiches war.

Eine Aufgabe der Psychoanalyse ist, zu untersuchen, wie sich die verschiedenen Pädagogiken aufbauen, aus was für hintergründigen Motiven sie von ihren Ideologen geschaffen wurden und wo das optimale Maß der pädagogischen Dinge liege. Sollen die Jungmannschaften zur Härte, sollen sie weich erzogen werden? Welche pädagogischen Forderungen sind dem jeweiligen Entwicklungsstadium angemessen und welche anderen überfordern die Kinder, treiben sie in Fehlentwicklungen hinein? Wie erzieht man das Gewissen der Kinder, damit dieses weder allzu lässig noch überstreng werde? Wieviel Rücksichtnahme auf die Mitwelt darf man dem Kind einer bestimmten Altersstufe zumuten? Wie sind Dressur, Erziehung und Führung psychologisch begründet, und was ist das Bekömmlichste für das Kind? Solche grundsätzlichen Forderungen müssen von der Psychoanalyse geklärt werden im Dienste des allgemeinen seelischen

Gesundheitsschutzes der aufkommenden Generationen, die immer dringlicher vor die Aufgabe gestellt werden, das Problem der Aggressivität zu lösen und den Untergang der Menschheit unmöglich zu machen. Es ist dieser gelungen, den Sexualtrieb weitgehend zu domestizieren, ihn in Bahnen zu lenken, die im allgemeinen für alle erträglich sind. Mit dem Aggressionstrieb ist dies noch nicht geschehen, und aus ihm drohen Weltbrände zu entstehen, die alles vernichten.

Schließlich sei noch auf eine letzte Aufgabe der Psychoanalyse in bezug auf ihre Auswertung für die Pädagogik aufmerksam gemacht. Der Pädagoge, der von einem psychogenen Übel befallen ist, kann sich einer befreienden Behandlung unterziehen. Die Neurose eines Erziehers wirkt regelmäßig reaktiv auf das Kind oder die Kinder und bewirkt in ihnen eine entsprechende neurotische Verhaltensweise; sie ist ansteckend wie eine Fieberkrankheit. Da ist eine Mutter, die nicht richtig lieben kann; es wackelt die Ehe. Ihr elfjähriger Sohn näßt noch das Bett. Alle Gegenmaßnahmen schlagen fehl. Endlich rät der Frau jemand, sich in eine psychoanalytische Kur zu begeben. Die Mutter wird gesund, die Ehe ist saniert, und der Sohn näßt nicht mehr —. Da ist eine Lehrerin, die einem eigentümlichen Gebetszwang unterlegen ist. Mitten in den Lektionen muß sie mit ihren Abc-Schützen niederknien und beten. Die Sache wird immer schlimmer, wächst sich zur eigentlichen Arbeitshemmung aus; zudem wird das Wesen ihrer kleinen Schützlinge merkwürdig. Eine eigentümliche Angst befällt sie, und auch sie müssen bei jeder passenden oder unpassenden Gelegenheit den lieben Gott zu Hilfe rufen. Nach mehreren Nervenzusammenbrüchen entschließt sich die Lehrerin zu einer Psychoanalyse, findet dabei ihre einstige Arbeitskraft wieder, und ihre Schüler benehmen sich nun normal. — Und da ist ein Lehrer, ein zweifellos geschickter und tüchtiger Berufsmann, bei den Schülern beliebt. Aber jedesmal, wenn Schulbesuch kommt, fühlt er sich, wie er selber aussagt, wie in einer Zwangsjacke. Dann werden die Schüler durch ihn beunruhigt, reagieren nervös, und das Ergebnis der Lektionen ist kläglich. Eine psychoanalytische Behandlung befreit ihn, und erst jetzt kann er sich voll und unter allen Umständen beruflich entfalten.

Ich will diese Beispiele nicht vermehren. Die Andeutung, wie die Lehren Freuds auch in dieser Beziehung zur Pädagogik beitragen, genüge. Obwohl Freud kein besonderes Buch über die psychoanalytische Pädagogik geschrieben hat — er war schließlich Arzt —, sind seine Forschungen und Funde für die Erziehung von höchster Bedeutung. Dies zu umreißen war mein Anliegen.

3. *Sigmund Freud*: Der Verbrecher aus Schuldbewußtsein

In den Mitteilungen über ihre Jugend, besonders über die Jahre der Vorpubertät, haben mir oft später sehr anständige Personen von unerlaubten Handlungen berichtet, die sie sich damals hatten zu Schulden kommen lassen, von Diebstählen, Betrügereien und selbst Brandstiftungen. Ich pflegte über diese Angaben mit der Auskunft hinwegzugehen, daß die Schwäche der moralischen Hemmungen in dieser Lebenszeit bekannt sei, und versuchte nicht, sie in einen bedeutsameren Zusammenhang einzureihen. Aber endlich wurde ich durch grelle und günstigere Fälle, bei denen solche Vergehen begangen wurden, während die Kranken sich in meiner Behandlung befanden und wo es sich um Personen jenseits jener jungen Jahre handelte, zum gründlicheren Studium solcher Vorfälle aufgefordert. Die analytische Arbeit brachte dann das überraschende Ergebnis, daß solche Taten vor allem darum vollzogen wurden, weil sie verboten und weil mit ihrer Ausführung eine seelische Erleichterung für den Täter verbunden war. Er litt an einem drückenden Schuldbewußtsein unbekannter Herkunft, und nachdem er ein Vergehen begangen hatte, war der Druck gemildert. Das Schuldbewußtsein war wenigstens irgendwie untergebracht.

So paradox es klingen mag, ich muß behaupten, daß das Schuldbewußtsein früher da war als das Vergehen, daß es nicht aus diesem hervorging, sondern umgekehrt, das Vergehen aus dem Schuldbwußtsein. Diese Personen durfte man mit gutem Recht als Verbrecher aus Schuldbewußtsein bezeichnen. Die Präexistenz des Schuldgefühls hatte sich natürlich durch eine ganze Reihe von anderen Äußerungen und Wirkungen nachweisen lassen.

Die Feststellung eines Kuriosums setzt der wissenschaftlichen Arbeit aber kein Ziel. Es sind zwei weitere Fragen zu beantworten, woher das dunkle Schuldgefühl vor der Tat stammt, und ob es wahrscheinlich ist, daß eine solche Art der Verursachung an den Verbrechen der Menschen einen größeren Anteil hat.

Die Verfolgung der ersten Frage versprach eine Auskunft über die Quelle des menschlichen Schuldgefühls überhaupt. Das regelmäßige Ergebnis der analytischen Arbeit lautete, daß dieses dunkle Schuldgefühl aus dem Ödipuskomplex stamme, eine Reaktion sei auf die beiden großen verbrecherischen Absichten, den Vater zu töten und mit der Mutter sexuell zu verkehren. Im Vergleich mit diesen beiden waren allerdings die zur Fixierung des Schuldgefühls begangenen Verbrechen Erleichterungen für den Gequälten. Man muß sich hier daran erinnern, daß Vatermord und Mutterinzest die beiden großen Verbrechen der Men-

schen sind, die einzigen, die in primitiven Gesellschaften als solche verfolgt und verabscheut werden. Auch daran, wie nahe wir durch andere Untersuchungen der Annahme gekommen sind, daß die Menschheit ihr Gewissen, das nun als vererbte Seelenmacht auftritt, am Ödipuskomplex erworben hat.
Die Beantwortung der zweiten Frage geht über die psychoanalytische Arbeit hinaus. Bei Kindern kann man ohne weiteres beobachten, daß sie »schlimm« werden, um Strafe zu provozieren, und nach der Bestrafung beruhigt und zufrieden sind. Eine spätere analytische Untersuchung führt oft auf die Spur des Schuldgefühls, welches sie die Strafe suchen hieß. Von den erwachsenen Verbrechern muß man wohl alle die abziehen, die ohne Schuldgefühl Verbrechen begehen, die entweder keine moralischen Hemmungen entwickelt haben oder sich im Kampf mit der Gesellschaft zu ihrem Tun berechtigt glauben. Aber bei der Mehrzahl der anderen Verbrecher, bei denen, für die die Strafsatzungen eigentlich gemacht sind, könnte eine solche Motivierung des Verbrechens sehr wohl in Betracht kommen, manche dunkle Punkte in der Psychologie des Verbrechers erhellen und der Strafe eine neue psychologische Fundierung geben.
Ein Freund hat mich dann darauf aufmerksam gemacht, daß der »Verbrecher aus Schuldgefühl« auch Nietzsche bekannt war. Die Präexistenz des Schuldgefühls und die Verwendung der Tat zur Rationalisierung desselben schimmern uns aus den Reden Zarathustras »Über den bleichen Verbrecher« entgegen. Überlassen wir es zukünftiger Forschung zu entscheiden, wie viele von den Verbrechern zu diesen »bleichen« zu rechnen sind.

C. Die Notwendigkeit der Erziehung der Erzieher

1. *Steff Bornstein*: Unbewußtes der Eltern in der Erziehung der Kinder[1]

Eine von vielen Kindern geplagte Mutter pflegt die Fragen ihrer Kinder, warum dies oder jenes geschehe, mit der Antwort abzutun: »Die Mutter weiß schon, was sie tut.« So erwehrt sie sich der Fragen, aber in Wirklichkeit könnte sie kaum eine Erklärung für manche ihrer Erziehungshandlungen geben. Denn sie unterliegt den eigenen Kindern gegenüber leichter als erwachsene Personen gegenüber den Tendenzen ihres Unbewußten.

Und so geht es nicht nur der Frau, die sich wenig für die innere Entwicklung ihrer eigenen Kinder interessiert, nicht nur der überreizten oder an Stimmungsschwankungen leidenden Mutter, dem überarbeiteten Vater, sondern auch den gesunden, klar denkenden, auf ihre Kinder gut eingestellten Eltern; so geht es nicht nur dem nichtanalysierten Erzieher, sondern auch Menschen, die in der eigenen Analyse eine größere Vertrautheit mit ihrem Unbewußten erworben haben. Solche Beobachtungen und Erfahrungen aus Analysen von Pädagogen lehren milde über die Eltern denken, wenn sie in der Erziehung der Kinder Fehler machen; und es ist eine Binsenwahrheit, daß es viel leichter ist, fremde Kinder richtig zu beurteilen als eigene objektiv zu sehen.

Daß Kinder, vor allem eigene Kinder, so leicht unser Unbewußtes herauslocken, scheint daher zu kommen: Ein großer Teil von Vorstellungen, die nicht bis zu unserem Bewußtsein vorzudringen pflegen, stammt aus unseren Kinderjahren und unseren Kindheitserlebnissen, die vergessen sind. Werden wir nun durch Kinder an unsere eigene Kindheit erinnert, so leben jene verdrängten Erlebnisse von neuem auf. Werden sie nicht bewußt, und das gelingt selten außerhalb der Analyse, so leben sie sich unkontrolliert an den Kindern aus, in den Maßnahmen, die wir ihnen gegenüber ergreifen. Es gibt da zwei Haupttypen von Reaktionen: Entweder überwiegt die abwehrende Kraft in unserer Seele, das was wir als Kinder abgewehrt und überwunden haben, weil es auszuleben peinlich und beängstigend war und uns in Konflikte mit unseren Eltern und Erziehern und unserem Gewissen gebracht hätte, das versuchen wir auch unseren Kindern zu verwehren: wir benehmen uns also unseren Kindern gegenüber so, wie unsere Eltern sich uns gegenüber benahmen, wir treiben sogar mit unserem Verhalten die Kinder in die Konflik-

[1] Vortrag, gehalten in einer Elternversammlung in Prag. [Im Jahre zuvor hatte Bornstein in der Arbeitsgemeinschaft für psychoanalytische Pädagogik am Berliner psychoanalytischen Institut einen Vortrag gehalten, der ebenfalls diesem Thema gewidmet war: »Ein Beitrag zur Psychoanalyse des Pädagogen«]

te, die wir selber hatten, um dann ihnen gegenüber unsere Eltern zu spielen, häufig sogar deren Strenge zu übertreiben. Oder es überwiegen die revoltierenden Kräfte in uns: das, was wir uns ehemals verbieten mußten, um nicht in Konflikte mit unseren Erziehern zu kommen, soll unseren Kindern erlaubt sein. Sie sollen es besser haben, als wir es hatten. Wir leben dann in unserem Verhalten den Kindern gegenüber den Protest aus, den wir unseren Eltern gegenüber empfanden. Es soll damit nicht gesagt werden, daß unsere Erziehung nichts anderes als eine Neuauflage unserer eigenen Kinderkonflikte ist. Selbstverständlich erziehen wir unsere Kinder auch nach den Gesetzen der Realität und nach Grundsätzen, die sich auf die Beobachtung der Kinder stützen. Nur soll uns hier nicht dieser bewußtseinsfähige Anteil der Pädagogik beschäftigen, sondern der andere, uns unbewußte.

Zwei Schwestern, Mädchen von 7½ und 6½ Jahren, verbringen ihre Tage mit Streit und Eifersucht und quälen die Mutter mit ihren Ansprüchen auf Geliebt- und Beachtetwerden. Die Eifersucht der Älteren auf die Jüngere scheint verständlich. Sie selbst ist ein schwieriges, aggressives Kind, die Jüngere, hübscher, anschmiegsamer, leichter den Leuten verständlich, ist bei fast allen die beliebtere. Wir wissen auch, wie häufig die älteren Kinder eifersüchtig auf die jüngeren sind, die ihnen das Recht des Einzigen genommen haben. Im allgemeinen überwinden die Kinder diese Eifersucht mehr oder weniger gut, und es ist immer ein Zeichen von neurotischen Störungen des Kindes oder ein Anzeichen von einer ungeschickten Behandlung durch die Erwachsenen, wenn die Eifersucht in ihrer ganzen Schärfe bestehen bleibt. Hier aber plagte sich nicht nur die neurotische Ältere, sondern auch die Jüngere, seelisch Stabilere, mit Eifersucht.

Wir haben Gelegenheit, Zeugen einer Unterhaltung zwischen den beiden Schwestern zu sein. Die Ältere wirft der Jüngeren in heftigen Worten vor, daß sie es immer viel besser gehabt hätte, daß sie auch viel länger als sie selbst naß machen durfte. Die Jüngere erwidert mit einem Gegenangriff: »Wie ich noch nicht auf der Welt war, konntest du allein die ganzen Windeln naß machen, auch die von mir, und durftest alles allein strampeln und hast Mutti allein gehabt.«

Die Ältere: »Aber Mutti hat dich viel lieber und hat dich immer besser behandelt. Ja, das ist wahr, das hat sie selbst mal gesagt: Pfui, hat sie gesagt, Liesel hab ich viel lieber, du bist gar nicht nett. Weil ich so ungezogen war.«

Liesel besteht darauf: »Dich hat sie früher ganz allein lieb gehabt, auch meine Liebe.«

Als die Ältere nun klagt, daß sie niemals die ganze Liebe der Mutter gehabt hätte, immer nur eine Hälfte, erfindet die Jüngere eine psychologische Erklärung, deren Problematik uns hier beschäftigen soll. Sie sagt: »Die andere Hälfte hat sie ihrer Mutter gegeben. Die Liebe, die Mutti mir gegeben hat, hat sie zuerst ihrer Mutti gegeben.«

Gewiß, es war ein Anzeichen, daß die ältere Schwester ihre frühen Konflikte noch nicht erledigt hat, wenn sie mit bald acht Jahren noch darunter leidet, daß die Kleine als Baby noch naß machen durfte, als sie schon sauber sein sollte, wenn sie aggressiv gegen die Mutter wird, weil diese den Vater liebe; aber da wir hier nicht das Unbewußte der Kinder, sondern der Mütter untersuchen wollen, fragen wir, was die Mutter der Kinder dazu tat, damit die Eifersucht der Schwestern aufeinander den Stachel verliere. Sie tat, was die kleine Liese in ihrer Unterhaltung tut, wenn sie statt zu besänftigen, hetzt, als sie der Älteren vorrechnet: »Früher hast du Muttis ganze Liebe gehabt, durftest alles allein strampeln.« Die Mutter träufelte Öl in das Feuer der Eifersucht, das in ihrem Hause ständig brannte. Aber sie merkte nicht, daß sie es tat, und nicht, wie sie es tat. Sie war eine mit pädagogischem Ehrgeiz liebende Mutter und glaubte alles zu tun, um den Kindern die Eifersucht zu ersparen, unter der sie in ihrer eigenen Kindheit schwer gelitten hatte. Das glaubte sie am besten zu tun, indem sie beinahe täglich, bei irgendeiner Maßnahme, den Kindern ihre gegenseitigen Vorrechte ausmalte. Die Jüngere soll mittags ruhen, ist böse, weil die Ältere in dieser Zeit spielen darf. Die Mutter gibt der Älteren drei Bonbons in die Hand: »Eins für dich, zwei für Liesel, weil sie ruhen muß.« Und aus Angst, sie könnte diese zwei Bonbons für eine Bevorzugung halten, erzählt ihr die Mutter, wie sie sich Sorge darum mache, daß Liesel so schlecht aussehe. Selbstverständlich hört das Kind nur heraus: Also um Liese sorgt sich die Mutti so, Liese liebt die Mutti so und ihr gibt sie auch ein Bonbon mehr als mir.

Die Ältere wird zu einer Kindergesellschaft eingeladen. Aus Angst vor einer eifersüchtigen Regung der Jüngeren erlaubt ihr die Mutter, ein Paar neue Puppenschuhe kaufen zu gehen. Und nun rechnen beide Kinder eifersüchtig nach, was ein größerer Vorzug sei. Werden die beiden fast gleichaltrigen Kinder nicht zu gleicher Zeit zu Bett geschickt, so heißt es bald: »Du darfst noch eine halbe Stunde länger aufbleiben, weil du älter und kräftiger bist«, bald: »Liesel darf heute eine halbe Stunde später ins Bett, weil sie mittags lange geschlafen hat.« Praktisch hat diese Maßnahme keinen Sinn, denn die früher zu Bett geschickte schläft doch nicht ein, bevor die Schwester kommt, aber die Kinder sind gegeneinander aufgehetzt und wieder vor die Versuchung gebracht, der Mutter nachzurechnen, wen sie vorziehe. Die ängstliche Sorge der Mutter, wie sie die Kinder überzeugen könne, daß sie beide gleich lieb hätte, teilt sich den Kindern als eine Unruhe mit, in der sie nun dauernd nachforschen, ob es auch wirklich so sei. Und so sind sie unersättlich in ihrem Wunsche, Liebesbeweise zu bekommen. Versöhnungsszenen nach Auseinandersetzungen gelten ihnen als überzeugende Liebesbeweise.

Die Mutter ist unglücklich, daß es ihr nicht gelingt, eine harmonische Atmosphäre zu schaffen. Sie erkennt ihr Versagen, nicht aber wie sie es herbeiführt; sie weiß, daß sie sich bemüht, die Kinder zu verstehen, weiß aber nicht, was sie dazu beiträgt, die Kinder gegen sich und gegeneinander zu stimmen. Was liegt hier vor? Die kleine Liese weist uns den Weg: »Die Liebe, die Mutti mir gegeben hat, hat sie zuerst ihrer Mutti gegeben.«

Mütter leben manchmal an ihren Kindern die Konflikte aus, die sie in ihrer eigenen Kindheit mit den Müttern gern ausgelebt hätten. Die Mutter der eifersüchtigen Schwestern erzählt uns, daß sie selbst eine strenge und verständnislose Mutter gehabt hätte, daß sie sich ihre ganze Kindheit hindurch nach Geliebt- und Bevorzugtwerden gesehnt hätte, daß auch sie in einer Schwester eine Konkurrentin gehabt hätte. Während sie nun bewußt den Kindern eine glückliche Kindheit bereiten will, treibt sie sie in die gleichen Qualen, die sie als Kind durchgemacht hat: auch ihre Kinder bangen nach Mehr-Geliebtwerden. Wenn sie nun die Kinder in die Arme nimmt, ihnen immer wieder ihre Liebe versichert, genießt sie, sich in das Kind einfühlend, das Glück, das sie in ihrer Kindheit vergeblich ersehnt hat: so wie sie als Kind geglaubt hat, daß sie ungeliebt sei, so glauben es nun ihre Kinder, aber ihnen gibt sie die Erfüllung, die ihr die Mutter versagt hat; sie sagt dem Kind: Du irrst dich, ich liebe dich wirklich. Diese Versöhnungsszenen mit dem Kind sind für ihr Unbewußtes nachträgliche Versöhnungen mit der Mutter; als sagte sie mit ihrem Verhalten: Die Mutter ist nicht gleichgültig, sie ist lieb. So wie die meisten Kinder in ihrem Verhalten zu den Puppen eine Doppelrolle spielen, teils darstellen, wie sie behandelt werden, teils wie sie behandelt werden möchten, so wiederholt sie den Kindern gegenüber, einem ihr fremden Zwang gehorchend, ihr unerledigtes Kinderschicksal und ihre unerfüllten Kinderwünsche.

Ein anderes Beispiel: Die Mutter eines intelligenten Knaben im ersten Schuljahr beklagt sich darüber, daß ihr Junge sich in der Schule ungeheuer frech benehme, nicht nur aggressiv gegen die Mitschüler sei, sondern auch unverschämt gegen den Lehrer. Sie wünscht, man könne ihm das abgewöhnen, denn so käme er ja nicht durch die Schule, wenn sie aber an ihre eigene von Angst erfüllte Schulzeit denke, so freue sie sich über die Keckheiten ihres Jungen. Nun zeigte sich sehr bald in der Analyse des Jungen, daß sein Verhalten in der Schule einen Versuch bedeutete, die Angst, die er vor der Schule hatte, abzuwehren. Der mit seinem Wissen und seinem Gescheitsein protzende Junge gestand, daß er nicht so gut lernen könne wie die anderen, daß er deshalb jeden Tag vor der Schule Angst hätte. Ich vermutete, daß diese Angst des Kindes von anderen Dingen aufs Lernen verschoben war, und versuchte ihm zu zeigen, daß die Schulanforderungen seine geistigen Kräfte nicht übersteigen. Dabei entdeckte ich, daß der Junge recht hatte, daß er tatsächlich einige Schwierigkeiten schon beim Lesenlernen der ersten Fibelseiten hatte, daß ihm die Zahlen noch nicht ganz vertraut waren, er jonglierte mit ihnen, ohne einen Zahlenbegriff zu haben, war also verständlicherweise verwirrt, wenn er rechnen sollte; in seinen Heften kleckste und schmierte er, um mit der dick aufgetragenen Unbekümmertheit die Schüchternheit zu verdecken, die er den Buchstaben gegenüber empfand. Die Lükken, die sich bereits gebildet hatten, waren bei dem Kind, das gern seinen Widerstand gegen die Schule überwinden wollte, leicht auszufüllen, dazu mußte ich mich aber um seine Schularbeiten etwas kümmern. Als ich der Mutter davon erzählte, war sie tief getroffen. Absichtlich hätte sie sich nicht um seine Schularbeiten gekümmert, denn sie wollte dem Kinde die Qualen ersparen, die ihr die Schularbeiten und die streng auf diese achtenden Eltern bereitet hätten, als sie ein Schulkind war. Ihre Kindheit sei durch die Schule vergällt gewesen, und es sei nun schrecklich für sie, daran zu denken, daß ihr Kind das gleiche erleben solle. Ich tröstete, die Lücken seien geringfügig, nur sei es bei den Schulanfängern in den überfüllten Klassen von 40 und 50 Kindern wichtig, gelegentlich dem Kinde beizustehen, wenn es nicht von selbst einen Schuleifer entwickle. Obwohl nun die Mutter meiner Erfahrung glaubte, liebte sie es, wenn sie das Kind zu mir brachte, in seiner Gegenwart klagend zu fragen: »Muß er denn wirklich heute arbeiten?« oder »Er hat sich schon unterwegs beschwert, daß Sie bei dem schönen Wetter mit ihm arbeiten wollen«, und der Inhalt und Ton solcher Fragen gab dem Kind die Überzeugung, daß die Mutter eigentlich dagegen sei, daß ich mit ihm arbeite, daß sie es lieber sähe, wenn ich mich mit ihm unterhielte. Als der Knabe dann seine Lernangst überwand und Fortschritte machte, als seine Hefte sauberer wurden, interessierte sich die Mutter nicht dafür, wie es sonst Mütter gerade beim Lernbeginn ihrer Kinder zu tun pflegen. Der Junge erzählte, daß nur die Köchin eine Freude an seinen Fortschritten hätte. »Mutti ist es ganz gleich, was in der Schule los ist.« Das Kind war in einem Zwiespalt, teils klagte es über die Uninteressiertheit seiner Mutter, teils übernahm es ihre Ablehnung der Schule, besonders dann, wenn ihm diese Ablehnung half, seine neurotischen Ängste vor dem Lehrer und den Schulkameraden zu verhüllen. Ich erfuhr auch bald einiges von der Mutter, was ihre Haltung zu den Schularbeiten des Jungen verständlicher machte. Sie war die dritte Tochter und hatte als Kind schon gewußt, daß sie eigentlich ein Junge hätte werden sollen. Ihre Schuldummheit hatte sie als Folge ihrer Minderwertigkeit angesehen, weil sie erstens kein Junge war und weil die ältere Schwester schon alles wußte, was sie erst zu lernen hatte. Sie sei böse mit den Eltern gewesen, weil sie mit ihrem Geschlecht nicht zufrieden waren, und protestierte innerlich: Auch als Mädel, auch als dummes Mädel sollen Vater und Mutter mich lieben. Sie selbst schien auch mit der kleinen Tochter viel verbundener als mit dem als klug geltenden Sohn. Auch in diesem Fall erkennen wir leicht, wie eine unbewußte Einstellung über die bewußte triumphiert. Der bewußte Gedanke dieser Mutter war: Mein Kind soll sich nicht so mit den Schularbeiten quälen, wie ich es als Kind mußte. Aber in ihrem Verhalten setzt sich der unbewußte Wunsch durch: Doch, er soll sich genauso plagen, genauso ein schlechter Schüler werden, wie ich es war. Als ob sie damit nachträglich den Eltern zeigen wollte: Seht ihr, da bin ich nun in Gestalt eines Jungen wieder auf die Welt gekommen und bin damit doch nichts Besseres, als wie ich als Mädchen war.

Wir wissen, daß kleine Mädchen häufig den Wunsch haben, Jungen zu sein. Sie versöhnen sich im allgemeinen im Laufe des Lebens mit ihrem weiblichen Dasein, aber die alte Kinderwunde wird oft wieder aufgerissen, wenn sie Mutter werden und statt des gewünschten Jungen ein Mädchen gebären. Im allgemeinen siegt die Vernunft über diese Enttäuschung, man liebt das Kind, auch wenn es ein Mädchen ist. Aber die im Unbewußten festgehaltene Unzufriedenheit mit der eigenen Geschlechtsrolle offenbart sich auf vielfache Art im Verhalten der Tochter gegenüber.

Eine Mutter, die ihre Tochter sportlich, sachlich, praktisch kleidete, erzählt, die Kleine hätte ihr deshalb Vorwürfe gemacht. Sie liebe diese Nüchternheit nicht, sie liebe Bänder und Rüschen und möchte mal gern hübsche Kleidchen haben, »so richtige Mädelkleider«. Da erinnerte sich die Mutter, daß sie selbst als Kind unglücklich darüber war, daß man sie als hübsches Mädelchen putzte, daß sie die Jungen um die Hosen beneidete. Sie begriff, daß sie ihre eigenen kindlichen Männlichkeitswünsche nun harmlos in der Wahl der ungeschlechtlichen Kleidung der Tochter, sozusagen an deren Leib, wiederholte.

Sehr oft kann man auch Mütter beobachten, die bewußt stolz darauf sind, daß sie einen Sohn fertiggebracht haben, die sich aber diesem Sohn gegenüber so verhalten, daß der Knabe unmännlich, unaktiv wird, eine mädchenhafte Zartheit entwickelt. Ein junger Mann erzählt, daß seine Mutter, die ihn lange Zeit lange Locken tragen ließ und die stolz auf seine anschmiegsame Bravheit war, sehr erschreckt gewesen wäre, wenn ihr jemand erzählt hätte, daß ihr zarter Bub in der Schule mit anderen Jungen raufte und als guter Boxer galt. Dieser Mann hat bei jeder Gelegenheit im Leben, wo eine gewisse Aggressivität am Platze ist, schwere Hemmungen, sich zu behaupten, und gerade da, wo er Aggressionslust spürt, die er ich-gerecht abführen könnte, wird er übermäßig passiv, als fürchte er immer noch, die Mutter mit seiner wahren Natur zu erschrecken. Mütter, die Kinder so beeinflussen, sind meistens Frauen, die in ihren nun ins Unbewußte versenkten Kindheitsängsten Angst vor den männlichen Aggressionen, in ihren Kinderträumen Angst vor Dieben und Einbrechern gehabt haben. Nun unterdrücken sie alle männliche Aktivität in ihrem Sohne, freuen sich an seiner Sanftmut, ohne zu wissen, daß sie so ihre Kleinmädchenangst am eigenen Kind ausleben.

Eine sehr kluge, sehr mütterliche, in die modernsten Erziehungsprinzipien gut eingeweihte Mutter bittet, ihren vierjährigen Sohn zu beobachten. Irgend etwas scheine den Kleinen zu beschäftigen, er rücke aber nicht mit der Sprache heraus. In den Stunden bei mir begann der Kleine sehr schnell seine Sorgen und Ängste auszupacken, war auch voller Ideen und Aktivität beim Spielen. Unter den Phantasien, die er vorbrachte und deren Inhalt die Angst war, daß ihm etwas fortgenommen werden könnte, tauchte immer wieder die Klage auf: Eine Mutter nimmt einem Sohn die Worte weg; eine Phantasie, die ich nicht verstand und die er auch zunächst nicht aufklären konnte. Ich bin einmal zugegen, als ein Gast das Kind nach etwas fragt. Während sich das Kind deutlich auf eine Antwort besinnt, kommt ihm die Mutter zuvor, die für ihn antwortet. Das Kind ließ sich keinen Unwillen anmerken, wandte sich aber an mich: »Jetzt weißt du, wie die Mami mir die Worte wegnimmt.« Diese Szene erleuchtete uns, wieso das Kind bei mir beredt und produktiv war, bei der viel amüsanteren Mutter aber schweigsam und unaktiv. Die Mutter hatte die Impulse des Kindes nicht abwarten können, sie ersparte ihm den eigenen Aufwand. Wir konnten miteinander feststellen, daß sie sich so auch beim Spielen mit ihm benahm, für ihn phantasierte. Die gegen sich sehr ehrliche Mutter erzählte mir nun, daß sie sich genauso gegen den jüngeren Bruder benahm, stets hatte sie für ihn das Wort ergriffen. Hatte sein männliches Genitale ihren Neid erweckt, so protzte sie mit ihrer größeren Zungenfertigkeit, die sie als die Ältere hatte. Sie hatte den Bruder stets bevormundet. Merkte sie, daß er mit fremden Jungen spielen wollte, so sei sie an diese herangetreten: Wollt ihr nicht mit meinem Bruder spielen? Diese Mutter war eine analysierte Frau, und sie hatte es nicht schwer, nun darauf zu achten, daß sie nicht in Wiederholung ihrer Kleinmädchenrache am Bruder auch den Sohn wie ehemals den kleinen Bruder in eine Unselbständigkeit hineindränge. Das Unbewußte verliert seine gefährliche Macht, wenn es dem Bewußtsein zugänglich wird.

Sehr häufig bedeuten Kinder für das Unbewußte der Erwachsenen Geschwister. Von daher stammt es häufig, daß so viele Eltern und Pädagogen, die bewußt das Beste der Kinder wollen, von plötzlichen Haßimpulsen gegen die Kinder überrascht werden oder daß sie überempfindlich ungeduldig auf Kinderunarten reagieren. Kleine Kinder denken oft über neuangekommene Geschwister so: Möge der Storch sie wieder mitnehmen, sie könnten ruhig weg sein, tot sein. Begegnet dieser Wunsch starken Schuldgefühlen, so wird er verdrängt, das Kind weiß bald nichts von seinen bösen Gedanken, beginnt sogar sehr oft, das Neuangekommene ehrlich zu lieben. Aber es kommt vor, daß der ehemals verdrängte Wunsch dem eigenen Kind gegenüber wieder auftaucht. Harmlos etwa in einem gelegentlichen Seufzer: Das Leben wäre ohne das Kind doch leichter. Reißt dieser entschuldbare Gedanke die alten verdrängten Schuldgefühle der Kindheit aus der Versunkenheit empor, so entsteht auf dieser Grundlage der verdrängten und strengstens untersagten Feindseligkeit gegen das Kind eine quälende Angst, es könnte dem Kinde etwas zustoßen. Übermäßig ängstliche Mütter, die das Kind an allem möglichen zu hindern suchen, damit ihm nichts Gefährliches passiere, hindern auf diese Weise ihre Kinder, mutig und selbständig zu werden. Diese krampfhaft ängstlichen Mütter leben ihren alten Kinderglauben von der Allmacht der eigenen Wünsche und Gedanken an den Kindern aus. Hat man ehedem in den Kinderjahren gewünscht, das kleine Neuangekommene solle wieder verschwinden, so fürchtet man, wenn das Gewissen erwacht, daß als Strafe für diesen Wunsch das Schlimme wirklich passieren könne. Und in Wiederholung des alten Glaubens an die Allmacht der Gedanken bewacht nun die überängstliche Mutter das Kind, damit der böse Wunsch nicht in Erfüllung gehe. Natürlich weiß sie selbst nichts davon, daß ihre Ängste um das Kind so in die eigene Kindheit hinabreichen, eine Abwehr der ursprünglichen Aggressionen gegen das Kind der Mutter bedeuten.

Hören wir noch einen besonders krassen Fall, der beleuchtet, wie eigene Kinder die gehaßten Geschwister bedeuten können. Eine Mutter von zehnjährigen Zwillingstöchtern tut alles dazu, um die Mädchen dumm zu machen. Sie sorgt dafür, daß die Mädchen einen unmöglichen Schulgang absolvieren, nämlich andauernd Schulen wechseln, zwischendurch lange Ferien machen, unfähige Privatlehrer bekommen, die unbekümmert um die lückenhaften Grundlagen im Wissen der Kinder in sie etwas eintrichtern und dabei auf Geheiß der Mutter streng vorgehen. Das Resultat war, daß die Kinder keine Freude am Lernen erwerben konnten und wirklich im Wissen hinter den Altersgenossinnen standen. Dazu kam, daß die Mutter die Zwillinge als naturgewollt Zurückgebliebene behandelte, so daß sie sich daran gewöhnten, daß sie doch nichts begreifen würden. Obwohl die Mutter die besten Pädagogen und Psychologen um Rat fragte, hielt sie sich an keinen Rat und nahm den Kindern die altmodischsten Erzieherinnen. Als sie einmal, dem Druck der Angehörigen nachgebend, doch eine sehr geschickte Pädagogin anstellte, bei der die Kinder zum ersten Mal in ihrem Leben gut lernten, wurde die Lehrerin nach vier Monaten entlassen, obwohl sie noch zwei Monate zu brauchen behauptete, um die Zwillinge schulfähig zu machen. Grund des neuen Lehrerwechsels war: Die Kinder hatten in ihrer neu erwachten Wißgier im Anschluß an eine naturwissenschaftliche Geschichte gefragt, wie aus dem Blut der Kuh Milch werden könne, und von dem Zusammenhang der Milchentstehung mit dem Kälbchengebären erfahren. Diese von den Kindern längst gewünschte Aufklärung über den Ursprung der Kinder machte aus den bisher geistige Nahrung verschmähenden Kindern zwei interessierte Mädchen, die zu fragen, zu forschen, zu lesen begannen. Die Mutter aber erklärte: »Lieber sollen die Mädels dumm bleiben, als ihre süße Unschuld verlieren.« Dieselbe Mutter war gar nicht stolz, wenn man ihr sagte, daß die liebreizenden Töchter eine Augenweide seien, erwiderte auf solche sonst doch von Müttern gern gehörten Komplimente: »Wenn ich das doch nicht immer zu hören bekäme, dann bin ich noch unglücklicher, daß sie so blöd sind.« Diese sonderbare Frau war im praktischen Leben eine sehr kluge Frau, mit der man sich sonst angenehm unterhalten konnte. Aber von ihren Töchtern verstand sie nichts, weil sie schwer an der Rivalität zu einer jüngeren Schwester trug, die nicht nur schön war, sondern sie auch geistig überflügelte und studierte. Kluge Töchter hätten sie zu sehr an die kleine Schwester erinnert, sie gönnte ihnen ihre Intelligenz nicht und nicht einmal recht die hübschen Gesichtchen, so daß sie den kleinsten Makel an ihnen schonungslos kränkend kritisierte. Während alle Beobachter, auch ganz naive Menschen, sahen, daß die Mutter die Kinder blöd machte, wußte sie selbst nichts davon, glaubte, nichts unversucht zu lassen, um die Dummheit der Kinder zu bekämpfen.

Nicht immer wirken sich unsere eigenen Kindheitserlebnisse so negativ in der Erziehung unserer Kinder aus. Wenn das kleine Mädchen denkt, es würde die jüngeren Geschwister verständnisvoller erziehen, als die Mutter es tut — ein Wunsch, der einer Rivalität mit der Mutter entspringt —, so kann das der Anlaß für ein später besonders verständnisvolles Verhalten bei der Erziehung eigener oder fremder Kinder sein. Was man so aus eigenen Erfahrungen als Kind schöpft, kann eine Befähigung zum Erziehen begründen, eine »intuitive« Begabung, die durch ein Studium nicht leicht erarbeitet werden kann.

2. *Lydia Jacobs*: Methoden der Mütterberatung

Ein Beitrag zur Behandlung von Entwicklungsschwierigkeiten bei Kindern unter fünf Jahren

In den letzten Jahren wurde der Bedeutung, die der Beratung von Müttern kleiner Kinder zukommt, immer mehr Aufmerksamkeit gezollt. Zwei Aspekte dieser Arbeit sind beschrieben worden: einmal die allgemeine Elternerziehung als prophylaktische Maßnahme, sodann die Arbeit mit einzelnen Müttern, die um Hilfe bei der Behandlung eines Kindes in einer bestimmten Entwicklungsphase bitten. Fries (3) hat den erstgenannten Aspekt betont; Ruben und Thomas (4) haben die Arbeit mit einzelnen Müttern beschrieben, die sie wegen bestimmter Schwierigkeiten konsultiert hatten. Während der letzten zwei Jahre hatte die Verfasserin Gelegenheit, mit einzelnen Müttern von Säuglingen und Kleinkindern zu arbeiten, die sie wegen Entwicklungsschwierigkeiten aufsuchten. Die Mütter wurden entweder in der lokalen Frauen- und Kinderklinik interviewt, die die Verfasserin allwöchentlich besucht, oder in der Child Guidance Clinic, an der sie mitarbeitet.

Das Hauptziel der Unterhaltungen mit diesen Müttern war, ihnen Wissen zu vermitteln, auf das sie eine Änderung in der Behandlung ihres Kindes gründen können, so daß das Kind in der Entwicklung seines Ichs einen Schritt weiterkommt. In einigen Fällen wird von der Mutter nicht mehr gefordert als eine Änderung der Behandlung einer besonderen Situation, während in anderen Fällen bedeutend mehr erforderlich war, zum Beispiel die Erklärung unbewußter Konflikte, um einen Wechsel in der Persönlichkeitsstruktur des Kindes zustande zu bringen. In diesen Fällen hat die Mutter die Rolle des Therapeuten. Die Mütter kommen in wöchentlichen oder vierzehntägigen Abständen zu einer der Kliniken. – Aus einer Arbeit, wie sie in diesem Aufsatz diskutiert wird, ergeben sich bestimmte theoretische Fragen:

1. Welchen Inhalt haben derartige Aussprachen? Welche Methoden verwendet man, um das Ziel zu erreichen?
2. Welches sind die dynamischen Faktoren, die diese Methode der Kinderbehandlung durch analytische Beratungsgespräche mit den Eltern in diesem frühen Lebensalter möglich erscheinen lassen, in der Latenzphase dagegen fast gar nicht?
3. Welches sind die Grenzen dieser Methode im Hinblick auf die Fälle, die nicht auf diese Weise behandelt werden können?

I. Der Inhalt des Interviews und die verwendeten Methoden

Der Inhalt der Interviews und die verwendeten Methoden sind verschieden und hängen von dem Problem ab, für das die Mutter Hilfe sucht, ferner von der Persönlichkeit der Mutter. Drei verschiedene Typen von Fällen sollen als Beispiele geboten werden:

a) Schwierigkeiten beim Essen (das meistgenannte Problem);
b) nächtliche Angstzustände eines zweieinhalbjährigen Jungen (eine typische Entwicklungsschwierigkeit, die im vorliegenden Falle von einer ausgeglichenen Mutter angemessen behandelt wurde);
c) eine komplexere Verhaltensstörung bei einem dreieinhalbjährigen Mädchen, das von einer labileren Mutter behandelt wurde.

a) Schwierigkeiten beim Essen

In der Mehrzahl der Fälle waren die Kinder mit Ernährungsschwierigkeiten zwischen 10 und 24 Monate alt, und die Schwierigkeiten hingen hauptsächlich mit den Konflikten der analen Phase der Libido-Entwicklung zusammen. Interviews mit den einzelnen Müttern dieser Kinder verliefen sehr ähnlich, und die in den erfolgreichen Fällen angewandten Methoden können folgendermaßen zusammengefaßt werden:

Die Essensschwierigkeiten waren alle von kurzer Dauer, Angelegenheiten nur von Monaten oder Wochen. Es wurden stets ähnliche Situationen beschrieben: Das Kind mag eben nicht; die Mutter hat alles versucht, zuerst mit Schmeicheln und gutem Zureden, endlich mit heftigen Auseinandersetzungen; schließlich ißt das Kind weniger denn je, und die Mutter wird immer besorgter. Dann versucht die Mutter, auf irgend jemandes Rat hin das Kind zu »ignorieren«, wie sie es nennt. Sie räumt ein, daß sie diese Versuche nur zaghaft unternommen hat, aus Angst, das Kind könne verhungern. Sie kommt nun in die Klinik und will eine Erklärung und ist, wie viele Mütter es ausdrücken, »bereit, alles zu versuchen«. Hat man eine Vorstellung vom Ausmaß der Besorgnis der Mutter und ein klares Bild der Situation gewonnen, ist es oft möglich, im ersten Gespräch so vorzugehen: Man kann die Mutter aufklären, daß Essensschwierigkeiten oft im Zusammenhang mit der Erziehung zur Reinlichkeit auftreten (1). Diese Beziehung kann im einzelnen erläutert werden; wie das Kind seine Einstellung den Fäkalien gegenüber auf die Nahrung überträgt und daß dies das Ergebnis eines notwendigen Verhaltens ist, das sich gegen die Lust des Kindes an den Fäkalien wendet. Unter diesem Blickwinkel kann dann die besondere Schwierigkeit gemeinsam untersucht werden. Jede der Mütter brachte weitere Informationen und Bestätigungen über den Ekel ihrer Kinder vor Soßen und Breien und dem plötzlichen und heftigen Abscheu vor klebrigen Händen. Dann dreht sich das Gespräch um die Frage, warum diese Phase anhielt und jetzt zu einem wirklichen Problem geworden ist; das bedeutet, daß man die Mutter-Kind-Beziehung berücksichtigen muß; gleichzeitig gilt es zu bedenken, wie das Kind, das herausgefunden hat, daß seine zeitweilige Eßunlust ein gewaltiges Echo weckt, die Situation dazu benützt, seinen Konflikt mit der Mutter zum Ausdruck zu bringen, und umgekehrt.

Im Anschluß an die Diskussion des hier Ausgeführten wird die Mutter gefragt, was ihrer Meinung nach getan werden sollte, um diesen Zustand zu ändern. In dieser Phase ist sie geneigt, den Fachmann um Rat zu fragen. Es erscheint wichtig, daß man sich mit konkreten Ratschlägen zurückhält, damit die Mutter die Einzelheiten selbst herausarbeitet. Dabei sagt man ihr, daß man nur theoretisch Methoden zur Behebung der Schwierigkeiten erörtern kann. Es kommt nämlich oft vor, daß die Mütter selbst die richtigen Methoden vorschlagen. Auf ihre Bemerkungen eingehend, kann man anregen, das Kind wie einen besonderen Gast zu behandeln, seine Neigungen und Abneigungen zu tolerieren, keine Bemerkungen über Art, Weise und Reihenfolge dessen, was es ißt, zu machen und so weiter. Das Ziel sollte für die Mutter darin bestehen, sich ganz von der Situation zu lösen, damit des Kindes eigener Eßinstinkt nicht von anderen Instinkten, wie zum Beispiel der Aggression gegen die Mutter, beeinträchtigt wird. Man muß dabei auf verschiedene Schwierigkeiten hinweisen, daß sich zum Beispiel frühestens nach einer Woche ein Ergebnis einstellt; daß das Kind, falls es sich selbst überlassen bleibt, möglicherweise mit den Fingern ißt, was man nur schwer dulden kann. Schließlich sollte man der Mutter raten, zu Beginn auf beträchtliche Schwierigkeiten gefaßt zu sein, und ihr sagen, daß sie weiterhin um Rat fragen kann, falls sie jetzt den Versuch noch nicht wagen will.

Der Inhalt von vier Gesprächen mit Mrs. W. erläutert einige der oben angeführten Punkte; ihr Problem ist für Mütter solcher Kinder typisch. N., der jetzt zwölf Monate alt ist, hat acht Wochen lang nicht recht essen wollen. Bis vor acht Wochen war er ein guter Esser, und Mrs. W. war auf seine allgemeine Entwicklung stolz. Ein paar Tage, bevor er die Nahrung verweigerte, hatte Mrs. W. ein neues Töpfchen gekauft, gegen das er sich heftig wehrte; jedes Mal machte er sich steif, wenn sie ihn zu dessen Benutzung zwingen wollte. Seit der Zeit stand sie mit ihm, was das Auf-das-Töpfchen-Gehen und Essen angeht, auf Kriegsfuß. Die Mahlzeiten wurden zu einem Alptraum. N.

spuckte sein Essen aus, machte sich steif und erbrach sich schließlich, als sie ihn zwingen wollte, das Essen herunterzuschlucken. Oft schwenkte er seine Arme und warf dabei das Essen auf den Fußboden. Sie faßte es in die Worte: »Ich bin völlig ratlos und am Ende.« Dieses Gefühl verstärkte sich durch die Haltung ihres fünfjährigen Jungen, der dabei saß, sich den Kampf fasziniert ansah, bis sein Essen kalt war und man auch ihm gut zureden mußte; schließlich war sie selbst so verstört, daß sie ihr eigenes Essen nicht mehr genießen konnte.

Das Töpfchen war der Schlüssel zu diesem Problem. Mrs. W., eine vitale, attraktive Frau aus dem Mittelstand, gab zu, daß sie sich leicht aufregt. Sie ist sehr stolz auf ihren Haushalt und, wie alle ihre Bekannten wissen, äußerst schwer zufriedenzustellen. Sie hielt das neue Töpfchen für eine »wunderbare Idee«, da bei dem früheren gelegentlich etwas Urin auf den Teppich geriet. Sicher hatte sie beim ersten Benutzen des Töpfchens Bemerkungen gemacht, wie »schön, sauber und praktisch« dies sei. Die Beschreibung, die sie vom Füttern und Aufs-Töpfchen-Setzen gab, war während der ganzen ersten Unterredung mit halbspaßigen Bemerkungen durchsetzt, wie sie das alles anekele.

Am Ende des ersten Gesprächs erfuhr Mrs. W. etwas von den Veränderungen in der Mutter-Kind-Beziehung, die gegen Ende des ersten Lebensjahres eintreten. Die Abweichung in der Haltung zwischen Mutter und Kind gegenüber dem Schmutz wurde besonders hervorgehoben. Dies führte zu der weiteren Beobachtung, daß N. in den letzten Wochen klebrige Hände nicht ausstehen konnte und daß er besonders Brei und Soßen verabscheute, während ihm gleichzeitig Bettnässen und Einkoten nichts auszumachen schienen. Man mußte seine Hände bei den Mahlzeiten festhalten, damit er nicht ins Essen griff. Das Interesse Mrs. W.s wurde geweckt, sie wollte selber gerne sofort wissen, wie sie diesem Zustand abhelfen könne. Sie war sich dessen bewußt, daß sie aufhören müsse, N. zum Essen zu zwingen, und ihm gestatten müßte, mit den Fingern herumzuexperimentieren. Sie meinte, daß man von dem neuen Topf wieder abkommen sollte. Man kam darauf zu sprechen, wie besonders schwierig dies für jemand wie Mrs. W. sei, die in so überaus großem Maß empfindlich für Unordnung ist.

Eine Woche später kam Mrs. W. lachend an und erzählte, wie schrecklich die Unordnung sei, und meinte, sie sei der letzte Mensch, dem man das zumuten könne! Sie beschrieb die in der Woche vorgefallenen Ereignisse recht dramatisch, erzählte, daß N. am ersten Tag überhaupt nichts aß, das Essen auf den Boden warf und dabei Mrs. W. ansah, sicherlich, wie sie meinte, um zu sehen, was jetzt kommen würde. Sie war stolz darauf, erzählen zu können, daß sie sich zurückgehalten hatte und daß das nicht noch einmal vorgekommen war. Gegen Ende der Woche fing N. an, gewisse Speisen zu verlangen, die er vorher überhaupt nicht gemocht hatte. Sie war bemüht gewesen, die Nahrung nicht zu zerstampfen und auf Soßen zu verzichten; soweit es möglich war, durfte er allein essen. Mrs. W. war von dem Gefühl beherrscht, wie erleichternd es doch sei, wenn man etwas »dagegen tun« kann, und es war herrlich, daß sie endlich selbst zum Essen kam. Der ältere Sohn war über ihre veränderte Haltung so erstaunt, daß er andauernd Bemerkungen darüber machte; schließlich wurde es so eingerichtet, daß N. und Mrs. W. zu verschiedenen Zeiten aßen.

Das alte Töpfchen wurde wieder eingeführt, allerdings mußte N. gezwungen werden, sich darauf zu setzen, N. biß sie dabei. Sie deutete das als Zeichen ihrer falschen Behandlung und beschloß, daß es keinen Sinn hätte, mit dem Aufs-Töpfchen-Setzen fortzufahren, bevor sich nicht ihre Beziehungen gebessert hätten. Sie begriff schnell, daß sie tatsächlich warten mußte, bis N. allein sitzen und aufstehen könne. Während dieser Unterredung ergab sich ein Gespräch über den Ekel als Abwehrmechanismus gegen die Freude am Schmutz. Aufgrund der Beobachtungen von Mrs. W. über die Schwankungen N.s gegenüber dem Schmutz wurde ihr klargemacht, wie diese Einstellung auf die Nahrung übertragen wird.

Während der nächsten Besprechungen beschrieb Mrs. W. N.s tatsächliches Interesse am Essen und seine Freude, selbst essen zu dürfen. Sie erzählte, daß sie nach jedem danebengegangenen Löffel ihm den Mund abwischte. Sie hatte den Eindruck, daß sie sich keine Sorgen mehr zu machen brauchte, und sie führte eine Reihe von Beispielen an, die die Verbesserung ihrer Beziehungen anzeigten. Ihre Einstellung gegenüber dem Füttern und der Anerziehung von Gewohnheiten verriet von nun an eine interessante Mischung von großer Freude und Ekel. Sie erzählte lächelnd und offensichtlich mit großem Vergnügen, wie N. sein Bett beschmutzte; sie sagte, daß sie es in vieler Hinsicht aufrege, ihm beim Spiel mit dem Essen zuzusehen. Sie hob besonders hervor, wie überrascht Freunde und Verwandte waren, daß sie die neue Art zu essen ertrug, und allem Anschein nach bereitete ihr die Lage ein ungeheures Vergnügen. Es erwies sich als notwendig, sie dazu anzuhalten, die Erziehung zur Reinlichkeit nicht zu vernachlässigen, da ihr offenkundiges Vergnügen über den von N. verursachten Schmutz sie davon abhielt, ihm klarzumachen, daß sie saubere Lätzchen doch lieber sähe.

Dieser Fall wurde eingehend beschrieben, da er die enge Beziehung vor Augen führt, die zwischen einer rigorosen Sauberkeitserziehung und den Eßstörungen besteht; diese Beziehung ist für Eßstörungen bei Kindern dieses Alters typisch. Er beleuchtet ebenfalls die Art der Reaktionsbildung auf seiten der

Mütter und ihre Auswirkung auf das Verhalten in diesen Situationen, das zu den Schwierigkeiten führte, derentwegen die Mütter zur Beratung kamen.

b) Die Behandlung der nächtlichen Angstzustände bei einem Zweieinhalbjährigen

J.s Mutter war in der Lage, die psychologischen Einsichten, die ihr vermittelt wurden, sehr geschickt zur Behandlung der nächtlichen Angst ihres Kindes zu verwenden. Diese Einsichten gewann sie in Gesprächen, die in zweiwöchentlichem Abstand über mehrere Monate hin stattfanden. Mrs. L. war eine ernste und intelligente Frau mit nur einem Kind, auf das sich ihr ganzes Interessse konzentrierte, weil ihre Ehe, obschon sie mit ihrem Mann zusammenlebte, nicht befriedigend war. Mrs. L. hatte die Gewohnheit, den Knaben ständig zu beruhigen und ihn des Nachts zu trösten. Als sie merkte, daß Beruhigen die Angst nicht nahm, stellte sie sich selbst die Aufgabe, deren Ursache herauszufinden. Nach und nach erzählte ihr J., daß er sich vor einer »Dame« ohne Arme fürchte, die komme, um ihm die Arme abzubeißen. Ein paar Wochen später unterhielt sich Mrs. L. am Abend mit J. darüber, wie sie sich beide an jenem Morgen übereinander ärgerten, als J. bemerkte, daß die Frau nicht seine, sondern »Tiggys« Mama war (Tiggy war sein Spitzname). Sie hatte Arme und Beine, war sehr böse und wollte ihn beißen. Ein weiterer Versuch, ihn zu ermuntern, seine Aggression gegen seine Eltern in Worte zu kleiden, führte zu einer Veränderung seiner Phantasie; er erzählte von einer anderen Frau, die Mama und Papa beißen wolle. Zu diesem Zeitpunkt wurde J. aggressiver und biß Mrs. L. des öfteren. Er erzählte von seinem ›Kleinen Hannes‹ (so nannte er sein Glied), verglich ihn mit dem seines Vaters und fragte dauernd, ob auch seine Mutter einen habe. Er ließ sich nicht davon überzeugen, daß ihr Genitale anders sei. Eines Tages fragte er in der Badewanne, ob Mrs. L. auch einen Penis habe, versteckte den eigenen zwischen den Beinen und meinte, daß er jetzt auch verschwunden sei. Mrs. L. fragte ihn, ob er meine, daß sie auch einen habe; er sagte, auch sie habe einen, nur sei er abgeschnitten worden. Im Anschluß an diese Unterhaltung war keine Rede mehr von der »Dame«. Im Verlauf des Gesprächs über diese Phantasie gelangte Mrs. L. zu einem weitgehenden Verständnis des Problems und konnte die »Dame« als Ausdruck von J.s Kastrationskomplex deuten.

Eines Tages berichtete Mrs. L.: »Es ist eine ganz schreckliche Sache passiert.« J. war böse gewesen und hatte seine Mutter ins Gesicht geschlagen. Sein Daumen war aus Versehen in ihren Mund geraten, und sie hatte versehentlich zugebissen. Das war offensichtlich für beide eine traumatische Situation. J. rannte umher und heulte: »Mama hat mich *richtig* gebissen.« Einige

verletzt, als sie sie einmal hochhob. Sobald sie verheiratet war, konsultierte sie verschiedene Ärzte, weil sie befürchtete, diese Mißbildung könne auf ihre Kinder übertragen werden. Obgleich man sie des Gegenteils versicherte, glaubte sie immer noch, daß S. etwas abbekommen haben könnte, und dieser Gedanke hatte sie so bedrückt und ärgerlich gemacht, wenn S. kletterte oder sich sonstwie Bewegung verschaffte. Offensichtlich hielt sich Mrs. B. noch immer für infiziert, sie war sehr überrascht, als man sie über die Natur der Krankheit aufklärte. Während der ersten Beratungen fragte Mrs. B. ständig wegen der Verstopfung um Rat. Jedesmal sagte man ihr, erst müsse man mehr von S. verstehen und die Therapeutin hege keine Besorgnis wegen der Verstopfung.

Nach drei Beratungen brachte Mrs. B. Angaben über die Phantasien von S. Sie interessierte sich nun dafür und ermunterte sie zu den Phantasien. Sie beleuchteten die Feindseligkeiten von S. gegenüber dem Baby sowie ihre sexuelle Neugier. Alle diese Unklarheiten wurden mit Mrs. B. erörtert, vor allem die Frage der geschlechtlichen Aufklärung, die man S. bis dahin verweigert hatte. Mrs. B. schnitt mit S. die Frage an, wie die Babys zustande kämen, verstand den anfänglichen Mangel an Interesse von seiten des Kindes, und schließlich gelang es ihr, die Angelegenheit zufriedenstellend zu erörtern. In diesem Stadium fand Mrs. B., S. sei besser zu behandeln. Sie widerstrebe weniger; die Beziehung zwischen beiden hatte sich bereits gewandelt. Die nächsten Phantasien von S. drehten sich um Leute, die sich verletzen könnten, denen man vor allem die Ohren abschneiden könnte. Man traf sie eines Tages an, wie sie ihr Genitale mit dem des Babys verglich, wobei sie bemerkte, daß sie ein »Ding« wie das Baby habe. Mrs. B. verhielt sich völlig richtig, indem sie nämlich S. erzählte, sie habe kein »Ding« wie das Baby, aber wenn sie groß sei, könne sie Kinder bekommen. Den Wunsch von S., ein Junge zu sein, hatte sie gutgeheißen.

In dieser Phase berichtete Mrs. B. einen Wandel im sozialen Verhalten von S. Sie wurde plötzlich betont aggressiv in ihrem Verhalten Mrs. B. gegenüber und schien alles zu tun, um »die Leute auf die Palme zu bringen«. Dazu gehörte auch das ständige Essen von Sand. Mrs. B. sagte ihr, dies würde ein Klumpen in ihrem Bäuchlein werden! Das kleine Mädchen erzählte seiner Mutter, es habe eine Haarspange verschluckt. Wahrscheinlich handelte es sich dabei um eine Phantasie. Während dieser zwei Wochen drehten sich ihre Phantasien vor allem um einen imaginären Jungen, der den Namen des Babys trug. Als Mrs. B. sie um etwas bat, weigerte sie sich, es zu tun, und rief diesem Jungen die Befehle zu. Manchmal war dieser Junge ihr eingebildetes Baby, demgegenüber sie äußerst herrschsüchtig war. Es hatte den Anschein, daß die Feindseligkeit von S. gegenüber ihrer Mutter sich durch Penisneid erklären ließe, denn sie meinte, Mrs. B. habe ihr das Glied verweigert. Es erschien zweifelhaft, ob Mrs. B. wegen ihres eigenen Penisneides mit einer derartigen Erklärung Erfolg haben könne. Jedoch verstand sie augenscheinlich den Grund der Feindseligkeit von S. unter diesem Blickwinkel. Sie bot S. diese Deutung an. Nach weiteren 14 Tagen kam sie zurück und berichtete, daß die guten Beziehungen wiederhergestellt seien.

Bei einer späteren Besprechung berichtete Mrs. B. die folgende Unterhaltung über das verstorbene Schwesterchen, über das sie nie zuvor mit S. gesprochen hatte. Mrs. B. hatte von sich aus die Sprache darauf gebracht.

S.: »Der liebe Gott hat es geholt.«

Mrs. B.: »Warum?«

S.: »Weil seine Mutter es ihm gesagt hat.«

Mrs. B.: »Warum hat sie denn das gemacht?«

S.: »Sie sagte dem lieben Gott, L. dürfe nicht mehr mit dem kleinen Mädchen in einem Haus zusammen sein.«

Mrs. B.: »Vielleicht hat das kleine Mädchen sie nicht so recht lieb gehabt.«

S., sofort: »Doch, das kleine Mädchen hat sie lieb gehabt, aber die Mama hat sie nicht lieb gehabt.«

Mrs. B. verstand das als eine Projektion von S.

Während dieser Unterredung berichtete Mrs. B. von einem Wandel in der Beziehung zwischen S. und ihrem Vater. Bei der ersten Unterredung hatte sie den Umstand erwähnt, daß S. es ihrem Vater nicht gestattete, sie zu küssen, und daß sie böse wurde, wenn Mr. und Mrs. B. zärtlich zueinander wurden. Während der letzten Woche war S. ihrem Vater gegenüber zärtlich geworden, und sie sagte ihrer Mutter sehr oft, daß sie, wenn sie groß sei, einen eigenen »Papa« haben würde, aber daß sie *ihren* Papa auch haben wolle.

In dieser Phase berichtete Mrs. B. wieder von Verstopfungen. 14 Tage vorher hatte sie die Therapeutin dringend wegen eines Heilmittels um Rat gefragt. Sie sagte, daß sie S. fünf Wochen lang keine Medizin verabreicht habe und daß S. nur einmal in der Woche Stuhlgang habe. Sie machte sich noch immer Sorgen darüber, aber da es der Therapeutin gleich war, ob S. Abführmittel bekam oder nicht, meinte Mrs. B., sie könne damit auch aufhören. Während derselben Unterredung beschrieb Mrs. B. später ausführlich den Tod des Babys, sie drückte dabei starke Schuldgefühle aus. Obwohl dem Totenschein zufolge das Kind an Lungenentzündung gestorben war, sagte Mrs. B., daß sie immer geglaubt habe, der Tod sei auf einen Anfall zurückzuführen. Einige Tage nach dem Tod des Kindes fragte sie eine Krankenschwester nach der Ursache von Anfällen und hörte, Überfütterung und Verstopfung seien daran schuld. Sie war sicher, daß das Baby nicht überfüttert worden war, daher folgerte sie, die Todesursache müsse Verstopfung gewesen sein. Anschließend sprach Mrs. B. über ihre Lähmung. Sie sagte, daß sie sich in dieser Hinsicht ganz anders fühle, seit man das letzte Mal in der Klinik darüber gesprochen habe; sie glaubte nicht mehr, infiziert zu sein. Gleichzeitig hatte sie das Gefühl verloren, immer daran denken zu müssen. Sie hatte sich über ihren Arm so viele Gedanken gemacht, daß sie ihren angeheirateten Verwandten gesagt hatte, sie sei Linkshänderin, damit sie nicht erfahren sollten, was wirklich los sei. Beim Kontakt mit Fremden war sie aufs äußerste verwirrt, weil sie Angst hatte, sie könnten die Wahrheit herausfinden.

Nach dieser Unterredung schien Mrs. B. die Besorgnis wegen der Verstopfung zu verlieren. Sie verabreichte kein Abführmittel mehr und gab an, daß sie manchmal sogar vergaß, sich um alle Einzelheiten der Verdauung von S. zu kümmern. Während der Woche vor der Unterredung hatte sie sich ein wenig darum gekümmert und herausgefunden, daß S. jeden Tag Stuhlgang hatte. Allem Anschein nach hatte Mrs. B. die Vorstellungen von ihrer Krankheit mit Anfällen in Verbindung gebracht, und offensichtlich wurde beides für sie durch Verstopfung hervorgerufen. Aus Mrs. B.s Äußerungen konnte man folgern, daß ihre Erziehung streng gewesen war und daß ihre Krankheit damals im Alter von zehn Monaten mit einem Zusammenbruch anerzogener Gewohnheiten endete und daß sich daran in den folgenden Monaten eine Verstärkung ihrer analen Interessen anschloß.

Am Ende des fünften Monats der Beratungsgespräche schien die Beziehung zwischen Mrs. B. und ihrer Tochter zufriedenstellend gefestigt zu sein. S. war lebendiger geworden und immer unabhängiger; sie war in der Lage, sich unter anderen Kindern zu behaupten. Am Ende der Behandlung der Mutter hatte der Berater auch noch eine Unterredung mit S. Nun war sie ein freundliches und lebendiges Kind, ohne weiteres in der Lage, sich von der Mutter zu trennen und während des Interviews zu reden und zu spielen. Man konnte sich vorstellen, daß ihr der Schuleintritt keine Schwierigkeiten machen würde. Mrs. B. fuhr fort, monatlich und später zweimonatlich zu weiteren Gesprächen zu kommen. Sie berichtete, daß die erzielte Besserung anhielt, und es erwachte ihr Interesse daran, sich über die Erziehung des Babys zu unterhalten, bei dem sie die Fehler, die ihr bei S. unterlaufen waren, vermeiden wollte.

Bei diesem Fall war das wichtigste, daß die Mutter in der Lage war, eine gute Beziehung zur Therapeutin herzustellen. Ihre Persönlichkeit war labiler als die der anderen erwähnten Mütter, aber ihre positive Übertragung, möglicherweise durch ihr etwas hysterisches Gebaren noch gesteigert, schien das auszugleichen. Trotz der völlig anderen Einstellung, mit der sie in die Klinik gekommen war, übernahm sie mit Leichtigkeit von Anfang an die Haltung der Therapeutin: ein Zeichen, daß weitgehende Identifizierung eine Rolle spielte. Das zeigte sich auch in ihrer Äußerung, sie brauche sich über die Verstopfung keine Sorge zu machen, falls es die Therapeutin auch nicht tue. Aus diesem Fall und aus der Arbeit mit anderen Müttern, die ähnliche Störungen zeigten, kann man schließen, daß eine labile Mutter ein derartiges Vorgehen nicht grundsätzlich unmöglich macht. Die Grenzen scheinen durch die Art der Störung der Mutter gesetzt zu sein. Das soll weiter unten diskutiert werden.

Ein weiterer Punkt bei diesem Fall scheint die relative Oberflächlichkeit der kindlichen Störung zu sein, obgleich das Bild, das man zuerst gewann, eine stärkere Störung mit der Möglichkeit eines neurotischen Konfliktes nahelegte. Deswegen dachte der Berater in den ersten Wochen an eine direkte Behandlung des Kindes. Es scheint jedoch, daß die wesentlichen Konflikte des Kindes noch auf dem Gegensatz seiner Triebwünsche und den Verboten der Umwelt beruhten. Wäre es nicht so gewesen, so erschiene es unglaubhaft, daß das Kind sich in so kurzer Zeit wandelte oder auf die beschriebenen Maßnahmen ansprach.

Es sei darauf hingewiesen, daß den Maßnahmen bei den drei beschriebenen Fällen bestimmte Faktoren gemeinsam sind, obgleich die besprochenen Verhaltensauffälligkeiten verschieden waren. Der wichtigste Punkt scheint die Herstellung einer positiven Beziehung zu sein, ohne die ein Vorgehen dieser Art unmöglich ist. Eine solche Gefühlsbeziehung anzuknüpfen ist deshalb das erste Ziel der Autorin bei der Arbeit mit den Müttern während des ersten Gesprächs. Wo es Anzeichen für eine negative Beziehung gibt, wird der Versuch unternommen, dem mit anderen Mitteln als der Interpretation zu begegnen. Es scheint nämlich, daß bei unserer Methode Erklärungen der Übertragungsmechanismen vermieden werden sollten. Im Falle von Mrs. W. wurde die Herstellung einer positiven Beziehung dadurch erleichtert, daß sie den wirklichen und ehrlichen Wunsch nach Hilfe hatte. Mrs. L., die ziemlich allein dastand, ergriff die Gelegenheit zu Kontakt. Hinzu kam ihr echtes Interesse an Kinderpsychologie, und sie wurde intellektuell angesprochen. Die Art der Beziehung von Mrs. B. zum Berater wurde bereits besprochen. Eine eingehende Beschäftigung mit der Dynamik der Beziehungen zwischen Mutter und Berater würde den Rahmen dieser Arbeit sprengen.

Ein weiterer allen Fällen gemeinsamer Faktor ist, daß, obgleich die Mütter natürlich auf ihre eigenen Konflikte hinwiesen, nicht versucht wurde, diese direkt anzugehen. Es scheint wichtig, keinen derartigen Versuch bei solchen Beratungen zu unternehmen, denn die Erfahrung zeigt, daß man dabei leicht auf Widerstand stößt, der den positiven Kontakt zu stören vermag; außerdem hat die Mutter die Beratungsstelle nicht wegen ihrer eigenen Probleme aufgesucht. Wo sich bei einer Mutter eindeutig neurotische Züge zeigen und sie den Wunsch nach psychologischer Behandlung äußert, kann sie der Berater an eine Poliklinik für Erwachsene verweisen. Aus diesem Grund wurde Mrs. L. nicht ermuntert, ihre Ehegeschichte zu erörtern. Man achtete darauf, auf Mrs. B. keinen Druck auszuüben, ihre tieferen Phantasien über ihre Krankheit zu enthüllen. Anscheinend kann man die Probleme der Mütter nur insofern berücksichtigen, als sie in direktem und der Mutter bewußtem Zusammenhang mit den Problemen des Kindes stehen. Das schließt nicht aus, daß man von den Kenntnissen über die unbewußten Konflikte der Mutter soweit Gebrauch macht, wie sie in der Geschichte des Falles sichtbar werden, wie zum Beispiel in den Erörterungen über Schmutz mit Mrs. W. Auf diese Frage wird noch eingegangen werden.

II. Betrachtung der dynamischen Faktoren, die es anscheinend ermöglichen, dass Kinder kaum während der Latenzzeit, wohl aber in diesem frühen Alter über ihre Eltern behandelt werden können

Es scheint gewisse inhärente Faktoren zu geben, die es ermöglichen, daß man in der beschriebenen Weise mit Müttern von Kindern unter fünf Jahren arbeiten kann. Einige der Faktoren sind beim Kind, andere bei der Mutter zu suchen. Es sei angemerkt, daß die Probleme dieser Vorschulpflichtigen das Ergebnis falschen Verhaltens in bestimmten Situationen einer Entwicklungsphase waren. Die kindliche Persönlichkeit ist, wie wir wissen, noch nicht voll ausgebildet, ihre Konflikte beruhen noch mehr auf der Gegensätzlichkeit zwischen Trieben und Umwelt als auf dem Gegensatz zwischen Trieben und internalisiertem Über-Ich, wie es meist der Fall ist bei Kindern in der Latenzperiode, die in Erziehungsberatungsstellen kommen. Deshalb sind die Kinder unter fünf Jahren noch sehr empfänglich für die Behandlung durch die Mutter. Diese Ansprechbarkeit beeindruckt jeden, der die Arbeit mit den Eltern älterer Kinder gewohnt ist. In interessanter Weise zeigt sich das in Fällen, wo die oberflächlichsten Störungen des Kindes auf eine Wandlung im mütterlichen Verhalten ansprachen, die neurotischen Konflikte aber bestehenblieben; das deutet darauf hin, daß es zur Lösung dieser Konflikte einer Veränderung der inneren Organisation bedarf.

Die zweite Bedingung für dieses Vorgehen, die im Kinde selbst liegt, hängt auch mit der Unfertigkeit seiner Persönlichkeit zusammen. Diese macht es der Mutter möglich, das Unbewußte des Kindes wahrzunehmen, da die Abwehrmechanismen noch nicht voll ausgebildet sind. Das dürfte der Hauptgrund sein, warum die Mutter mit den gegebenen Informationen etwas anfangen kann. Nur wenige Mütter, die zur Klinik kommen, leugnen über längere Zeit die Beobachtung aggressiver Wünsche und die Lust am Schmutz bei ihren Zweijährigen. Sechs Jahre später werden die Mütter derselben Kinder — jetzt vielleicht sehr saubere Achtjährige mit guter Selbstkontrolle — standhaft die Existenz aggressiver Regungen verneinen. Nur selten wird man es wagen, der Mutter eines Kindes in der Latenzzeit ödipale Wünsche oder die Kastrationsangst zu erklären, da diese Konflikte verdrängt wurden und die Mutter keine Bestätigung der ihr gegebenen Informationen finden wird; deshalb aber gewinnt sie nicht die Überzeugung, die notwendig ist, um die Informationen wirkungsvoll zu benützen. Anscheinend ist es vor allem die Überzeugung, die Mütter von Vorschulpflichtigen aus eigenen Beobachtungen gewinnen, die ihnen ein richtiges Verstehen des Unbewußten ihres Kindes ermöglicht. Sehr deutlich wurde dies im Fall der Mrs. B.: Sobald sie es S. ermöglichte, ihre Phantasien auszusprechen, erbrachte die Mutter Bestätigungen der sexuellen Neugier des Kindes, seines Penisneids und seiner aggressiven Wünsche. Ähnlich war es im Fall der Mrs. L.; sobald sie aufhörte, J. zu trösten und zu beruhigen, war sie in der Lage, seine Angst in bezug auf seine unbewußten Konflikte zu verstehen. Man hätte von keiner dieser Mütter, besonders nicht von Mrs. B., erwarten können, daß sie die Theorie akzeptierten, wenn man nicht gewußt hätte, daß die Theorie in dieser Weise bestätigt würde.

Der wichtigste Faktor auf seiten der Mutter scheint auf dem Unterschied zwischen den Beziehungen einer Mutter und einem vorschulpflichtigen Kind und einer Mutter und einem älteren Kind zu beruhen. Die Mutter betrachtet das kleine Kind, so scheint es, noch immer als Teil ihres eigenen Körpers, und wenn sie in die Klinik kommt, um zu sagen, daß etwas falsch verlief, sieht es immer so aus, als wolle sie sagen, bei ihr sei etwas nicht in Ordnung. Vielleicht vermutet sie deshalb von Anfang an — und sagt es auch oft —, daß sie das Kind falsch behandelt habe. Sie würde nicht darauf eingehen, daß das Kind statt ihrer die Klinik aufsuchen könnte; ganz im Gegensatz zu den Müttern älterer Kinder, die oft fragen, ob nicht an ihrer Stelle die Kinder selbst zur Klinik kommen könnten. Die Mutter eines älteren Kindes betrachtet das Kind nicht länger als Teil des eigenen Körpers, sondern sieht es als eigenständiges Objekt an, auf das sie ihre eigenen Konflikte überträgt und demgegenüber sie bestimmte Verhaltensmuster entwickelt. Uns sind Fälle vertraut, in denen die Beschreibung der kindlichen Persönlichkeit durch die Mutter eine Schilderung ihrer eigenen Konflikte darstellt, oder sie beschreibt das Kind in genau der gleichen Weise, in der sie ihre ersten Liebesobjekte schildert. Bei Müttern von Kindern unter fünf Jahren sind Projektionen dieser Art weniger häufig und behindern selten die Arbeit mit der Mutter. Man konnte beobachten, daß die einleitende Beschreibung, die Mrs. B. von S. lieferte, die Beziehung zu ihrer eigenen Mutter widerspiegelte, und wäre sie nicht zur Behandlung gekommen, hätte sich wahrscheinlich eine derartige Beziehung voll ausgebildet, und damit wäre die Arbeit mit Mrs. B. zu einem späteren Zeitpunkt äußerst schwierig geworden.

III. Die Grenzen der beratenden Arbeit hinsichtlich der Fälle, die nicht in dieser Art behandelt werden konnten

Es fand sich eine kleine Anzahl von Fällen, die nicht mit den hier beschriebenen Methoden behandelt werden konnten; entweder weil das Kind, worauf wir schon weiter oben hinwiesen, bereits einen neurotischen Konflikt entwickelt hatte, oder wegen der Persönlichkeit der Mutter. Wie bereits angedeutet, setzen die unbewußten Konflikte der Mutter den Rahmen, innerhalb dessen sie ihr Verhalten dem Kind gegenüber ändern kann. Das wurde vor allem in Fällen deutlich wie bei Mrs. L. und Mrs. B., wo mehr erforderlich war, als das Verhalten in einer bestimmten Situation zu ändern.

In einer Gruppe von Kindern unter zweieinhalb Jahren mit Eßstörungen war nur ein Fall, der wegen der Konflikte der Mutter nicht behandelt werden konnte. Es handelt sich um ein einjähriges Mädchen, das von seiner Mutter immer noch mit Essen gefüttert wurde, das sie vorher durch ein Sieb passiert hatte. Die Mutter konnte ihr Verhalten in dieser Situation nicht ändern, berichtete drei Wochen lang fortgesetzt von Fehlschlägen beim Essen, und es mißlang ihr, weitere Anordnungen zu befolgen. Beim letzten Gespräch erwähnte die Mutter, daß ihr fünfjähriger Sohn ebenfalls schwere Eßschwierigkeiten hatte und daß sie selbst als Kind kaum essen konnte und sich heute auf eine kleine Anzahl von Gerichten beschränke. Die Natur der Störung der Mutter konnte nicht erforscht werden, aber man kann vermuten, daß die Unfähigkeit, ihr Verhalten beim Füttern zu ändern, mit ihren eigenen unbewußten Phantasien zusammenhing, die ihre eigenen Eßstörungen bedingten.

Eine kleine Gruppe von Müttern, die anscheinend nicht in der Lage waren, sich zu ändern oder Informationen, die man ihnen gab, zu gebrauchen, waren solche, die bereits eine sadomasochistische Beziehung zu ihren Kindern hergestellt hatten.

Einen typischen Fall stellten Mrs. X. und ihr Sohn R. dar, R. konnte sich nicht von seiner Mutter trennen. Er litt an chronischer Verstopfung und war in allen Lebensäußerungen gehemmt. Er hatte langes, schönes, von einer Spange gehaltenes Haar und sah mehr wie ein Mädchen als ein Junge aus. Mrs. X. war oberflächlich freundlich und zur Zusammenarbeit bereit; sie befolgte Empfehlungen immer in einer Art und Weise, die ihr Fehlschlagen sicherstellte.

In ihrer Beziehung zu R. war Mrs. X. nörglig und anspruchsvoll. Sie sagte, daß sie sich ein Mädchen gewünscht hatte. Obgleich sie von seiner Angst vor Tieren wußte, hing sie ein Bild eines Krokodils mit geöffnetem Rachen über sein Bett. Sie klagte darüber, daß er manchmal unverschämt herrschsüchtig sei, zum Beispiel, wenn er seinen Vater nachahme und ihr Kosenamen gebe.

Mrs. X. lebte mit ihrer Mutter und ihrem Gatten zusammen, sie beklagte sich bitter über die Anwesenheit ihrer Mutter, aber sobald man vorschlug, diese Situation zu ändern, widersprach sie mit vernunftgemäßen Gründen. Mr. X. verbrachte seine meisten Abende mit Sitzungen, da er die Spannungen zwischen seiner Frau und seiner Schwiegermutter nicht ertragen konnte. Mrs. X. besuchte die Beratungsstelle mit der gleichen ambivalenten Einstellung, die sie auch ihrer Mutter und R. gegenüber hatte. Ihre Haltung gegenüber dem Berater war immer freundlich und ziemlich passiv, aber gleichzeitig wiederholten sich die Fehlschläge beim Befolgen der Ratschläge, es schien, als wolle sie die Fehler der ihr gegebenen Anordnungen nachweisen.

Zum Schluß mußte man R. selbst in Behandlung nehmen und nahm die Mitarbeit von Frau X. nur noch für die Einhaltung der Behandlungszeiten in Anspruch. Selbst dieses Minimum an Zusammenarbeit war schwierig zu erlangen, da Mrs. X. R. häufig wegen Erkältungen von der Schule fernhielt und meinte, deshalb könne er auch nicht die Beratungsstelle aufsuchen.

Im folgenden bringen wir das Beispiel einer Mutter, deren unbewußte Kastrationswünsche es unmöglich machten, ihr den Penisneid ihres fünfjährigen Töchterchens zu erklären. Mrs. H. war anscheinend keine labile Persönlichkeit. Während vier Monaten gelang es ihr, bei wöchentlichen Unterredungen, ihr Verhalten in bestimmten Situationen zu ändern und eine beiderseitig feindselige Beziehung zwischen ihr und T. in eine glückliche und befriedigende zu verwandeln. In der Zeit gelangte sie auch zu einem bemerkenswerten Verständnis von T.s zwanghaften Verhaltensweisen. T. zeigte jetzt auf Grund der Beobachtung ihres einjährigen Bruders Interesse am Unterschied zwischen den Geschlechtern. Als sie Mrs. H. fragte, warum sie ein Mädchen und er ein Junge sei, erklärte Mrs. H., daß sie ja bereits ein Mädchen habe und jetzt einen Jungen wollte; so verstärkte sie noch T.s Angst. Bei einer anderen Gelegenheit sprach T. über ihre Brust und fragte Mrs. H., ob sie da auch zwei Flecken habe. Mrs. H. antwortete: »Du wirst, wenn du groß bist, da ›Höker‹ bekommen, so wie ich — es ist doch lustig mit uns, nicht wahr? Aber bei H. ist's doch noch lustiger?« T. soll sofort nach dieser Äußerung ihrer Mutter den Gegenstand fallengelassen haben. Als T. den Wunsch äußerte, Babys zu bekommen, war es für Mrs. H. schwierig, das als den üblichen Wunsch zu verstehen, der den Penismangel kompensiert.

Mrs. H. verriet ihre Kastrationswünsche in anderem Zusammenhang. In allen Einzelheiten beschrieb sie, wie sie T. die Beschneidung erklärte, als das Brüderchen mit fünf Monaten beschnitten wurde. Damals wollte sie wissen, wie T. es aufnehmen würde, denn sie hatte beobachtet, daß T. mit ihrem Teddy-Bären alles machte, was mit dem Baby geschah. Der Gedanke, T. versuche ihren Teddy-Bären zu beschneiden, faszinierte sie. Es war verblüffend, daß Mrs. H. es für notwendig erachtete, zu dieser Zeit ihrer Tochter die Beschneidung zu erklären, wo sie doch nicht in der Lage war, sie über die Fortpflanzung aufzuklären oder ihre sexuelle Neugier zu befriedigen.

Mrs. H. verwandte die meiste Zeit eines anderen Gesprächs darauf, mit großem Interesse von zwei Beobachtungen zu berichten, die sie gemacht hatte. Die erste war, wie das Baby schrie, als sie einmal ihren Finger verbunden hatte; die zweite war eine Beschreibung seiner Angst, als es einen um einen tropfenden Wasserhahn gewickelten Lappen sah. Dann erzählte sie einige Vorkommnisse aus ihrer eigenen Kindheit. Die schönste Zeit ihres Lebens war, wie sie sagte, als in ihrem Zeugnis stand: »Sie tritt in die Fußstapfen ihres Bruders.«

In diesem Fall wurde schließlich eine Behandlung für das Kind empfohlen, zum Teil wegen der Art seiner Verhaltensauffälligkeit, aber auch, weil die unbewußten Konflikte der Mutter diese daran gehindert hätten, zufriedenstellend im Verstehen ihres Kindes fortzufahren.

Diese Fälle, denen mit den beschriebenen Methoden nicht beizukommen war, bildeten 16 % der Vorschulpflichtigen, die zur Beratung überwiesen wurden. Die Ergebnisse in den Fällen, die mit diesen Methoden angegangen werden konnten, können im

Vergleich mit anderen Behandlungsergebnissen im Child Guidance Service als sehr zufriedenstellend bezeichnet werden. Befriedigende Ergebnisse wurden überdies schon mit relativ wenigen Gesprächen erzielt. Die Kriterien, nach denen die Ergebnisse der Behandlung beurteilt wurden, derentwegen die Mutter kam, waren einerseits ein Wandel im mütterlichen Verhalten und zum anderen, daß die Mutter hinreichend Einblick und Wissen gewann, die nächste Entwicklungsstufe selbständig zu meistern. Der Berater mag die Neigung haben, nach dem Beheben der anfänglichen Störung mit den Gesprächen fortzufahren; das erscheint nicht wünschenswert, da die Mutter dadurch vielleicht übermäßig interessiert wird (wie im Fall von Mrs. L.) oder dazu neigt, sich oder ihr Kind zu sehr ›als Problem‹ zu sehen. Gespräche mit Gruppen von sechs bis acht Müttern, im Abstand von 14 Tagen oder einem Monat, erfüllen den Zweck von Nachbehandlungen, ohne diese Schwierigkeiten zu schaffen.
Erziehungsberatung bei Müttern kleiner Kinder wurde zu einem wichtigen Teil des Arbeitsprogramms des West Sussex Child Guidance Service (2). In den letzten Jahren haben einige Mütter von Kleinkindern als Ergebnis von Vorträgen spontan kleine Gruppen in den Dörfern gebildet und Angehörige der Beratungsstelle gebeten, mit ihnen in regelmäßigem Abstand Fragen der kindlichen Entwicklung zu diskutieren. Gruppenarbeit dieser Art, genauso wie die individuelle Beratung, wie sie in diesem Aufsatz beschrieben wird, sind für den Berater eine einzigartige Gelegenheit; denn aus den Gründen, die sich aus dem oben Gesagten ergeben, darf man folgern, daß der Zugang zu den Mechanismen des Unbewußten keiner Gruppe der Gesellschaft — mit Ausnahme derer, die sich selbst einer Analyse unterzogen — so leicht zugänglich ist wie den Müttern von Kindern unter fünf Jahren.

Literaturhinweise

1. Freud, A. The Psychoanalytic Study of Infantile Feeding Disturbances. The Psychoanalytic Study of the Child, II, 1946.
2. Friedlaender, K.: Psychoanalytic Orientation in Child Guidance Work in Great Britain. Ebenda.
3. Fries, M.: The Child's Ego and the Training of Adults in the Environment. Ebenda.
4. Thomas, R. — M. Ruben: Home Training of Instincts and Emotions. Health Ed. J., London 1947.

D. Praktische Beispiele für psychoanalytische Erziehungshilfe

1. *Carl G. Jung*: Über Psychoanalyse beim Kinde

Die Psychoanalyse ist eine dem weitern wissenschaftlichen Publikum ziemlich unbekannte Methode, die vom Nervenarzt zur Behandlung der Neurosen und vom Psychiater zur wissenschaftlichen Exploration Geisteskranker verwendet wird. Die berufenen Vertreter der Neurologie und Psychiatrie haben durch den Mund ihrer Autoritäten die Methode und die durch sie herausgebrachten Tatsachen und Einsichten als unrichtig und unwissenschaftlich erklären lassen. Nur verschwindend wenige unter Psychiatern und Neurologen haben sich für die Methode erklärt. Infolge dieser Sachlage darf ich wohl kaum voraussetzen, daß meine Zuhörerschaft von psychoanalytischer Methode unterrichtet sei. Es läge mir daher zunächst die Aufgabe ob, von der psychoanalytischen Methode im allgemeinen zu sprechen. Das ist nun aber ein dermaßen weitschichtiges Gebiet, daß ich, sollte ich hier darauf eintreten, gar nicht mehr zu meiner eigentlichen Aufgabe, nämlich zur Anwendung der Psychoanalyse beim Kinde gelangen könnte. Ich darf daher nur mit einigen Hinweisen die Methode streifen.

Es hat sich durch die jahrzehntelange mühsame Forscherarbeit *Freuds* herausgestellt, daß die gewöhnlichen nervösen Störungen, die Neurosen, in ihrer ganzen Symptomatologie nichts anderes sind als äußere Manifestationen innerer Konflikte, die sich auf dem Gebiete der Sexualpsychologie abspielen. Diese erotischen Konflikte werden auch als *Komplex* bezeichnet und haben die Eigentümlichkeit, teilweise oder ganz unbewußt zu sein, d. h., das Individuum ist nur zum Teil oder gar nicht von deren Existenz unterrichtet. Die Psychologie des Komplexes habe ich in meiner Psychologie der Dementia praecox auseinandergesetzt. So gibt es z. B. viele neurotische Frauen, die überzeugt sind, daß sie ihren Mann lieben, die Neurose nötigt sie aber zu Handlungen, die man nur als feindselig auffassen kann. In solchen Fällen ergibt die Analyse die Existenz eines dem Individuum nicht bewußten Hasses, dessen äußere Manifestationen man als neurotische Symptome bezeichnet. Die Psychoanalyse besteht daher zunächst in einer Aufdeckung gewisser unbewußter Komplexe. Die einzelnen Stadien dieses Aufdeckungsprozesses führen gewisse therapeutische Wirkungsmöglichkeiten mit sich, die einzeln oder in ihrer Gesamtheit im Verlauf der psychoanalytischen Kur die Besserung oder Heilung des neurotischen Zustandes bewirken können.

Das objektive, von moralisierender Tendenz freie Interesse des

Arztes erlöst manchen Kranken zunächst aus seiner menschenscheuen Isolierung. Die Konfession bewußter Konflikte, sogenannter Sünden etc., hat eine altbekannte erleichternde Wirkung. Das tiefe persönliche Interesse, das der Arzt aufwenden muß, um in die verborgenen Konflikte einzudringen, nötigt auch den Patienten zu einer innern Stellungnahme gegenüber dem Arzt. Erfahrungsgemäß stellt er sich zunächst mit intensiven Widerständen auf den Arzt ein, die in der Regel, was ihren Inhalt betrifft, nicht bewußt sind, sondern objektiv bloß als Stockungen des analytischen Prozesses sich manifestieren. Dieses weitere Stadium der Analyse, wo es sich mehr um die Aufklärung der persönlichen Widerstände handelt, erfordert ein großes Maß von Geduld und Objektivität von seiten des Arztes und ebensoviel Konzentration und guten Willen von seiten des Patienten. Diese Einstellung hat starken erzieherischen Einfluß auf den Patienten, indem er sich an Geduld, Konzentration und Selbstüberwindung zu gewöhnen hat. Ist dieses Stadium überwunden und ist es dem Patienten gelungen, zum Arzte ein vollkommenes Vertrauensverhältnis herzustellen, was als »Übertragungsverhältnis« bezeichnet wird, so folgt eine letzte, mehr konstruktive Phase der Analyse, eine Phase, in der die Resultanten aus den, dem Bewußtsein wieder zugänglich gemachten Komplexen gezogen werden sollen.
Diese überaus schwierige und mühsame Arbeit, von der Sie im *Bleuler-Freudschen* Jahrbuch einige Proben finden, stößt auf ganz besondere Schwierigkeiten, wenn sie beim Kind getan werden soll. Das Kind hat in der Regel weder ein besonderes Interesse an der Analyse noch die nötige willkürliche Aufmerksamkeit, um seine Gedankengänge aktiv zu erforschen. Es ist daher nur bei ältern und intelligentern Kindern möglich, Analysen in derselben Art wie bei Erwachsenen zu machen. Bei Kindern unter 8 Jahren sind wir in der Regel auf eine indirekte Methode angewiesen, nämlich auf die Beobachtung der psychologischen Vorkommnisse. Ich habe eine ausführliche Analyse dieser Art publiziert. (Der Titel ist: Konflikte der kindlichen Seele.) Diese indirekte Art der Analyse begegnet begreiflicherweise großen Schwierigkeiten und setzt auf jeden Fall sehr solide psychoanalytische Kenntnis beim Beobachter voraus.
Bei etwas ältern Kindern läßt sich, wie gesagt, die Analyse fast so anwenden wie bei Erwachsenen. Für den Arzt allerdings ist es eine sauere Aufgabe, da die Kinder sehr oft zu viel Respekt und Angst vor ihm haben. Solche Analysen können am besten von Frauen besorgt werden. Ich habe bereits einige Damen in Psychoanalyse ausgebildet, hauptsächlich zum Zwecke der Kinderbehandlung. Es scheint, daß dies für die Frau ein neuer und sehr schöner Beruf wird. Ich lasse meine Kinderanalysen durch eine Assistentin besorgen und bin durch vielfache Erfahrung

zu der Ansicht gekommen, daß Frauen, vermöge ihrer natürlichen psychologischen Einfühlung, gerade für diese Art Arbeit weit geeigneter sind als Männer.

Statt ermüdenden theoretischen Auseinandersetzungen über die typischen Konflikte der Kinder und deren analytische Aufklärung werde ich im folgenden versuchen, Ihnen einen praktischen Fall von Kinderneurose und deren analytische Behandlung vorzuführen.

Es handelt sich um ein 11jähriges intelligentes Mädchen aus gebildeter Familie.

Ihre Krankengeschichte ist folgende: Sie hatte mehrfach die Schule verlassen müssen wegen plötzlich auftretender Übelkeit und Kopfschmerzen. Zu Hause mußte sie sich zu Bett legen. Am Morgen wollte sie sich jeweils nicht mehr erheben und zur Schule gehen. Sie litt auch an ängstlichen Träumen, war launisch und unberechenbar. Ich machte die Mutter, die mich konsultierte, darauf aufmerksam, daß diese Dinge neurotisch seien und daß eine ganz besondere Angelegenheit dahinter verborgen sei, weshalb man das Kind fragen müsse. Das Kind gestand nun seiner Mutter folgende Geschichte: Sie hat einen Lieblingslehrer, für den sie schwärmt. Im letzten Vierteljahr aber war sie durch mangelhafte Leistungen etwas zurückgekommen und glaubte in der Gunst des Lehrers gesunken zu sein. Da fing es an, daß es ihr in seinen Stunden übel wurde. Sie fühlt nicht nur Entfremdung gegen ihren Lehrer, sondern auch eine gewisse Feindseligkeit gegen ihn. Sie wandte ihr freundschaftliches Interesse ganz einem armen Jungen zu, mit dem sie das Brot, das sie jeweils in die Schule mitnahm, zu teilen pflegte. Sie gab ihm nun auch das Geld, sich selber Brot zu kaufen. Einmal im Gespräch mit diesem Jungen, spottete sie über ihren Lehrer und nannte ihn »Ziegenbock«. Zunächst blieb diese Handlungsweise ohne Folgen. Der Junge schloß sich immer mehr an sie an und glaubte sich berechtigt, von ihr jeweils einen kleinen Tribut in Form eines kleinen Geldgeschenkes zu erheben. Da kam ihr die Angst, der Junge könnte am Ende dem Lehrer erzählen, daß sie ihn als »Ziegenbock« verspottet habe; sie versprach dem Jungen 2 Franken, wenn er ihr gelobe, es nie dem Lehrer zu sagen. Von da an fing der Junge an, sie zu erpressen. Er verlangte drohend sein Geld und verfolgte sie auf dem Schulweg mit seinen Forderungen. Sie war darob verzweifelt. Mit dieser Geschichte hingen ihre Übelkeitsanfälle aufs innigste zusammen.

Nachdem durch das Bekenntnis die Geschichte erledigt war, trat aber die Beruhigung, die man hätte erwarten können, nicht ein; nämlich nicht lange hernach hatte das Kind einen heftigen Hustenanfall, versäumte deshalb einen Tag die Schule. Darauf ging sie wieder für einen Tag in die Schule, fühlte sich dabei wohl. Am dritten erneuter, heftiger Hustenanfall, Schmerzen auf der linken Seite. Fieber, Erbrechen. Die sorgfältig kontrollierte Temperaturmessung ergab 39,4°. Der Hausarzt befürchtete Pneumonie. Am nächsten Tag war aber wieder alles weg. Sie fühlte sich wohl, von Fieber und Übelsein keine Spur. Die kleine Patientin weinte bloß und wollte nicht aufstehen, sondern im Bett bleiben.

Dieser sonderbare Verlauf erweckte mir dringenden Verdacht auf eine ernsthaftere Neurose. Ich riet deshalb zu analytischer Behandlung.

I. Sitzung. In der I. Sitzung erwies sich die Kleine als ängstlich gehemmt, dazwischen zeigte sie unangenehmes, forciertes Lachen.

Es wird ihr zunächst Gelegenheit gegeben, davon zu sprechen, wie es ist, wenn man zu Bett bleiben darf. Wir hören da, daß es dann besonders herrlich ist, Gesellschaft um sich zu haben. Alle kommen ans Bett, um sie zu besuchen, und namentlich kann man sich von der Mama vorlesen lassen, und zwar aus dem Buch, wo die *Geschichte eines Prinzen drin steht, der krank ist und der erst gesund wird, als sein Wunsch erfüllt wird, nämlich, daß sein kleiner Freund, ein armer Junge, bei ihm bleibt.*

Die offenkundige Beziehung dieser Erzählung zu ihrer eigenen Liebes- und Krankengeschichte wird ihr nahegelegt, worauf sie anfängt zu weinen: Sie wolle lieber zu den andern Kindern, um mit ihnen zu spielen, sonst liefen sie ihr davon. Das wird ihr auch sofort gestattet, worauf sie wegspringt, aber nach kürzester Zeit wieder zurückkommt, und zwar etwas verlegen. Es wird ihr darauf erklärt, daß sie nicht weggelaufen sei, weil sie befürchtete, die Gespielen könnten ihr weglaufen, sondern weil sie aus Widerstand selber davonlaufen wollte.

II. Sitzung. Weniger ängstlich und gehemmt. Das Gespräch kommt auf den *Lehrer.* Sie geniert sich, von ihm zu sprechen. Schließlich kommt das verschämte Geständnis: »Sie habe ihn eben sehr gern.« Es wird erklärt, daß sie sich deshalb gar nicht zu schämen brauche, im Gegenteil, sei ihre Liebe eine wertvolle Garantie, daß sie dann das Beste leisten würde.

»Ich darf ihn also gern haben?« fragte die Kleine mit glücklicherem Gesicht.

Die Unterhaltung gleitet weiter auf die Erpressungsgeschichte, die sie nochmals ausführlich erzählt. Wir erfahren des weitern noch, daß sie ihre Sparkasse aufbrechen wollte, und als es nicht ging, wollte sie ihrer Mutter heimlich den Schlüssel dazu entwenden. Sie äußert sich auch über den Grund der ganzen Geschichte: Sie habe den Lehrer verspottet, weil er zu andern viel netter gewesen sei als zu ihr. Sie sei allerdings auch schlechter gewesen in seinen Stunden, besonders in der Rechenstunde. Sie habe einmal etwas nicht recht verstanden, habe dann nicht gewagt zu fragen, aus Angst, sie könnte dadurch die Schätzung

des Lehrers verlieren. Sie machte infolgedessen Fehler, wodurch sie zurückkam und nun die Achtung des Lehrers wirklich verlor. Es ist klar, daß sie infolgedessen in eine sehr unbefriedigende Stellung gegenüber dem Lehrer kam. Um jene Zeit kam es in ihrer Klasse vor, *daß es einem Mädchen übel wurde, weshalb es nach Hause gebracht wurde. Bald darauf ging es ihr ganz gleich.* So versuchte sie, aus der ihr unsympathisch gewordenen Schule wegzukommen. Der Verlust der Schätzung des Lehrers führte sie einerseits zur Beschimpfung des Lehrers, andererseits zu der Geschichte mit dem Jungen, die eine deutliche Kompensation für die verlorengegangene Beziehung zum Lehrer ist. Das für solche ungewollten Beziehungen charakteristische Moment des Zwanges fehlte, wie die Geschichte zeigt, auch nicht. Die hier angeschlossene Erklärung begnügte sich mit dem Hinweis: Wenn sie durch rechtzeitige Fragen sich um das Verständnis des Lehrstoffes bemühe, so erweise sie damit dem Lehrer einen Dienst.
(Ich kann hier beifügen, daß dieser Wink in der Analyse gute Folgen hatte, indem seither die Kleine zur besten Schülerin geworden ist und keine Rechenstunde mehr versäumt.)
III. Sitzung. In der III. Sitzung erzählt das Mädchen einen Traum, den sie im Alter von 5 Jahren gehabt hatte und der ihr einen unvergeßlichen Eindruck machte. »Mein Lebtag werd' ich den Traum nicht vergessen«, sagt sie. Der Traum lautet: »Ich gehe mit meinem Bruder im Wald spazieren, um Erdbeeren zu suchen. Da kommt ein Wolf und springt mir nach. Ich flüchte eine Treppe hinauf, der Wolf hinter mir drein. Ich falle hinunter, und der Wolf beißt mich ins Bein. Ich erwachte in Todesangst.«
Dieser typische Angsttraum baut sich offensichtlich über dem Rotkäppchen-Motiv auf. Der Wolf hat Rotkäppchen bekanntlich gefressen, und aus seinem Bauch wurde es herausgeschnitten. Dieses Motiv geht durch zahlreiche Mythen hindurch und gipfelt im Grundgedanken der Geburt der jungen Sonne. Natürlich ist der Astralmythos nichts anderes als an den Himmel projizierte Psychologie, und zwar unbewußte Psychologie. Es handelt sich in diesem Falle um unbewußte Varianten über das Geburtsthema. Der Traum ließe sich also rein nach seinem mythologischen Stoffe in eine Phantasie über die elementaren Sexualvorgänge übersetzen. Insofern läuft er wie so ziemlich alle andern Kinderträume, welche dieses Thema außerordentlich stark bearbeiten.
Es ist nun von besonderm Interesse, zu sehen, welche Einfälle die Kleine zu ihren Traumbildern beibringt, selbstverständlich ohne Kenntnis der Deutung. Zunächst hebt sie hervor, daß auch einmal *eine Frau, die ein Kind bekommen hatte, ihr sagte, sie könne noch die Stelle am Bein zeigen, wo der Storch sie dreingebissen habe.* Bekanntlich ist diese Ausdrucksweise eine allge-

mein verbreitete symbolische Geburts- und Zeugungsvariante. Wir können daher einen völligen Parallelismus zwischen unserer Deutung und dem Assoziationsgange des Kindes konstatieren.

Bei der Frage: Was fällt dir denn zum Wolf ein? sagt sie: »Ich denke an den Vater, wenn er böse ist.« Im Vulgärmythos ist der Storch der Vater. Hier ist's der Wolf. Also lautet der Traum: Der Vater macht ihr schrecklich angst, er hat auch gesagt, wenn man Angstträume habe, so sei es darum, weil man etwas Böses getan habe. Er habe sie damals geschlagen, weil sie an den Fingern lutschte, was sie gegen sein Verbot immer wieder tat. Ist das vielleicht das Böse, worauf sie anspielt? Es stellt sich nämlich heraus, daß sie *eine Reihe gleichaltriger Mädchen zu mutueller Masturbation verführt hat.*

Um dieser sexuellen Neigungen willen fürchtet sie den Vater. Doch vergessen wir nicht, daß sie den Traum schon in ihrem 5. Lebensjahr hatte. *Das war in dem Jahr, da ihr jüngeres Brüderchen geboren wurde.* Damals schon machte ihr der Vater Angst. Die vorhin besprochenen Einfälle ergeben einen unzweideutigen Zusammenhang zwischen den sexuellen Neigungen und der Angst. Bekanntlich hat *Freud* schon längst nachgewiesen, daß pathologische Angst (soweit nicht organische Krankheiten in Betracht kommen) immer konvertierte sexuelle Lust ist.

Das von der Natur mit positiven Lusttönen ausgestattete sexuelle Problem tritt in ängstlicher Form in diesem Traum zu Tage, um des bösen Vaters willen, der die moralische Erziehung repräsentiert. Dieser Traum stellt daher eine erstmalige eindrucksvolle Erscheinung des sexuellen Problems dar, offenbar angeregt durch die zeitliche Nähe der Geburt des jüngern Bruders, wo erfahrungsgemäß bei Kindern alle diese Fragen laut werden. Aber weil nun das sexuelle Problem an allen Enden zusammenhängt mit der Geschichte gewisser körperlicher Lustgefühle, welche die Erziehung den Kindern möglichst zu entwerten und abzugewöhnen sucht, so kann es sich anscheinend nur manifestieren unter der verhüllenden Decke moralischer Schuldangst.

In der analytischen Erklärung dieses Komplexes wird dem Kinde klargemacht, wieviel Lust und Neugierde sie dem Generationsproblem entgegenbringe und wie diese grundlose Angst nur die ins Gegenteil verkehrte Lust ist. Der Masturbationsgeschichte wird ein tolerantes Verständnis entgegengebracht und die Besprechung beschränkt sich darauf, das Kind auf das Unzweckmäßige seiner Handlungsweise aufmerksam zu machen, indem es zugleich belehrt wird, daß zum guten Teil seine sexuellen Handlungen nur Ausfluß der Neugierde seien, die sich aber auf einem bessern Wege befriedigen lasse. Seine große

Angst vor dem Vater entspreche eigentlich einer ebenso großen Erwartung, die wegen der Geburt des Brüderchens stark ans Generationsproblem geknüpft ist.
Durch diese Darlegungen wird das Kind in seiner sexuellen Neugierde für berechtigt erklärt. Damit wird ein großes Stück moralischen Konfliktes beseitigt. Die an diese Aufklärungen zu knüpfenden Erwartungen bestätigen sich.
In der *IV. Sitzung* erscheint das Mädchen nunmehr sehr lieb und zutraulich. Das frühere unnatürliche und gezwungene Wesen ist ganz verschwunden. Sie bringt einen Traum, den sie seit der letzten Sitzung geträumt hat. Er lautet: »Ich bin so groß wie ein Kirchturm und kann überall hinsehen. Zu meinen Füßen sind ganz kleine Kinder, so groß wie Blümchen. Da kam ein Polizist, ich sage zu ihm: »Wenn du eine Bemerkung machst, so nehme ich dir den Säbel und schlag dir den Kopf ab.«
Zur Analyse des Traumes macht sie folgende Bemerkungen: »Ich möchte größer sein als der Vater, damit er einmal mir gehorchen müßte.« Zum Polizisten fiel ihr sofort der Vater ein, der Militär ist und ebenfalls einen Säbel besitzt. Der Traum erfüllt, wie klar zu sehen ist, ihre Wünsche: Sie ist als Kirchturm bedeutend größer als der Vater, und wenn der noch eine Bemerkung zu machen wagt, so schlägt sie ihm den Kopf herunter. Der Traum erfüllt ihr auch den recht infantilen Wunsch, »groß«, d. h. erwachsen zu sein und selber Kinder zu haben. Mit diesem Traum erhebt sie sich über ihre große Angst vor dem Vater, wovon ein bedeutender Fortschritt der persönlichen Freiheit und Sicherheit des Gefühles zu erwarten ist.
Als theoretischen Nebengewinn darf man sich diesen Traum als ein deutliches Beispiel für die *kompensatorische Bedeutung und Funktion der Träume* anmerken. Ein solcher Traum kann nicht umhin, ein gewisses Gefühl gesteigerten Selbstbewußtseins zu hinterlassen, was für das persönliche Wohlbefinden von großem Belang ist. Daß die Symbolik dem Bewußtsein des Kindes zunächst undurchsichtig ist, tut wenig zur Sache, indem kein bewußtes Erkennen nötig ist, um aus Symbolen die entsprechenden Gefühlswirkungen herauszuziehen. Es handelt sich hier um *ein Wissen von Ahnungswegen*, das z. B. von jeher die Wirksamkeit religiöser Symbole gesichert hat, welche, um ihre Wirkung entfalten zu können, auch kein bewußtes Erkennen voraussetzen, sondern auf dem Wege ahnungsvollen Gefühles die Seele des Frommen beeinflussen.
In der *V. Sitzung* erzählt das Kind folgenden Traum, den sie seither geträumt hat: »Ich stehe mit meiner ganzen Familie auf dem Dach. Die Fenster der Häuser an der gegenüberliegenden Talseite leuchten wie im Feuer. Die aufgehende Sonne spiegelt sich darin. Plötzlich sehe ich aber, wie ein Haus an der Ecke unserer Straße tatsächlich im Feuer steht. Das Feuer kommt

näher und faßt unser Haus. Ich flüchte auf die Straße, die Mutter wirft mir allerhand nach, ich halte die Schürze hin, unter anderm wirft sie mir auch eine Puppe hinein. Ich sehe, daß am Haus die Steine brennen, das Holz aber bleibt unberührt stehen.«

Die Analyse dieses Traumes stieß auf besondere Schwierigkeiten. Sie erstreckte sich deshalb über 2 Sitzungen. Es würde mich zu weit führen, Ihnen das gesamte zu diesem Traum herausgebrachte Material zu schildern; ich muß mich auch hier ganz auf das Notdürftigste beschränken. Die über den Traumsinn entscheidenden Einfälle setzten ein bei dem sonderbaren Bilde, wie am Haus die Steine brennen und nicht das Holz. »Das ist merkwürdig, wie in einem Märchen« bemerkt dazu die kleine Patientin. Worauf ihr gezeigt wird, daß Märchen auch immer sehr sinnvoll sind. Sie antwortet dagegen: »Aber nicht alle Märchen haben Bedeutung, z. B. das vom *Dornröschen*? Was soll denn das bedeuten?« Die Erklärung auf diese Frage lautete: »Dornröschen mußte 100 Jahre im Zauberschlaf warten, bis es erlöst wurde. Nur der, der mit Liebe alle Schwierigkeiten überwand und kühn die Dornenhecke durchbrach, konnte sie erlösen. So muß man oft lange warten, bis man das bekommt, was man ersehnt.«

Diese Erklärung paßt sich einerseits möglichst dem Verständnis des Kindes an, andererseits steht sie in vollem Einklang mit der Geschichte dieses Märchenmotives, das zunächst deutliche Beziehungen zu einem uralten Frühlings- und Fruchtbarkeitsmythus hat und andererseits ein Problem enthält, das mit der psychologischen Situation eines 11jährigen, etwas frühreifen Mädchens eine ungemein tiefgreifende Verwandtschaft hat. Als ein weiteres Beispiel eines unverständlichen Märchens bringt unsere kleine Patientin das *Schneewittchen.* Wie unschwer zu sehen, gehört das Schneewittchenmotiv zum gleichen Zyklus wie das Dornröschenmotiv. Diese vom Kinde ausgewählten mythischen Stoffe weisen hin auf einen ahnungsvollen Vergleich mit der noch in Winterkälte gefangenen Erde, die der erlösenden Frühlingssonne harrt. Die aus dem Traumbild entwickelte Assoziationsfolge lautet also: »Es geht alles so merkwürdig wie im Märchen, wo der Zauberbann schließlich durchbrochen wird.«

Das nächst zurückliegende Traumbild schildert die Kleine, wie sie in ihrer Schürze die Puppe auffängt. Ihr nächster Einfall belehrt uns, daß ihre Stellung und die ganze Situation im Traum einem bekannten Bild entspricht, wo ein Storch über ein Dorf fliegt, unten stehen die kleinen Mädchen, breiten ihre Schürzen aus und rufen ihm nach, er möge ihnen ein Kindchen bringen. Wozu die Patientin bemerkt, sie selber hätte schon längst gern ein kleines Brüderchen oder Schwesterchen. Nach einer Pause, die hierauf entsteht, kommt ihr ganz abrupt der Einfall: »Als sie 5 Jahre alt gewesen sei, hätte sie sich einmal auf die Straße gelegt und sei von einem Radfahrer mitten über den Unterleib überfahren worden.« Diese höchst unwahrscheinliche Geschichte entpuppt sich, wie zu erwarten, als eine bloße Phantasie, die zur Paramnesie geworden ist. Etwas Derartiges ist natürlich nie vorgekommen, dagegen erfahren wir, daß die kleinen Mädchen in der Schule *sich gegenseitig kreuzweise über den Leib gelegt und dazu mit den Beinen gestrampelt hätten.*

Wer die von *Freud* und mir publizierten Kinderanalysen gelesen hat, der wird in diesem kindlichen Spiel wieder dasselbe *Grundmotiv des Strampelns* erkennen, dem aus der ganzen Situation heraus eine sexuelle Unterströmung zuerkannt werden muß. Dieser, durch unsere früheren Arbeiten belegten Auffassung entspricht der sich hier anschließende weitere Einfall unserer kleinen Patientin: »Ich möcht' halt viel lieber ein lebendiges Kind haben als eine Puppe.« Ich bemerke, daß über die vorhergehenden Einfälle keine Erklärung gegeben wurde.

Diese höchst sonderbaren Materialien, die nach der Storchphantasie vom Kinde herausgebracht werden, weisen auf typische kindliche Ansätze zu einer zukünftigen Sexualtheorie hin, zugleich verraten sie uns den Ort, wo sich die Phantasie des Mädchens gegenwärtig befindet. Diese und andere Indizien ließen den Moment geeignet erscheinen zu einer gründlichen sexuellen Aufklärung. An diese Besprechung, bei welcher das Mädchen ernsthaft zuhörte, schloß sich die ebenso ernsthafte Frage: Ob sie denn wirklich kein Kind bekommen könne? Diese Frage nötigte zur Aufklärung über den Begriff der *sexuellen Reife.*

Die *VIII. Sitzung* eröffnet sie mit der Bemerkung, sie habe jetzt ganz eingesehen, daß es für sie noch nicht möglich sei, ein Kind zu bekommen. Sie habe deshalb auf diesen Gedanken ganz verzichtet. Sie macht aber keinen ganz guten Eindruck. Es stellt sich heraus, daß sie den Lehrer angelogen hat. Sie war nämlich zu spät in die Schule gekommen und hatte dem Lehrer behauptet, sie hätte den Vater begleiten müssen und sei darum zu spät gekommen. In Wirklichkeit war sie aus Trägheit zu spät aufgestanden und hatte sich deshalb verspätet. Sie hat gelogen, um die Gunst des Lehrers durch das Bekenntnis der Wahrheit nicht zu verscherzen. Die plötzlich erlittene moralische Niederlage unserer Patientin verlangt Aufklärung. Dieses plötzliche, auffällige Schwachwerden kann nach psychoanalytischen Grundsätzen eigentlich nur dann erfolgen, wenn der Analysand die momentan unumgängliche Resultante aus der Analyse nicht zieht, sondern sich vielmehr noch andere Möglichkeiten offen hält.

IX. Sitzung: Tatsächlich ist dem so: Patientin hat sich ein wichtiges Beweisstück für ihre Sexualauffassung zurückbehalten und dementiert damit die psychoanalytische Aufklärung über den Begriff der sexuellen Reife: Sie hat verschwiegen, daß in der

Schule ein Gerücht zirkuliert, wonach *ein 11jähriges Mädchen von einem gleichaltrigen Jungen ein Kind bekommen habe.* Dieses Gerücht ist nachgewiesenermaßen auf keine Tatsachen fundiert, sondern eine wunscherfüllende Phantasie dieses Alters. Gerüchte scheinen häufig von dieser Konstruktion zu sein, wie ich in einer kasuistischen Untersuchung über die *Psychologie des Gerüchtes* zu zeigen versuchte. Sie dienen dazu, den unbewußten Phantasien Luft zu schaffen, und entsprechen in dieser Funktion sowohl dem Traum wie dem Mythus. Dieses Gerücht hält einen andern Weg offen: Sie hat es nicht nötig zu warten, man bekommt schon mit 11 Jahren ein Kind. Der Widerspruch zwischen geglaubtem Gerücht und analytischer Aufklärung schafft Widerstände gegen letztere, infolgedessen sie sofort entwertet ist. Mit ihr fallen auch die andern Konstatierungen und Belehrungen, wodurch momentan Zweifel und Unsicherheit entsteht. Dieser Moment ist der Moment des Rezidives.

In der *X. Sitzung* erfolgen wesentliche Nachträge zur Geschichte ihres Sexualproblems. Zunächst kommt ein bedeutsames Traumfragment: »Ich bin mit andern auf einer Waldlichtung, die von schönen Tannen umgeben ist. Es fängt an zu regnen, zu blitzen und zu donnern, und es wurde ganz dunkel. Da sah ich oben in der Luft plötzlich einen Storch.«

Bevor ich auf die Analyse dieses Traumes eingehe, kann ich nicht umhin, auf seine schöne Parallele zu gewissen alten mythologischen Vorstellungen hinzuweisen. Das überraschende Zusammensein von Gewitter und Storch hat allerdings für den, der die *Steinthalschen* Arbeiten, auf die neuerdings *Abraham* wieder aufmerksam gemacht hat, kennt, nichts Überraschendes. Das Gewitter hat seit alters die Bedeutung des erdbefruchtenden Aktes, wobei der Blitz die Rolle des geflügelten Phallus übernimmt. Der Storch ist aber dasselbe, ebenfalls ein geflügelter Phallus, dessen sexualpsychologische Bedeutung jedem Kinde bei uns bekannt ist. Die sexualpsychologische Bedeutung des Gewitters ist allerdings nicht jedermann bekannt, unserer kleinen Patientin jedenfalls sicher nicht. In Anbetracht der ganzen, vorhin geschilderten psychologischen Konstellation dürfte dem Storch unzweifelhaft sexualpsychologische Bedeutung zukommen. Daß mit ihm das Gewitter verknüpft ist und daß demselben dabei ebenfalls sexualpsychologische Bedeutung zukommt, scheint zunächst schwer annehmbar. Wenn wir uns aber daran erinnern, daß die psychoanalytische Erfahrung bis jetzt schon eine Unmasse rein mythologischer Zusammenhänge in den unbewußten seelischen Gebilden nachgewiesen hat, so dürfte der Schluß, daß auch in diesem Falle der sexualpsychologische Zusammenhang vorhanden sei, nicht zu fern liegen. Wir wissen aus andern Erfahrungen schon längst, daß diejenigen unterbewußten Schichten, welche ehemals mythologische Bildungen produzierten, auch im modernen Menschen noch wirksam sind und unaufhörlich produzieren. Nur bleibt die Produktion auf die Träume und die Symptomatologie der Neurosen und Psychosen beschränkt, da die verstärkte *Wirklichkeitskorrektur* des modernen Geistes ihre Projektion ins Reale hindert.

Kehren wir zur Analyse des Traumes zurück! Die Assoziationsfolge, die uns in die Hintergründe des Traumbildes führt, entwickelt sich von der Vorstellung des *Gewitterregens*; sie lautet wörtlich folgendermaßen: »Ich denke an Wasser. – Mein Onkel ist im Wasser ertrunken –, es ist abscheulich, so unten im Wasser zu stecken, in der Dunkelheit, aber das Kind muß doch auch im Wasser ertrinken? – Trinkt es denn das Wasser, das im Bauche ist? – Merkwürdig, als ich krank war, schickte Mama das Wasser zum Arzt. Ich dachte, er mische etwas darein, wie Syrup, woraus Kinder entstehen, und man müsse es trinken.«

Wir sehen durch diese Einfallsreihe, daß auch das Kind sexualpsychologische, sogar speziell Befruchtungsvorstellungen mit dem Gewitterregen verknüpft.

Die nun folgende *XI. Sitzung* ist angefüllt mit der Darstellung infantiler Befruchtungs- und Gebärtheorien, die als nunmehr erledigt abgetreten werden können. Das Kind dachte einmal, daß der Mann seinen Urin in den Leib der Frau hineingebe und daß dadurch der Embryo wachse. So sei das Kind von Anfang an im Wasser, d. h. im Urin. Eine andere Version war, daß der Urin mit dem ärztlichen Syrup getrunken werde, dadurch wachse das Kind im Kopf, man spalte dann den Kopf, um dem Wachstum des Kindes nachzuhelfen, und man habe daher Hüte, um das zu verstecken. Sie hat auch eine derartige Zeichnung verfertigt, auf der sie eine Kopfgeburt darstellt. Diese Idee ist archaisch und hoch mythologisch. Ich erinnere hier nur an die Kopfgeburt der Pallas. An dieser Stelle ist auch zu erwähnen, daß, wie die Mutter beglaubigte, in der voranalytischen Zeit die Patientin einmal behauptete, einen Hampelmann auf dem Kopfe des jüngern Bruders tanzen gesehen zu haben – eine Phantasie, welche dieser Gebärtheorie ihren Ursprung verdanken dürfte.

Eine dritte Version war die Theorie vom Wachstum des Kindes im Magendarmkanal. Die letztere Version besonders hatte, der *Freudschen* Lehre durchaus entsprechend, ihre besondere symptomatische Phänomenologie: Die kleine Patientin hat im Einklang mit der Phantasie, das Kind werde durch Erbrechen geboren, vielfach versucht, Übelkeit und Erbrechen bei sich zu produzieren, und auf dem Klosett förmliche Übungen im Drükken angestellt, um gewissermaßen ein Kind herauszudrücken. Bei dieser Sachlage ist es nun keineswegs erstaunlich, daß in der manifesten Neurose die ersten und hauptsächlichsten Symptome gerade Nauseasymptome waren.

Wir haben nun die analytische Durchleuchtung dieses Falles soweit gefördert, daß wir einen Blick auf das Gesamtergebnis werfen können. Zunächst sehen wir, wie anläßlich gewisser Störungen im Verhältnis zum verehrten Lehrer ein neurotischer Symptomenkomplex auftrat, der in erster Linie den Schulbesuch und sodann auch das körperliche Befinden erheblich in Mitleidenschaft zog. Die namentlich durch Traumanalyse ermöglichte Aufdeckung der Fundamente der Störung gestattete uns einen tiefen Einblick in ein Phantasiegespinnst, dessen Zentrum die Sexualfrage ist. Die Psychoanalyse brachte dieses Problem an die Oberfläche des Bewußtseins und löste es durch eine Reihe von Aufklärungen. Dadurch wurde ein ausgesprochener intellektueller Fortschritt und eine weitgehende Beruhigung des Mädchens erzielt. Die günstigen Folgen blieben nicht aus. Das Kind ist jetzt zur besten Schülerin der Klasse geworden, und seine Neurose hat sich verloren.
Ich kann mir nicht einbilden, daß die notwendigerweise fragmentarische Darstellung einer psychoanalytischen Behandlung einen allzu überzeugenden Eindruck mache. Ein Vertreter der Psychoanalyse muß heutzutage zufrieden sein, wenn er angehört und nicht übertönt wird vom Vorwurf absolutester Unwissenschaftlichkeit. Gegen diesen lähmenden Vorwurf gibt es keine Waffen, denn bloß Meinungen lassen sich verteidigen, nicht aber Tatsachen. Wer die Schwierigkeiten der Darstellung komplizierter individualpsychologischer Zusammenhänge kennt, der wird es verstehen, daß mein Referat keineswegs zu überzeugen, sondern höchstens anzuregen hofft. Das, was die streitigen Probleme der Psychoanalyse zur Klärung bringen kann, ist nicht erregte Diskussion, sondern stille Forscherarbeit.

2. *Karl Abraham*: Zur Psychogenese der Straßenangst im Kindesalter

Bei Neurotischen, welche sich ängstigen, ohne die Begleitung bestimmter Personen die Straße zu betreten, findet man sehr gewöhnlich eine zweite Phobie: die Angst vor dem Alleinsein im Hause. Es handelt sich um Menschen, denen ihr Unbewußtes nicht gestattet, sich aus dem Bannkreis derjenigen Personen zu entfernen, an welche ihre Libido sich fixiert hat. Jeder Versuch dieser Kranken, dem Verbot ihres Unbewußten zuwiderzuhandeln, rächt sich durch einen Angstzustand.
Ein fünfjähriger Knabe, mit beiden genannten Phobien behaftet, lieferte kürzlich ganz spontan — also nicht etwa auf ärztliches Befragen — eine Bestätigung dieser psychoanalytischen

Erfahrung. Die Äußerung des Kleinen ist in ihrer Bestimmtheit und lapidaren Kürze so erstaunlich, daß ich sie hier mitteilen und mit einigen Worten kommentieren möchte.

Der Knabe ist infolge seiner heftigen Angst nicht zu bewegen, die elterliche Wohnung allein zu verlassen, um die im Nebenhause wohnenden Verwandten zu besuchen, obwohl er zu diesem Behuf nicht einmal die Straße zu überschreiten braucht. Ebenso ängstigt er sich, wenn seine Mutter die Wohnung verläßt, obwohl dann das Kinderfräulein bei ihm bleibt. Neuerdings weigert er sich auch, in Begleitung des Kinderfräuleins spazierenzugehen.

Als nun die Mutter den Knaben einmal aufforderte, in Begleitung des Kinderfräuleins einen Spaziergang zu machen, widersetzte er sich und erklärte in bestimmtem Tone: *»Ich will kein Spazierkind sein, ich will ein Mutterkind sein.«*

Der Ausspruch ist nach mehreren Richtungen hin bemerkenswert. Der Knabe betont den Wunsch nach einer möglichst innigen Verknüpfung mit seiner Mutter (»Mutterkind«). Er lehnt es ab, an der Hand einer von ihm nicht geliebten Person zu gehen (»Spazierkind« zu sein). Besonders muß aber auffallen, daß der Knabe nicht von seiner Angst, sondern von einem *Wollen* redet. Man wird die Bedeutung der Fixierung des Knaben an seine Mutter nicht verkennen; aber man wird die Frage aufwerfen, wie denn die Phobie zustande komme, wenn doch der Wunsch, »ein Mutterkind zu sein«, dem Bewußtsein des Knaben so wenig entfremdet sei.

Der Einwand ist unschwer zu entkräften. Nach Freuds Neurosenlehre ist es nicht sowohl der Wunsch des Kindes nach dem Beisammensein mit der Mutter, der der Verdrängung verfällt, als vielmehr der inzestuöse Wunsch nach sexueller Inbesitznahme der Mutter. Eine zweite Äußerung des Knaben, welche aus denselben Tagen wie die obige stammt, bringt die Bestätigung dieser Auffassung. Sie zeigt, daß der Kleine im Kampfe mit dem Ödipuskomplex liegt und daß ihn der Wunsch, die Mutter allein zu besitzen, beherrscht.

Der Vater des Kleinen war für mehrere Tage verreist. Während dieser Zeit durfte der Knabe zur Seite der Mutter, im Bett des Vaters, schlafen. Als ihm die Mutter eines Morgens mitteilte, der Vater werde an diesem Tage zurückkehren, erwiderte er: *»Es wäre doch viel schöner, wenn der Papa gar nicht von der Reise zurückkäme.«* Er brachte in diesen Worten den Todeswunsch gegen den Vater und den Anspruch, neben der Mutter zu schlafen, in unzweideutiger Weise zum Ausdruck.

Beide angeführten Äußerungen des Knaben enthalten ein naives Zugeständnis infantiler Wünsche. Beide tragen dennoch schon deutlich den Stempel der Verdrängung, und es läßt sich erweisen, daß unter den offen geäußerten eine tiefere Schicht

unausgesprochener Wünsche lagert. Diese entspricht dem Ödipuskomplex.
Solche Beobachtungen aus frühen Entwicklungsstadien der Neurose sind im besonderen Maße geeignet, die Anschauungen zu stützen, die wir durch die Psychoanalyse voll entwickelter Neurosen unter großen Schwierigkeiten gewonnen haben.

3. *Hans Zulliger*: Psychoanalyse und die Entwicklung und Erziehung des Gewissens

Meine Damen und Herren!
Sigmund Freud, der so oft von der wissenschaftlichen Welt Mißverstandene und Angezweifelte, hat schon von allem Anfang der Psychoanalyse an gewußt und in Berücksichtigung gezogen, daß im Menschen neben dem Triebhaften auch jene höheren Funktionen wirksam sind, von denen seine Widersacher behaupteten, er stelle sich ihnen gegenüber blind oder gar, er leugne sie. Wie wäre jemand dazu gekommen, von einer *Traumzensur* zu sprechen, der nicht erkannt hätte, es arbeiteten bedeutsame Kräfte gegen die verborgenen, hintergründigen Wünsche des Träumers, also sogar beim Schläfer, dessen bewußte Überwachung weitgehend ausgeschaltet ist. Wie kämen unsere *Fehlhandlungen* zustande, wenn uns nicht eine mächtige seelische Instanz zum Bekenntnis der Wahrheit drängte, etwa im Sich-Versprechen unsere geheimsten Gedanken zu verraten. Es ist Freud, der uns die Psychologie der Fehlhandlungen klargelegt hat. Und wie denn können *Neurosen* entstehen und in ihrer Dynamik verstanden werden, wenn den Triebansprüchen kein Damm entgegenstände, so daß unser Unbewußtes zu Kompromissen gezwungen wird und Symptome produziert, die zugleich Befriedigung und Strafe zum Inhalt haben. Freud hat uns diesen Kampf und Krampf gegen strebende Kräfte verständlich gemacht, und er ist es gewesen, der einst jenen hochwichtigen Satz aussprach, der Mensch sei in seinem Unbewußten wohl viel unmoralischer, als er gerne wahrhaben und eingestehen möchte. Zugleich aber sei er auch viel moralischer, als er wisse.[1]
Es ist Freud gewesen, der die glänzende Abhandlung »Das Ich und das Es« verfaßt und darin erörtert hat, wie die Ich-Funktionen bis ins Unbewußte reichen und, regulierend, oft streng, mitunter überstreng, den inneren Richter spielen. Wahrhaftig, wer die Freudschen Schriften liest, der stößt überall darauf, daß ihr Autor das Gewissen sehr wohl kennt und um seine Bedeutung weiß. Zwar hat Freud zu Beginn seiner Forschung und der

1 vgl. *S. Freud*: »Das Ich und das Es«, Werke Bd. XIII, S. 282.

praktischen psychoanalytischen Tätigkeit hauptsächlich den Triebverhältnissen seine volle Aufmerksamkeit geschenkt. Er betrat da Neuland, das zu ergründen es ihn drängte, denn er war Arzt und stand einer Heilaufgabe gegenüber; er wollte Neurotiker gesund machen, und er hatte immer wieder beobachten können, daß sie an Triebverstrickungen litten. Aus seiner praktischen Tätigkeit ergaben sich die psychoanalytischen Theorien, die nur stückweise aufgebaut werden konnten und die Freud immer wieder ergänzte und korrigierte; er scheute sich in seiner harten Ehrlichkeit nicht, dies zu tun, unbekümmert um einen etwaigen Prestigeverlust in den Augen anderer. Auch dann, als er sich in seinen späteren Forscherjahren stärker der Ergründung der Ich-Funktion zuwandte, stieß er auf völlig neue Tatbestände, in deren Verknüpfungen und Verstrickungen er Licht zu bringen suchte.

Wir wollen uns zwei Stellen aus Freuds Schriften vor Augen halten, in denen er über das Gewissen spricht. Die erste ist aus »Totem und Tabu« zitiert. Sie lautet:

»Wir erinnern uns ... der durch ihre Unklarheit verwirrenden Auskunft, welche uns Wundt über die Doppelbedeutung des Wortes Tabu: heilig und unrein, geboten hat. Ursprünglich habe das Wort Tabu heilig und unrein noch nicht bedeutet, sondern habe das Dämonische bezeichnet, das nicht berührt werden darf, und somit ein wichtiges, den beiden extremen Begriffen gemeinsames Merkmal hervorgehoben, doch beweise diese bleibende Gemeinschaft, daß zwischen den beiden Gebieten des Heiligen und des Unreinen eine ursprüngliche Übereinstimmung obwalte, die erst später einer Differenzierung gewichen sei.

Im Gegensatz hierzu leiten wir aus unseren Erörterungen mühelos ab, daß dem Worte Tabu von allem Anfang an die erwähnte Doppelbedeutung zukommt, daß es zur Bezeichnung einer bestimmten Ambivalenz dient und alles dessen, was auf dem Boden dieser Ambivalenz erwachsen ist. Tabu ist selbst ein ambivalentes Wort, und nachträglich meinen wir, man hätte aus dem festgestellten Sinne dieses Wortes allein erraten können, was sich als Ergebnis weitläufiger Untersuchung herausgestellt hat, daß das Tabuverbot als das Resultat einer Gefühlsambivalenz zu verstehen ist. Das Studium der ältesten Sprachen hat uns belehrt, daß es einst viele solche Worte gab, welche Gegensätze in sich faßten, in gewissem – wenn auch nicht in ganz dem nämlichen Sinne – wie das Wort Tabu ambivalent waren. Geringe lautliche Modifikationen des gegensinnigen Urwortes haben später dazu gedient, um den beiden hier vereinigten Gegensätzen einen gesonderten sprachlichen Ausdruck zu schaffen.

Das Wort Tabu hat ein anderes Schicksal gehabt; mit der abnehmenden Wichtigkeit der von ihm bezeichneten Ambivalenz ist es selbst, respektive sind die ihm analogen Worte aus dem

Sprachschatz geschwunden. Ich hoffe, in späterem Zusammenhange wahrscheinlich machen zu können, daß sich hinter dem Schicksal dieses Begriffes eine greifbare historische Wandlung verbirgt, daß das Wort zuerst an ganz bestimmten menschlichen Relationen haftete, denen die große Gefühlsambivalenz eigen war, und daß es von hier aus auf andere, analoge Relationen ausgedehnt wurde.

Wenn wir nicht irren, so wirft das Verständnis des Tabu auch ein Licht auf die Natur und Entstehung des Gewissens. Man kann ohne Dehnung der Begriffe von einem Tabugewissen und von einem Tabuschuldbewußtsein nach Übertretung des Tabu sprechen. Das Tabugewissen ist wahrscheinlich die älteste Form, in welcher uns das Phänomen des Gewissens entgegentritt.

Denn was ist ›Gewissen‹? Nach dem Zeugnis der Sprache gehört es zu dem, was man am gewissesten weiß; in manchen Sprachen scheidet sich seine Bezeichnung kaum von der des Bewußtseins.

Gewissen ist die innere Wahrnehmung von der Verwerfung bestimmter in uns bestehender Wunschregungen; der Ton liegt aber darauf, daß diese Verwerfung sich auf nichts anderes zu berufen braucht, daß sie ihrer selbst gewiß ist. Noch deutlicher wird dies beim Schuldbewußtsein, der Wahrnehmung der inneren Verurteilung solcher Akte, durch die wir bestimmte Wunschregungen vollzogen haben. Eine Begründung erscheint hier überflüssig; jeder, der ein Gewissen hat, muß die Berechtigung der Verurteilung, den Vorwurf der vollzogenen Handlung in sich verspüren. Diesen nämlichen Charakter zeigt aber das Verhalten der Wilden gegen das Tabu; das Tabu ist ein Gewissensgebot, seine Verletzung läßt ein entsetzliches Schuldgefühl entstehen, welches ebenso selbstverständlich wie nach seiner Herkunft unbekannt ist.«

Hier fügt Freud in einer Fußnote bei: »Es ist eine interessante Parallele, daß das Schuldbewußtsein des Tabu in nichts gemindert wird, wenn die Übertretung unwissentlich geschah . . ., und daß noch im griechischen Mythus die Verschuldung des Ödipus nicht aufgehoben wird dadurch, daß sie ohne, ja gegen sein Wissen und Wollen erworben wurde.«

Alsdann fährt Freud folgendermaßen in seiner Erörterung fort: »Also entsteht wahrscheinlich auch das Gewissen auf dem Boden einer Gefühlsambivalenz aus ganz bestimmten menschlichen Relationen, an denen diese Ambivalenz haftet, und unter den für das Tabu und die Zwangsneurose geltend gemachten Bedingungen, daß das eine Glied des Gegensatzes unbewußt sei und durch das zwanghaft herrschende andere verdrängt erhalten werde. Zu diesem Schlusse stimmt mehrerlei, was wir aus der Analyse der Neurose gelernt haben. Erstens, daß im Charakter der Zwangsneurotiker der Zug der peinlichen Gewissenhaftig-

keit hervortritt als Reaktionssymptom gegen die im Unbewußten lauernde Versuchung, und daß bei Steigerung des Krankseins die höchsten Grade von Schuldbewußtsein von ihnen entwickelt werden. Man kann in der Tat den Ausspruch wagen, wenn wir nicht an den Zwangskranken die Herkunft des Schuldbewußtseins ergründen können, so haben wir überhaupt keine Aussicht, dieselbe zu erfahren. Die Lösung dieser Aufgabe gelingt nun beim einzelnen neurotischen Individuum; für die Völker getrauen wir uns eine ähnliche Lösung zu erschließen.
Zweitens muß es uns auffallen, daß das Schuldbewußtsein viel von der Natur der Angst hat; es kann ohne Bedenken als ›Gewissensangst‹ beschrieben werden. Die Angst deutet aber auf unbewußte Quellen hin; wir haben aus der Neurosenpsychologie gelernt, daß, wenn Wunschregungen der Verdrängung unterliegen, deren Libido in Angst verwandelt wird. Dazu wollen wir erinnern, daß auch beim Schuldbewußtsein etwas unbekannt und unbewußt ist, nämlich die Motivierung der Verwerfung. Diesem Unbekannten entspricht der Angstcharakter des Schuldbewußtseins.«[2]
Freud betrachtet demnach das Gewissen als ein Kräftegefüge, das sich am Anfang der menschlichen Kultivierung aufbaute, also aus einem sozialpsychologischen und sozialhistorischen Erwerb, und als ein Etwas, das als Anlage von den Vätern auf die Kinder vererbt wird. Gerade die Psychoanalyse hat uns gezeigt, daß nichts aus dem Nichts entsteht. Folglich kann auch die Fähigkeit, ein Gewissen zu bilden, nicht aus dem Nichts entstanden sein; die Natur, das überall im All waltende Normgesetz — wir könnten auch sagen: Gott — gibt dem Kinde die Möglichkeit in die Wiege, ein Gewissen zu entwickeln. Wie dieser Satz verstanden werden muß, darüber wollen wir uns später unterhalten und uns jetzt erst über einen anderen Passus in Freuds Werk orientieren, wo er über das Gewissen spricht. Er steht in »Neue Folge der Vorlesungen zur Einführung in die Psychoanalyse« verzeichnet und lautet:
»Wir verkennen das Stück psychologischer Wahrheit keineswegs, das in der Behauptung, das Gewissen sei göttlicher Herkunft, enthalten ist, aber der Satz bedarf der Deutung. Wenn das Gewissen auch etwas ›in uns‹ ist, so ist es doch nicht von Anfang an. Es ist so recht ein Gegensatz zum Sexualleben, das wirklich vom Anfang des Lebens an da ist und nicht erst später hinzukommt. Aber das kleine Kind ist bekanntlich amoralisch, es besitzt keine inneren Hemmungen gegen seine nach Lust strebenden Impulse. Die Rolle, die späterhin das Über-Ich übernimmt, wird zuerst von einer äußeren Macht, von der elter-

2 *S. Freud:* »Totem und Tabu«, Werke Bd. IX, S. 83 ff.

lichen Autorität, gespielt. Der Elterneinfluß regiert das Kind durch Gewährung von Liebesbeweisen und durch Androhung von Strafen, die dem Kinde den Liebesverlust beweisen und an sich gefürchtet werden müssen. Diese Realangst ist der Vorläufer der späteren Gewissensangst; solange sie herrscht, braucht man von Über-Ich und von Gewissen nicht zu reden. Erst in weiterer Folge bildet sich die sekundäre Situation aus, die wir allzu bereitwillig für die normale halten, daß die äußere Abhaltung verinnerlicht wird, daß an die Stelle der Elterninstanz das Über-Ich tritt, welches nun das Ich genauso beobachtet, lenkt und bedroht wie früher die Eltern das Kind.

Das Über-Ich, das solcherart die Macht, die Leistung und selbst die Methoden der Elterninstanz übernimmt, ist aber nicht nur der Rechtsnachfolger, sondern wirklich der legitime Leibeserbe derselben. Es geht direkt aus ihr hervor, wir werden bald erfahren, durch welchen Vorgang. Zunächst müssen wir jedoch bei einer Unstimmigkeit zwischen beiden verweilen. Das Über-Ich scheint in einseitiger Auswahl nur die Härte und Strenge der Eltern, ihre verbietende und strafende Funktion aufgegriffen zu haben, während deren liebevolle Fürsorge keine Aufnahme und Fortsetzung findet. Haben die Eltern wirklich ein strenges Regiment geführt, so glauben wir es leicht begreiflich zu finden, wenn sich auch beim Kind ein strenges Über-Ich entwickelt, aber die Erfahrung zeigt, gegen unsere Erwartung, daß das Über-Ich denselben Charakter unerbittlicher Härte erwerben kann, auch wenn die Erziehung milde und gütig war, Drohungen und Strafen möglichst vermieden hat.«[3]

Damit sind wir nun auf einen sehr merkwürdig erscheinenden Tatbestand gestoßen. Trotz einer milden, das Kind nicht überfordernden und nicht frustrierenden Erziehung kann ein überstarkes Gewissen entstehen. Woher kommt es? Des Rätsels Lösung besteht darin, daß gewisse Inhalte des Gewissens ebenso wie die urtümliche Fähigkeit, ein individuelles Gewissen zu bilden, also die Gewissensanlage zu besitzen, durch Erbfaktoren begründet sind, durch in uns eingeritzte gesetzgebende Erinnerungsspuren, die tief in die Menschheitsgeschichte zurückreichen und dem kollektiven Unbewußten angehören, also ein Bestandteil aller Menschen sind.

Aller Menschen? Gibt es unter ihnen denn nicht auch solche, die ihr Leben lang kein Gewissen zeigen? Da sind gewisse Kategorien der Oligophrenen, der Mindersinnigen, Schwachsinnigen. Sie verhalten sich völlig gewissenlos, und nicht einmal die Gewöhnung und Dressur setzen bei ihnen an. Man kann sie nur in Bewahranstalten versorgen, um die Gesellschaft vor ihnen zu schützen. Und dann sind uns die narzißtisch-triebhaften Cha-

3 *S. Freud:* »Neue Folge der Vorlesungen zur Einführung in die Psychoanalyse«, Werke Bd. XV, S. 67 f.

raktere bekannt, die sogenannten Hochstapler. Sie verfügen gewöhnlich über keine geringe Intelligenz, ab und zu sind sie sogar intellektuell überdurchschnittlich begabt, aber sie verwenden ihre geistigen Fähigkeiten ausschließlich dazu, die Mitmenschen hinters Licht zu führen und auszunutzen, und sie tun es ohne die geringsten Gewissensbisse. Schon unter den Halbwüchsigen kann man mitunter jene Typen beobachten, die man früher als Vertreter der »moral insanity« kennzeichnete; und man vermag sie auch nicht mit psychotherapeutischen Methoden von ihrem Manko zu befreien. Das Erstaunliche bei ihnen besteht darin, daß sie — ihr Manko abgezählt — völlig »normale« Menschen, aber trotzdem für die Gemeinschaft untragbar sind.

Um in der Gemeinschaft existieren zu können, bedarf der Mensch eines Gewissens. Ansonsten verhält er sich asozial oder antisozial. Und auch ihn muß man, damit er nicht zum Schädling werde, absondern, versorgen; es sei denn, daß man ihn in ein Milieu bringe, das ihm nur übrig läßt, entweder unterzugehen oder nachträglich doch noch etwas wie ein Gewissen zu bilden. Es sei hier daran erinnert, wie die Engländer einst mit ihren Verbrechern vorgegangen sind. Sie setzten sie an den unwirtlichen Küsten Australiens aus. Hier sahen sie sich gezwungen, sich zu vergesellschaften, um bestehen zu können. Wer es nicht tat, ging völlig allein und einsam im Kampf gegen die Unbill der Natur, die feindlichen Ureinwohner unter. Und allmählich entwickelte sich aus der einstigen Verbrecherschar ein Kulturvolk mit blühenden Städten und einer beachtlichen Kultur.

In ähnlicher Weise sind wir in vergangenen Zeiten mit den Tunichtguten aus unseren Kreisen verfahren: wir exportierten sie nach Amerika. Dort waren sie, um ein bildhaftes Wort zu benutzen, auf den Grundsatz gestellt: Friß Vogel oder stirb! — ähnlich wie die Städtegründer in Sidney, Adelaide usw. Manch einer unter ihnen, wohl die Mehrzahl, schlug sich durch. Dies konnte nur dadurch geschehen, daß sie sich mindestens ein Stück weit ihren Mitmenschen anpaßten, gewisse Verzichte in bezug auf ihren Egoismus leisteten und damit Freunde erwarben und einer Gemeinschaft teilhaftig wurden, an deren Spielregeln sie sich hielten, Rücksichten nahmen, etwas wie ein Gewissen bildeten, vielleicht gar eines, das wir als normal bezeichnen dürfen.

Um ein Gewissen bilden zu können, das heißt, um den Gewissenskeim, die in der Wiege erhaltene Anlage auszubilden, zu entwickeln, sie mit einer bestimmten Form, mit einem gültigen Inhalt auszufüllen, Normen zu empfinden, an die man sich zu halten hat, bedarf der Mensch eines *Partners*. Das Gewissen, sagten wir, sei eine sozialpsychologische Erscheinung oder Funktion, und der Mensch müsse an einen Partner gebunden

sein. Die Bindung ist entweder auf *Liebe* oder auf *Angst* gegründet, in den meisten Fällen wohl auf beide Faktoren.
Ein etwa zweieinhalbjähriges Büblein steht allein vor dem Spalierkirschbaum im Garten. Die Früchte sind schon rot, und man sieht dem Kleinen an, daß es ihn gelüstet, davon zu pflücken. Er sagt aber zu sich selber: »Nicht nehmen, hat Mutti nicht gern, wird traurig«, und er trollt sich von dannen. — Eine ungefähr Gleichaltrige in ähnlicher Situation klopft sich strafend auf das begehrliche Händchen und äußert: »Mutti gibt Schläge, Mädi« — das heißt Mädchen — »darf nicht nehmen.«
Beide Kinder gaben Gewissensregungen Ausdruck. Der Knabe widersteht einer Regung, die ihm das Gewissen darum verbietet, weil die Mutter einen Wunsch ausgesprochen hat; der Knabe möchte die geliebte Mutter nicht betrüben. »Hat Mutti nicht gern, wird traurig«, sagt er. Und wir gehen nicht fehl, wenn wir sein Verhalten vor dem Baume als Ausfluß der *Liebe* auffassen. Anders ist es bei dem Mädchen. Es nimmt eine erwartete Strafe voraus, und seine Gewissensregung, so plastisch dargestellt, entspricht der Strafangst. Seine strafende Hand ist gleichsam die der Mutter, die in Funktion tritt, falls das Kind einem ihrer Verbote zuwiderhandelt. Die Mutter würde das Kind, wie es wohl aus Erfahrung wissen kann, auf die Händchen schlagen, falls es seinem Wunsche stattgäbe, von den Früchten zu naschen. Zweifellos liebt es seine Mutter auch, ebensogut wie der Knabe, aber seine Gewissenhaftigkeit ist eher auf *Straferwartung* als auf dem Bestreben aufgebaut, der Mutti kein Leid zu bereiten, so wie es der Wunsch des Knaben ist.
Gewissen entsteht also einesteils aus dem Bedürfnis nach Rücksichtnahme; wir können es gelegentlich schon bei sehr jungen Kindern wirksam sehen. Andernteils entsteht es aus peinlichen Erfahrungen, die einem gefürchteten Liebesverlust entsprechen.
Wenn sich ein kindliches Gewissen fast ausschließlich auf Strafangst aufbaut, können wir in der Kinderstube sogar nicht selten ein Phänomen beobachten, das der *Projektion* und dem *Sündenbock-Prinzip* entspricht. — Eine Mutter hat ihr Söhnchen hauptsächlich mit harten Strafen dressiert und gewissenhaft machen wollen. Eines Tages geht sie zu einer Besorgung aus und läßt den ungefähr Dreijährigen zu Hause allein. Als sie zurückkommt, sieht sie das Kanarienvögelchen tot auf dem Stubenboden liegen. Blaß vor Schrecken errät sie, der Kleine habe es umgebracht, und sie stellt ihn zur Rede. Mit empörtem Gesichtchen meldet er: »Mani« — so heißt das Vögelchen — »hat Zucker genascht; das darf man nicht, Zucker naschen. Ich habe Mani bestraft.« Wirklich, die Zuckerdose auf dem Stubentisch war geleert, aber es war gewiß nicht das Vögelchen, sondern der Kleine selber gewesen, der hinter die Dose geraten war und der Versuchung nicht widerstehen konnte. Nachträglich hatte sich bei

ihm dann das Gewissen geregt. Jetzt begann ein etwas komplizierter seelischer Vorgang. Die Gewissensangst veranlaßte den Knaben, der sich noch völlig im Alter des magisch-animistischen und totemistischen Denkens und Auffassens befand, zur *Projektion der Schuld,* um sie von sich abzuwenden. Er verschob die Schuld auf den Vogel, und er bestrafte ihn dafür mit dem Tode. Damit war für den Knaben die Sache abgetan, in Ordnung.

Der Vorfall erinnert uns an Bräuche bei den alttestamentlichen Israeliten. Um das Mißfallen und die Strafe Jehovas ihrer Sünden wegen von sich abzulenken, projizierten sie diese auf einen Sündenbock, ein Tier, das sie in die Wüste hineinjagten oder das sie, wenn es zurückkam, über einen Felsen hetzten, so daß es zerschmetterte. Auch andere Völker, selbst neuzeitliche, haben Ähnliches getan. Nur waren die Sündenböcke nicht Tiere sondern Menschen, so etwa in den Südstaaten Nordamerikas die Neger, bei den europäischen Pogromen die Juden, im Mittelalter die Hexen, die Ketzer, bei den Indern die Parias. Den Objekten der Schuldprojektion wird alles Schlechte, Schlimme, Unmoralische zugetraut, und darum werden sie verachtet und oft auch gehaßt, während man sich ihnen gegenüber hoch erhaben vorkommt. Die Ungerechtigkeit, die in der Schuldprojektion inbegriffen ist, wird als solche vom Gewissen der Projizierenden nicht empfunden. Man fühlt nur die vollständige Entlastung seines eigenen Gewissens. Diese Vorgänge können wir besonders beim Umgang mit Kindern recht häufig beobachten.

Der fünfjährige Max hat von seiner Mutter Stubenarrest bekommen, weil er in einem unbewachten Augenblick hinter den Küchenschrank geriet und eine große Tüte mit Mehl auf den Steinboden fallen ließ. Die Tüte zerplatzte, das Mehl war nicht mehr verwendbar. Nachdem Max wieder hinaus darf ins Freie, trifft sein erster Blick auf sein vierjähriges Schwesterchen Trudi. Max bleibt einen Augenblick stehen, als ob er sich auf etwas besänne, dann läuft er zum Schwesterchen hin und verabreicht ihr eine schallende Ohrfeige. Die Mutter hat den Vorfall durchs Fenster gesehen, kommt, ruft Max und stellt ihn zur Rede: »Warum schlägst du Trudi?« erkundigt sie sich. »Sie nascht halt immer«, gibt der Knabe empört zur Antwort, »sie hat Papiersäcke aus dem Küchenschrank genommen und zerplatzen lassen; dafür habe ich ihr jetzt eines gegeben.« »Du hast naschen wollen und du hast eine Tüte zerplatzen lassen, nicht die Trudi«, berichtigt die Mutter. Max reißt die Augen erschrocken auf, dann sieht er so aus wie jemand, der sich nach einem Augenblick der Panik wieder aufgefangen hat. Seine Mimik wechselt, und Max erwidert: »Aber Trudi hat viele Papiersäcke genommen und kaputt gemacht!« Dies behauptet er in aller Bestimmtheit, zeigt keinesfalls Reue, wird sich seines ungerechten Tuns nicht bewußt und fügt nur bei: »Du hast mich ja auch bestraft.« — Wir sehen bei Max wieder den Vorgang der Projektion, ähnlich wie bei dem Töter des Kanarienvogels; und wir sehen nebenbei, daß Gerechtigkeit für das kleinere Kind bedeutet: Meine Geschwister sollen es gleich schlecht haben wie ich, ja, womöglich noch schlechter. Max straft die Trudi viel härter, als er von seiner Mutter bestraft worden ist. Und er straft das Schwesterchen für eine angedichtete gewissenswidrige Tat, die er selber begangen hat und die er in bezug auf Trudi vergrößert. Außerdem reagiert er seinen Ärger über die erlittene Strafe ab, indem er seine Straftat und seine wohl nicht völlig erledigten Schuldgefühle auf das Schwesterchen projiziert und an ihm ahndet.

Wir sind bei der Betrachtung des Projektionsvorganges auf die Tatsache gestoßen, daß das Gewissen keine sehr einfache Organisation ist und daß es mit Mechanismen arbeitet, die seinem Träger unbewußt sind.

Der kleine Mann mit dem Kanarienvogel und Max begingen ihre Schuldprojektion nicht mit bewußter Absicht, nicht vorsätzlich, nicht zum gewünschten und klar erkannten Zwecke, sich von der eigenen Schuld zu befreien. Es war ihr Unbewußtes, welches als Anteil des Gewissens die Projektion zustande brachte.

Und schon jetzt ahnen wir, wie kompliziert das Gefüge ist, das wir als Gewissen bezeichnen, und daß wir gut daran tun, nicht auf jene terribles simplificateurs zu hören, welche behaupten, das Gewissen sei dem Menschen fix und fertig, als etwas Kleinodhaftes, Vollkommenes geschenkt, das ihm von der Wiege an mit absoluter Sicherheit mitteile, was gut und böse, schlecht und recht oder erlaubt und unerlaubt ist.

Wir sehen unbewußte Kräfte bei Gewissensäußerungen auch dann am Werk, wenn ein Kind eine begangene Straftat, eine gewissenswidrige Tat bagatellisiert und durch eine weniger strafwürdige ersetzt.

Die zweijährige Margret kommt zum Vater gelaufen und weist ihm ihr altes Püppchen vor. »Nase ab«, erklärte die Kleine mit klagendem Tone. Der Vater weiß, daß an dem Porzellanpüppchen schon längst die Nase weggeschlagen ist, und er wundert sich, daß Margret dies erwähnt. Sie erklärt weiter: »Margret hat Püppchen Nase abgeschlagen.« »Nein«, erwidert der Vater, »das hast du nicht getan. Die Nase war schon weg, als du das Püppchen von deiner älteren Schwester Anna bekamst.« Margret macht ein hoffnungsvolles Gesichtchen: »Macht nichts, daß Nase ab ist?« fragt sie. Der Vater lächelt. »Nein, das macht nichts«, beruhigt er die Kleine und streichelt ihr über den Scheitel. Sie stößt einen Seufzer der Erleichterung aus und geht davon. Dann kommt die Mutter aus dem Hause, tritt zum Vater und fragt, die irdene Teekanne in den Händen: »Sag, Arthur, hast du das gemacht?« Sie weist die Kanne vor, der röhrenartige Ausguß ist weggeschlagen. Der Gatte ist verwundert. »Ich? Wie käme ich dazu«, sagte er kopfschüttelnd, und dann fällt ihm blitzartig sein vorheriges Gespräch mit Margret ein. Man holt sie herbei, und jetzt, da sie die Kanne sieht, gerät die Kleine in Angst und beginnt zu heulen. »Papa hat gesagt, macht nichts«, verteidigt sie sich. Wir erkennen: Die kleine Margret hatte unbefugterweise mit der Teekanne gespielt und den Ausguß abgeschlagen. Darum geriet sie in Gewissensnot; sie fürchtete, der Beschädigung wegen bestraft zu werden. Wie rettet sie sich aus ihrer Straferwartungsangst? Sie setzt an die Stelle der größeren oder gröberen Straftat eine andere geringfügigere, gar eine, die sie gar nicht begangen hat. Margret bildet sich nur ein, sie begangen zu haben, um damit die wirklich begangene in den Hintergrund ihres Bewußtseins zu schieben. Nicht daran ist sie interessiert, ob sie dem Püppchen die Nase abgeschlagen habe oder nicht, vielmehr daran, was der Vater dazu sagt — und er sagt: »Macht nichts.« Dieses »Macht nichts« will sie hören und sie bezieht es eigentlich nicht auf die beschädigte Puppe sondern auf den Teetopf. Margret wollte von ihrem Vater Absolution erhalten. Sie verschiebt desssen »Macht nichts« auf die Kanne, die sie beschädigt hat, und darum wiederholt sie Vaters Ausspruch, als die Mutter den Topf in den Händen hat, so daß sich das kleine Mädchen wiederum genau daran erinnern muß, was wirklich geschehen ist. Ihrem Vater hatte die kleine Margret eigentlich sagen wollen: Ich habe nicht etwa den Teetopf beschädigt, sondern nur dem alten Püppchen die Nase weggeschlagen; nicht wahr, lieber Papa, das ist kein so sehr großes Verbrechen. Und der Vater bestätigt, was das Töchterchen wahrhaben wollte. Da schwieg das Gewissen Margrets, es war beruhigt. Kinder benutzen viel häufiger als wir glauben die Bagatellisierung der Straftat in der Art, wie wir es bei Margret sahen. Es geschieht dies immer nach dem gleichen Schema. Die eigentliche Tat wird geleugnet und durch eine weniger bedenkliche ersetzt.

Ich sah einst ein älteres Mädchen, das ein Frankenstück entwendet hatte und das, als man den Diebstahl entdeckte und es deswegen zur Rede stellte, in auffälliger Art immer wieder äußerte: »Ich habe nur den Franken gestohlen!« Diese Versicherung konnte man so deuten, daß das Mädchen sagen wollte, es habe nicht noch viel mehr Geld entwendet. Dann jedoch stellte sich heraus, daß es zwei Bauernhäuser angezündet hatte. Der Ausspruch »Ich habe nur den Franken gestohlen« bedeutete also: Ich habe nicht noch viel Schlimmeres, Strafwürdigeres getan. Und der Frankendiebstahl diente der Bagatellisierung der bedeutsameren Straftat. Ich erwähne diesen Fall, um anzudeuten, wie weit bei Kindern die Verharmlosung, die Bagatellisierung aus

Gewissensgründen gehen kann, und daß sich hinter einer geringfügigen Straftat manchmal eine viel gewichtigere verbirgt. Es sei nochmals darauf hingewiesen, daß das Verschieben einer argen Straftat auf eine unbedeutendere nicht mit bewußtem Willen geschieht und daß es als ein unbewußter Vorgang zum Zwecke der Gewissenserleichterung verstanden werden muß.
Das, was ich Bagatellisierung nannte, hat nämlich auch ein *Geständnis* zum Inhalt. Wenn die kleine Margret sich beschuldigt, dem Püppchen die Nase weggeschlagen zu haben, dann möchte sie eigentlich dem Vater gestehen, sie habe etwas Strafwürdiges getan, sie habe der Teekanne den Ausguß weggeschlagen. Es ist nur so, daß der Vater das Töchterchen nicht verstehen kann, daß er nicht wissen kann, es wolle ihm eine andere Tat eingestehen und dafür Absolution erhalten. Die Absolution macht den Sünder schuldfrei. Dies tut jedoch, wie neuere Forschungen ergeben haben, schon das freiwillig geleistete Geständnis. Die Straftat isoliert den Fehlbaren aus der Gemeinschaft, er fühlt sich anders als die übrigen, die anderen; er betrachtet sich als durch die eigene Schuld von den übrigen ausgeschlossen. Das Geständnis will seiner Bitte Ausdruck verleihen: Das habe ich getan, nehmt durch euer Mitwissen Anteil an meiner Schuld, werdet dadurch wie ich, damit ich wieder wie ihr werden kann, damit ich mich wieder als Glied eurer Gemeinschaft fühlen darf. Dabei wird eine Bestrafung riskiert und in Kauf genommen. Wie sehr der Mensch nötig hat, aus seiner inneren Vereinsamung herauszukommen, kann vielfach bewiesen werden. Sehr schön gab ein Zehnjähriger seinem Gemeinschaftsbedürfnis Ausdruck. Er hatte dem Vater eine Zigarre weggenommen und geraucht. Deswegen sprach der Vater nicht mehr mit ihm. Nach drei Tagen stellte sich der Knabe mit einem Lederriemen vor den Vater hin und sprach: »Strafe mich, aber dann red' wieder mit mir, hab mich wiederum lieb.« –
Darauf, daß Kinder und Halbwüchsige, die sich wegen ihrer Straftaten isoliert fühlen, Banden bilden, habe ich oft hingewiesen. Man glaubt, an der Bandenbildung, etwa an der von Dieben, seien hauptsächlich oder nur gewisse praktische Absichten schuld, etwa das Schmierestehen. Jede genauere Untersuchung jedoch ergibt, daß sich der erste Dieb isoliert gefühlt hat und daß er, um wiederum einer Gemeinschaft teilhaftig zu werden, zur Bandengründung kam, deshalb Kameraden zur gleichen Schuld verführte. Denn für die Kinder bedeutet geteilte Schuld halbe Schuld, und ein kollektiv begangenes Verbrechen belastet die Gewissen fast nicht mehr. Als ich einmal in einem unserer Dörfer als psychologischer Gerichtsexperte die Mitglieder einer jugendlichen Diebesbande untersuchen mußte, sagte mir ein Dreizehnjähriger, als ich ihn fragte, warum er, der Sohn eines der Honoratioren, an einem Einbruch teilgenommen

habe, völlig ruhig und anscheinend ohne die geringsten Gewissensbisse: »Das hatte mir doch der Fritz befohlen.« Fritz war der Rädelsführer gewesen. Er hatte die Pläne ausgeheckt, seine Bande hatte nur seine Befehle ausgeführt, und deshalb fühlten sie fast keine oder überhaupt keine Schuld.

Als wichtigster unbewußter Gewissensanteil ist wohl der Bekenntnis- und Geständniszwang zu betrachten. Wir haben ihn schon bei Margret, die mit der nasenlosen Puppe zum Vater trat, wirksam sehen können, und ich möchte ihn an zwei weiteren Beispielen illustrieren, um ihn deutlicher zu machen.

Einer meiner vierzehneinhalbjährigen Schüler, Paul mit Namen, gab mir vor kurzem folgende freiwillige Niederschrift: »Als ich einmal stahl. Einmal an einem Sonntagsnachmittag fuhr ich mit dem Velo [Fahrrad] an die Aare und wollte fischen, aber kein Schwanz wollte beißen. Ich nahm mein Zeug zusammen und fuhr Richtung nach Hause. Als ich bei der Brücke in Worblaufen war, fiel ich plötzlich um und zerriß die Hosen. Es waren neue. Ich wußte, das gibt Schläge. Da dachte ich, ich kann doch nichts dafür, und ich dauerte mich. Es dünkte mich, da sollte ich doch etwas zum Trost haben. Als ich zu Hause ankam, war die Türe geschlossen. Ich läutete, aber niemand kam. Da wußte ich, sie sind alle spazierengegangen. Ich stieg auf die Holzbeige und kletterte aufs Dach, wo ein Fensterchen offenstand am Balkönchen. So konnte ich ins Haus schlüpfen, ging die Treppe hinunter und in mein Zimmer. Dort zog ich rasch andere Hosen an und versteckte die zerrissenen zuhinterst im Schrank. Dann ging ich in die Küche, denn ich hatte Gelüste nach etwas Gutem. Ich dachte, vielleicht findest du einen guten Bissen. Ich fand nirgends etwas, nur Papiersäcke mit Mehl und Erbsen und solchen Sachen. Plötzlich sah ich zuunterst im Küchenschrank eine Mettwurst. Ich schaute sie an und dachte: Soll ich oder soll ich nicht? Ich biß hinein und verschwand damit in mein Zimmerchen, dort wollte ich sie fertig verzehren. Da hörte ich, daß jemand den Schlüssel in die Haustüre steckte. Schnell verschlang ich die Wurst fertig und schlüpfte wieder zum Fensterchen hinaus aufs Dach und glitt hinunter hinters Haus. Dort legte ich mich auf die Bank und schlief dann ein. Ich erwachte, als mich die Mutter weckte, ich solle kommen, um den Vieruhr-Imbiß zu nehmen, es gebe Mettwurst. Mit einem schweren Herzen mußte ich ihr folgen. Als sie von der Küche her ins Zimmer kam, war sie ganz blaß vor Schrecken. Es sei keine Mettwurst mehr da, jemand müsse sie gestohlen haben. Da sagte der Vater: ›Der Paul ist's nicht gewesen, weil ja die Haustür geschlossen war.‹ Mir fiel ein Stein vom Herzen, und ich tat nichts dergleichen. Aber am andern Tag, als ich von der Schule heimkam, wußte es die Mutter doch, wer der Dieb gewesen war; denn ich hatte, als ich die Wurst so geschwind fertig verschlang, ein

Stücklein auf den Boden fallen lassen, ohne es zu merken. Das hatte die Mutter beim Zimmermachen gefunden. Ich bekam Schläge. Und als der Vater heimkam und hörte, was geschehen war, gab es grad' noch einmal. Mich dünkte es, das sei zuviel Strafe. Und als die Mutter später die Hosen fand und fragte, was da geschehen sei, sagte ich nur: ›Das ist schon lange gewesen.‹ Da machte sie mir nichts, und ich dachte: ›So, jetzt sind wir quitt, weil ich wegen der Mettwurst Strafe genug bekommen habe.‹«

Dieser Bericht ist nicht nur sehr aufschlußreich für das Denken und Empfinden eines halbwüchsigen Knaben, er zeigt uns auch das Wirken des unbewußten Geständniszwanges. Paul bestrebt sich in seinem Bewußten, mit allen Mitteln zu verheimlichen, was er als strafwürdig empfindet: Die zerrissenen Hosen verbirgt er zuhinterst im Schrank, und als die Mutter das Fehlen der Mettwurst entdeckt, tut der Sohn nichts dergleichen, daß er wisse, wohin sie verschwunden ist. Er ist froh darüber, daß er die Ansicht des Vaters vernimmt, es könnte nicht Paul gewesen sein, der die Wurst entwendet hat. »Mir fiel ein Stein vom Herzen«, sagte er. Aber weshalb ist er so unvorsichtig gewesen, ein Stücklein von der Wurst fallen zu lassen? Es handelte sich doch um eine klebrige Fleischmasse, von der nicht so leicht etwas abfallen kann. Er sei so unvorsichtig gewesen, könnte man sagen, weil er in Eile und Aufregung war, denn er konnte hören, daß seine Leute zurückkamen, und er fürchtete, ertappt zu werden.

Freud hat uns gelehrt, daß die Zufälle recht oft keine Zufälle, sondern vom Unbewußten arrangierte Fehlleistungen sind, die irgend etwas verraten. Paul hat seinen Diebstahl, den er verheimlichen wollte, der Mutter verraten. Die Umstände, sein schlechtes Gewissen und die Angst, bei frischer Tat erwischt zu werden, begünstigten den Selbstverrat. Sie sind jedoch nicht dessen Ursache. Ursache ist der unbewußte Wille zur Sühne, zum Geständnis.

Auch daran, daß Paul seine Taten dem Lehrer eingesteht, ist der unbewußte Sühnewunsch schuld, denn Paul hat ja die Mutter belogen. Er sagte ihr, die Hosen seien längst zerrissen gewesen – und dies war nicht die Wahrheit. Vor sich selber entschuldigt er die Lüge, weil er findet, er habe für den Wurstdiebstahl genug Strafe erhalten. Aber irgendwie war sein Gewissen doch noch nicht ganz zur Ruhe gekommen, obwohl sein zweites Verbrechen, das Anlügen der Mutter, kein so großes war, besonders weil Paul sich als im voraus genügend bestraft betrachtete. Wir müssen in Erwägung ziehen, daß der unbewußte Gewissensanteil, das Über-Ich, wie Freud es bezeichnete, viel strenger mit uns ist als der bewußte. Darum war für Paul die Sache noch nicht damit abgetan, daß er sich sagte, die Lüge sei ja im voraus gesühnt, weil er für den Diebstahl »zuviel Strafe«

erhalten habe, und nun einen Anteil davon auf das Konto der Lüge verbuchte. Die Bedrängung vom Gewissen her treibt Paul dazu, sich einer Autorität, die die Eltern vertritt, zu offenbaren. Dies ist der letzte Grund, weshalb er seinem Lehrer ein Geständnis leistet. Der Lehrer braucht zu der Geschichte kein Wort zu äußern; es ist völlig unnötig, daß er sich mit Paul bespricht, etwa aus pädagogischem Pflichtbewußtsein, das Wahrheitsideal in dem Knaben zu festigen. Denn indem Paul ihm freiwillig gesteht, bringt er sein Gewissen endgültig ins Gleichgewicht. Das freiwillige Geständnis entspricht einer Sühne, und es enthält, allgemein gesprochen, den Impuls zur Besserung, enthält alle die Strebungen, die den gläubigen Katholiken bei der kirchlichen Beichte bewegen und welche die landläufige Erziehung mit ihren Strafen erreichen will.

Wir, die Anhänger Freuds, sind gewohnt, daß man uns vorwirft, unsere Gedankengänge seien »konstruiert«. Es sei beispielsweise nicht glaubhaft und auch nicht statthaft, hinter dem Verlieren des Wurstbissens und hinter dem freiwilligen Aufsatz Pauls das Wirken eines unbewußten Geständniszwanges, des Sühnebedürfnisses und von Gewissensregungen zu sehen. Darum lockt es mich, aus meiner Erfahrung im Umgang mit Schülern ein weiteres Beispiel vorzulegen, in dem sich die verräterischen Fehlhandlungen häufen und, wie mir scheint, eine so deutliche Sprache sprechen, daß sie jedermann auffällig wird.

Aus der Reisekasse im Schrank wurde ein Fünffrankenstück entwendet. Ich stellte dies vor der versammelten Klasse fest und fragte, was da zu machen sei. Die Kinder ratschlagten, gemeinsam wurden die Ratschläge diskutiert und verworfen, weil sie zu nichts führen mußten. »Es ist natürlich für niemand von uns angenehm«, sagte ich dann, »auf die Schulreise zu gehen mit dem Gedanken, es befinde sich ein Dieb unter uns. Ich frage mich, ob wir überhaupt diese Reise antreten sollen, wenn jeder auf jeden mißtrauisch ist. Vielleicht werden wir darüber noch abstimmen müssen.« Und dann wollte ich dem Dieb eine Befriedigung geben, seinen Narzißmus absättigen, und deshalb fuhr ich in meiner Rede also weiter: »Der Dieb ist sehr klug vorgegangen, und er hatte alles so eingerichtet, daß man ihn nicht erwischen kann. Sogar der Lehrer ist ohnmächtig. Der Dieb hat ihn mit seinem Witz übertroffen.« Die Schüler lauschten gespannt und verwundert. »Aber vielleicht, ja sicher, würde es den Dieb später einmal reuen, daß er das Geldstück entwendet hat. Wenn er älter geworden ist, wird er über sich denken, das sei eine schäbige Tat gewesen, die Kameraden zu bestehlen. Und er wird an der Erinnerung an die Schulreise keine Freude haben. Eine Pein wird sie ihm sein. Ich will darum dem Dieb einen guten Rat geben: Er soll den Fünffränkler ebenso klug, wie er ihn entwendet hat, wieder in die Schachtel im Schrank hineinpraktizieren.« Warum denn der Schrank nicht abgeschlossen würde und warum ich das Geld nicht zu Hause verwahrte? Ein Knabe, Hektor, sagte aus, dies hätte wohl geschehen müssen, damit niemand in Versuchung gerate. »Ich will ja«, hatte ich erwidert, »daß ihr in Versuchung kommt, zu stehlen. Wie anders könntet ihr euch sonst bewähren? Wie anders könntet ihr beweisen, daß ihr ehrliche Buben und Mädchen seid? Es ist einer noch lange kein ehrlicher Mensch, der es nur darum zu sein scheint, weil er keine Gelegenheit zum Stehlen hat. Wenn er sie aber hat und sich meistert, zügelt, ehrlich bleibt — wohl, der ist ein Kerl.« (Ich erwähne diese Gespräche, um anzudeuten, wie der Lehrer Zwischenfälle wie den vorliegenden Diebstahl pädagogisch auswerten kann.) Am Tage nach unserem Gespräche prüften wir unseren Kassenbestand. Das Fünffrankenstück fehlte immer noch. Nach dem Schulschluß trat dann jener Hektor zu mir, der mißbilligt hatte, daß die Reisekasse für jedermann offen dalag. In einem Töpfchen brachte er mir, wohl aus der Sammlung seines Vaters, der eine Kakteenzucht betrieb, einen kleinen Igelkaktus. Wieso er mir denn den bringe, fragte ich. »Sie haben doch heut' Geburtstag«, erwiderte er. »Du irrst dich, den hatte ich doch schon im Februar.« Hektor errötete. »Ich habe etwas verwechselt«, stammelte er und fügte eine langwierige, verlegene Entschuldigung bei, als hätte er etwas ganz Dummes getan. Und während er sprach, spielte er, ohne sich darüber Rechenschaft zu geben, mit dem Töpflein, das auf dem Rande meines Schreibtisches stand. Plötzlich fiel es auf den Boden und zerbrach. »Tut nichts«, tröstete ich, »die Pflanze ist ja heil geblieben. Im Schrank sind andere Töpfe. Wir topfen dein Kaktüslein einfach um.« Während wir dies taten, stach sich der Knabe, der doch den Umgang mit solchen Gewächsen kannte, in die Finger. Er blutete stark, zog das Taschentuch hervor, und da rollte ihm ein Fünffrankenstück über den Stubenboden. Es dürfte jedermann klar sein, daß es das gestohlene war. Und es war es auch wirklich. Die angereihten Fehlhandlungen Hektors können nicht als zufällig betrachtet werden. Zuerst irrt sich Hektor über mein Geburtsdatum; er merkt nicht, daß ich am betreffenden Tage nicht Geburtstag haben kann, weil ich sonst auch von den übrigen Schülern beglückwünscht oder beschenkt worden wäre; dann läßt er das Blumentöpflein fallen, das er mir doch zum Geschenk hatte machen wollen. Hierauf sticht er sich an den Kaktusstacheln blutig, und zuletzt läßt er das Geldstück rollen.[4]

Es hätte schon auffallen können, daß Hektor forderte, das Reisegeld müßte besser verwahrt werden, »damit niemand in Versuchung komme«. Er war einst Zeuge gewesen, als ich wirklich

4 Zu den Beispielen »Paul« und »Hektor« vgl. *H. Zulliger:* »Helfen statt Strafen« (S. 65 ff.), erschienen 1956 im Klett-Verlag, Stuttgart [Fischer Bücherei Nr. 6037]

Geburtstag hatte. Auch er war damals bei den Gratulanten. Warum vergaß er dies? Er mußte eine Rationalisierung dafür haben, mir einen Kaktus zu schenken. Eigentlich wollte er mit dem Geschenk etwas sühnen, sein Gewissen besänftigen. Aber: sein Gewissen geht auf diesen Handel nicht ein. Deshalb zerschlägt Hektor den Topf. Es ist so, als wollte sein Gewissen zu ihm sagen: »Ich erkenne die Sühne nicht an.« Hektor hat unzählige Male mit Kakteen hantiert, ohne sich zu stechen. Weshalb sticht er sich jetzt? Entspricht die Verletzung einer Selbstbestrafung, die vom schlechten Gewissen arrangiert wurde? Oder hat sie dazu zu dienen, daß er sein Schnupftuch hervorziehen muß, das dann den Fünffränkler mitzieht? Und weshalb hat er diesen so ungeschickt auf oder in, statt unter das Nastuch gelegt? Warum hat er, als er in die Tasche griff, das Geldstück nicht gefühlt? Wir sehen einen Selbstverrat, hervorgebracht vom unbewußten Anteil des Bubengewissens, wie wir ihn uns nicht schöner wünschen können, nämlich als Demonstration des Bestehens dieses Gewissensanteils. Es wurde vorhin erwähnt, daß Kinder mit schlechtem Gewissen sich selber bestrafen können. Solche Vorgänge sind auch sehr oft zu beobachten.
Der fünfzehnjährige Karl hat mit einem Kieselstein eine sehr teure Turnhallen-Fensterscheibe eingeschlagen, leugnet jedoch hartnäckig seine Tat, und sie kann ihm nicht bewiesen werden. Am gleichen Abend geht er auf den Turnplatz – bekanntlich kehren Verbrecher oft an den Tatort zurück – und steigt aufs Klettergerüst. Die Benutzung der Turngeräte außerhalb der Turnstunden ist von der Schulbehörde den Kindern verboten. Karl fällt hinunter und bricht sich einen Arm. Auf sein Wehgeschrei kommt der Abwart, und Karl schluchzt: »Das ist die Strafe Gottes, weil ich log. Ich habe die Scheibe tatsächlich eingeschlagen.« Wahrhaftig, der unbewußte Gewissensanteil als Teil des Über-Ichs benimmt sich dem Ich gegenüber wie ein primitiver oder auch wie ein archaischer Despot, der gegen Ungehorsam nur die Todesstrafe oder die der Ausstoßung, der Verbannung kennt. Die Selbstverletzungen der Kinder, deren unbewußtes Gewissen eine Selbstbestrafung verfügt hat, sind meist als angedeutete oder als gemilderte Todesstrafen aufzufassen, nach dem primitiven Gesetz des pars pro toto. Wenn ein Bauernbub, der wegen seiner Onanie unter schwersten Schuldgefühlen leidet, einmal zufällig beim Runkelrübenzerkleinern die Hand zu nahe an die ihm vollständig vertraute Schnitzelmaschine hält und sich einen Finger abschneidet, ergibt die nachfolgende psychologische Expertise genau, daß dies einem symbolischen Selbstmord gleichkommt. Zugleich ist die schuldige Hand bestraft, und zugleich bedeutet die Opferung des Fingers einen Ersatz für die Opferung eines anderen Gliedes, des Geschlechtsteiles, mit dem »gesündigt« worden ist.

Wir sind damit auf einen psychologischen Tatbestand gestoßen, der uns beweist, es sei im Gewissenskeim, in der Gewissensanlage doch auch schon ein bestimmter Gewissensinhalt vorhanden. Der Keim, die Anlage sei also mehr als nur die Möglichkeit und Fähigkeit, ein Gewissen zu bilden. Freud hat diesen überlieferten Inhalt als Überrest von Erinnerungsspuren bezeichnet, die am Anfang der Menschheit zur Zeit der Urvater- und der Brüderhordeorganisation aktuell waren und in unserem *Unbewußten* weiter wirksam werden können. Und insofern müssen wir jetzt unsere frühere Behauptung, daß die Form, die Normierung, der Inhalt des Gewissens sich im Kinde unter Milieu und Erziehungseinflüssen bilde, ein Stück weit korrigieren. Damit ist jedoch nicht geleugnet, daß der *bewußte* Gewissensanteil individuell erworben werde, wie es anhand der Beispiele von Kleinkindern am Beginn dieses Vortrages dargelegt wurde. Es handelt sich um ein Sowohl-als-auch, nicht um eine Streitfrage, ob das Gewissen von vornherein fix und fertig vorhanden sei, oder ob es vom Kinde allmählich erworben werde. Wir müssen uns darüber verständigen, um was für einen Gewissens*teil* es sich handelt. Und jetzt sei nochmals daran erinnert, daß es Freud aufgefallen ist, es könne sich ein überstrenges Über-Ich zeigen, selbst dann, wenn die Erziehung sehr milde und nicht frustrierend war. Wir können dies jetzt verstehen, nachdem wir die Herkunft des unbewußten Gewissensanteils kennen. Das Gewissen besteht also aus zwei Bestandteilen, wovon der erste ererbt, der andere auf dem Wege der Liebe und der Strafangst individuell erworben wird. Der zweite Bestandteil bildet sich durch Introjektion ursprünglich von außen kommender moralischer Postulate. Beim Kleinkind wirken zuerst die Erziehungsforderungen der Nächsten, der Mutter und des Vaters, als Gewissen. Dies zeigt sich dadurch ganz deutlich, daß das Kind die Gewissens*stimme* als die einer Autoritätsperson vernimmt. Aus Schülerberichten habe ich den Eindruck erhalten, daß sich die Gewisensstimme erst während der Pubertätsjahre von persönlichen Vorbildern ablöst und dann — schließlich — als »Stimme Gottes« empfunden werden kann. Vorher ist sie die Stimme des Vaters, der Mutter, des Lehrers, des Pfarrers. Dies ist auch aus der Literatur nachweisbar, so etwa bei Rudolf Toepfer, einem Genfer Schriftsteller und Zeichner, der von 1799 bis 1846 lebte und sich hauptsächlich durch seine Karikaturen einen Weltruf erwarb. Er schreibt: »Lange Zeit habe ich die innere Stimme meines Gewissens nicht von der Stimme meines Lehrers unterschieden. Auch glaubte ich, wenn mein Gewissen zu mir sprach, es vor mir zu sehen in schwarzem Gewande, mit schulmeisterlicher Miene und einer Brille auf der Nase.«[5]

5 *R. Toepfer:* »Œuvres complettes«, hrsg. von P. Caillet und H. Darrel, Genf 1942.

Eine Dreizehnjährige schrieb mir jüngst, sie sei in Versuchung gekommen, Schokolade zu naschen. Als sie diese bereits in den Händen hatte, dachte sie an die Mutter. »Ich hörte ihre Stimme warnend zu mir sagen: ›Heidi, was tust du? Das ist ja gestohlen.‹ Dann legte ich die Tafel wieder an ihren Platz.« Ich könnte das Material vermehren, aber ich habe viel solches Material publiziert in dem Bändchen »Umgang mit dem kindlichen Gewissen«[6]. Die Bildung des individuellen aktuellen Gewissens findet zu jener Zeit statt, da das Kind erstmals seinen in bezug auf die Eltern wirkenden Ambivalenzkonflikt auflöst, also im fünften bis siebenten Altersjahr. Während dieser Entwicklungsepoche gibt es seine intensiven Besitzansprüche auf beide Elternteile auf, indem es sich mit ihnen identifiziert. Es verleibt sich ihre Bilder, die Imagines, ein, richtet sie in sich selber auf, und auf diesem Wege gelingt es ihm, auf die ursprünglich oralen Ansprüche zu verzichten. Im Identifikationsvorgang ist aber inbegriffen, daß das Kind auch die moralischen Ansprüche, welche in den Eltern verkörpert sind, in sich aufnimmt, in sich aufrichtet und sie nun als eigenes Gesetz empfindet.

Freud würde etwa formulieren: »Der Ödipuskomplex beginnt zu zerfallen, und in dem Maße, wie dies gelingt und wie dieser intrapsychische Prozeß fortschreitet, was sich auf dem Wege der Identifikation vollzieht, bildet sich das persönliche Gewissen.«

In gleicher Art, wie dies in bezug auf die Eltern als allererste *Gewissensvorbilder* geschieht, verinnerlicht der aufwachsende Mensch auch andere ihm imponierende Personen, Ideen, moralische Forderungen und empfindet sie schließlich als eigenen Besitz. Die Heldenverehrung trägt dazu bei, die Lektüre, die Bibel, der moralische und der kirchliche Unterricht, die Liebe zur höchsten, zur absoluten Autorität, zu Gott. Und erst dann, wenn dies alles in einer viele Jahre dauernden Entwicklung eingeübt, eingespielt, eingebahnt und nicht gestört worden ist, kann die Gewissensstimme als diejenige Gottes empfunden werden, als ein *Dessen-gewiß-Sein, was sein soll, was Gott will.* Damit hat sich das individuelle Gewissen zu jenem einheitlichen Gefüge gerundet, wie wir es im Bürger wirksam wünschen, getragen von zwischenmenschlichem Verantwortungsgefühl, der Liebe zu dem Mitmenschen und der Liebe zu Gott — und nicht aus der Angst vor der Strafe des Kollektivs und vor der »Zuchtrute« Gottes — also aus freiem Entschluß und nicht aus Feigheit.

Es hat sich nun in der Praxis folgendes gezeigt: Wem es gelingt, in der erwähnten natürlichen freien Art sein individuelles Gewissen zu entwickeln und zu bilden, eingebettet in Liebe und im Bewußtsein der Gegenliebe der Mitmenschen und Gottes, der entgeht in hohem Maße den Wirkungen jenes dunklen, von den

6 *H. Zulliger:* »Umgang mit dem kindlichen Gewissen«, Stuttgart 1953 [Fischer Bücherei Nr. 6074]

Urständen herrührenden überstrengen unbewußten Gewissensanteils, der in seiner Grausamkeit destruktiv handelt und so oder so zur Selbstzerstörung zwingt, wie wir es andeutungsweise bei dem Knaben sahen, der einen geleugneten Glasscheibenbruch durch einen Armbruch ersetzte, und bei jenem anderen, dessen Unbewußtes ihn veranlaßte, seine Onanieschuldgefühle durch das Opfer eines Fingers zu sühnen. Denn er ist ausgesöhnt, vertraut mit der höchsten Instanz und darum ihrer Liebe und ihres Schutzes gewiß; er ist der, der eben das Gewissen fertig entwickelt hat.

Im Hinblick darauf dürfte es uns deutlich geworden sein, wie hochwichtig es ist, auf die Gewissens*bildung* und die Gewissens*entwicklung* unserer Kinder zu achten, der Gewissens*erziehung* unsere volle und unablässige Aufmerksamkeit zu schenken, sie zu lenken und uns dabei ebenso vor Überforderung wie vor Lässigkeit zu hüten.

Um jedoch all dies tun zu können, müssen wir als Erzieher der künftigen Generationen den Aufbau des Gewissens kennen, seine Kompliziertheit und die Vielfalt der Kräfte, die, geeint, es ausmachen. Es ist die *Einsicht*, die uns befähigt, bei unserem pädagogischen Verhalten nicht dem Zufall preisgegeben zu sein und im dunkel tappen zu müssen. Warum liegt uns denn so viel an der Gewissenserziehung? Weil zu hoffen ist, daß gestützt darauf in der Zukunft Generationen ans Ruder kommen, welche die destruktiven Triebe meistern, beherrschen, ihnen nicht weiter untertan sind – Generationen, die aus Nächstenliebe und aus Liebe zu Gott den Krieg verpönen, verhindern und reif sind zum Frieden. Freuds Lebenswerk, scheint mir, hat uns Mittel an die Hand gegeben, um diesem weit gesteckten Ziele näherzukommen.

Auch dann, wenn wir an das erwähnte Fernziel nicht glauben, ist es nötig, Gewissenserziehung zu treiben, weil das Gewissen die zwischenmenschlichen Ordnungen reguliert. Dabei wollen wir uns an die Liebesfähigkeit der Kinder halten und weniger an die Strafangst, ob diese sich nun auf die Umwelt oder auf den strafenden Arm Gottes beziehe. Wer nur aus Angst »gut« ist, ist nicht wahrhaft gut, ist nur feige. Gut ist er, wenn er es aus freien Stücken ist; weil er Verantwortungsgefühl empfindet den Mitmenschen und Gott gegenüber; weil er liebt.

4. *Carl Müller-Braunschweig:* Die pädagogisch grundlegende Bedeutung der Epoche der Reinlichkeitsgewöhnung und des Gehenlernens

Wir wollen jetzt versuchen, einige jener konkreten Epochen in der Trieb- und Ich-Entwicklungsgeschichte des einzelnen näher zu betrachten, um dabei die unter den eben geschilderten Triebschicksalen möglichen Ablaufsformen dieser Epochen ins Auge zu fassen.

Eine viel größere Bedeutung, als man gewöhnlich vor den Untersuchungen der Psychoanalyse ihr zuzuschreiben pflegte, hat für die Entwicklung des Menschen die Epoche der Reinlichkeitsgewöhnung. Wir erwähnten bereits oben, daß der Verzicht des kleinen Kindes auf das bis dahin in sein Belieben gestellte Abgeben oder Zurückhalten seines Stuhles oder Urins zu jener Reihe von frühkindlichen Verzichtsleistungen gehört, die in ihrer Bedeutung für gewöhnlich unterschätzt werden, weil man zu wenig darüber unterrichtet ist, wie groß das Lustquantum ist, das beim kleinen Kinde an den Funktionen der Stuhl- und Urinentleerung hängt. Von der Haltung des Erziehers bei der Aufgabe, das Kind an Reinlichkeit zu gewöhnen, hängt außerordentlich viel für das spätere Trieb- und Ich-Schicksal des Kindes ab.

Betrachten wir z. B. den Fall, wo der Erzieher das Kind mit Gewaltmaßnahmen dazu bringen will, seinen Stuhl zu demjenigen Zeitpunkt, den er bestimmt, herzugeben. Nach unseren obigen Ausführungen würde der Erzieher ein Maximum von Aussicht haben, daß sich die Überwindung der kindlichen Schmutzlust in demjenigen Alter und in derjenigen Form vollziehe, die für die Entwicklung des Trieblebens wie des Charakters des Kindes die günstigsten wären, wenn er sich dabei vorhielte, daß er bei seiner Aufgabe sozusagen nichts ab ovo zu schaffen, sondern nur eine bereits vorgezeichnete Entwicklungstendenz zu unterstützen habe, und daß er — wie wir oben sagten — nach dem Prinzip der kleinsten Dosen verfahren müsse.

Wie aber, wenn wir, wie gesagt, annehmen, er suche sein Ziel mit Gewalt zu erreichen, so etwa, daß er das Kind aufs Töpfchen setzt und auf jeden Fall darauf besteht, daß das Kind seinen Stuhl erledigt, ihm etwa erklärt oder, wenn es seine Worte noch nicht versteht, ihm auf andere Weise als durch Worte zu verstehen gibt, daß er es nicht eher wieder aufstehen läßt, bis es sein Geschäft erledigt hat?

Die kleine Szene wird uns, solange wir psychoanalytischen Untersuchungen fernstehen, recht belanglos erscheinen, und wir werden nicht verstehen, wieso wir um sie so viel Aufhebens machen und warum wir sie zum Gegenstand einer eingehenden psychologischen Betrachtung machen. Jedoch können wir zeigen, daß je nach der Art und Weise, welches Schicksal hier das primitive Triebleben und das primitive Ich des kleinen Kindes erfährt, eine Fülle von Entwicklungsreihen von dieser Szene ausgehen kann.

Bedenken wir zunächst das eine: Zu jedem Trieb gehört das Moment der Lust. Eine Triebregung wird in ihrem wesentlichen Bestande gestört und verändert, wenn das Lustmoment beeinträchtigt wird. Nun wird man vielleicht hier einwenden, daß es gerade die Absicht der Reinlichkeitsgewöhnung sei, daß das Kind seine primitive Lust an der Funktion und den Produkten der Exkretion zugunsten höherer Trieborganisationen aufzugeben habe. Dabei würde man aber übersehen, daß diese früh-infantile Exkretions- und Exkretlust nicht völlig verschwinden darf, weil der Mensch ja auch noch im späteren Leben normalerweise Stuhl und Urin zu produzieren hat und diese Funktionen unerfüllbar sind, wenn ihnen nicht ein gewisses Quantum Lust erhalten bleibt.

In der Tat kann man durch genügend weit in die frühinfantile Zeit hineinreichende praktisch-analytische Untersuchungen feststellen, daß psychogene Störungen der Exkretionsfunktionen durch Vorgänge der Reinlichkeitsepoche bestimmt oder mitbestimmt sein können.

Ein Quantum Lust muß aber nicht nur deswegen den Exkretionsvorgängen erhalten bleiben, damit deren normale Funktion gesichert bleibt, sondern auch gerade zu dem Zwecke, damit die durch die Reinlichkeitserziehung beabsichtigten Sublimierungen und Reaktionsbildungen störungslos entwickelt werden können. Bei psychoanalytischer Untersuchung zeigt es sich nämlich, daß ein Maximum von Sublimierungs- und Reaktionsbildung nur dort erreicht wird, wo ein Trieb einem Minimum störender Einwirkungen ausgesetzt war. Hat er im Gegenteil Schicksale erfahren, etwa derart, daß die ihn repräsentierende Lust zu einem Teil in Unlust verwandelt worden ist oder daß das Erleben des Triebbedürfnisses und der Triebbefriedigung durch den Prozeß der Verdrängung zu einem Teil dem Bewußtwerden und damit der Beeinflussung durch das Ich entzogen worden ist, dann ist, wie wir bereits oben sagten, damit zugleich der Weg zu Sublimierungen und Reaktionsbildungen wie der zu höheren Organisationsstufen überhaupt erschwert.

Wir haben bereits oben gesehen, um welche Sublimierungs- und Reaktionsbildungen es sich speziell bei der Exkretionslust handelt: Es bildet sich reaktiv auf die primäre Schmutzlust die Neigung zu Ordnung und Reinlichkeit aus. Gewaltsame Erziehungsmaßnahmen können diese Entwicklung gefährden. Freilich nicht in dem Sinne, daß sie überhaupt nicht zustande kämen. Sie kommen im Gegenteil oft *nur zu gut* zustande, d. h.

wir finden an Stelle einer normalen Fähigkeit zu Ordnung und Reinlichkeit eine übertriebene, oft zwanghafte pedantische Ordnungsliebe, bzw. eine Reinlichkeitssucht. Sieht man genauer zu, so finden sich aber neben diesen Zügen in ebenfalls verstärktem Maße mehr oder weniger große Reste ursprünglicher Schmutzsucht und Neigung zu Unordnung erhalten, nur daß diese Tendenzen zumeist automatisch vor der Außenwelt und mit noch größerem Erfolg vor der eigenen Kritik verborgen bleiben. Es ist, wie wenn das Kind, das mit Gewalt zur Reinlichkeit angehalten wurde, sich wohl, soweit es den Erzieher liebte und Furcht vor ihm hatte, mit einer Art Übergehorsam dessen Geboten zu unterwerfen trachtete, dieses aber nur unter trotzigem Vorbehalt zugunsten des unterdrückten Triebes zustande brachte, gleichsam, als ob das kindliche Ich sagte: Gut, ich will dir in einer gewissen Breite ganz und gar gehorchen, dafür aber werde ich mich an einer anderen Stelle schadlos halten.

Die eben beschriebene eigentümliche Doppelhaltung des Ichs ist im späteren Leben weitgehend mit Gesundheit und Leistungsfähigkeit vereinbar. Wir finden sie aber auch als eine charakteristische Grundsituation in der Zwangsneurose. Bei dieser Erkrankung findet sich das Ich eingekeilt zwischen den Forderungen des Über-Ichs, dem es sich mit einem Übergehorsam verpflichtet fühlt, und den elementaren Triebanforderungen des Es, denen es sich ebenfalls ausgeliefert sieht und deren Ansprüche das Ich mit einem ihm selbst unbewußten Trotz in Geltung zu halten trachtet, während es gleichzeitig bewußt nur die Forderungen des Über-Ichs anerkennt und im Gehorsam gegen diese die elementaren Triebregungen zu unterdrücken sucht.

Wir waren von der Situation ausgegangen, in der der Erzieher mit Gewalt von dem Kinde den Verzicht auf die bisherige ungeregelte Exkretionslust zugunsten der Unterordnung unter bestimmte Regeln von Zeit und Ort verlangt. Wir sahen, daß eine der Reaktionen des Kindes auf diese Maßnahmen darin besteht, daß das Kind trotzig Vorbehalte zugunsten des primitiven Trieblebens macht. In diesem Trotz — bleibt er bis in das Erwachsenenalter hinein erhalten — werden wir auch dann, wenn er nicht das Teilstück einer Neurose bildet, eine nicht erwünschte Erscheinung sehen, und doch hat er eine positiv zu bewertende Wurzel; bedenken wir, daß dieser Trotz die Reaktion des Kindes auf das Vorhaben des Erziehers ist, das für jene Zeit durchaus angemessene Triebleben empfindlich zu stören, es sozusagen im Nerv seiner derzeitigen Interessen zu treffen, so müssen wir anerkennen, daß hier das Kind einen ersten wichtigen und ernsthaften Versuch unternimmt, gegenüber störenden Eingriffen von außen seine Selbständigkeit zu behaupten.

Wir mögen aus diesen Überlegungen heraus ersehen, wie bedeutsam für das Kind die Haltung des Erziehers bei den frühen Triebumsetzungen, insbesondere denen, die sich bei der Reinlichkeitsgewöhnung vollziehen, ist. Da, wo das Kind sich erstmalig in der Situation sieht, in der seinen bis daher ungestörten Triebregungen Veränderungen drohen, da und nirgendwo anders muß auch die Geburtsstunde des Ichs, der Persönlichkeit und der Selbständigkeit liegen. Erst da, wo das bisher ungestörte Triebleben gefährdet scheint, wird es Anlaß haben, aufzuwachen, seiner bewußt zu werden und aus diesem Bewußtsein heraus sich zu verteidigen streben. Daß diese erste frühkindliche Wendung zu dem vielleicht höchsten persönlichen Gut, das der spätere Erwachsene aufzuweisen hat, die Wendung zur inneren Selbständigkeit, zur Persönlichkeit, durch kurzsichtige und gewaltsame Maßnahmen des Erziehers nicht im Keim beeinträchtigt werden dürfte, sondern daß hier die größte Behutsamkeit am Platze ist, liegt nun auf der Hand. Es kann, wie wir oben sahen, durch Gewaltmaßnahmen oder, wie wir identisch wohl ausdrücken dürften, durch übergroße Dosen von Liebe und Furcht im günstigsten Falle schnell das gewünschte Stückchen Herrschaft über das Triebleben herbeigeführt werden, aber wir können nicht wissen, mit welchen Opfern das erkauft worden ist und ob nicht nur ein Stück dauernder sklavischer Abhängigkeit gegenüber einem vorbehaltenen Stück Triebleben, sondern auch ein Stück dauernder Unselbständigkeit des Ichs sowohl gegenüber einem übermächtigen Über-Ich als auch gegenüber der Meinung der anderen die Kehrseite bildet.

Wir dürfen nun fragen, wie wir uns einen normalen Ablauf jener Vorgänge bei der Reinlichkeitsgewöhnung vorzustellen haben, also einen Ablauf, der nicht durch gewaltsame Eingriffe gestört, sondern dem nur in einer Weise sekundiert wird, die den bestmöglichen Erfolg garantiert.

Wir müssen auf das über die positiv zu bewertende Wurzel des Trotzes, die Selbständigkeit, Gesagte zurückgreifen. Diese würde sich zunächst darin äußern, daß sie gegenüber der Forderung des Erziehers die bisherige dem Kinde gewohnte und liebgewordene Triebäußerungsform beibehält. Bliebe alles nun bei dieser inneren Situation, so würde das Kind nie zur Reinlichkeit gelangen können. Das, was es zu erlernen hat, betrifft wesentlich eine neue Aufgabe seiner bei der Exkretion tätigen Schließmuskeln insbesondere des Enddarms und des Afters. Während diese bisher lediglich der jeweiligen Lust folgten, die das Kind je nachdem beim Zurückhalten oder beim Herauslassen des Stuhles empfand, sollen sie jetzt von dieser Lust unabhängig gemacht werden und statt dessen an bestimmte Situationen von Ort und Zeit geknüpft werden. Z. B. soll das Kind nicht, wenn es auf das Töpfchen gesetzt wird, seinen Stuhl oder Urin loslassen, bzw. es soll, wenn es auf dem Töpfchen sitzt,

hier nicht der Lust des Zurückhaltens sich hingeben, sondern seine Exkrete sogleich hergeben.
Wie paßt das zu der Tendenz des Kindes, in der Verteidigung seiner bisherigen Trieblust sein Selbständigkeitsstreben zu beweisen? Offenbar ist die gewünschte Entwicklung von der primären Schmutzlust zur Reinlichkeitsfähigkeit nur dann optimal vollzogen, wenn nicht nur diese, die Fähigkeit zur Reinlichkeit, erreicht worden ist, sondern wenn dabei zugleich das bei eben dieser Aufgabe erwachende Streben zur *Selbständigkeit* nicht nur voll erhalten bleibt, sondern seinerseits eine Weiterentwicklung aufweist.
Diese Entwicklung der Selbständigkeit ist nun in der Tat im idealen Fall der Reinlichkeitsepoche gegeben. Sie besteht darin, daß das Kind die bisherige Lust, die Lust an den primitiven, regellosen Ausscheidungsvorgängen zu einem großen Teil transponiert auf die ihm bis dahin kaum bekannten Vorgänge der Beherrschung der Schließmuskeln. Einfach ausgedrückt: Wenn das Kind zumindest ebensoviel Lust bei dem Versuch erlebt, das Öffnen und Schließen der betreffenden Muskeln von den Vorstellungen bestimmter Situationen abhängig zu machen, als es vordem bei dem regellosen Gewährenlassen der elementaren Triebregungen empfand, dann ist das Spiel — im Sinne der Reinlichkeitserziehung — gewonnen. Das Selbständigkeitsbewußtsein, ursprünglich an die Verteidigung der primitiven Triebregungen geknüpft, setzt sich nun fort und erhöht sich zugleich in dem Erleben, einen Teil des eigenen Körpers, einen Teil seiner Muskulatur beherrschen zu können.
Man kann diesen Vorgang der gleichzeitigen Verschiebung und Erhöhung des Selbständigkeitsstrebens vielleicht noch deutlicher beim freien Gehenlernen des Kindes beobachten. Gegenüber dem Getragen- oder Geführtwerden durch die Mutter bedeutet eine Situation, in der das Kind, etwa gegen die Wand gelehnt, nicht mehr seine Hand in der der schützenden oder führenden Mutter fühlt, für das Kind etwas Neues, Fremdes, Gefahrvolles; es wird zunächst weinend zur Mutter zurückverlangen. Man kann beobachten, wie ein Kind nur zaghaft und zunächst unter großer Unlust, ja Angst, Versuche unternimmt, sich an der Wand und an Möbelstücken entlang fortzubewegen. Man kann aber auch bald weiter beobachten, daß die Äußerungen von Unlust und Unwillen, die bei diesen Versuchen laut werden, mehr und mehr untermischt und unterbrochen werden durch Äußerungen vom Charakter der Lust und seines Willens, die ähnlich, wie wir es soeben bei den Vorgängen der Reinlichkeitsgewöhnung beschrieben haben, so zu verstehen sind, daß die ursprüngliche Lust, die an dem Geborgensein bei der Mutter, an dem Von-ihr-an-der-Hand-Geführtwerden hing, nunmehr nach und nach auf die neue Situation der von der Mutter unabhängigen,

freien, eigenen Bewegung und Körperbeherrschung verschoben wird. Hier bei dem freien Gehenlernen ist es noch augenfälliger, wie sich die ursprünglich in der Abweisung der Störung der primitiven Triebregungen betätigende Selbständigkeitstendenz in der Gewinnung einer Herrschaft über die Gehmuskulatur zugleich fortsetzt und erhöht, weist doch auch die Bezeichnung »Selbständigkeit« gerade auf das optische Vorbild des Von-selbst-Stehens zurück.

5. *Erik H. Erikson:* Der Sohn des Bombenschützen

Während des letzten Krieges machte einer meiner kleinen Nachbarn, ein fünfjähriger Junge, eine Persönlichkeitsveränderung durch und verwandelte sich aus einem »Mutterkindchen« in ein gewalttätiges, eigensinniges und ungezogenes Kind. Als beunruhigendstes Symptom entwickelte sich ein Drang, Feuer anzulegen.

Die Eltern des Kindes hatten sich kurz vor Ausbruch des Krieges getrennt. Die Mutter war mit ihren Cousinen zusammengezogen, und der Vater trat bei Kriegsbeginn in die Luftwaffe ein. Die Frauen äußerten sich häufig sehr abfällig über den Vater. Sie unterstützten in dem Jungen babyhafte Tendenzen. So drohte der Umstand, daß man Sohn einer Mutter war, zu einem stärkeren Identitätselement zu werden als die Tatsache, daß man Sohn eines Vaters war.

Der Vater aber bewährte sich im Krieg; er wurde tatsächlich ein Held. Anläßlich seines ersten Urlaubes sah der Junge den Mann, dem er doch nicht ähnlich werden sollte, als vielbewunderten Mittelpunkt der nachbarlichen Aufmerksamkeit. Die Mutter verkündete, daß sie auf ihre Scheidungspläne verzichten wolle. Der Vater ging wieder in den Krieg und wurde schließlich über feindlichem Land abgeschossen.

Nach der Abreise und dem Tod des Vaters entwickelte das bisher weiche und abhängige Kind immer auffälligere destruktive Neigungen, wurde ablehnend und begann schließlich, Feuer zu legen. Den Schlüssel zu dieser Veränderung lieferte er selbst, als er einmal, in Protest gegen die Prügel seiner Mutter, auf einen von ihm angezündeten Holzhaufen wies und (in kindlicheren Worten) rief: »Wenn das eine feindliche Stadt wäre, würdest du mich loben!« In der Phantasie war er also bei seinen Brandstiftungen ein Bombenschütze wie der Vater, der von seinen Flügen erzählt hatte.

Worin die Verwirrung des Jungen eigentlich bestand, läßt sich nur vermuten. Aber ich glaube, daß wir hier die Identifizierung eines Sohnes mit dem Vater sehen, die aus einem plötzlich zunehmenden Konflikt gerade am Abschluß der ödipalen Phase entspringt. Der abwesende Vater, der zuerst erfolgreich vom »braven« kleinen Knaben vertreten wurde, wird plötzlich eine Bedrohung, ein Konkurrent um die Liebe der Mutter. Radikal entwertet er den Nutzen der weiblichen Identifikation des Knaben. Um sich sowohl vor der sexuellen wie vor der sozialen Desorientierung zu retten, muß das Kind in größter Eile seine Identifikation umgruppieren; aber der Tod des großen Konkurrenten erhöht nun plötzlich die Schuldgefühle des Kindes wegen seiner Konkurrenzgefühle und stellt die neue männliche Initiative des Knaben bloß.

Ein Kind hat eine ganze Reihe von Möglichkeiten, sich mehr oder weniger versuchsweise mit den Gebräuchen, Charakterzügen, Beschäftigungen und Ideen wirklicher oder phantasierter Menschen jeden Geschlechts zu identifizieren. Gewisse Krisen zwingen es, radikale Auswahl zu treffen. Der historische Zeitpunkt aber, innerhalb dessen das Kind lebt, bietet nur eine beschränkte Anzahl sozial brauchbarer Modelle für glückliche Kombinationen von Identifikationsfragmenten. Ihre Nützlichkeit hängt davon ab, inwieweit sie gleichzeitig den Erfordernissen des Reifungszustandes des Organismus und den Synthesemethoden des Ich gerecht werden.

Die Rolle des Bombenschützen bot meinem kleinen Nachbarn vielleicht eine mögliche Synthese der verschiedenen Elemente, aus der eine knospende Identität sich zusammensetzt: sein Temperament (heftig), sein Reifestadium (phallisch-urethral-lokomotorisch), seine psychosexuelle Stufe (Ödipus) und seine soziale Situation, seine eigenen Fähigkeiten (motorisch, mechanisch), das Temperament seines Vaters (das eher zu einem Bombenschützen als zu einem Vertreter paßte) und das augenblickliche historische Ideal (der kämpferische, aggressive Held). Wo solch eine Synthese gelingt, kann eine höchst erstaunliche Verschmelzung konstitutioneller, temperamentmäßiger und erlernter Reaktionen zu üppigem Wachstum und unerwarteten Leistungen führen. Wo sie mißlingt, ergeben sich zwangsläufig schwere Konflikte, die häufig in unverständlicher Ungezogenheit oder in verbrecherischen Neigungen zum Ausdruck gelangen. Denn wo ein Kind fühlt, daß seine Umgebung den Versuch macht, es zu radikal aller Ausdrucksformen zu berauben, die ihm gestatten, den nächsten Schritt in seiner Ich-Identität zu erreichen und zu integrieren, da wird es sich mit der erstaunlichen Kraft eines Tieres verteidigen, das plötzlich in Lebensgefahr gerät. Und tatsächlich gibt es in dem sozialen Dschungel der menschlichen Existenz kein Lebensgefühl, kein Bewußtsein, lebendig zu sein, wo das Gefühl der Ich-Identität fehlt. Es ist der Verlust der Identität, der zu Mord führen kann.

Ich hätte nicht gewagt, in dieser Weise über die Konflikte des kleinen Bombenschützen zu spekulieren, hätte ich nicht den

Beweis für eine Lösung beobachtet, die mit unserer Deutung übereinstimmte. Nachdem die gefährliche Initiative des Knaben in ihren schlimmsten Formen überwunden war, konnte man ihn auf seinem Fahrrad abschüssige Straßen hinunterrasen sehen, wobei er andere Kinder erschreckte, gefährdete und doch geschickt umfuhr. Sie schrien, lachten und bewunderten ihn irgendwie. Beobachtete man ihn und hörte die merkwürdigen Geräusche, die er dabei machte, so mußte man sich wohl vorstellen, daß er sich selbst für ein Flugzeug im Einsatz hielt. Aber gleichzeitig erreichte er auf diesem Wege eine spielerische Beherrschung seiner eigenen Lokomotorik; er übte das Ausweichen im Angriff und wurde ein wahrer Virtuose auf dem Fahrrad.

Aus solch einem Beispiel sollte man lernen, daß eine Umerziehung sich der Kräfte bedienen muß, die für die spielerische Integration zur Verfügung stehen. Andererseits muß die verzweifelte Intensität manch eines Symptoms als die Verteidigung eines notwendigen Schrittes in der Entwicklung der Ich-Identität verstanden werden, eines Schrittes, der dem Kind die Möglichkeit verspricht, die rapiden Veränderungen innerhalb all seiner Lebensgebiete zu integrieren. Was dem Beobachter als eine besonders heftige Manifestation nackter Instinkte erscheinen kann, ist oft nur eine verzweifelte Bitte um die Erlaubnis, den einzig möglichen Weg der Synthetisierung und Sublimierung einschlagen zu dürfen. Unsere jungen Patienten können daher nur auf therapeutische Maßnahmen reagieren, die ihnen helfen, die nötigen Requisiten zu einer erfolgreichen Erfüllung ihrer Ich-Identität zu erwerben. Therapie und pädagogische Führung können wohl den Versuch unternehmen, weniger wünschenswerte Einzelzüge durch bessere zu ersetzen, aber die Gesamtkonfiguration der Ich-Identität wird bald unveränderlich. Daraus folgt, daß Therapie und Erziehung durch beruflich geschulte Kräfte scheitern müssen, wo die Kultur keine frühe Grundlage für eine Ich-Identität anbietet und wo die Möglichkeiten für eine entsprechende spätere Anpassung fehlen.

Unser kleiner Patient liefert eine Illustration zu einem allgemeingültigen Punkt. Die psychosoziale Identität entwickelt sich aus der allmählichen Integration aller Identifizierungen. Aber hier gilt, mehr noch als sonst, der Satz, daß das Ganze etwas durchaus anderes ist als die Summe seiner Teile. Unter günstigen Umständen besitzen Kinder schon früh im Leben den Kern einer eigenen Identität; oft müssen sie ihn sogar gegen die Notwendigkeit, sich mit einem ihrer Elternteile oder beiden übermäßig zu identifizieren, verteidigen. Das ist sehr schwer von Patienten zu erfahren, denn das neurotische Ich ist, definitionsgemäß, Überidentifizierungen zum Opfer gefallen, die das kleine Individuum sowohl von seiner keimenden Identität wie von seinem Milieu isolieren.

Abschnitt II

Die Bedeutung der ersten Lebensjahre für die gesunde seelische Entwicklung des Menschen

1. *René A. Spitz*: Die Bedeutung der ersten Lebensjahre

Psychologie, die Kunde vom Seelenleben, wird heute mit den naturwissenschaftlichen Methoden der Verhaltensforschung und mit Hilfe von Experimenten betrieben. Die Befunde der Medizin, der Neurologie, der Entwicklungslehre und manche andere werden zum besseren Verständnis der Erscheinungen des menschlichen Seelenlebens herangezogen. Immer mehr erweist sich die Wissenschaft vom Lebenden als eine zusammenhängende Einheit. So konnte es nicht fehlen, daß der Grundsatz in der Entwicklung auch in der Psychologie seine Gültigkeit erwies. Immer klarer vermögen wir die Stufen der Entwicklung auf dem Wege vom Neugeborenen bis zum sozial reifen, in die Gesellschaft eingeordneten Menschen voneinander zu unterscheiden.

Wir wollen hier die ersten drei Schritte dieses Weges ins Auge fassen. Sie werden im Laufe der ersten zwei Lebensjahre vollzogen und bilden die Grundlage zur Entwicklung des reifen Erwachsenen.

Die erste Stufe umfaßt die ersten sechs Lebensmonate, in deren Lauf das Neugeborene sich von vollkommener Hilflosigkeit zunehmend zur bewußten Wahrnehmung der Umwelt entwickelt. Der zweite Schritt erfolgt im zweiten Halbjahre. Der Säugling erwirbt in zunehmendem Maße die Fähigkeit, seine Wünsche und Bedürfnisse mitzuteilen und durchzusetzen. Am Schlusse dieser zweiten Periode vermag das Kind die ersten tastenden Schritte in die Umwelt zu versuchen. Ein Halbjahr später erfolgt der dritte Schritt: Das Kind lernt sprechen.

Daß es sich bei dieser Entwicklung um Reifungsvorgänge körperlicher und seelischer Art handelt, ist ohne weiteres ersichtlich. Diese Reifungsvorgänge setzen sich einerseits aus ererbten Anlagen, andererseits aus erworbenen Fertigkeiten und Fähigkeiten zusammen. Diese werden durch gegenseitigen Austausch zwischen Säugling und Umwelt, also vorwiegend zwischen Säugling und Mutter, erworben und in immer steigendem Maße ausgebaut.

Ich möchte erwähnen, daß ich der Kürze halber hier und im weiteren Verlaufe meiner Ausführungen von der »Mutter« sprechen werde. Damit meine ich jenen Menschen, der beim Kinde Mutterstelle vertritt, sei das seine leibliche Mutter oder eine Ziehmutter oder am Ende der verwitwete Vater. Im ersten und oft auch im zweiten Lebensjahre kommt es in erster Linie darauf an, daß dem Kinde die Wärme, die Sicherheit, die Beständigkeit der mütterlichen Haltung geboten werden. Die Fülle dessen, was in den ersten Lebensjahren aufgenommen, erlernt und verarbeitet werden muß, ist ungeheuer. Es ist selbstverständlich, daß die Fülle dieses Lernstoffes vom einfachen zum zusammengesetzten geht, daß die einfachen Leistungen im Beginn, die zusammengesetzten später erlernt werden, entsprechend der Reife und der Aufnahmefähigkeiten des kindlichen Organismusses. Wir sprechen in diesem Zusammenhang von altersgemäßer Reife, von altersgemäßer Entwicklung.

Der Begriff der altersgemäßen Entwicklung ermöglicht es nun, im Laufe der ersten zwei Lebensjahre gewisse klar begrenzte Abschnitte voneinander zu unterscheiden. Diese folgen einander ebenso gesetzmäßig wie die bleibenden Zähne den Milchzähnen folgen. In jedem dieser Abschnitte steht dem Säugling zur Bewältigung der altersgemäßen Aufgaben ein bestimmtes Rüstzeug zur Vergügung. Dieses Rüstzeug ist der jeweilige körperliche, geistige und affektive Bestand, welchen der Säugling zu diesem Zeitpunkt erworben hat. Es soll nicht unerwähnt bleiben, daß die altersgemäße Entwicklung in recht weiten Grenzen schwankt. Während das eine Kind etwa schon mit einem Jahre zu sprechen beginnt, wird ein anderes viele Monate später anfangen, von den Ausnahmen gar nicht zu reden.

Selbstverständlich ist dieses Rüstzeug im ersten Halbjahr viel primitiver als gegen Ende des zweiten Jahres. Es wäre müßig, vom Dreimonatskind Leistungen zu erwarten, die das Einjährige und gar das Zweijährige spielend vollbringen. Dennoch habe ich Mütter gesehen, die ihre Dreimonatskinder aufzusetzen versuchen, die versuchen, diesem hilflosen Säugling das Stehen und das Laufen beizubringen. Mit ungeheurem Stolz führen sie ihr Baby vor, das mit vier Monaten ängstlich und krampfhaft an das Gitter angeklammert in seinem Bettchen mühsam steht. Es ist oft unmöglich, solchen Müttern begreiflich zu machen, daß sie durch diese Dressur die normale Entwicklung ihres Kindes auf anderen Gebieten in Frage stellen, ohne daß deswegen die Fähigkeit des Kindes zum Laufen wirklich gefördert wäre. Schließlich und endlich lernt ja früher oder später jedes halbwegs normale Kind das Laufen von selbst. Doch ist es schwer, diesen Müttern ihren übertriebenen Ehrgeiz zum Vorwurf zu machen. Erinnern wir uns daran, daß vor dreißig Jahren Autoritäten in der Kinderfürsorge empfahlen, die Reinlichkeitsgewöhnung schon im ersten oder zweiten Lebensmonat zu beginnen! Und das zu einer Zeit, als genaue experimentelle Forschungen an einigen der bedeutendsten Universitäten erwiesen hatten, daß der Versuch, die Reifungsprozesse zu beschleunigen, ein müßiges Unternehmen ist.

In den letzten zwanzig Jahren wurden die Stufen der kindlichen Entwicklung und der Fähigkeit des Kindes, auf jeder dieser Stu-

fen Umweltreize zu bewältigen und Gegenstände zu handhaben, einer gründlichen und umfangreichen Untersuchung unterzogen. Eine Reihe vortrefflicher Lehrbücher beleuchten jeden Schritt dieser Entwicklung. Weltbekannt ist wohl das Buch von *Benjamin Spock* über den Säugling.
Die Anlagen des Säuglings entfalten sich durch Reifung. Ein fortschreitender Entwicklungsvorgang, körperlich und seelisch, verwandelt diese Anlagen in Fertigkeiten und Fähigkeiten. Die Umwelt muß nun ihrerseits dem Kinde die Gelegenheit bieten, damit es diese Fertigkeiten und Fähigkeiten altersgemäß betätigen kann. Mit anderen Worten, das Kind braucht Spielzeug, das seinem Alter entspricht, und Menschen, die es seinem Alter gemäß behandeln. Denn schon die Welt des Säuglings besteht aus Dingen und aus Menschen. Das Kind hat eine ganz bestimmte affektive Beziehung zu jedem von diesen. Die affektive Beziehung des Kindes zum Mitmenschen lehrt es, mit den Dingen umzugehen. Lange bevor der Säugling sein Lieblingsspielzeug unter anderen aussuchen oder auch nur wiedererkennen kann, ist er fähig, eine Auswahl unter Menschen zu treffen, Menschen wiederzuerkennen. Der erste solche Mensch ist begreiflicherweise die Mutter.
Hat man einmal diese einfachen, aber lebenswichtigen Regeln der kindlichen Entwicklung begriffen, so gewinnt man auch Verständnis für das Bedürfnis des Säuglings nach altersgemäßer Gesellschaft und altersgemäßem Spielzeug. Man beginnt zu begreifen, daß man dem Kind die Mutter nicht ohne Gefährdung entziehen kann, wie das früher in Findlingshäusern und Waisenhäusern regelmäßig geschah. Die heutige Kinderfürsorge versucht, das Trennen von Mutter und Kind um jeden Preis zu vermeiden. Ist das unmöglich, so bemüht man sich, einen entsprechenden Ersatz für die Mutter zu schaffen. Wir erkennen heute, daß man einem Kind alle Möglichkeiten der weiteren seelischen Entwicklung raubt, wenn man ihm während der ersten eineinhalb Jahre die Mutter während längerer Zeit entzieht.
Worin besteht nun die Rolle der Mutter im einzelnen für die Entwicklung des Säuglings? Es ist eine Rolle, die sich ununterbrochen und fortschreitend ändert, entsprechend der fortschreitenden Änderung dessen, was in der kindlichen Entwicklung, in den Eindrücken und Erlebnissen, die das Kind jeweils verarbeiten kann, altersgemäß ist. Es ist unmöglich, eine Reihe einfacher Regeln für die Mutter aufzustellen, welche auf »das Kind« angewendet werden können. Man kann nicht vom »Kind« in einer Verallgemeinerung sprechen. Kinder sind vom Anbeginn an individuell verschieden. Überdies ist jedes Kind von Monat zu Monat anders. Der Rat, den wir der Mutter zu Beginn des Jahres geben, hat sechs Monate später keine Geltung mehr.

Wir können der Mutter auch nicht sagen, sie möge einfach ihren Gefühlen folgen; das ist ein Rat, der von dem Verhalten der Tiere zu ihren Jungen abgeleitet ist. In gewissen Grenzen ist es ein guter Rat. Doch sind diese Grenzen für den Menschen eng gezogen. Es ist sicher richtig, wenn die Mutter in den ersten sechs Monaten des Kindes ihren Gefühlen folgt. Das Kind ist in dieser Zeit noch dem Tiere nahe. Uneingeschränkte Fürsorge für die Bedürfnisse des Säuglings und vollständige Gewährung sind während dieser ersten Zeitspanne am Platz. Denn während der ersten sechs Monate ist die Wahrnehmungsfähigkeit des Säuglings ungemein beschränkt und seine Fähigkeit, sich an das, was er wahrgenommen hat, zu erinnern, ist es noch mehr. Er muß weitgehendst behütet und betreut werden. Die Mutter muß nicht nur jeden seiner Wünsche erraten und alles für ihn tun, sondern muß ihm auch alle Außenweltreize bieten, deren er zu seiner Entwicklung bedarf.

All dies ändert sich auf der zweiten Stufe, in der zweiten Hälfte des ersten Lebensjahres. Die Wahrnehmungsfähigkeit des Säuglings, seine Fähigkeit zu erinnern, was er wahrgenommen hat, sich zu beschaffen, was er begehrt, nehmen rapid zu. Gegen Ende des ersten Lebensjahres fängt er an, sich aufrecht fortzubewegen, und erwirbt damit die Fähigkeit, das zu erreichen, was er begehrt, und dem auszuweichen, was er zu vermeiden wünscht. Diese wachsende Selbständigkeit des Kindes in der zweiten Hälfte des ersten Lebensjahres zwingt der Mutter eine Änderung ihrer Haltung auf. Uneingeschränkte Gewährung wird nunmehr gefährlich, sie muß mit der Erziehung beginnen. Das Kind muß die Bedeutung des Wortes »Nein!« erlernen. Hin und wieder, immer häufiger, muß ihm die Mutter Versagungen auferlegen.

Versagungen haben nicht nur eine praktische Bedeutung in der Erziehung, sie sind auch wesentlich für die Entwicklungsvorgänge. In den letzten zwanzig Jahren ist eine eigenartige unvernünftige Haltung der blinden Gewährung in der Kindererziehung allgemein geworden. Diese allgemeine Haltung, die sich in der jüngsten Vergangenheit bemerkbar gemacht hat, äußerte sich als eine angstvolle, blinde Vermeidung aller Versagungen und jeder Disziplin. Es ist kaum notwendig, zu betonen, daß dem Kinde ein gewisses Maß von Zucht auferlegt werden muß, wenn es zu einem Mitglied der menschlichen Gesellschaft erwachsen soll, wenn es ein angepaßtes soziales Verhalten, das, was wir Selbstzucht nennen könnten, erwerben soll.

Doch ganz abgesehen von diesen praktischen Erwägungen ist ein gewisses Maß der Versagung für normale Reifung und Entwicklung eine Notwendigkeit. Wir begegnen in der Natur immer wieder der fortschritts- und entwicklungsfördernden Versagung. Bei der Geburt erfolgt die physiologische Versagung der Erstickungsgefahr. Sie zwingt das Neugeborene von der Atmung durch die Nabelschnur zu der menschlichen Atmung durch Mund, Luftröhre und Lunge. Die regelmäßig wiederkehrenden Durst- und Hungerempfindungen sind auch eine Versagung, welche den Säugling zwingt, die Mühe und Anstrengung des Saugens an der Brust zu unternehmen. Soll schließlich das Kind lernen, sich zu ernähren, wie es der Erwachsene tut, so muß es entwöhnt werden, die Brust muß ihm versagt werden.

Im Laufe meiner vieljährigen Studien an Säuglingen habe ich überdies beobachtet, daß der Entwöhnung ein sprungartiger Fortschritt im Entwicklungsniveau des Kindes folgt. Es zeigt sich hier klar, daß ein Versagungserlebnis ein mächtiger Reiz ist, um die Entwicklung zu fördern.

Das ist eine Beobachtung, welche eine Tatsache beleuchtet, die uns längst klar gewesen sein sollte. Meines Wissens wurde sie nie in dieser Form in der psychologischen oder in der erzieherischen Literatur ausgesprochen. Diese Tatsache ist, daß eine Versagung ein ebenso starker Anreiz für die Entwicklung des Kindes sein kann wie eine Gewährung. Mehr noch, es ist klar, daß Versagungen eine wichtige, eine notwendige, eine entscheidende Rolle in dem Anpassungsvorgange spielen, den das Kind vollziehen muß, um sich der menschlichen Gesellschaft einzuordnen.

Ich möchte nicht mißverstanden werden. Ich bin nicht der Meinung, daß der Grundton oder auch nur der wesentliche Anteil der Beziehung zum Säugling, zum Kleinkinde, zum Kinde überhaupt, ein versagender sein soll. Ein solcher Gedanke liegt mir durchaus fern. Im Gegenteil, ich bin der festen Meinung, daß die Grundlage jeder Beziehung zum Kinde die Liebe sein muß; eine liebende Beziehung zum Kinde ist unerläßlich, sie ist eine Grundbedingung. Doch soll das Kind den Weg zur Menschwerdung erfolgreich zurücklegen, die altersangemessene Reife erlangen, so muß eine Anpassung an die Wirklichkeit erfolgen. Die Wirklichkeit unserer westlichen Kultur ist eine harte. Sorgsame Hut, liebevolle Betreuung ist während des ersten Halbjahres für den Säugling unerläßlich; aber sie genügen nicht, um das Kind zu lehren, wie es sich mit der Umwelt, mit der Wirklichkeit auseinandersetzen soll. In der Folge wird das Kind viele Stufen überwinden müssen – und manche dieser Stufen bringen schwerere oder leichtere Versagungen –, bevor es als Erwachsener die Fähigkeit erlangt, sich der Wirklichkeit anzupassen und die Wirklichkeit zu gestalten.

Und wiederum muß ich das, was ich eben beschrieb, richtigstellen. Die Überwindung der einzelnen Stufen des Entwicklungsfortschrittes mag dem Kinde Versagungen auferlegen und Verzichte von ihm fordern. Aber gleichzeitig wird es für diesen

Aufwand belohnt und entschädigt, in unzähligen Formen – zum Beispiel durch den Stolz auf die vollbrachte Leistung oder durch die bewundernden Worte und Gesten der liebevollen Mutter usw. Doch der Lohn muß durch Opfer erkauft werden. Vor den Erfolg haben die Götter den Schweiß gesetzt.

Ich meine, daß wir uns bemühen sollen, dem Kinde sowohl im Gebiete der Befriedigungen wie im Gebiete der Versagungen altersgemäße Anregungen und Reize zu bieten. Das Einjährige zu bestrafen, wenn es nicht zimmerrein ist, ist ebensowenig altersgemäß, wie ihm einen chemischen Experimentierkasten zu schenken. Wie es im Prediger Salomo steht: »Ein jegliches hat seine Zeit, und alles Vornehmen unter dem Himmel hat seine Stunde.«

Wann kommt im Laufe der Entwicklung des Säuglings und des heranwachsenden Kindes der Zeitpunkt, zu welchem man die notwendigen Versagungen setzen soll? Der Zeitpunkt ist gekommen, wenn das Kind jene Stufe der körperlichen Entwicklung, der Entwicklung des Nerven- und Muskelsystems erreicht hat, auf welcher es die Forderungen durchführen kann, die man ihm stellt; wenn es jene Stufe der psychologischen Entwicklung erreicht hat, welche zum Verständnis der Forderung oder des Verbotes unerläßlich ist: Wenn es sich dieser Forderung oder dem Verbote anpassen kann, wenn es damit etwas anfangen kann und wenn diese Anpassung selbst entwicklungsfördernd wirkt. Wenn aber diese Stufe erreicht ist, dann soll die Forderung gestellt, das Verbot auferlegt werden.

Aufschub bringt keinen Vorteil. Im Gegenteil, es ist zum Beispiel wesentlich leichter, das Kind mit sechs Monaten von Brust oder Flasche zu entwöhnen als später. Zu diesem Zeitpunkt nimmt das Kind den Wechsel noch leicht an. Die Wahl des Zeitpunktes ist kein zufälliger. Nach dem sechsten Lebensmonat entwickelt das Kind eine Reihe von Fertigkeiten und Fähigkeiten, die ihm eine Selbständigkeit verleihen, welche es vor diesem Zeitpunkte nicht besaß.

Ebenso ist es auch leichter, mit der Reinlichkeitsgewöhnung schrittweise um das Ende des zweiten Lebensjahres zu beginnen, als damit im ersten Lebensjahre anzufangen oder diese Aufgabe bis zum Schulbeginn aufzuschieben. Und wenn ich behaupte, daß es leichter ist, so meine ich damit, daß es sowohl für das Kind wie für die Mutter leichter ist. Das heranwachsende Kind muß sich der Wirklichkeit des Lebens so oder so anpassen. Hilft man ihm nicht, diese Anpassung im richtigen Zeitpunkt und in einer entsprechenden Weise zu vollziehen, so wird es auf eigene Faust ein Verhalten entwickeln, das den Umweltbedingungen unangemessen ist, das zur sozialen Einordnung untauglich ist. Ist das einmal geschehen, so wird das Wiedererziehen des Kindes mit wesentlich schwereren Versagungen zu rechnen

haben, als es sonst der Fall gewesen wäre. Wenn eine solche unangemessene Anpassung bis ins Erwachsenenalter behalten wird, so mag psychiatrische Hilfe notwendig werden, langwierig, kostspielig und oft mit schweren Leiden verbunden.
Kehren wir zur Rolle der Mutter zurück. Altersgemäße Versagungsreize zu bieten heißt, das Richtige zur richtigen Zeit zu tun. Das ist eine Kunst, die sich nicht aus Büchern erlernen läßt. Bücher können bestenfalls in allgemeinster Weise die Altersgrenzen angeben, innerhalb deren sich bestimmte Entwicklungsstufen meistens beobachten lassen. Die Mutter muß diese Kenntnisse dann auf ihre besondere Weise bei ihrem Kinde anwenden, denn jedes Kind ist von jedem anderen verschieden.
Eine gute Mutter wird nicht übertrieben ehrgeizig sein. Sie wird nicht versuchen, sich für ihre eigenen Unzulänglichkeiten zu entschädigen, indem sie aus ihrem Kinde ein Wunderkind zu machen versucht, ein Fabelwesen, ein Jahrmarktswunder. Andererseits wird sie das Kind auch nicht für ihre eigene unbewußte Ablehnung und Feindseligkeit zu entschädigen versuchen, indem sie sich jeder Versagung enthält. Eine Mutter, die ihr Kind unbewußt ablehnt, bemüht sich, jeden Schatten einer möglichen Feindseligkeit gegen das Kind vor sich selber zu verleugnen. Vollkommene Vermeidung jeglicher Versagung verrät unbewußte Feindseligkeitsgefühle gegen das Kind.
Was also wird die »gute« Mutter tun? Wie ist eine solche Mutter beschaffen? In erster Linie wird eine solche Mutter ein gutgewogenes Maß gesunden Menschenverstandes besitzen. Sie wird sich durch Bücher, durch Vorträge, durch die Ratschläge von Freunden und Verwandten nicht ins Bockshorn jagen lassen, wird nicht von einem Extrem ins andere fallen. Die Fingerzeige für ihr Handeln wird ihr ihr Kind geben. Die Art, wie es sich benimmt, wie es auf ihre Eingriffe reagiert, ist eine ihr verständliche Sprache. Sie wird rasch erfassen, wenn sie zu weit gegangen ist; und auch, wann sie weitergehen darf, als sie es getan hat.
Einer ausgeglichenen Persönlichkeit fallen diese Einsichten nicht schwer. Für eine halbwegs ausgeglichene Mutter ist ihr Kind ein Gegenstand der Liebe, nicht eine Entschädigung für etwas, das ihr fehlt, nicht etwas, wovor man sich fürchtet, kein Gegenstand der Angst oder des Widerwillens.
Wenn die mütterliche Haltung eine liebevolle ist, so wird das Auferlegen der notwendigen Versagungen in der richtigen Entwicklungsstufe gewöhnlich ein untergeordnetes Problem. Das Kind, das der Liebe seiner Mutter sicher ist, hat das Vertrauen zu ihr und das Sicherheitsgefühl, das ihm ermöglicht, sich der Versagung zu fügen. Es will ja der Mutter gefällig sein und wird daher ihren Forderungen meist eifrig nachkommen. Das Kind kann die Versagungen zu seinem Vorteil wenden, wenn es

durch die Sicherheit, die ihm die Mutter gibt, entschädigt wird. Aus diesen Versagungen wird das Kind jenes Rüstzeug gestalten, das es ihm ermöglicht, sich in der Gesellschaft einzuordnen. Wo diese Art Mutter-Kind-Beziehung besteht, gehen die Stufen, die zur Reife führen, unmerklich ineinander über.

Das, was wir soeben beschrieben haben, ist die zweite Stufe in der Entwicklung zur Menschwerdung. Auf dieser Stufe erwirbt das Kind eine der wichtigsten psychologischen Fähigkeiten im menschlichen Leben. Es ist die Fähigkeit, seine Liebesgefühle auf eine bestimmte Person zu richten. Wir nennen diesen Vorgang in der Psychoanalyse die Entwicklung der Objekt-Beziehungen. Die Objekt-Beziehung wird im Laufe der kindlichen Entwicklung durch eine gute Mutter-Kind-Beziehung zustande gebracht.

Im Laufe dieses Vorganges, im Laufe der Entwicklung der Objekt-Beziehungen, beginnt das Kind die Mutter nachzuahmen. Es beginnt zu handeln, wie sie handelt. Indem es wie die Mutter handelt, beginnt es, sich selber einige jener Dienste zu leisten, welche ihm früher von der Mutter geleistet wurden. So wird das Kind im steigenden Maße von der Mutter unabhängig. Die Nachahmung des Kindes beschränkt sich nicht nur auf das Wiederholen der Gesten der Mutter; im steigenden Maße bemüht sich das Kind, wie die Mutter zu werden. Psychoanalytisch sagen wir, daß das Kind sich mit der Mutter identifiziert.

Den dritten großen Schritt zur Reifung vollführt das Kind im zweiten Lebensjahre mit Hilfe des Mechanismus der Identifizierung. Dieser Schritt ist der Spracherwerb; das Kind lernt sprechen. Dieser Schritt ist aufs engste an die Beziehung zwischen Kind und Mutter gebunden. Nicht umsonst sprechen wir im Deutschen von der Muttersprache; und es ist kein Zufall, daß dieser Ausdruck in vielen anderen Sprachen, etwa im Italienischen, Französischen, Englischen, Ungarischen und so weiter im gleichen Sinne verwendet wird.

Im Grunde genommen ist es eine Selbstverständlichkeit, daß das Sprechen von der Mutter erlernt wird. Doch möchte ich eine Beobachtung, die ich gemacht habe, nicht unerwähnt lassen. In einem anderen Erdteil hatte ich Gelegenheit, in einem Findelhause eine größere Anzahl von Kindern von der Geburt bis zum vierten Jahre zu beobachten. Sie wurden ohne Mutter aufgezogen, im Durchschnitt kam eine Schwester auf zehn Kinder. 95 Prozent dieser Kinder hatten im vierten Lebensjahre das Sprechen noch nicht erlernt. Das steht im schroffen Gegensatz zum Durchschnittskinde, das von der Mutter aufgezogen wird. Von Ausnahmefällen abgesehen, schwatzen von der Mutter aufgezogene Kinder lustig schon mit achtzehn Monaten und können sich mit zwei Jahren verhältnismäßig mühelos verständigen.

Dieser dritte Schritt, der Spracherwerb, eröffnet dem Kinde die Tore der menschlichen Gesellschaft. Er eröffnet dem Kinde auch durch sprachliche Verständigung den Weg zum Lernen, statt einer Art Dressur durch unlustvolle Erlebnisse. Das Kind kann nunmehr seine Wünsche, Gefühle, Erlebnisse und Reaktionen in verständlicher Weise mitteilen. Und gleichzeitig vermag nunmehr das Kind Mitteilungen zu empfangen über Ähnliches, das in seinen Mitmenschen vorgeht.
Unausweichlich führt diese Entwicklung im steigenden Maße zu einem Austauschverfahren zwischen dem Kind und seiner Umgebung, zu einem Heranentwickeln des Kindes zum Mitglied einer sozialen Gruppe. Mit dem Spracherwerb macht das Kind den unentbehrlichen Schritt in die Richtung der sozialen Reife. Über alledem vermittelt der Spracherwerb dem Kinde einen Wortschatz, eine Sammlung von sprachlichen Symbolen. Diese sprachlichen Symbole ermöglichen im weiteren Verlaufe der Entwicklung dem Kinde die Betätigung der Denkvorgänge.
Man könnte von diesen drei Schritten auch im Sinne von verschiedenen Formen des »learning«, des Lernvorganges, sprechen. Man könnte sagen, daß jeder dieser Schritte vollzogen wird, indem ein zusammengesetzter Lernprozeß erworben wird als derjenige, der auf der vorhergehenden Stufe verwendet wurde. Der erste Schritt im ersten halben Jahr gehörte dann zum Lernen durch den bedingten Reflex. Das ist ein Lernen, das dem Lernen durch Versuch und Irrtum (»trial and error«), durch Lohn und Strafe, sehr nahe steht. Der zweite Schritt bedient sich des Lernens im menschlichen Sinne: Das ist das Lernen durch Einsicht, mit Hilfe der Denkvorgänge einerseits, der Identifizierung andererseits. Der dritte Schritt ist gekennzeichnet durch den Erwerb eines wohlentwickelten Systems von Zeichen und Symbolen, das heißt des Sprachschatzes. Diese Zeichen und Symbole erleichtern das Lernen, die Einsicht; sie ermöglichen das Denken auf der abstrakten Stufe; sie künden die Entfaltung einer Reihe psychologischer Mechanismen, die zu den besonderen Fähigkeiten der menschlichen Rasse gehören und die die Vorbedingung der sozialen Anpassung sind.
Ich kann gar nicht genug betonen, daß alle diese Schritte durch die Beziehung des Kindes zur Mutter ermöglicht werden. Diese Beziehungen umfassen das Körperliche, das Psychologische, das Soziale und vor allem das Affektive. Die Hilfeleistung der Mutter ermöglicht es dem Säugling zu gedeihen, ermöglicht es ihm, die notwendigen Fortschritte zur körperlichen, zur psychologischen und zur affektiven Reife zu vollziehen.
Ebenso wird die Mutter der erste soziale Partner des Kindes und lenkt seine ersten Schritte in die Richtung der sozialen Reife, in die Gesellschaft. Das tut sie in den ersten sechs Monaten, indem sie dem Kinde Schutz und Gewährung gibt. In der zweiten

Hälfte des ersten Jahres lenkt sie es und bietet ihm Gelegenheit zur Identifizierung. Im Laufe des zweiten Lebensjahres schließlich bietet sie ihrem Kinde die Möglichkeit zu komplizierten Identifizierungen, sie lehrt es sprechen und denken.
Das ist der unscheinbare Stoff, aus welchem die drei ersten Schritte der Menschwerdung geformt sind. Denken wir nicht gering davon – es sind die wichtigsten Schritte im Leben eines jeden von uns.

2. *René A. Spitz*, unter Mitwirkung von *Katherine M. Wolf*: Die anaklitische Depression[1]

Eine Untersuchung der Genese psychischer Störungen in der frühen Kindheit[2]

I. Beobachtung

A. Ein klar abgegrenztes klinisches Syndrom

Im Verlauf einer über längere Zeit durchgeführten Untersuchung des Verhaltens von Kleinkindern in einem Säuglingsheim[3], wo wir die Gesamtbelegung, d. h. 123 Säuglinge, jeweils zwölf bis achtzehn Monate lang beobachteten, trafen wir ein auffallendes Syndrom an. In der zweiten Hälfte des ersten Jahres entwickelte sich bei einigen dieser Kleinkinder ein weinerliches Verhalten, das in scharfem Gegensatz zu ihrem früheren fröhlichen und freundlichen Benehmen stand. Nach einer Weile wurde die Weinerlichkeit von Kontaktverweigerung abgelöst. Die betreffenden Kinder lagen dann meist mit abgewandtem Gesicht in ihren Bettchen und weigerten sich, an dem Leben ihrer Mitwelt Anteil zu nehmen. Wenn wir uns näherten, wurden wir nicht beachtet. Einige dieser Kinder pflegten uns mit suchendem Ausdruck zu beobachten. Wenn wir auf der Annäherung bestanden, fingen sie an zu weinen, manchmal auch zu schreien. In den meisten Fällen bewirkte das Geschlecht des sich nähernden Beobachters keinen Unterschied in der Reaktion. Dieses Verhalten pflegte zwei bis drei Monate lang anzudauern. In dieser Zeit verloren einige dieser Kinder an Gewicht, an-

1 [In Anlehnung an Freuds Begriff der Objektwahl nach dem »Anlehnungstyp« (anaklitisch-) – s. S. Freud, Bd. V, S. 123 und Bd. X, S. 154 – beschreibt das Syndrom der anaklitischen Depression, was passiert, wenn der Säugling kein Objekt zur Befriedigung seiner sich anlehnenwollenden und liebesuchenden Bedürfnisse vorfindet – wie es in Heimen aufgrund mangelnden Personals vorkommen kann; (s. auch dazu R. A. Spitz, Vom Säugling zum Kleinkind, Stuttgart 1967).]

2 Dies ist der zweite in einer Reihe von Artikeln, in denen Ergebnisse des psychoanalytischen Forschungsprojekts über die Probleme des Kleinkindalters dargestellt werden. Der erste wurde unter dem Titel »Hospitalism« in *The Psychoanalytic Study of the Child*, I, 1945 veröffentlicht (19).

3 Eine ausführliche Beschreibung der in dieser Anstalt herrschenden Bedingungen findet sich in dem genannten Artikel.

statt zuzunehmen; das Pflegepersonal berichtete, daß manche an Schlaflosigkeit litten; in einem Fall führte das zur Isolierung des Kindes. Alle Kinder zeigten eine wachsende Anfälligkeit für interkurrente Erkältungen oder Ekzeme. In all diesen Fällen war ein allmähliches Absinken des Entwicklungsquotienten zu beobachten.

Dieses Verhaltenssyndrom dauerte drei Monate lang an. Dann hörte die Weinerlichkeit auf, und wenn man sie hervorrufen wollte, mußte man zu stärkeren Mitteln greifen. Statt dessen zeigten die Kinder einen »gefrorenen«, starren Gesichtsausdruck. Diese Kinder pflegten mit weit geöffneten, ausdruckslosen Augen dazuliegen oder dazusitzen, mit erstarrtem, unbeweglichem Gesicht und abwesendem Ausdruck, wie in einer Betäubung; offenbar nahmen sie nicht wahr, was in ihrer Umgebung vor sich ging. Dieses Verhalten war in einigen Fällen von autoerotischer Betätigung oraler, analer und genitaler Art begleitet. Es wurde immer schwieriger, mit den Kindern, die dieses Stadium erreicht hatten, Kontakt aufzunehmen; schließlich wurde es unmöglich. Dann konnte man allenfalls noch Schreien auslösen.

Unter diesen 123 Kindern, die wir während des ganzen ersten Lebensjahres beobachteten, fanden wir in 19 Fällen dieses deutlich ausgeprägte Syndrom. Das Gesamtbild dieser Fälle zeigte viele der genannten Züge, wenn nicht alle. Die individuellen Unterschiede waren zum Teil quantitativ, das heißt, der eine oder andere Zug, wie zum Beispiel das Weinen, beherrschte eine Zeitlang das Bild und konnte so beim flüchtigen Beobachter den Eindruck erwecken, er sei allein vorhanden, zum Teil waren die Unterschiede qualitativ, das heißt, in manchen Fällen kam eine Haltung vollkommener Kontaktverweigerung vor, während in anderen Fällen, wo es uns gelang, die Ablehnung jedes Annäherungsversuchs zu durchbrechen, ein verzweifeltes Sichanklammern an den Erwachsenen zu beobachten war. Aber abgesehen von solchen individuellen Unterschieden war das klinische Bild so deutlich, daß es, als wir erst einmal darauf aufmerksam gemacht hatten, selbst von ungeübten Beobachtern leicht zu erkennen war. Das führte uns zu der Annahme, daß wir es hier mit einem klinischen Syndrom zu tun hatten; in den drei folgenden Fallgeschichten wollen wir es veranschaulichen.

B. Fallgeschichten

Fall 1: Farbig, weiblich. Im ersten Halbjahr keine auffallenden Ereignisse oder Verhaltensweisen. Sie ist ein besonders freundliches Kind, das beim Näherkommen des Beobachters strahlend lächelt.

Als sie siebeneinhalb Monate alt war, bemerkten wir, daß ihr strahlend lächelndes Verhalten aufgehört hatte. Während der folgenden zwei Wochen war es unmöglich, sich ihr zu nähern, da sie die ganzen 12 Stunden lang, die wir anwesend waren, in tiefem Schlaf lag. Nach diesen zwei Wochen trat eine Verhaltensänderung ein, die folgendermaßen protokolliert wurde:

> »Sie lag unbeweglich in ihrem Gitterbett. Wenn man sich ihr näherte, hob sie die Schultern nicht, kaum den Kopf, um den Beobachter mit einem Ausdruck tiefen Leidens anzusehen, wie man ihn manchmal bei kranken Tieren antrifft. Mit diesem Ausdruck sah sie den Beobachter prüfend an. Sobald der Beobachter anfing, mit ihr zu sprechen oder sie zu berühren, fing sie an zu weinen. Das war nicht das übliche Kinderweinen, dem immer ein gewisses Maß von Lautäußerung beigemischt ist, die in Schreien übergeht. Dies war ein tonloses Weinen, bei dem ihr die Tränen über das Gesicht hinunterliefen. Wenn man leise und beruhigend mit ihr sprach, fing sie nur noch stärker an zu weinen, vermischt mit Seufzen und Stöhnen, so daß ihr ganzer Körper geschüttelt wurde.«

Im Lauf einer Beobachtungszeit von zwei Monaten wurde festgestellt, daß diese Reaktion sich verstärkte. Es wurde immer schwieriger, einen Kontakt mit dem Kind herzustellen. In unseren Protokollen findet sich sieben Wochen später eine Notiz, die besagt, daß es uns fast eine Stunde kostete, mit ihr in Kontakt zu kommen. Während dieser Zeit verlor sie an Gewicht und bekam eine schwere Eßstörung; sie hatte große Schwierigkeiten, irgendwelche Nahrung aufzunehmen und bei sich zu behalten. Nach zwei Monaten wurde eine bestimmte Maßnahme ergriffen; das Syndrom verschwand.

Fall 2: Weiß, weiblich. Intelligentes, freundliches Kind, das den sich nähernden Beobachter bereitwillig und begeistert anlächelt. Im Verlauf der ersten sieben Monate kein erwähnenswertes Vorkommnis. Nach dieser Zeit ging mit dem Kind eine Veränderung vor sich. Die Beobachter hatten das Gefühl, das Kind fürchte sich. Ein oder zwei Wochen später wurde die Veränderung deutlicher. Die Gemütsverfassung des Kindes war ungleichmäßig geworden. Sie war meistens noch freundlich gegenüber dem Beobachter, aber ab und zu brach sie in Weinen aus, wenn der Beobachter noch näher herankam. Nach weiteren zwei Wochen konnte man sich ihr nicht mehr nähern. Alles Zureden war umsonst. Jedesmal, wenn man sich ihr näherte, setzte sie sich auf und jammerte. Zwei Wochen darauf lag sie nur noch mit dem Gesicht nach unten, gleichgültig gegen die Umwelt, ohne Interesse an den anderen Kindern, die im gleichen Zimmer untergebracht waren. Nur starke Reize konnten sie aus ihrer Apathie wecken. Dann pflegte sie sich aufzusetzen und den Beobachter stumm, mit weit geöffneten Augen anzustarren, einen tragischen Ausdruck im Gesicht. Spielzeug nahm sie nicht

an, ja, sie zog sich davor in den entferntesten Winkel ihres Bettes zurück. Wenn die Annäherung forciert wurde, brach sie in Tränen aus. Dies setzte sich fort, bis das Kind neun Monate alt war.
Zu diesem Zeitpunkt wurde eine bestimmte Maßnahme ergriffen; das Syndrom verschwand.

Fall 3: Weiß, weiblich. Dies ist ein mäßig intelligentes, ungewöhnlich schönes Kind mit riesengroßen blauen Augen und goldenen Locken. Am Ende des elften Lebensmonats verlor das Kind, das nie sehr aktiv gewesen war, das Interesse am Spiel mit dem Beobachter, so daß das Testen schwierig wurde. In den folgenden zwei Wochen wurde dieses Verhalten ausgeprägter. Das Kind war nicht nur passiv, sondern weigerte sich, irgendein angebotenes Spielzeug zu berühren. Sie saß stundenlang in einer Art Betäubung da und starrte stumm ins Leere. Sie zeigte nicht einmal die Furchtsamkeit in Gegenwart des sich annähernden Beobachters, die man bei anderen Kindern antraf. Wenn man sie mit einem Spielzeug in Berührung brachte, pflegte sie sich in den entferntesten Winkel ihres Bettes zurückzuziehen und dort mit weit geöffneten Augen, abwesend, ohne Kontakt zu sitzen, einen unbeweglich starren Ausdruck in ihrem schönen Gesicht. Wenn man das Spielzeug bei ihr ließ, rührte sie es nicht an, bis der Beobachter den Raum verlassen hatte. Dann warf sie es sofort aus dem Bett, wo man es fünf oder zehn Minuten später in einem Halbkreis um das Kind verstreut finden konnte. Das Kind selbst saß wieder in der gleichen Stellung wie vorher oder lag mit dem Gesicht nach unten da. Als sie elf Monate und 25 Tage alt war (0;11+25), beobachtete man bei ihr abwechselnd Fäkalspiele und genitale Masturbation, immer noch in der gleichen Stellung wie oben beschrieben. Das Fäkalspiel pflegte darin zu bestehen, daß sie aus ihrer beschmutzten Windel ein kleines Kotkügelchen von der Größe einer sehr kleinen Erbse herausholte. Mit dem gleichen starr-unbewegten Ausdruck und mit starr-unbewegtem Körper rollte sie dies Kügelchen auf dem Bettuch, hob es auf, rollte es zwischen Daumen und Zeigefinger, ohne es anzusehen, verlor es und suchte es auf dem Bettuch eifrig wieder. Nur wenn sie es auf dem Bettuch suchte, verschwand einen Augenblick lang der starre Gesichtsausdruck, und es erschien fast ein Lächeln, wenn sie es wiedergefunden hatte. Abwechselnd damit pflegte sie ihre Genitalien zu reiben.
Wie in den anderen Fällen wurde eine bestimmte Maßnahme ergriffen; in diesem Fall, als das Kind 11 Monate und 30 Tage alt war (0;11 + 30); das Syndrom verschwand.
In allen drei Fällen bestand die Maßnahme in der Wiedervereinigung mit der Mutter, von der das Kind ungefähr drei bis vier Monate vorher getrennt worden war.

II. Besprechung des Syndroms

In den drei Fallgeschichten manifestieren sich die Hauptsymptome, die das Syndrom bilden. Diese Symptome gehören mehreren Kategorien an; wir haben sie innerhalb jeder Kategorie in der Rangordnung zunehmender Schwere angeordnet. Sie kommen nicht notwendigerweise alle zur gleichen Zeit vor, aber die meisten treten an dem einen oder anderen Punkt des klinischen Bildes auf. Es sind:

Furchtsamkeit, Traurigkeit, Weinerlichkeit. Mangel an Kontakt, Ablehnung der Umwelt, Kontaktverweigerung. Verzögerung der Entwicklung, Verzögerung der Reaktion auf Reize, Verlangsamung der Bewegungen, Schwermut, Stupor. Appetitverlust, Nahrungsverweigerung, Gewichtsverlust. Schlaflosigkeit.

Zu dieser Symptomatik gehört auch noch der physiognomische Ausdruck der Kinder, der schwer zu beschreiben ist. Er würde bei Erwachsenen als Depression bezeichnet werden.

A. Ätiologie

I. Allgemeine Umwelt

Die folgende Tabelle zeigt die Aufteilung unserer Population nach Geschlecht und Rasse.

Tabelle 1	Weiße	Farbige	Insgesamt
Männlich	37	24	61
Weiblich	40	22	62
Insgesamt	77	46	123

Diese 123 Kinder waren von ihrem vierzehnten Tag bis zum Ende des ersten Lebensjahres und in ein paar Fällen bis zum achtzehnten Monat in dem Säuglingsheim. Die beobachteten Kinder wurden keiner Auslese unterworfen. Wir haben ohne Ausnahme jedes Kind, das in das Säuglingsheim aufgenommen wurde, getestet und bis zum Tag seiner Entlassung weiter verfolgt. Die Beobachtungen fanden in wöchentlichen Abständen statt und umfaßten pro Kind insgesamt ungefähr 400 Stunden. Alle diese Kleinkinder teilen die gleiche Umgebung, die gleiche Pflege, Nahrung und Hygiene.

Eine anscheinend mildere Form des in unseren drei Fallgeschichten dargestellten Syndroms, mit dem ein ähnliches Absinken des Entwicklungsquotienten einherging, wurde in 26 Fällen beobachtet.

Wir wollen nun dazu übergehen, die Faktoren in Herkunft und Umwelt dieser Fälle zu untersuchen, um jene zu isolieren, die ätiologisch bedeutsam sind.

2. FAKTOREN OHNE NACHWEISBAREN EINFLUSS AUF DIE VERURSACHUNG

a) Rasse und Geschlecht

Die beiden folgenden Tabellen zeigen die Verteilung der verschiedenen Grade von Depression nach Rasse und Geschlecht.

Tabelle 2

(Verteilung nach der Rasse)	Weiße	Farbige	Insgesamt
Schwere Depression	7	12	19
Leichte Depression	17	9	26
Keine Depression	32	18	50
Keine Diagnose[4]	21	7	28
Insgesamt	77	46	123

Tabelle 3

(Verteilung nach Geschlecht)	Männlich	Weiblich	Insgesamt
Schwere Depression	9	10	19
Leichte Depression	13	13	26
Keine Depression	26	24	50
Keine Diagnose	13	15	28
Insgesamt	61	62	123

Die Faktoren der Hautfarbe und des Geschlechts scheinen keinen nachweisbaren Einfluß auf das Vorkommen des Syndroms auszuüben.

b) Lebensalter

Das früheste Lebensalter, in dem das Syndrom bei unserer Gruppe auftrat, war gegen Ende des sechsten Monats, das späteste war der elfte Monat. Das Syndrom scheint also innerhalb gewisser Grenzen vom Lebensalter unabhängig zu sein.

c) Stufe der Entwicklung und der Intelligenz

Man könnte einwenden, in der frühen Kindheit sei das Entwicklungsalter wichtiger als das Lebensalter. Eine Hypothese könnte lauten: Jedes Syndrom der klinischen Psychiatrie setzt ein gewisses Intelligenzniveau voraus. Wir haben jedoch das fragliche Syndrom ebenso bei Kindern gefunden, die in ihrer Entwicklung ihrem Lebensalter um zwei Monate voraus waren, wie bei anderen, deren Entwicklung im Vergleich zu ihrem Lebensalter

4 Wie bei jeder psychiatrischen Studie konnte in einer gewissen Zahl von Fällen keine genaue Diagnose gestellt werden. Wir haben diese Fälle in unsere Tabellen aufgenommen, um zu zeigen, welchen Anteil solche nicht-diagnostizierten Fälle an der unausgewählten Gesamtzahl der beobachteten Kinder hatten.

um einen Monat verzögert war. Die Entwicklungsquotienten der betroffenen Kinder lagen zwischen 91 und 133; das Syndrom erschien auch nicht früher bei den Kindern mit dem höheren E.Q. Es hat also den Anschein, als ob innerhalb vernünftiger Grenzen diese Faktoren keine wichtige Rolle bei der Bildung des Syndroms spielen. Die folgende Tabelle zeigt die durchschnittlichen Entwicklungsquotienten der Kinder ohne Störungen, mit leichten Störungen und mit schweren Störungen.

Tabelle 4

	Durchschnittlicher Entwicklungsquotient
Schwere Depression	110
Leichte Depression	109
Andere	109

3. EIN ÄTIOLOGISCH WICHTIGER FAKTOR

Es gibt einen Faktor, der allen Fällen, in denen das Syndrom auftrat, gemeinsam war. In all diesen Fällen wurde die Mutter irgendwann zwischen dem sechsten und achten Monat für eine praktisch ununterbrochene Zeitspanne von drei Monaten von dem Kind getrennt; während dieser Zeit bekam das Kind seine Mutter entweder überhaupt nicht zu sehen oder bestenfalls einmal in der Woche. Diese Trennung fand aus unvermeidlichen äußeren Gründen statt. Vorher hatte die Mutter das Kind ganz und gar versorgt und infolge besonderer Umstände mehr Zeit mit dem Kind zugebracht, als in einer Familie sonst üblich ist. In jedem Fall war im Verlauf der vier bis sechs Wochen nach der Trennung von der Mutter im Verhalten des Kindes eine auffallende Veränderung zu beobachten. Es pflegte sich nämlich das oben beschriebene Syndrom zu entwickeln. *Kein* Kind, dessen Mutter *nicht* entfernt wurde, entwickelte das fragliche Syndrom. Wir nehmen an, daß das beobachtete Syndrom sich nur bei Kindern entwickelte, denen während des ersten Lebensjahres über längere Zeit ihr Liebesobjekt entzogen wurde.

Andererseits entwickelte sich nicht bei allen Kindern, denen die Mutter entzogen wurde, das gleiche Syndrom. Die Trennung von der Mutter ist also ein notwendiger, aber kein zureichender Grund für das Entstehen des Syndroms. Von den zusätzlichen ätiologischen Faktoren, die notwendig sind, damit die Trennung so wirkt, daß sie eine Depression hervorruft, soll in einem späteren Teil dieser Abhandlung die Rede sein; außerdem sollen sie in einer Abhandlung ausführlich erörtert werden, die in Vorbereitung ist.

Das Syndrom, von dem hier die Rede ist, hat sehr große Ähnlichkeit mit demjenigen, das uns aus den klassischen Beschreibungen der Trauer, der pathologischen Trauer und der Melancholie von Abraham (I) und Freud (6) bekannt ist. Der Faktor, der in unseren Fällen von entscheidender ätiologischer Bedeutung zu sein scheint, ist der Verlust des Liebesobjekts; dies nähert das Syndrom den Folgen des Verlusts des Liebesobjekts an, wie es von diesen Autoren beschrieben wird. Bei der Melancholie tritt das Gefühl des Ungeliebtseins dazu, zusammen mit Liebesunfähigkeit, Selbstvorwürfen und Selbstmordneigung. Das Fehlen dieser Symptome beim Kind ist auf zwei Gründe zurückzuführen:

1. die geringeren Möglichkeiten des Kindes;
2. den Unterschied zwischen der psychischen Struktur eines Erwachsenen und der eines Kindes.

Die größeren Möglichkeiten des Erwachsenen: Ein Erwachsener, der an Melancholie leidet, kann verbal zum Ausdruck bringen, daß er sich ungeliebt fühlt und daß er unfähig ist, für irgend jemand Liebe zu empfinden. Wir vermuten, daß ein Kind, das bis zu einem gewissen Zeitpunkt freundlich und entgegenkommend war, aber nun vor jeder freundlichen Annäherung zurückweicht, mit der Ausrüstung, die ihm zur Verfügung steht, das gleiche ausdrückt. Wir haben natürlich keine Möglichkeit, diese Vermutung zu verifizieren, genauso, wie wir nicht erfahren können, ob in einem zehn Monate alten Kleinkind etwas wie Selbstvorwürfe existiert, wenn es sich auch selbst seines gewohnten Genusses von Nahrung und Spielzeug beraubt. Das Kind kann auch keinen Selbstmord begehen; aber es ist auffallend, daß diese Fälle alle miteinander eine große Anfälligkeit für interkurrente Erkrankungen zeigen.[5]

Der Unterschied der psychischen Struktur beim Kind und beim Erwachsenen hat weitreichende Folgen. Beim Erwachsenen findet sich eine wohlgefestigte psychische Organisation, die aus Es, Ich und Über-Ich besteht. Besonders die Manifestationen des Über-Ichs treten bei der Melancholie hervor.

Beim Kleinkind im ersten Lebensjahr stehen nur ein Es und ein noch schwaches – man könnte fast sagen *in statu nascendi* befindliches – Ich zur Verfügung. Die Schwäche des Ichs macht es besonders verletzlich für ein derartiges Trauma, wie es der Verlust des Liebesobjekts für den Erwachsenen ist. Andererseits können wir erwarten, daß das kindliche Ich, gerade weil es noch nicht fest gefügt und endgültig konstituiert ist, eher bereit sein

5 Dies wird in hohem Grad bestätigt durch eine weitere Gruppe von Fällen, die in einer anderen Anstalt beobachtet wurde. Diese Fälle waren schwerer – die daraus resultierende Sterblichkeit unter den betroffenen Kindern nahm katastrophale Formen an. Siehe ›Hospitalismus‹ (19).

könnte als das des Erwachsenen, ein Ersatz-Liebesobjekt zu akzeptieren. Beim Erwachsenen treffen schwere Traumata auf eine festgefügte, vollständige Ich-Organisation und zwingen das Ich zur Regression auf einen früheren Fixierungspunkt. Ganz anders ist es beim Kleinkind. Hier manifestiert sich die Schädigung in der Form einer Störung der Ich-Entwicklung. Diese kann als Verzögerung, Mißbildung oder selbst als destruktive Lähmung der Ich-Entwicklung auftreten, je nach Schwere und Dauer des Traumas.

Demgemäß entstehen klinische Bilder verschiedener Schwere, vom vorübergehenden Entwicklungsstillstand bis zu Verlust oder Hemmung schon erworbener Funktionen (eins der von uns beobachteten Kinder konnte schon allein stehen, als es seine Mutter verlor; in den folgenden drei Monaten lag es nur noch in seinem Bettchen oder richtete sich bestenfalls zum Sitzen auf); in extremen Fällen entstehen irreversible fortschreitende Persönlichkeitsveränderungen. Andererseits ist, da die Ich-Organisation des Kleinkindes noch in der Entwicklung begriffen ist, die Genesung von nichtirreversiblen Schädigungen rascher und auffallender als beim Erwachsenen.

Das klinische Bild der Folgen des Verlustes des Liebesobjekts ist beim Kleinkind ebenso vielfältig wie beim Erwachsenen. Beim Erwachsenen finden wir Trauer, pathologische Trauer, Depression und Melancholie. Die beim Kleinkind beobachteten Phänomene können wir noch nicht so genau unterscheiden. Vorläufig und für die Zwecke dieser Abhandlung erörtern wir jene Form des klinischen Bildes, das nach unserer Ansicht dem am nächsten kommt, was Fenichel in seiner Ausarbeitung der früheren Feststellungen über die prä-ödipale Depression des Kindes als »einfache Depression« bezeichnet hat; Abraham nennt es »primäre Parathymie« (1). Angesichts der ätiologischen Faktoren, die sich bei unseren Untersuchungen herausgeschält haben, ziehen wir es vor, einem Vorschlag von R. M. Kaufman zufolge das von uns beobachtete Bild »anaklitische Depression« zu nennen.

B. Der Begriff der frühkindlichen Depression in der Literatur

Die psychoanalytische Bedeutung der klinischen Symptomatik der Melancholie ist von Abraham und Freud beschrieben worden (1, 2, 3, 6). Beide haben ihre Ähnlichkeit mit Fällen von Trauer betont, einer psychischen Erscheinung, die ins Gebiet der Normalität gehört. In allen Veröffentlichungen über das Thema wurde unterstrichen, daß sowohl die Melancholie als auch die normale Trauer auf die gleiche Art von Trauma zurückgehen, nämlich auf den Verlust des Liebesobjekts. Der Unterschied zwischen normaler und pathologischer Trauer liegt darin, daß bei der letzteren Fixierungspunkte auf der oral-sadistischen Stufe bestehen. Die von Abraham beobachtete primäre Parathymie wird in die Jahre verlegt, die dem ödipalen Konflikt unmittelbar vorausgehen, und die angeführten Beispiele sind typisch für Vorläufer ödipaler Erlebnisse. Diese Äußerungen Abrahams schließen natürlich die Existenz einer Depression im ersten Lebensjahr nicht aus. So stellt auch Fenichel (5, S. 405) fest:

»Man kann nun die Formulierung vertreten, daß die Disposition zur Entwicklung von Depressionen in oralen Fixierungen besteht, die die Reaktion auf narzißtische Schocks bestimmen. Die Erlebnisse, die die oralen Fixierungen verursachen, können lange vor den entscheidenden narzißtischen Schocks geschehen sein, oder die narzißtische Verletzung kann eine depressive Disposition schaffen, weil sie so früh eintritt, daß sie noch auf ein oral orientiertes Ich trifft. Es kann auch vorkommen, daß gewisse narzißtische Schocks, weil sie mit dem Tod verbunden sind (und die Reaktion auf den Tod ist immer die orale Introjektion des Toten), die entscheidende orale Fixierung schaffen.

Wenn man die Faktoren betrachtet, die zunächst orale Fixierungen schaffen, gilt das gleiche, was für andere Fixierungen gilt; die Determinanten sind ungewöhnliche Befriedigungen, ungewöhnliche Versagungen oder Kombinationen beider, besonders Kombinationen aus oraler Befriedigung und einer beruhigenden Garantie der Geborgenheit; tatsächlich finden sich traumatische Erlebnisse in der Stillzeit häufiger bei späteren manisch-depressiven Patienten als bei Schizophrenen.«

Auf Grund unserer Feststellungen in bezug auf 19 schwere und 26 leichte Fälle glauben wir nun in der Lage zu sein, klinische Beweise für Fenichels Annahme liefern zu können, daß das, was der von Abraham beschriebenen primären Parathymie entspricht, während des ersten Lebensjahres beobachtet werden kann.

Um der irrigen Annahme zu entgegnen, wir sprächen hier von dem, was Melanie Klein (12) die »depressive Position« beim Säugling nennt, wollen wir nun ihre theoretischen Ansichten besprechen.

Nach der psychoanalytischen Theorie ist die Depression eine abnorme psychische Erscheinung, die ausdrücklich als Folge einer spezifischen Umwelt-Konstellation angesehen wird. Im System Melanie Kleins ist die Depression nicht nur grundsätzlich anders, sondern außerdem von erstrangiger Bedeutung als Eckstein des ganzen Systems. Melanie Klein (12, 13, 14, 15) sieht die Depression als *fons et origo* aller psychischen Entwicklung an. Sie und ihre Schule (Heimann, Isaacs, Rickman, Riviere [17], Rosenfeld, Scott, Winnicott) postulieren das Vorhandensein einer sogenannten »depressiven Position« in der frühen Kindheit. Dies ist nach ihrer Meinung der fundamentale Mechanismus in der Psyche des Kleinkindes, der über machtvoll wirkende Instrumente der Introjektion und Projektion verfügt, auf denen alle weitere psychische Entwicklung beruht.

Unsere Feststellungen bestätigen die Ansicht Melanie Kleins und ihrer Schule nicht. Sie stellt fest (12):

> »Die depressive Position des Kleinkindes tritt auf, wenn der Säugling die Mutter als ganzen Menschen wahrnimmt und introjiziert (zwischen drei und fünf Monaten) . . . die Annahme erscheint gerechtfertigt, daß der Keim depressiver Gefühle vom Beginn des Lebens an vorhanden ist, insofern als das Erlebnis der Geburt ein Gefühl von Verlust hervorruft. Ich vermute, daß die ›depressive Position‹ in der frühen Kindheit ein universales Phänomen ist.
>
> Die Koordination von Funktionen und Bewegungen ist verbunden mit einem Abwehrmechanismus, den ich für einen der fundamentalen Vorgänge in der frühen Entwicklung halte, nämlich mit der manischen Abwehr. Diese Abwehr ist eng verbunden mit der ›depressiven Position‹.«

Mit anderen Worten: Melanie Klein (12) postuliert eine »depressive Position« als ein unveränderliches Stadium der frühkindlichen psychischen Entwicklung, das zwischen drei und fünf Monaten auftaucht, ungeachtet der individuellen Lebensgeschichte, der Erlebnisse und der Umweltbedingungen. Sie sieht die »depressive Position« als Bestandteil der kongenitalen Ausstattung jedes menschlichen Wesens an.

Wir sind es gewöhnt, unsere anatomische und physiologische Ausstattung als angeboren zu betrachten. In neuerer Zeit hat sich die Tendenz gezeigt, die psychischen Funktionen, die als ererbt oder angeboren angesehen werden, etwas mehr einzuschränken. Trotzdem gelten Ausstattungen wie neurale Bahnungen, die auf anatomischen und physiologischen Voraussetzungen sowie auf Entwicklungssequenzen beruhen, Wahrnehmungsweisen, wie sie sich in den Gestaltprinzipien ausdrücken, vielleicht sogar gewisse Grundreaktionen, wie sie in der Watsonschen Trias von Liebe, Furcht und Zorn genannt werden, allgemein als angeboren und universal.

Das von Melanie Klein (12) postulierte psychische Element ist jedoch ganz anderer Art als alle diese. Es fällt schwer, sich die »depressive Position« als einen universal vorhandenen Eckstein der Persönlichkeit vorzustellen. Wir haben die Depression aus dem Studium von Geisteskrankheiten (Melancholie) bei Erwachsenen kennengelernt. Die psychoanalytische Forschung, besonders die von Freud und Abraham, hat gezeigt, daß die Depression die Folge einer Regression auf die oral-sadistische Stufe der Ich-Entwicklung ist. Es scheint, als ob die Feststellung bei Melanie Klein eine Fehldeutung provoziert hat. Sie hat anscheinend geschlossen, daß, da die Melancholie eine Regression auf die oral-sadistische Stufe der Libido sei, das Kind beim Erreichen dieser oral-sadistischen Stufe Melancholie entwickeln müsse. Dies ist natürlich ein Zirkelschluß. Melancholie ist die Folge mehrerer Faktoren, von denen *einer* eine Fixierung auf die oral-sadistische Entwicklungsstufe ist. Dieser Umstand allein genügt jedoch nicht, um Melancholie entstehen zu lassen. Ohne die Mitwirkung bestimmter Erlebnisse, die von den Umwelt-Konstellationen abhängig sind, wird keine Melancholie vorkommen. Die fraglichen Erlebnisse sind stark versagender Natur und setzen die Existenz eines Teils der Ich-Organisation voraus, der frustriert werden muß. Wenn diese besonderen Erlebnisse nicht stattfinden oder wenn sie in abgewandelter Form stattfinden, entsteht eine ganz andere Geisteskrankheit oder vielleicht auch nur eine besondere Charakterbildung.

Melanie Klein andererseits nimmt an, daß die Menschen mit einer fertigen und vollständigen psychischen Struktur geboren werden. Damit gehört sie zur gleichen Kategorie wie andere Abwandler der psychoanalytischen Theorie, z. B. Adler, Jung, Rank (16) und Reich. Meistens verfolgten sie spezielle Interessen, ob es nun darum ging, die Probleme der kindlichen Sexualität aus der psychoanalytischen Theorie zu entfernen, oder darum, die Postulate einer ideologischen Bindung zu befriedigen. So hat Rank mit Hilfe des »Geburtstraumas« den Erbanlagen und dem Erlebnis der Geburt die Verantwortung für die Ätiologie der Neurosen aufgebürdet und damit die Rolle der kindlichen Sexualität, des ödipalen Erlebnisses und der Umwelteinflüsse zur Bedeutungslosigkeit herabgedrückt.

Wenn wir von anaklitischer Depression bei Kleinkindern sprechen, dann halten wir, im Gegensatz zu Melanie Klein (12) und ihrer Gruppe, die Depression nicht für *den* typischen oder *einen* typischen Mechanismus der psychischen Entwicklung des Kindes. Wir betrachten die Depression nicht als ein integrierendes Element der kindlichen Psyche. Wenn man behauptet, jede psychische Entwicklung des Menschen werde von einer »depressiven Position« im frühen Kindesalter bestimmt, ist das genauso sinnlos wie die Behauptung, der aufrechte Gang des Menschen werde durch eine Fraktur oder Luxation im frühen Kindesalter bestimmt – obwohl der Gang mancher Kleinkinder am Anfang vielleicht vage an den Gang mit einem gebrochenen oder luxierten Glied erinnern kann. Wir sprechen von der Depression als von einer spezifischen Krankheit bei Kleinkindern, die unter bestimmten Umweltbedingungen auftritt.

III. Diagnose und Prognose des Syndroms

A. Diagnose

Das Problem der Diagnose schwerer psychischer Störungen in der frühen Kindheit, im vorsprachlichen Alter, ist sehr schwierig. Zunächst erhebt sich die Frage, ob in diesem Stadium irgend etwas von der Art einer Psychose bestehen kann. Die Psychose ist ihrer Definition nach eine Störung in den Beziehungen zwischen den verschiedenen Bereichen der Persönlichkeit. Es könnte also so scheinen, als müßte die Bildung eines Über-Ichs oder allermindestens jene Abstraktionsfunktion der unbewußten Ich-Teile vorhanden sein, die das begriffliche Denken ermöglicht, damit man beim Kleinkind von einer Psychose sprechen kann. Wenn aber irgend etwas gewiß ist, dann der Umstand, daß das Kind vor dem Alter von etwa achtzehn Monaten weder von einem Über-Ich regiert wird noch über irgendwie nachweisbare Abstraktionsfunktionen verfügt. Darum kann derjenige Teil der psychotischen Zerstörung der Persönlichkeit, an dem die höheren Ich-Funktionen beteiligt sind, nicht auftreten.

Eine Psychose ist aber nicht nur durch Wahn, gestörte Denkprozesse, abnorme Gedankenproduktion und geistige Verwirrung (Gedächtnisstörung, Konfabulationen, Beeinträchtigung der Apperzeption und der Aufmerksamkeit, Desorientierung, Denkstörungen, Mißtrauen usw.) gekennzeichnet. Sie schließt auch eine Veränderung der Mobilität ein, die sich im Groben als Hypermotilität, durch spezifische motorische Phänomene oder als Hypomotilität (Katatonie, Kataplexie usw.) ausdrückt; die feineren Manifestationen haben die Form von veränderter Körperhaltung und pathognomischem Ausdruck. Schließlich manifestieren sich die hervorstechendsten Veränderungen in der psychotischen Persönlichkeit in den Affekten. Die Veränderungen der Motilität und die affektiven Störungen sind Erscheinungen, für die das Vorhandensein eines vollständig organisierten Ichs, das zum begrifflichen Denken fähig ist, nicht notwendig ist, geschweige denn das Vorhandensein eines Über-Ichs. Störungen auf diesen beiden Gebieten setzen nur eine elementare Organisation des Ichs voraus, die es befähigen, die Funktion eines Koordinierungszentrums für die elementare Wahrnehmung und Apperzeption zu erfüllen, ebenso für die elementare willkürliche Koordinierung der Motilität. Ferner ist eine Fähigkeit zur elementaren Differenzierung der Affekte notwendig, wie sie sich in der Fähigkeit zeigt, auf einen geeigneten Reiz hin deutlich unterscheidbare positive oder negative Affektreaktionen hervorzubringen. Dieses Stadium ist erreicht, wenn das Kind die erste Hälfte des ersten Lebensjahres hinter sich hat (9, 21).

Auf dieser Stufe ist das Kind fähig, wie wir oben gesagt haben, auf Umwelterlebnisse mit nachweisbaren Affektstörungen zu reagieren. Wir werden im weiteren Verlauf dieser Arbeit zeigen, daß ebenfalls grobe Motilitätsstörungen auftreten. Die weniger groben Störungen lassen sich an dem schwermütigen pathognomischen Ausdruck und an der Körperhaltung dieser Kleinkinder ablesen. Sie zeigen eine offenkundige Abneigung dagegen, eine aufrechte Haltung einzunehmen oder sich von der Stelle zu bewegen. In Verhaltensänderungen dieser Art haben wir die Beweise für den pathologischen Prozeß zu suchen.

Manifeste Anzeichen dieses Prozesses sind für das geübte Auge unverkennbar. Die Symptomarmut spiegelt wider, wie gering die Zahl der Ausdrucksmöglichkeiten und der Betätigungsformen ist, die Kindern dieses Alters zur Verfügung stehen. Infolge des pathologischen Prozesses wird selbst diese geringe Zahl von Ausdrucksweisen und Handlungen noch reduziert — oder Ausdrucksformen und Tätigkeiten, die das Einjährige im normalen Verlauf der Entwicklung erwirbt, treten gar nicht auf. Eine derartige Einschränkung der Leistungen emotionaler und anderer Art beim Kleinkind macht auf den Psychiater leicht den Eindruck eines Entwicklungsstillstands und wird nicht als eine Persönlichkeitsstörung angesehen. Wir glauben — und wir werden in der weiteren Entwicklung unserer Fallgeschichten Beweise dafür erbringen —, daß man sich der oberflächlichen Beurteilung schuldig macht, wenn man die fraglichen Phänomene lediglich als einen Entwicklungsstillstand ansieht. Die Unzulänglichkeit unserer Möglichkeiten der Kommunikation mit dem Kleinkind ist natürlich sehr hinderlich bei der diagnostischen Feststellung möglicher schwerer psychischer Störungen in diesem Alter. Wir sind auf die Beobachtung des Verhaltens und der Abweichungen [von der Norm] angewiesen, auf die Deutung sichtbarer Manifestation von Emotionen, auf die Erhebung einer detaillierten Anamnese mit Hilfe unserer eigenen Beobachtungen und der Beobachtungen der Menschen, die mit dem Kind zusammenleben, und schließlich auf die quantifizierbaren Ergebnisse von Testverfahren. So bekommen wir drei Gruppen von diagnostischen Zeichen und Symptomen: statische, genetische und quantitative.

1. DIE STATISCHEN ZEICHEN UND SYMPTOME

Die statischen Zeichen und Symptome sind diejenigen beobachtbaren Phänomene, die wir im Verlauf einer oder mehrerer Beobachtungen des betreffenden Kindes in Erfahrung bringen können. Wir haben sie in Teil II der vorliegenden Arbeit erwähnt. Eines der wichtigsten Zeichen ist der physiognomische Ausdruck solcher Patienten. Der Beobachter bemerkt sofort einen furchtsamen oder traurigen oder deprimierten Ausdruck im Gesicht des Kindes, der ihn oft veranlaßt, zu fragen, ob das Kind krank ist. In diesem Stadium ist es charakteristisch, daß

das Kind aktiv versucht, die Aufmerksamkeit des Beobachters auf sich zu lenken und ihn in ein Spiel hineinzuziehen. Auf diese entgegenkommende Einführung folgt jedoch gewöhnlich kein besonders aktives Spielverhalten auf seiten des Kindes. Es wird hauptsächlich in der Form eines Sichanklammerns an den Beobachter weitergeführt und endet mit trauriger Enttäuschung, wenn der Beobachter sich zurückzieht.
Auf der nächsten Stufe vertieft sich die Furchtsamkeit. Die Annäherung des Beobachters ruft beim Kind Weinen oder Schreien hervor, und das Fortgehen des Beobachters erzeugt keine so tiefe Enttäuschung wie vorher. Viele der von uns beobachteten Fälle fallen zeitlich mit jener Erscheinung zusammen, die als »Achtmonatsangst« beschrieben worden ist (4, 9, 11, 18).
Die sogenannte »Achtmonatsangst« beginnt irgendwann zwischen dem sechsten und achten Monat und ist ein Produkt der zunehmenden Fähigkeit des Kindes, diakritisch zwischen dem Freund und dem Fremden zu unterscheiden (19). Infolgedessen wird der sich nähernde Fremde mit einem »scheuen« oder »schüchternen« Verhalten empfangen, oder das Kind wendet sich ab, senkt den Kopf, weint oder schreit sogar, wenn ein Fremder kommt, und weigert sich, mit ihm zu spielen oder ein Spielzeug anzunehmen. Zwischen diesem Verhalten und dem bei der anaklitischen Depression beobachteten besteht ein quantitativer Unterschied. Während man bei der anaklitischen Depression über eine Stunde braucht, um mit dem Kind in Kontakt zu kommen und es zum Spielen zu bewegen, kann bei der Achtmonatsangst dieser Kontakt mit Hilfe geeigneten Verhaltens im Verlauf eines Zeitraums von einer bis zu zehn Minuten hergestellt werden. Das geeignete Verhalten ist sehr einfach; es besteht darin, daß man sich neben dem Bettchen des Kindes hinsetzt, ihm den Rücken zukehrt und sich überhaupt nicht um es kümmert. Nach der oben genannten Zeitspanne von einer bis zehn Minuten wird das Kind die Initiative ergreifen und die Kleider oder die Hand des Beobachters anfassen — damit ist der Kontakt hergestellt, und jeder erfahrene Kinderpsychologe kann hieraus ins Spiel überleiten, so daß das Kind sich aktiv und fröhlich beteiligt. Bei der anaklitischen Depression geschieht nichts Derartiges. Das Kind berührt den Beobachter nicht; die Annäherung muß von seiten des Beobachters mäßig aktiv sein; sie besteht hauptsächlich aus geduldigem Warten und unermüdlich wiederholten Versuchen, das Kind zu hätscheln und zu liebkosen und ihm unaufhörlich immer neues Spielzeug anzubieten. Diese Angebote setzen die Fähigkeit voraus, die Art der Ablehnung des Kindes zu verstehen. Manches Spielzeug erweckt bei manchen Kindern Angst und hat bei anderen die entgegengesetzte Wirkung. Manche Kinder fühlen sich zum Beispiel von leuchtenden Farben angezogen, werden aber sofort von Panik

erfaßt, wenn im Zusammenhang mit diesem starkfarbigen Spielzeug ein Geräusch, wie zum Beispiel Trommeln, erzeugt wird. Andere können von dem rhythmischen Geräusch angezogen werden. Einige sind von Puppen entzückt, andere geraten in Panik und sind beim Anblick einer Puppe durch nichts zu beruhigen. Einige, die von einem sich drehenden Kreisel begeistert sind, brechen in Tränen aus, wenn er aufhört, sich zu drehen, und umfällt, und jeder weitere Versuch, den Kreisel in Drehung zu versetzen, ruft neuen Protest hervor.

Wenn schließlich der Kontakt hergestellt ist, hellt sich der pathognomische Ausdruck nicht auf; nachdem das Kind den Beobachter akzeptiert hat, spielt es ohne jeden Ausdruck von Fröhlichkeit. Es spielt auch nicht aktiv und ist in all seinen Verhaltens-Manifestationen stark retardiert. Das einzige Zeichen dafür, daß es einen Kontakt zustande gebracht hat, ist einerseits die Annahme von Spielzeug und andererseits sein Ausdruck von Kummer und sein Weinen, wenn der Beobachter es verläßt. Daß diese qualitative Unterscheidung nicht willkürlich ist, kann man an der Tatsache erkennen, daß wir in einer gewissen Anzahl von Fällen, in denen die anaklitische Depression spät zutage trat, sowohl die Achtmonatsangst als auch die anaklitische Depression in verschiedenen Zeiträumen beobachten konnten. In einem Fall trat die Achtmonatsangst tatsächlich auf, als das Kind 0;7 + 14, also 7 Monate und 14 Tage alt war, und hatte schon vollkommen aufgehört und war verschwunden, als die anaklitische Depression im Alter von 0;11 + 2 auftrat.

Im nächsten Stadium bietet das Kind das äußere Erscheinungsbild vollständiger Kontaktverweigerung, Schwermut und Abwendung von der Umwelt. Bei diesen Kindern hat selbst der Laie mit gutem Einfühlungsvermögen für Kinder keine Schwierigkeit, die Diagnose zu stellen, und pflegt dem Beobachter zu sagen, das Kind sehne sich nach seiner Mutter.

2. DIE GENETISCHEN ZEICHEN

Die genetischen Zeichen können mit Hilfe einer longitudinalen Untersuchung der Entwicklung des Kindes aufgedeckt werden. Eine sorgfältige Anamnese bringt zum Vorschein, daß das Kind, bevor die oben beschriebene Haltung anfing, sich zu zeigen, ein munteres, lächelndes, freundliches Baby war. Wenn der Beobachter Glück hat, kann er in Erfahrung bringen, ob das Kind die Achtmonatsangst schon hinter sich hat, daß sie gekommen und wieder vergangen ist. Wenn das Pflegepersonal von einem plötzlich auftretenden veränderten Verhalten des Kindes ohne nachweisbare organische Erkrankung berichtet und wenn dies mit einer Trennung des Kindes von seiner Mutter oder Ersatzmutter in Verbindung gebracht werden kann, wird sich unser Verdacht in bezug auf das Vorhandensein einer anaklitischen

Depression bestätigen. Man darf nicht übersehen, daß wir, wenn wir von der »Mutter« sprechen, einen Terminus benützen, der eigentlich weiter gefaßt werden sollte. »Liebesobjekt« wäre der geeignetere Ausdruck, und wir sollten sagen, daß diese Kinder einen Verlust ihres Liebesobjekts erleiden.

3. QUANTITATIVE ZEICHEN

Quantitative Zeichen können durch aufeinanderfolgende Entwicklungstests ermittelt werden, die, wenn man sie miteinander

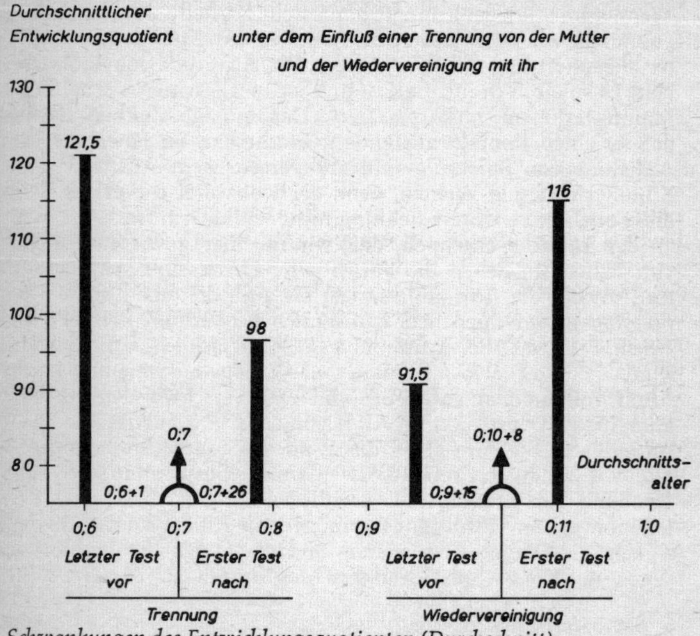

Schwankungen des Entwicklungsquotienten (Durchschnitt)

vergleicht, am Anfang der anaklitischen Depression ein allmähliches Absinken des Entwicklungsquotienten erkennen lassen; dieses Absinken nimmt mit fortschreitender Störung zu.

B. Prognose bei Veränderung der Umwelt

Die drei von uns am Anfang zitierten Fallgeschichten endeten jeweils mit der Feststellung, daß in jedem Fall eine bestimmte Maßnahme ergriffen wurde. Diese Maßnahme hatte den Charakter einer Manipulation der Umwelt. Sie bestand darin, dem Kind die Mutter wiederzugeben. Die Veränderung im beobachtbaren Verhalten der Kinder war dramatisch. Sie waren plötzlich freundlich, fröhlich, kontaktbereit. Die Kontaktverweigerung, die Interesselosigkeit, die Ablehnung der Außenwelt, die Traurigkeit – alles verschwand wie durch Zauberei. Aber am eindrucksvollsten war, über diese Veränderungen hinaus, der sprunghafte Anstieg des Entwicklungsquotienten innerhalb von zwölf Stunden nach der Rückkehr der Mutter; in manchen Fällen lag er 36,6 % höher als bei der vorherigen Messung.

Man könnte also annehmen, daß der Prozeß, wenn geeignete therapeutische Maßnahmen ergriffen werden, äußerst schnell heilbar ist und daß die Prognose gut ist. Diese letzte Feststellung muß etwas eingeschränkt werden. Zu unserem Bedauern waren wir nicht in der Lage, die Entwicklung der Kinder über ein Maximum von achtzehn Monaten hinaus zu verfolgen, und wir können es auch heute nicht. Es ist daher fraglich, ob das psychische Trauma, das sie infolge der Trennung von ihren Müttern erlitten haben, Spuren hinterläßt, die erst später im Leben sichtbar werden. Wir neigen dazu, etwas Derartiges zu vermuten. Der plötzliche, erstaunlich sprunghafte Anstieg des Entwicklungsquotienten bei der Rückkehr des Liebesobjekts bleibt nicht in allen Fällen erhalten. Wir haben Fälle beobachtet, in denen nach zwei Wochen der Entwicklungsquotient wieder fiel. Er fiel nicht wieder auf das niedrige Niveau, das er während der Depression erreicht hatte. Im Vergleich mit den Leistungen jedoch, die diese Kinder vor der Depression gezeigt hatten, war die Stufe ihrer Leistungen nach der Genesung nicht ausreichend.

Die spektakuläre Genesung der von uns beobachteten Kinder stellt uns noch einmal vor die Frage, ob es gerechtfertigt ist, wenn wir das Syndrom als Depression bezeichnen, und, wenn das der Fall ist, ob man es als eine Erscheinung von mehr als vorübergehender Bedeutung ansehen sollte; ob man es nicht der vorübergehenden Depression gleichstellen sollte, die man bei Erwachsenen beobachtet – ja, ob man es nicht eher der Trauer gleichstellen sollte als der Depression (siehe Anhang A. Absatz 2).

C. Prognose: ohne Veränderung der Umwelt

Der Hauptgrund, warum wir uns, abgesehen von allen physiognomischen Verhaltens- und anderen Merkmalen, für berechtigt halten, hier von einer anaklitischen Depression zu sprechen, die weit über die Trauer und selbst über die pathologische Trauer hinausgeht, ist der, daß wir eine Reihe von Fällen beobachtet haben, in denen keine Veränderung der Umwelt stattfand und wo es nur zu offenkundig wurde, daß der Prozeß keineswegs dazu neigte, sich selbst zu begrenzen. Diese Fälle waren die im Findelhaus beobachteten.[6] In dieser Anstalt, wo die medizini-

6 Beschrieben in ›Hospitalismus‹. Wie dort werden wir, um die Unterscheidung zwischen den beiden Anstalten zu erleichtern, die eine, in der die bis jetzt beschriebenen Fälle versorgt wurden, *Säuglingsheim* nennen, und die andere, die wir jetzt beschreiben wollen, *Findelhaus*.

schen, hygienischen und Ernährungsbedingungen mit den im Säuglingsheim herrschenden vergleichbar waren, fand die Trennung von der Mutter vom dritten Monat an statt, meistens aber im sechsten Monat. Während jedoch im Säuglingsheim die Trennung vorübergehend war und das Liebesobjekt nach etwa drei Monaten der Abwesenheit wieder zurückkehrte, bekamen die Kinder im Findelhaus ihr Liebesobjekt nicht zurück. Das Bild der Depression war ebenso ausgeprägt wie im Säuglingsheim; es gab einige zusätzliche Entwicklungen, denn das Bild der Kinder in fortgeschrittenen Extremfällen reichte von stuporöser fortgeschrittener Katatonie bis zu erethischer Idiotie.

Wenn wir die Krankheitsbilder in beiden Anstalten vergleichen, sehen wir uns einem Syndrom progressiver Art gegenüber, das, nachdem es einen kritischen Punkt in der Entwicklung erreicht hat, anscheinend irreversibel wird. Diese Eigentümlichkeit veranlaßt uns, das Bild Depression und nicht Trauer zu nennen. Außerdem begegnen wir im Findelhaus einem Phänomen, das schlimmer ist als Melancholie. Trotz der befriedigenden Hygiene und Asepsis war die Sterblichkeitsquote der hier aufgezogenen Kleinkinder unverhältnismäßig hoch. Im Verlauf von zwei Jahren starben 34 von den 91 beobachteten Kindern an Krankheiten wie Infektionen der Atemwege und des Verdauungstrakts, Masern und Mittelohrentzündung. In manchen Fällen war die Todesursache Kachexie (Kräfteverfall). Dieses Phänomen spricht für psychosomatische Erkrankungen.

Im Fall länger dauernder Trennung im Findelhaus war keine eingreifende Maßnahme wirksam. Diese Feststellung ist einer der Gründe, warum wir von drei Monaten als von einem kritischen Zeitraum gesprochen haben. Der zweite Grund ist der, daß wir im Säuglingsheim gegen Ende der drei Monate das Auftauchen jener Art von »gefrorenem«, affektverarmtem Ausdruck beobachtet haben, der uns im Findelhaus so stark beeindruckt hatte. Überdies zeigte sich bei den Kindern eine seltsame Abneigung, Gegenstände zu berühren, verbunden mit gewissen ungewöhnlichen Haltungen der Hände und der Finger, die uns als Vorläufer der äußerst bizarren Hand- und Fingerbewegungen erschienen, die die gesamte Betätigung jener Kleinkinder im Findelhaus ausmachten, von denen wir gesagt haben, daß sie das Bild stuporöser Katatonie boten.

Nach ihrer Genesung im Lauf ihrer weiteren Entwicklung, die wir zu unserem Bedauern nicht über eineinhalb Jahre hinaus verfolgen konnten, zeigten sich bei den Kindern im Säuglingsheim keine auffallenden Veränderungen. Wie schon oben bemerkt, ist es daher unmöglich, heute festzustellen, ob diese frühe Depression irgendwelche sichtbaren Spuren hinterlassen hat. Man sollte es erwarten. Man sollte erwarten, daß eine Fixierung eintritt.

IV. Die Therapie: dynamische und strukturelle Erwägungen

A. Das rudimentäre Ich

1. Wie bei der Melancholie (5, S. 402; 8) kommen auch bei der anaklitischen Depression mehr oder weniger erfolgreiche Versuche vor, die verlorene Objektwelt wiederzuerlangen. Den Ausdruck »Restitutionsversuch« hat Freud für gewisse Phänomene in der Schizophrenie reserviert. Die Versuche, die verlorene Objektwelt wiederzufinden, die in der Melancholie und auch in der anaklitischen Depression stattfinden, nehmen die Form der Suche nach einem Ersatzobjekt an (3; 5, S. 404; 10). Wir wollen diese Tendenz daher als »Substitutionsversuch« bezeichnen. Diese Versuche sind Teil einer Heilungstendenz, die bei der anaklitischen Depression wie bei jeder anderen Krankheit in Erscheinung tritt. Sie wird uns im Verlauf unserer weiteren Erörterungen noch begegnen.

Während des depressiven Stadiums der Melancholie, wenn das Über-Ich das Ich unerträglich unterdrückt, kann der Ausgang nur eine vollständige Zerstörung des Individuums sein, wie im Selbstmord. Gegen diese Forderungen des Über-Ichs erfolgt die Reaktion der Es-Triebe. Diese Reaktion ist jedoch erfolglos, weil das Über-Ich Angst hervorbringt und so die Es-Triebe auf den vom Lust-Unlust-Prinzip vorgeschriebenen Weg zwingt; also wird ein Teil der Es-Triebe in den Dienst der zerstörerischen Über-Ich-Forderungen gestellt. Dieser Teil wird durch den entsexualisierten Es-Trieb repräsentiert.

Im Falle eines günstigen Ausgangs jedoch wird der aggressive Es-Trieb nicht vollkommen entsexualisiert. Der mit dem Sexualtrieb verschmolzene Teil des Aggressionstriebes kann dann weiterhin dem Ich zur Verfügung stehen. Wenn dies der Fall ist, kann er im Interesse jener selbstheilenden Tendenzen benützt werden, die jeder lebende Organismus bei organischer und psychischer Krankheit manifestiert. Bei seinem Versuch, die Forderungen des Über-Ichs zu erfüllen, wird der mit dem Sexualtrieb verschmolzene Es-Trieb zur Konstituierung eines Zwangssystems benützt. Durch das zwanghafte neurotische Verhalten und sein starres Befolgen willkürlich aufgestellter Regeln kann das Über-Ich zum mindesten vorübergehend davon überzeugt werden, daß seine Forderungen unter großen Opfern erfüllt werden. Damit beginnt eine Remission (beim Bild einer Zwangsneurose mit einem Zwangsritual), und das Fortschreiten der Melancholie wird unterbrochen.

2. Ein anderer Ausgang ist möglich, wenn es dem Ich nicht gelingt, die mit dem Sexualtrieb verschmolzenen Es-Triebe in den Dienst der Besänftigung des Über-Ichs zu stellen, wenn es aber andererseits dem Über-Ich auch nicht gelingt, die entmischten Triebe in den Dienst seiner eigenen zerstörerischen Tendenzen

zu stellen. In diesem Fall werden die aggressiven und sexuellen Es-Triebe zu einer Ich-Verstärkung zusammengeschlossen. Das befähigt dann das Ich, gewissermaßen das Über-Ich zu überwältigen und es sich einzuverleiben. Wie in der depressiven Phase das Bild des Liebesobjekts introjiziert wird, worauf die Wut des Über-Ichs sich gegen es richtet, so wird in der manischen Phase das Über-Ich, das selbst der Empfänger der archaischen Bilder der ursprünglichen Liebesobjekte ist, nun seinerseits dem Ich einverleibt. Die Folge ist, daß die Grenzen zwischen den Systemen aufgehoben werden und das manische Bild sich entwickelt.

Bei beiden Ausgängen des manisch-depressiven Prozesses steht das Ich im Mittelpunkt, und man kann sie als Versuche des Ichs verstehen, der Vernichtung zu entgehen, und im Hinblick darauf betrachten wir sie als Heilungstendenzen, selbst wenn sie keinen Erfolg haben.

Solche Tendenzen setzen jedoch das Vorhandensein der drei Systeme, Es, Ich und Über-Ich, voraus. Beim Kleinkind fehlt das Über-Ich, so daß man unmöglich eine zerstörerische Feindschaft des Über-Ichs vermuten kann. Der Verlust des Liebesobjekts kommt für das Kind jedoch selbst schon einem feindseligen Entzug gleich. Das System, mit dem das Kleinkind auf diesen Entzug reagieren kann, ist sein Ich, so unzureichend es zu diesem Zeitpunkt auch sein mag. Wie Freud festgestellt hat, ist das Ich in diesem frühen Alter hauptsächlich ein Körper-Ich. Die Organisationen, über die dieses Ich verfügt, sind: 1. eine sehr rudimentäre Denk-Organisation, die kaum für diffuse halluzinatorische Prozesse ausreicht, und 2. ein sich rasch entwickelndes lokomotorisches System.

B. Heilungstendenzen im Gegensatz zur Anstaltspflege

Zu dieser gleichen Zeit folgen die Es-Triebe in bezug auf das Objekt dem anaklitischen Modus, das heißt, sie funktionieren nach dem »Anlehnungstypus«. Alle Lokomotion wird daher in den Dienst des Versuchs gestellt, das Verlangen nach anaklitischen sozialen Beziehungen zu befriedigen.

Die Forderung nach sozialen Beziehungen ist abhängig von der Entwicklung im Lauf des ersten Lebensjahres. Bis zum sechsten Monat können diese Forderungen nur in passiver Weise ausgedrückt werden, da das Kind noch nicht zur Lokomotion fähig ist. Darum werden die sozialen Forderungen des Kleinkindes nicht so sehr durch die Aktivität des Kindes in Gang gebracht, sondern durch die Aktivität des Erwachsenen.

Mit sechs bis zwölf Monaten werden jedoch die sozialen Forderungen des Kindes aktiv zum Ausdruck gebracht, wie es sich in den Ergebnissen der Hetzer-Wolf-Tests zeigt. Auf der Altersstufe von sieben Monaten besteht eine der Testaufgaben darin, zu beobachten, ob das Kind schon aktiv Kontakt herstellt. Auf der Stufe von neun Monaten besteht die Aufgabe darin, zu beobachten, ob das Kind ohne ein Eingreifen des Beobachters die Hand oder den Mantel des von ihm abgewandten Erwachsenen anfaßt.

Man könnte dies auch so formulieren, daß man sagt, vor dem sechsten Monat drückt sich die Passivität der sozialen Forderung in dem Umstand aus, daß diese sich nur in der pathognomischen Reaktion des Kindes auf den Erwachsenen manifestiert. Vor dem sechsten Monat wird die Manifestation des sozialen Kontakts durch den Erwachsenen in Gang gesetzt, und das Kind folgt ihm; nach dem sechsten Monat dagegen ergreift das Kind die Initiative und sucht den Erwachsenen.

In einem gewissen Prozentsatz unserer Fälle von anaklitischer Depression haben wir festgestellt, daß die Kleinkinder die Angsthaltung nicht gleich nach dem Entzug des Liebesobjekts zeigten. Das Pflegepersonal teilte uns mit, daß diese Kinder durch die Abwesenheit ihrer Mütter psychisch gestört, also aus dem Gleichgewicht waren. Trotzdem schienen sie sich dem Beobachter eifrig zuzuwenden. Wir könnten dieses Verhalten als einen Versuch der Substitution des verlorenen Objekts nach anaklitischem Muster deuten. Wenn jedoch aktive Versuche zur Ersetzung durch sozialen Kontakt in Gang gebracht werden sollen, muß als notwendige Voraussetzung die Fähigkeit zur Lokomotion gegeben sein. Bei Anstaltskindern ist sowohl die Möglichkeit, anaklitische Objektbeziehungen durch sozialen Kontakt wiederherzustellen, als auch die Gelegenheit zur Lokomotion stark eingeschränkt.

Vom dynamischen Gesichtspunkt aus erfüllen Lokomotion und Motilität im allgemeinen die wichtige Aufgabe, dem Aggressionstrieb ein notwendiges Abfuhrventil zu bieten. Wenn beim kleinen Kind die motorische Aktivität gehemmt wird, werden alle normalen Auswege des Aggressionstriebes blockiert. In diesem Fall bleibt nur eine Alternative, um mit dem Aggressionstrieb fertigzuwerden, nämlich ihn gegen das Selbst zu richten. Das daraus entstehende dynamische Bild ist mit dem vorher für die Melancholie beschriebenen identisch. Der einzige Unterschied ist der, daß bei der Melancholie das Über-Ich den Aggressionstrieb gegen das Ich einsetzt, während im Fall einer unterbundenen motorischen Aktivität im Kleinkindalter das Dazwischentreten des Über-Ichs unnötig ist.

In Wirklichkeit ist der Unterschied zwischen der Dynamik bei der Melancholie und bei der anaklitischen Depression nicht so groß, wie es vom theoretischen Gesichtspunkt her scheinen könnte. In der Melancholie ist das Über-Ich die feindselige, Ich-unterdrückende Autorität. Bei der anaklitischen Depression werden die Einschränkung der Motilität und der Entzug des Liebesobjekts dem Kind von der es umgebenden Erwachsenenwelt auferlegt. Diese Welt der Erwachsenen, die die unmittelbare Umwelt des Kleinkindes bildet, ist identisch mit derjenigen, aus der in der ödipalen Phase die »Imagines« zum Zweck der Bildung des Über-Ichs entnommen werden. Anders ausgedrückt, sowohl in der Melancholie als auch in der anaklitischen Depression stammt der Sadismus, der den Patienten mit Vernichtung bedroht, aus der gleichen Quelle; nur daß bei der Melancholie die Quelle eine intrapsychische Repräsentanz ist, während bei der anaklitischen Depression die Quelle das lebende Original der späteren intrapsychischen Repräsentanz ist.

An dieser Stelle könnte sich ein Einwand erheben: Wenn die anaklitische Depression dadurch hervorgerufen wird, daß von ihrem Liebesobjekt getrennte Kleinkinder in ihrer Lokomotion gehemmt werden, wie kommt es dann, daß eine erhebliche Anzahl der von uns im Säuglingsheim beobachteten Kleinkinder, ja, sogar die Mehrzahl, ungeschädigt blieb? Und was ist der Grund für die Schwere der einen Art von kindlicher Depression und für den leichten Verlauf der anderen?

Die Antwort lautet, daß in beiden Fällen der Ausgang davon abhängt, wie gut es dieser Anstalt gelingt, dem Kind ein Ersatz-Liebesobjekt zu verschaffen. Die Trennung der Säuglinge von ihren Müttern findet im Säuglingsheim zwischen dem sechsten und neunten Monat statt. Dann wird einer anderen Insassin die Sorge für das mutterlose Kind übertragen. Die Ersatzmutter versorgt also ihr eigenes Kind und ein fremdes. Obwohl die verständnisvolle Leitung des Säuglingsheims mit größter Sorgfalt vorgeht, ist die Auswahl doch durch die Zahl der zur Verfügung stehenden Insassinnen begrenzt. Es ist auch kaum zu erwarten, daß eine Gruppe straffälliger Mädchen wie diese besonders gute Ersatzmütter liefert.

Wir vermuten, daß sich keine Depression entwickelt, wenn die Ersatzmutter gut ist. Wo die Ersatzmutter sich als aggressive, lieblose Persönlichkeit entpuppt, wird die Parallele zur Melancholie der Erwachsenen im wirklichen Leben durchgespielt. Wie bei der Melancholie das Ich von einem sadistischen Über-Ich unterdrückt wird, so wird hier das Körper-Ich des Kleinkindes von einem sadistischen Ersatz-Liebesobjekt unterdrückt.

Der in seiner motorischen Abfuhr gehemmte, aufgestaute Aggressionstrieb wendet sich gegen das Ich. Das Ich ist dann eingeklemmt zwischen einem feindseligen Ersatz-Liebesobjekt und seinem eigenen Aggressionstrieb. Da ihm die Lokomotion unmöglich gemacht worden ist, kann es nicht aktiv unter den anderen Erwachsenen in der Anstalt nach dem verlorenen Liebesobjekt suchen.

Eine indirekte Bestätigung dieser Ansicht ist in der folgenden Tabelle enthalten, die sich auf die ursprüngliche Mutter-Kind-

Beziehung bezieht. Hier bringen wir die Anzahl der Kinder und die Art ihrer Depression einerseits mit der Art der Beziehungen zwischen dem Kind und seiner Mutter andererseits in Verbindung. Die Mutter-Kind-Beziehung wurde anhand unserer Beobachtung der Art festgestellt, wie die Mutter sich ihrem Kind gegenüber verhielt. Zwecks weiterer Bestätigung wurden diese Beobachtungen dann mit den zu diesem Zweck von der ungewöhnlich fähigen Leiterin des Säuglingsheims eingeholten Informationen verglichen. Dieses etwas komplizierte Verfahren machte es unmöglich, über alle 95 fraglichen Kinder zuverlässige Angaben zu beschaffen, aber wir bekamen sie über 64 Kinder; sie erscheinen in der umstehenden Tabelle 6.

Die Zahlen sprechen für sich selbst. Offensichtlich ist es schwieriger, ein befriedigendes Liebesobjekt zu ersetzen als ein unbefriedigendes. Dementsprechend ist eine Depression in den Fällen guter Mutter-Kind-Beziehungen sehr viel häufiger und sehr viel schwerer. Bei schlechten Mutter-Kind-Beziehungen kommt nicht eine einzige Depression vor. Es scheint, als ob welcher Ersatz auch immer in diesen Fällen mindestens so gut ist wie die richtige Mutter.

In Anstalten wird die motorische Aktivität aus Gründen der Ordnung und der Reinlichkeit eingeschränkt. Der Mangel an geeignetem Pflegepersonal macht es notwendig, daß die Kinder hauptsächlich auf ihre Bettchen beschränkt werden und sich nur sehr begrenzte Zeit frei auf dem Fußboden bewegen dürfen, wenn überhaupt. Daher verarmt das Ich, weil ihm die Möglichkeit der Abfuhr motorischer Aktivität entzogen wird. Der Aggressionstrieb wird aufgestaut und richtet sich gegen das Ich.

Diese Einschränkung schließt jedoch auch aus, daß die Kinder sich unter den in der Anstalt vorhandenen Erwachsenen oder durch Kontakt mit anderen Kindern aktiv einen Ersatz für das verlorene Objekt suchen. So gefährdet die Anstaltsroutine die Möglichkeiten der Ersetzungsversuche des Ichs sowohl auf motorischem als auch auf emotionalem Gebiet.

C. Förderung der Heilungstendenzen in Anstalten

Die oben ausgeführten theoretischen Erwägungen über die Parallelität der Rollen, die das Über-Ich einerseits bei der Melancholie spielt, die andererseits bei der anaklitischen Depression von den Originalen der späteren Imagines übernommen werden, bergen die Aussicht auf eine sehr viel erfolgreichere und wirksame Therapie der anaklitischen Depression. In Fällen von Melancholie das Über-Ich zu ändern oder zu besänftigen ist eine mühsame, zeitraubende und alles in allem nicht sehr hoffnungsvolle Aufgabe. Für ein Kind, das an einer nicht zu weit fortgeschrittenen anaklitischen Depression leidet, eine Ersatzmutter herbeizuschaffen (wenn die Rückkehr der Mutter ausgeschlossen

Tabelle 6 Mutter-Kind-Beziehung

	Gut			Schlecht		
	stark	mittel	schwach	stark	mittel	schwach
Schwere Depression	6	11	–	–	–	–
Leichte Depression	4	–	3	7	–	4
Keine Depression	–	–	2	11	2	14

ist) und die Hemmung seiner Motilität zu unterlassen, sollte Sache einer wirksamen und angemessenen Veränderung der Umwelt sein. Die Richtigkeit dieser letzten Behauptung wird durch unsere Beobachtungen über die Folgen bestätigt, die eintreten, nachdem man den Kindern das ihnen entzogene Liebesobjekt wieder zurückgibt. Sie wird ebenfalls bestätigt durch die günstigen Ergebnisse, die sich zeigten, wenn man den Kindern, denen das ursprüngliche Liebesobjekt nicht zurückgegeben werden konnte, Bewegungsfreiheit und einen zureichenden Mutter-Ersatz verschaffte.

Man kann sich leicht vorstellen, daß diese Elemente des Bildes der kindlichen Depression innerhalb eines weiten Spielraums variieren, in Abhängigkeit von den sich rasch entwickelnden Persönlichkeitsveränderungen, die während des ersten Jahres der Kindheit stattfinden, und von der umfangreichen Skala von Erleichterungen, die die verschiedenen Anstaltstypen bieten.

Was das erste, die Veränderungen der Persönlichkeit angeht, so ist es selbstverständlich, daß in den ersten sechs Monaten des Lebens keine nennenswerte motorische Aktivität existiert, die überhaupt zu Versuchen der Ersetzung des verlorenen Objekts benützt werden könnte. Während dieser Zeit erfüllt eine routinemäßige Versorgung des Säuglings — zum mindesten in den ersten drei Monaten — einen großen Teil seiner sozialen Bedürfnisse. In der zweiten Hälfte des ersten Lebensjahres ändert sich das Bild vollkommen. Die Lokomotion entwickelt sich rasch, und die Forderung nach Liebe geht von der früheren Passivität zur Aktivität über.

Die in den Anstalten übliche Beschränkung der Kleinkinder auf ihre Bettchen auch nach dem sechsten Monat vereitelt ihre Ausnützung der Lokomotion zu Versuchen der Ersetzung des Liebesobjekts. Die aktiven Versuche des Kindes, mit anderen Kindern oder Erwachsenen in der Umgebung Kontakt herzustellen, werden blockiert. Das Kleinkind ist auf die Nachgiebigkeit seiner Umwelt und auf die Fähigkeit der Anstalt angewiesen, ein zureichendes Ersatzobjekt herbeizuschaffen.

Daher wird man klinische Bilder zunehmender Schwere vorfinden, je nach der Fähigkeit der betreffenden Anstalt, den ihrer Liebesobjekte beraubten Kindern ein Ventil in Form von Bewegungsfreiheit und Ersatz-Liebesobjekten zu verschaffen. Das ist der Grund, warum die Erfolge der Kinderpflege in den schlechtesten Pflegefamilien (mit einigen Ausnahmen) die der besten Anstalten übertreffen.

Bei den von uns im Säuglingsheim beobachteten Kindern stellten wir fest, daß die Depression rasch fortschritt, falls das Objekt nicht zurückgebracht oder kein zureichendes Ersatzobjekt beschafft wurde. Sie begann mit Traurigkeit und Weinen, setzte sich fort in Kontaktverweigerung, Appetitverlust, Verlust des Interesses an der Außenwelt, Schwermut, Retardierung und ging schließlich in einen Zustand über, der nur als stuporös bezeichnet werden konnte.

D. Die tatsächlich getroffene therapeutische Maßnahme

Unser Modell der Dynamik und Struktur der anaklitischen Depression weist auf die augenfälligen therapeutischen Maßnahmen hin. Es ist befriedigend, wenn man einmal in der Psychiatrie feststellen kann, daß sie auch wirklich wirksam zu sein scheinen, wo sie angewendet werden können. Sie sind in drei Kategorien einzuteilen: 1. Vorbeugung, 2. Restitution, 3. Substitution.

1. Vorbeugung: Man sollte bis zum äußersten vermeiden, Säuglingen im ersten Lebensjahr das Liebesobjekt über längere Zeit zu entziehen. In der zweiten Hälfte des ersten Lebensjahres sollten sie unter keinen Umständen länger als drei Monate ohne Liebesobjekt sein.
2. Restitution: Wenn Kleinkindern im ersten Lebensjahr über längere Zeit ihr Liebesobjekt entzogen war, befähigt sie die Rückgabe der Liebesobjekte innerhalb von maximal drei Monaten, sich zumindest teilweise von dem angerichteten Schaden zu erholen.
3. Substitution: Wo weder Vorbeugung noch Restitution möglich ist, ist es ratsam, das Liebesobjekt durch ein anderes zu ersetzen. Man sollte besonders darauf achten, die lokomotorischen Triebe des Kindes so weitgehend wie möglich zu fördern; ebenso sollte man seine Tendenzen unterstützen, sich aktiv seinen eigenen Ersatz für das Liebesobjekt zu wählen, das man ihm entzogen hat.

V. Zusammenfassung

A. Bei einer Reihe von Kleinkindern wurde ein klinisches Syndrom depressiver Art beobachtet und als anaklitische Depression klassifiziert.

B. Seine Ätiologie hängt zusammen mit einem Verlust des Liebesobjekts, kombiniert mit einer totalen Hemmung der Versuche zur Restitution mit Hilfe des Körper-Ichs, das anaklitisch vorgeht.

C. Vorbeugung und Beurteilung auf der Grundlage dieser Feststellungen über Struktur und Dynamik werden vorgeschlagen.

D. Einige der Ergebnisse derartiger Behandlung werden berichtet.

E. Theoretische Annahmen in bezug auf die Melancholie werden erörtert.

Anhang

A. Verschiedene Beobachtungen mit theoretischen Folgerungen

Im Lauf dieser Untersuchung wurde eine Reihe von Beobachtungen gemacht, die wir aus mehreren Gründen nicht in unsere allgemeine Folgerungen einbeziehen wollten. Einige dieser Beobachtungen scheinen uns zu Schlüssen zu führen, die für die Zwecke der vorliegenden Studie noch zu spekulativ sind. Andere wiederum sind zu verstreut und unregelmäßig, um als befriedigende Feststellungen zum Zweck der Formulierung oder Bestätigung irgendeiner Theorie gelten zu können. Wir bringen sie daher an dieser Stelle, um die Aufmerksamkeit anderer Forscher auf diese Phänomene zu lenken, in der Hoffnung, daß sie in späteren Arbeiten Verwendungen finden können.

1. Die Schwankungen des Entwicklungsquotienten (E. Q.) im Verlauf der anaklitischen Depression

In allen unseren Fällen begann ausnahmslos ein allmähliches Absinken des E. Q., nachdem dem Kind sein Liebesobjekt entzogen worden war. Dieses Absinken entsprach der zunehmenden Schwere der Symptome, die sich entwickelten. Dies ist eine willkommene Bestätigung unserer Beobachtungen. Eine unerwartete, überraschende und drastische Veränderung des E. Q. tritt ein, wenn das Liebesobjekt zurückkehrt. Wir hatten Gelegenheit, solche Fälle unmittelbar nach der Rückkehr des Liebesobjekts zu testen, das heißt innerhalb von 12 Stunden nachher. Die E. Q. sprangen in dieser kurzen Zeit um bis zu 36,6 % nach oben. Das Entwicklungsalter der Kinder machte einen Sprung von 0;11 + 0 auf 1;4 + 0 oder von 0;9 + 0 auf 1;1 + 0. Dies ist schon an sich überraschend genug, aber es ist noch erstaunlicher, daß bei einem Kind, dessen Entwicklungsalter innerhalb von drei Tagen von 0;11 + 0 auf 1;3 + 28 gesprungen war, dieses wieder sank und sich in den folgenden zwei Monaten zwischen 1;1 + 21 und 1;1 + 24 bewegte.

Es ist höchst eindrucksvoll festzustellen, daß schon erworbene Fähigkeiten im Verlauf der anaklitischen Depression verloren gehen, daß sie, wenn das Liebesobjekt zurückkehrt, plötzlich wiedergewonnen werden, und zwar in einem Maß, das über das tatsächliche Alter des Kindes weit hinausgeht, daß sich dann jedoch nach kurzer Zeit das Leistungsniveau wieder dem nähert, was man nach dem wirklichen Alter des Kindes erwarten kann. Im Hinblick auf unsere Besprechung des Umstands, daß das Ich in diesem Alter hauptsächlich ein Körper-Ich ist, daß andererseits die zur Ermittlung des E. Q. angewendeten Tests ziemlich viel körperliche Betätigung erfordern, bekommt man den Eindruck, daß bei der Rückkehr des Liebesobjekts eine plötzliche Ich-Erweiterung stattgefunden hat. Diese Ich-Erweiterung entspricht nicht den altersgemäßen Fähigkeiten des Kindes und geht auf ein normaleres Maß zurück, wenn keine weiteren Störungen dazwischenkommen. Die seltsame Erscheinung dieser plötzlichen Ich-Erweiterung, die bei der Rückkehr des Liebesobjekts an die Stelle der Depression tritt, legt die Vermutung nahe, daß eine Analogie zwischen diesem Phänomen und der Ablösung einer Depression durch eine manische Phase bestehen könnte.

2. Einige Erwägungen in bezug auf Annahmen der psychoanalytischen Theorie und ihre Verifizierung

In der psychoanalytischen Literatur ist die Rolle der Oralerotik in der Melancholie immer betont worden (3). Es wird angenommen, daß eine Regression auf die orale Beißphase stattfindet und daß Introjektions-Phantasien auftreten. Anal-sadistische Tendenzen erscheinen enorm vermehrt. Daher würden wir erwarten, bei unseren depressiven Kleinkindern auffallende orale Beiß-Phänomene und anal-sadistische Phänomene zu finden. Das war aber nicht der Fall, zum mindesten nicht in dem Maß, in dem man es angesichts der vergleichsweise einfachen, elementaren Struktur der frühkindlichen psychischen Systeme erwartet hätte.

a) Orales Beißen

Das eine orale Symptom, das allen diesen Kindern gemeinsam war, war der Appetitverlust; andererseits beobachteten wir bei den depressiven Kindern eine stärkere Neigung, alles — Hände, Kleider, Spielzeug — in den Mund zu stopfen und dort zu behalten. Vor der Depression waren diese Kinder dem Fingerlutschen nicht besonders ergeben. Während der Depression nahm das Fingerlutschen auffallend zu. Bei manchen der deprimierten Kinder begegneten uns Beiß-Phänomene, aber nicht bei allen. In den Fällen, in denen sie zu beobachten waren, waren sie vor der Depression nicht vorhanden gewesen. Sehr auffallend ist die Tatsache, daß das Beißen *niemals während* der Depression zu sehen war; es erschien, nachdem die Depression vergangen war. In dem folgenden Zitat aus dem Protokoll eines unserer Fälle sind interessante Phänomene zu finden.

Aethelberta, weiß, weiblich:

»Von Anfang an in der Entwicklung weit fortgeschritten,

freundlich, sehr beliebt. Als sie 0;7 + 16 ist, wird ein leicht depressiver Ausdruck in ihrem Gesicht bemerkt, zugleich mit einem Abstieg des E. Q. Auf Befragen stellt sich heraus, daß sie zehn Tage vorher von ihrer Mutter getrennt worden war. In den folgenden Wochen wird sie weinerlich; als sie neun Monate alt ist, bemerkt das Pflegepersonal, daß das Kind magerer wird und an Schlaflosigkeit leidet; sie scheint alles zu beobachten und kann angeblich aus diesem Grund nicht einschlafen. Schließlich wird sie zur Überwindung ihrer Schlaflosigkeit isoliert. Es wird schwierig, sich ihr zu nähern; sie sitzt meistens im Bett und hat ihr Kleid im Mund oder saugt an ihrer Hand. In den folgenden Wochen weigert sie sich, Spielzeug anzurühren, und liegt niedergeschlagen in ihrem Bett, das Gesicht vom Beobachter abgewandt. Filme, die wir in diesen Wochen aufgenommen haben, zeigen ein mitleiderregendes Bild des Schmerzes, der Hilflosigkeit und der Forderung nach Beistand. Der E. Q. fällt weiter. Das bis zu diesem Zeitpunkt kräftige und gesunde Kind bekommt eine hartnäckige Erkältung. Als das Kind 0;10 + 22 alt ist, wird eine Ersatzmutter zugeteilt mit der Anweisung, besonders liebevoll mit dem Kind umzugehen. Die Wirkung dieser Maßnahme zeigt sich sofort, obwohl das Kind keineswegs geheilt ist. Sie akzeptiert jetzt in aggressiver Weise Kontakte mit anderen Kindern. Mit 0;10 + 29 beißt, kratzt und kneift sie andere Kinder, bis sie bluten. Als sie 0;11 + 5 ist, versucht sie längere Zeit, den Beobachter in die Nase, das Kinn, den Hals und in die Hand zu beißen. Während dieser Angriffe streckt sie die Hände aus und gibt verschiedene unzusammenhängende Laute von sich, unter denen das Wort »ma-ma« mehrmals wiederkehrt. Als das Kind 0;11 + 19 ist, kommt die Mutter zurück. Zugleich wird es freundlich und positiv, und der E. Q. ist plötzlich um 29,28 % angestiegen.«

In diesem Bild erscheinen viele Züge, die benützt werden könnten, um psychoanalytische Theorien zu bestätigen, und darum haben wir dieses Zitat auch gebracht. Wir fühlen uns jedoch jetzt noch nicht berechtigt, Schlüsse zu ziehen, weil nur bei einer Minderzahl unserer Fälle ähnliche Phänomene zu beobachten sind.

b) Anal-sadistische Manifestationen

Die anale Aktivität zeigte einen etwas anderen Ablauf. Wie die Phänomene des oralen Beißens war sie in einigen Fällen sehr auffallend, in anderen nicht vorhanden. Wenn sie jedoch vorhanden war, war sie sowohl während der Depression als auch nachher zu beobachten. Die bei diesen Kindern beobachteten Phänomene waren: Spielen mit Faeces, mit oder ohne begleitende genitale Masturbation, und in einigen Fällen Koprophagie. Fäkalspiele und orales Beißen kamen häufig, wenn auch nicht notwendigerweise, bei den gleichen Kindern vor. Bei Aethelberta zum Beispiel sowie bei einem weiteren Kind bestanden diese Spiele darin, Kotkügelchen zu rollen, die das einzige Spielzeug zu sein schienen, an dem diese Kinder Freude hatten. Aethelberta setzte die Fäkalspiele fort, nachdem die Depression vorbei war, und zwar in Form sozialer Spiele, wobei sie versuchte, die Spielgefährten mit den Kügelchen zu füttern. In einem anderen Fall, in dem Beißen und Fäkalspiele gleichzeitig vorkamen, wurden die Kügelchen benützt, um das Bett mit einer Kotschicht zu bedecken und um sie durch die Bettgitter hinauszuwerfen, so daß auch die Umgebung des Bettes ganz und gar mit Kot bedeckt war. Genitale Masturbation, die bei Kindern dieses Alters sonst nicht besonders häufig ist, wurde bei fast allen Kindern beobachtet, bei denen Fäkalspiele vorkamen.

Literaturhinweise

1. Abraham, K.: Notes on the Psychoanalytical Investigation and Treatment of Manic-Depressive Insanity and Allied Conditions (1912). Selected Papers, London 1927.
2. —: The First Pregenital Stage of the Libido (1916). Ebenda.
3. —: A Short Study of the Development of the Libido. Ebenda.
4. Bühler, Ch.: Kindheit und Jugend. Leipzig 1931.
5. Fenichel, O.: The Psychoanalytic Theory of Neurosis. New York 1945.
6. Freud, S.: Trauer und Melancholie (1917). Ges. W. X, London 1949.
7. Glover, E.: Examination of the Klein System of Child Psychology. The Psychoanalytic Study of the Child, I, 1945.
8. Harnik, J.: Introjection and Projection in the Mechanism of Depression. Int. J. Psychoanalysis, XIII, 1932.
9. Hetzer, H. – K. M. Wolf: Babytests. Zeitschrift f. Psychologie, 107, 1928.
10. Jacobson, E.: Depression; the Oedipus Conflict in the Development of Depressive Mechanisms. Psychoanalytic Quarterly, XII, 1943.
11. Jersild, A. T. – F. B. Holmes: Children's Fear. Child Dev. Mon., 20, 1935.
12. Klein, M.: Emotional Life and Ego Development of the Infant, with Special Reference to the Depressive Position. Controversial Series of the London Psychoanalytic Society, IV, Discussion, März 1944.
13. —: Die Psychoanalyse des Kindes, Wien 1932.
14. —: Mourning and its Relation to Manic-Depressive States. Int. J. Psychoanalysis, XXI, 1940.
15. —: The Oedipus Complex in the Light of Early Anxieties. Int. J. Psychoanalysis, XXVI, 1945.
16. Rank, O.: Das Trauma der Geburt und seine Bedeutung für die Psychoanalyse. Wien 1924.
17. Riviere, J.: Original Papers on the Genesis of Psychical Conflict in Earliest Infancy. Int. J. Psychoanalysis, XVII, 1936.
18. Shirley, M. M.: The First Two Years. A Study of Twenty-Five Babies. Vol. 2. Minneapolis 1933.

19. Spitz, R. A.: Hospitalism. An Inquiry into the Genesis of Psychiatric Conditions in Early Childhood. The Psychoanalytic Study of the Child, I, 1945.
20. Spitz, R. A. – K. M. Wolf: Diacritic and Coenesthetic Organizations. Psychoanalytic Rev., 32, April 1945.
21. –: The Smiling Response: A Contribution to the Ontogenesis of Social Relations. Gen. Psychol. Mon., XXXIV, I, 1946.
22. Watson, J. B.: Psychology from the Standpoint of a Behavorist. Philadelphia/London 1919.

3. *John Bowlby*: Die Trennungsangst[7]

Unsere Beobachtungen an kleinen Kindern

Seit 1948 macht die Tavistock-Gruppe für Forschungsarbeiten über die kindliche Entwicklung exakte Aufzeichnungen, wie Kinder zwischen ungefähr einem und vier Jahren sich verhalten, wenn sie von ihren Müttern[8], mit denen sie eng verbunden sind, getrennt werden und sich bei Fremden aufhalten müssen. Es sind bereits einige vorläufige Arbeiten und ein wissenschaftlicher Film darüber veröffentlicht worden (*Robertson* und *Bowlby* 1952, *Robertson* 1953 a und b, *Bowlby* 1953, 1954); ein umfassender Bericht von *James Robertson* und dem Verfasser der vorliegenden Arbeit ist in Vorbereitung. Dieser Bericht stützt sich nicht nur auf die Beobachtungen von *Robertson* und anderen Forschern, vor allem von *Burlingham* und *Freud* (1942, 1944) und von *Heinicke* (1956), sondern auch auf Berichte von Müttern und Kinderschwestern, die am unmittelbarsten mit dem Problem zu tun haben. Da die Beobachtungen weitgehend übereinstimmen, ist es u. E. auf empirischem Weg sichergestellt, daß alle Kinder dieses Alters auf die obengenannte Erfahrung mit Schock und Angst reagieren, ausgenommen diejenigen, die bereits unter einem beträchtlichen Mangel an mütterlicher Fürsorge gelitten haben oder schwer krank sind. Wir legen Nachdruck auf die Relevanz des Beobachtungmaterials, da es nicht selten auf Grund theoretischer Erwartungen bezweifelt wird. Unserer Ansicht nach ist in solchen Fällen die Theorie irreführend, während die Beobachtungen stimmen. Die vorlie-

7 Englische Fassung im Intern. J. of Psycho-Analysis XLI, 89–113, 1960. – Eine gekürzte Version der Originalarbeit wurde am 5. November 1958 vor der British Psycho-Analytical Society vorgetragen. Die Übersetzung verzichtet auf die Wiedergabe eines Anhangs, in welchem Bowlby Fragen der Terminologie erörtert. [Vom Herausgeber um den Schlußabsatz gekürzt.]

8 Obwohl hier immer von den Müttern gesprochen wird, versteht es sich von selbst, daß es sich jeweils um die Person handelt, die das Kind betreut und an welche es seine Zuwendung geheftet hat.

gende Arbeit beschäftigt sich mit den theoretischen Fragen, die sich aus den Beobachtungen ergeben.

Es leuchtet ein, daß Wesen und Dynamik der Antwort auf den Bruch eines sozialen Bandes nicht verstanden werden können ohne ein gewisses Verständnis für Wesen und Dynamik des Bandes selber. Aus diesem Grund warf ich kürzlich (*Bowlby* 1958) die Frage auf, wie man sich die Verbundenheit des kleinen Kindes mit seiner Mutter vorzustellen habe. Die heute verbreitetsten Ansichten gehen dahin, daß sie durch einen Sekundärtrieb bedingt sei oder in der Oralität gründe. Im Gegensatz dazu trug ich folgende Ansicht vor: Diese Verbundenheit wird durch eine Reihe von Systemen instinktbedingten Verhaltens (»instinctual response systems«) ermöglicht, die teilweise unabhängig voneinander sind und, je nach der Entwicklungsperiode, in der sich das kleine Kind befindet, an Aktivität zu- oder abnehmen. Ich zog in Erwägung, daß die psychoanalytische Theorie, indem sie die Aufmerksamkeit allzu eng auf die ›physiologischen‹ Bedürfnisse (z. B. nach Nahrung und Wärme) oder auf die Oralität richtet, dazu geführt hat, daß die Beziehung Kind—Mutter als Gesamtbild häufig nicht in der richtigen Perspektive gesehen wird; und daß gewisse Verhaltensweisen viel mehr Aufmerksamkeit erheischen, als ihnen bisher zuteil wurde, vor allem das Sichanklammern und das Nachfolgen, die ihren Höhepunkt im zweiten und dritten Jahr erreichen.

Es sind klinische Gründe, die mich veranlaßt haben, diese Ansichten vorzubringen. Die traditionelle Theorie scheint mir weder die intensive Bindung des Kindes an die Mutter-Figur zu erklären, die gegen Ende des ersten und durch das ganze zweite und dritte Lebensjahr hindurch so auffällig ist, noch die dramatische Antwort auf eine Trennung von ihr, wie sie in diesen Jahren die Regel ist. Ich verspreche mir mehr davon, zu Formulierungen zu greifen, die sich im Rahmen heutiger Instinkt-Theorien anbieten. Diese Gedankenrichtung, die ich in meiner letzten Arbeit begonnen habe, werde ich hier weiterverfolgen.

Zunächst wollen wir uns dem Beobachtungsmaterial zuwenden: Unsere Beobachtungen[9] betreffen gesunde Kinder zwischen 15 und 30 Monaten, die für eine Untersuchung oder einen chirurgischen Eingriff in ein Krankenhaus oder in ein Heim eingewiesen wurden, wo in traditioneller Weise für sie gesorgt wird. In traditioneller Weise will heißen: Das Kind geht durch die Hand einer Reihe von fremden Pflegerinnen, die abwechslungsweise es baden, ihm zu essen geben und die Windeln wechseln. Die Pflegerinnen arbeiten in einem bestimmten Turnus, und oft wechseln fast alle innerhalb weniger Wochen in eine andere Abteilung über. Wie lieb auch immer jede einzelne während

9 Kurzfassung der Angaben bei *Robertson* (1953 b) und *Robertson* und *Bowlby* (1952).

ihrer Pflegezeit sein mag – es gibt keine Pflegerin für das Kind, die es kennenlernen und mit der es eine stabile Beziehung eingehen könnte. Es sieht seine Mutter täglich für kurze Zeit, oft aber noch seltener. In einem solchen festgefügten Rahmen zeigt ein Kind zwischen 15 und 30 Monaten, das eine normale Beziehung zu seiner Mutter hat und noch nie von ihr getrennt war, eine bestimmte Folge von Verhaltensweisen. Es ist tunlich, diese Folge, entsprechend der jeweils vorherrschenden Haltung des Kindes der Mutter gegenüber, in drei Phasen einzuteilen. Wir beschreiben diese drei Phasen als Protest (»protest«), Verzweiflung (»despair«) und Gleichgültigkeit (»detachment« als Gegenbegriff zu »attachment«). Wenn es auch für theoretische Zwecke von Vorteil ist, die Phasen scharf zu unterscheiden, so muß man sich dessen bewußt sein, daß in Wirklichkeit jede allmählich in die andere übergeht, so daß sich das Kind unter Umständen für Tage oder Wochen in einem Übergangsstadium befinden kann.

Die Initialphase, diejenige des *Protestes*, kann einige Stunden bis eine Woche oder länger dauern. In dieser Phase ist das kleine Kind akut darüber beunruhigt, seine Mutter verloren zu haben, und sucht sie mit all seinen beschränkten Kräften wiederzugewinnen. Es weint oft laut, rüttelt an seinem Bettchen, wirft sich herum und schaut begierig nach jeder Erscheinung und jedem Geräusch, ob sie sich als die fehlende Mutter erweisen. Sein ganzes Benehmen läßt die sichere Erwartung durchblicken, daß sie zurückkehren werde. Unterdessen neigt es dazu, alle Ersatz-Personen, die etwas für es tun möchten, abzulehnen, wenn sich auch gewisse Kinder verzweiflungsvoll an eine Pflegerin klammern.

Während der Phase der *Verzweiflung*, die allmählich den Protest ablöst, ist die Präokkupation des Kindes mit der fehlenden Mutter weiterhin augenfällig, obwohl sein Verhalten wachsende Hoffnungslosigkeit ahnen läßt. Die aktiven Körper-Bewegungen nehmen ab oder verschwinden, und das Kind weint häufig monoton oder periodisch. Es ist in sich gekehrt und apathisch, stellt keine Forderungen an die Umwelt und scheint sich in einem Zustand tiefer Trauer zu befinden. Dies ist ein stilles Stadium und wird manchmal im Sinn einer Abnahme der Not mißverstanden.

Die Phase der *Gleichgültigkeit*, die allmählich die Verzweiflung ablöst, wird, weil das Kind mehr Interesse für die Umgebung zeigt, oft willkommen geheißen, als ob das Kind sich erholt hätte. Es stößt die Pflegerinnen nicht mehr zurück, nimmt Fürsorge, Nahrung und Spielsachen an, lächelt vielleicht sogar und sucht Gemeinschaft. Alles scheint in bester Ordnung. Wenn die Mutter des Kindes zu Besuch kommt, wird jedoch ersichtlich, daß etwas nicht stimmt. Denn das Benehmen, das für dieses

Alter entsprechend der normalerweise starken Bindung charakteristisch ist, fehlt völlig. Weit davon entfernt, seine Mutter zu begrüßen, scheint das Kind sie kaum zu kennen. Weit davon entfernt, sich an sie anzuschmiegen, bleibt es in der Distanz und apathisch. Statt zu weinen, wendet es sich lautlos weg. Es ist, als ob das Kind jedes Interesse an der Mutter verloren hätte.

Nehmen wir an, der Aufenthalt des Kindes im Krankenhaus oder im Säuglingsheim ziehe sich in die Länge, und das Kind mache, wie es meistens der Fall ist, die Erfahrung, daß es sich einer Pflegerin nach der andern zuwendet, um von ihr verlassen zu werden: dann wiederholt sich wieder und wieder die Erfahrung des ursprünglichen Mutter-Verlustes, und das Kind wird sich im Lauf der Zeit so verhalten, als ob weder mütterliche Pflege noch Kontakt mit Menschen von großer Bedeutung für es wären. Falls das Kind wiederholt der Erfahrung der Fassungslosigkeit über den Verlust des Mutter-Ersatzes, dem es wiederholt Vertrauen und Zuneigung schenkte, ausgesetzt ist, wird es den sich ablösenden Personen immer weniger Vertrauen entgegenbringen und früher oder später das Risiko, sich überhaupt mit jemand einzulassen, ganz aufgeben. Statt dessen wird es zunehmend egozentrisch werden und wird, statt seine Wünsche und Gefühle auf Menschen zu richten, von materiellen Dingen wie Süßigkeiten, Spielsachen und Nahrung präokkupiert werden. Ein Kind, das in einem Heim oder einem Krankenhaus lebt und dieses Stadium erreicht hat, wird nicht länger außer Fassung geraten, wenn Pflegerinnen wechseln und fortgehen. Es wird aufhören, Gefühle zu zeigen, wenn seine Eltern an Besuchstagen kommen und gehen. Diesen mag es schwer werden, wenn sie realisieren, daß ihr Kind wenig Interesse an ihnen selber hat, jedoch gierig auf die mitgebrachten Geschenke aus ist. Das Kind gibt sich vergnügt und an seine ungewöhnliche Situation angepaßt, unbeschwert und angstlos. Aber diese Milieu-Anpassung ist oberflächlich: dem Kinde liegt — so hat es den Anschein — niemand mehr am Herzen.

Ich möchte betonen, daß sich das Verhalten in den Phasen von Protest und Verzweiflung nicht, wie manchmal angeführt wird, auf Kinder beschränkt, deren Beziehung zur Mutter bereits beeinträchtigt ist. Wir können zwar keine umfassenden Serien genau beobachteter Fälle ins Feld führen. Doch genügt unser eindeutiges Beweismaterial, um festzustellen, daß dieses Verhalten bei Kindern vorkommt, deren vorhergehende Beziehungen von ausgezeichneten bis zu ziemlich ungünstigen reichen. Es bleibt nur bei solchen Kindern aus, deren Beziehungen bereits ernsthaft Schaden gelitten haben und die sich vermutlich bereits in einer Phase der Gleichgültigkeit befinden.

Wenn wir die theoretischen Probleme überprüfen, die sich aus den angeführten Beobachtungen ergeben, ist es von Vorteil, auf die genannten drei Phasen des Verhaltens Bezug zu nehmen. Die Protest-Phase wirft insbesondere das Problem der Trennungsangst auf; die Verzweiflungs-Phase das Problem von Kummer und Trauer; die Gleichgültigkeits-Phase das Problem der Abwehr. Alle drei sind zentrale psychoanalytische Probleme. Jedes benötigt eine eingehende Erörterung; das erste wird in der vorliegenden Arbeit, die anderen beiden werden in späteren Arbeiten zur Diskussion gestellt. Meine These ist folgende: Die drei Arten antwortenden Verhaltens – nämlich Trennungsangst; Kummer und Trauer; Gleichgültigkeit – sind Phasen ein- und desselben Prozesses, die sich gegenseitig beleuchten, wenn sie als solche behandelt werden.

In der Literatur sind sie oft einzeln, losgelöst aus dem Zusammenhang, betrachtet worden. Das mag daran liegen, daß ihre psychopathologische Bedeutung in umgekehrter Reihenfolge entdeckt wurde: die letzte Phase zuerst, die erste zuletzt. So erfaßt *Freud* die Bedeutung der Abwehr, im besonderen der Verdrängung, schon in der ersten Zeit seiner psychoanalytischen Arbeit in vollem Ausmaß. Sie wird Grundbestand seiner klassischen Theorie; seine erste Arbeit über dieses Thema ist 1894 datiert (Die Abwehr-Neuropsychosen, Ges. Werke, Bd. I). Seine Beschäftigung mit der Rolle von Kummer und Verlassenheitsangst hingegen ist fragmentarisch, wenn sie in seinen früheren Werken auch nicht ganz fehlt. Obschon *Freud* früh ein Gespür für die Trauer in der Hysterie und in der Melancholie hat (siehe seine Bemerkung an *Fliess*, 31. Mai 1897), müssen zwanzig Jahre vergehen, bevor er der Trauer (in »Trauer und Melancholie«, 1917) systematisch seine Aufmerksamkeit zuwendete. Ähnlich im Fall der Trennungsangst: Obwohl er ihr in den »Drei Abhandlungen zur Sexualtheorie« (1905) einen Paragraphen (Ges. Werke Bd. V, S. 125) und in den »Vorlesungen zur Einführung in die Psychoanalyse« (1917) drei Seiten (Ges. Werke Bd. XI, S. 422 bis 424) widmet, gibt er ihr erst 1926 in seinem wichtigen späten Werk »Hemmung, Symptom und Angst« den zentralen Ort in einer abschließenden Theorie der Angst. »Das Vermissen der geliebten (ersehnten) Person« erschließt den »Weg zum Verständnis der Angst«. Auf dieser Konstatierung fußen dann die weiteren Erörterungen.
Die Ursache für diese umgekehrte Folge in der Erkenntnis der drei Phasen ist klar. Immer in der Geschichte der Medizin ist zuerst das Endresultat einer pathologischen Abfolge bemerkt worden. Nur allmählich werden die früheren Phasen identifiziert, und es mögen Jahre verstreichen, bis der ganze Prozeß in seiner exakten Abfolge verstanden wird. Tatsächlich war es das Verständnis der Reihenfolge, das *Freud* am längsten in Anspruch nahm. Geht Abwehr der Angst voraus oder Angst der Abwehr? Wenn die Antwort auf Trennung Schmerz und Trauer ist, wie kann sie auch Angst sein? (Ges. Werke Bd. XIV, S. 137 und 161). Heute ist ersichtlich, daß *Freud* im Lauf der dreißig Jahre seiner wichtigsten psychoanalytischen Publikationen die Reihenfolge rückwärts, vom Endresultat zum Anfangsstadium verfolgte. Erst von seinem siebzigsten Lebensjahr an nahm er die Quelle und den Verlauf der Prozesse, denen er ein halbes Forscherleben gewidmet hatte, deutlich wahr. Die Auswirkung dieses Sachverhaltes auf die psychoanaly-

tische Theoriebildung war, wie es nicht anders sein konnte, verwirrend.
Um das Jahr 1926 herum war bereits ein gutes Fundament psychoanalytischer Theorie gelegt. Kastrationsangst und Überich-Angst waren Eckstеine in Theorie und Praxis, wie sie in Wien und anderswo gelehrt wurde. *Melanie Kleins* Hypothese, die Angst in Beziehung zu Aggression setzte, war vor kurzem formuliert worden und sollte, verknüpft mit der Vorstellung vom Todestrieb, bald eine Schlüsselkonzeption eines bedeutenden neuen Systems werden. Das volle Gewicht von *Freuds* Ideen über die Trennungsangst und ihre Beziehung zur Trauer wirkte sich zu spät aus, um die Entwicklung dieser beiden Schulen noch beeinflussen zu können.
Abgesehen von einer prophetischen Bemerkung von *Hug-Hellmuth* (1913) und einem Wort von *Bernfeld* (1925), mußten Jahre vergehen, bis klinische Arbeiten veröffentlicht wurden, die die Aufmerksamkeit auf die pathogene Bedeutung von Erfahrungen des Verlassenwerdens lenkten. Einige der frühesten von *Levy* (1937), *Bowlby* (1940, 1944) und *Bender* (1941) brachten empirisches Beweismaterial, das eine ätiologische Beziehung zwischen gewissen Formen psychopathischer Persönlichkeitsentwicklung und schweren Formen einer abgebrochenen Mutter-Kind-Beziehung nahelegte. Ungefähr um dieselbe Zeit stützte *Fairbairn* (1941, 1943) seine revidierte Psychopathologie auf die Trennungsangst. Sein Vorgänger war *Suttie* (1935) und sein Nachfolger einige Jahre später *Odier* (1948), während *Therese Benedek* (1946) das auf Trennung, Wiedervereinigung und Tod antwortende Verhalten beschrieb, wie es an Erwachsenen während des Krieges beobachtet werden konnte. Unterdessen wurden die unmittelbaren Beobachtungen von *Dorothy Burlingham* und *Anna Freud* (1942) aufgezeichnet, und *Spitz* (1946) war daran, jene, die sehen wollten, mit seinen Berichten über in Beziehungsmöglichkeiten extrem benachteiligte Säuglinge zu schockieren. Trotz all dieser Arbeit, die von qualifizierten Analytikern geleistet worden ist, und trotz einer Reihe von wichtigen Arbeiten von *Goldfarb* (von 1943 an) und anderen, hat die Trennungsangst nie einen zentralen Platz in der psychoanalytischen Theorie erworben. So bemerkte *Kris* (1956) als Mitglied des Wiener Kreises kürzlich zu den 1926 geäußerten Ansichten *Freuds* über die Trennungsangst: »Die Analytiker wurden damals nicht gewahr . . .,was für typische konkrete Situationen diesen Ansichten entsprechen. Niemand realisierte, daß die Angst vor dem Verlust des Objektes und der Liebe des Objektes Formeln waren, die darauf warteten, durch konkretes Material, das uns heute wohlbekannt ist, ausgefüllt zu werden.« *Kris* bestätigt, daß er selber erst im letzten Jahrzehnt die Bedeutung dieses Materials erkannt hätte, und er hätte beifügen können, daß es heutzutage noch psychoanalytische Richtungen gibt, die seine Bedeutung leugnen. Die Unterschätzung der Bedeutung der Trennungsangst wird belegt durch einen neueren maßgebenden Überblick über »The concept of anxiety in relation to the development of psycho-analysis« (*Zetzel:* »Der Begriff der Angst und die Entwicklung der Psychoanalyse«, 1955), worin sie nicht einmal erwähnt ist.
Es zeigt sich deutlich: Einige der Ideen *Freuds*, die er in »Hemmung, Symptom und Angst« dargestellt hat, fielen auf steinigen Boden. Das ist bedauerlich, denn in dieser Schrift, die er gegen Ende seiner beruflichen Laufbahn schrieb, sucht er sich sukzessive von der bisherigen

Perspektive seiner Erkundungen – Abwehr, Trauer, Trennungsangst – zu befreien. Statt dessen sucht er die Reihenfolge von einem günstigeren Ausgangspunkt, von der Priorität der Trennungsangst aus zu überblicken. In seinen abschließenden Betrachtungen entwirft er einen neuen Weg: Angst ist eine Reaktion auf die Gefahr des Objekt-Verlustes; Trauer ist eine Reaktion auf den Rückzug vom verlorenen Objekt; Abwehr ist eine Weise, mit Angst und Schmerz fertig zu werden. Diesen vorgeschlagenen Weg werden wir hier weiter verfolgen.

Theoretische Grundlagen

Es gibt keinen zentraleren psychoanalytischen Begriff als denjenigen der Angst. Gerade über diesen Begriff jedoch herrscht große Meinungsverschiedenheit, die nicht zuletzt die verschiedenen psychoanalytischen Richtungen scheidet. Alle Analytiker sind sich darüber einig, daß man Angst nicht einfach durch eine äußere Drohung erklären kann, sondern daß gewisse innere Prozessse im Zusammenhang mit dem Triebleben eine Hauptrolle dabei spielen. Aber wie diese inneren Kräfte vorgestellt werden müssen und wie sie zu Angst führen, daran rätselt jeder in seiner Weise herum.

Das Ergebnis sind weit auseinandergehende Formulierungen über die Trennungsangst. Jede dieser Formulierungen ist durch die jeweilige Anschauung von Wesen und Ursprung der Angst als eines allgemeinen Begriffes mitbedingt. Es bestehen große Unterschiede hinsichtlich der Beachtung, die der Trennungsangst als einer Variation der Angst schlechthin zuteil wird. Für einige, wie *Hermann und Fairbairn*, ist die Trennungsangst die wichtigste Primärangst. Andere, so *Freud* in seinen früheren wie späteren Schriften, sind nicht weit von dieser Ansicht entfernt. Wieder andere, wie *Melanie Klein* und ihre Mitarbeiter, ordnen die Trennungsangst anderen, primitiveren Ängsten unter und schreiben ihr geringere Folgenschwere zu. Dies ist der heutige Stand der Dinge, und eine Erörterung wird unvermeidlich alle Aspekte der Angsttheorien berühren müssen. Doch beabsichtige ich, den Rahmen der Erörterung soweit wie möglich zu beschränken, um mich auf die unmittelbare Aufgabe zu konzentrieren, nämlich das Verständnis der Trennungsangst und ihrer Beziehung zur Trauer.

Ein Überblick über die Literatur ergibt sechs wichtigste Möglichkeiten, das Problem der Trennungsangst anzugehen; drei davon sind jeweils ein, wenn auch nicht immer einleuchtendes, Pendant zu Theorien über das Wesen der Verbundenheit des Kindes mit der Mutter. Ich führe sie ihrer Bedeutung nach auf:

1. Die erste Theorie, von *Freud* in den »Drei Abhandlungen zur Sexualtheorie« (1905) vorgetragen, ist ein Teilstück der allgemeinen Angsttheorie, die er bis 1926 aufrechthielt. Als Er-

gebnis seiner Studie über die Angstneurose (1895) hatte *Freud* die Ansicht vertreten, daß krankhafte Angst darauf zurückzuführen sei, daß sexuelle Erregung somatischen Ursprungs, die nicht abgeführt werden kann, in Angst umgewandelt werde. Die Angst des Kindes bei der Trennung von der Person, die es liebt — so argumentierte *Freud* —, ist ein Beispiel für diese Theorie, da unter solchen Umständen die Libido des Kindes unbefriedigt bleibt und eine Verwandlung erfährt. Diese Theorie können wir die Theorie der *Verwandlung der Libido* nennen.

2. Die Angst, die das kleine Kind bei der Trennung von der Mutter zeigt, ist eine Reproduktion des Traumas der Geburt, so daß Geburtsangst der Prototyp jeder späteren Trennungsangst ist. In Anlehnung an *Rank* (1924) können wir diese Auffassung die Theorie vom *Geburstrauma* nennen. Sie ist das Pendant zu der Theorie, welche die kindliche Bindung an die Mutter als Verlangen nach Rückkehr in den Mutterleib erklärt.

3. In Abwesenheit der Mutter ist das Kleinkind der Gefahr einer traumatischen psychischen Erfahrung unterworfen und bildet deshalb eine Sicherungsvorrichtung aus, die zu Angst-Verhalten führt, wenn die Mutter es verläßt. Ein solches Verhalten hat eine Funktion: es soll sicherstellen, daß das Kind nicht allzulange von der Mutter getrennt bleibt. Ich nenne diese Theorie die *Signal-Theorie*, indem ich von einem Ausdruck Gebrauch mache, der von *Freud* eingeführt worden ist (1926). Sie wird in drei Varianten vertreten, je nachdem, wie die zu vermeidende traumatische Situation vorgestellt wird. Diese Varianten sind: a) Die traumatische Situation ist eine ökonomische Störung, die zustande kommt, wenn sich eine Aufstauung von Reizen entwickelt, die von unbefriedigten körperlichen Bedürfnissen stammt (*Freud* 1926). b) Sie ist die Bedrohung mit einer totalen und dauernden Auslöschung der Fähigkeit zu sexuellem Genuß, nämlich Aphanisis (*Jones* 1927). (Als *Jones* die Theorie der Aphanisis als einer Erklärung der Angst zum erstenmal vortrug, setzte er sie nicht in Beziehung zur Trennungsangst; zwei Jahre später jedoch suchte er sie *Freuds* späteren Vorstellungen anzupassen.) c) Schließlich die von *Spitz* (1950) vorgeschlagene Fassung, die zu vermeidende traumatische Situation sei ein narzißtisches Trauma. Festgehalten werden muß, daß die Signal-Theorie von der Theorie abstammt — und in gewisser Hinsicht ihr Pendant ist —, die die kindliche Bindung an die Mutter als Sekundärtrieb begreift.

4. Trennungsangst ergibt sich aus der Ambivalenz des kleinen Kindes seiner Mutter gegenüber, so daß es, wenn sie verschwindet, glaubt, es habe sie aufgegessen oder sonst zerstört, und habe sie darum für immer verloren. In Anlehnung an *Melanie Klein* (1935) können wir diese Interpretation die Theorie der *depressiven Angst* nennen.

5. Infolge der Projektion seiner Aggression empfindet das kleine Kind seine Mutter als Verfolger: darum führt es ihr Fortbleiben darauf zurück, daß sie böse auf es sei oder es bestrafen wolle. Wann immer sie es verläßt, glaubt es darum, sie könnte entweder nicht mehr zurückkommen oder dann in feindseliger Stimmung, und empfindet deshalb Angst. Wiederum nach *Melanie Klein* (1934) können wir von der Theorie der *Verfolgungsangst* sprechen.
6. Anfänglich ist die Angst eine primäre Antwort, die nicht auf andere Begriffe reduziert werden kann und die allein auf den Bruch in der Beziehung zur Mutter zurückgeführt werden muß. Wir wollen diese Auffassung die Theorie der *Primärangst* nennen. Sie ist das Pendant zu Theorien, die das Band zwischen Mutter und Kind als ein Zusammenwirken instinktbedingter Verhaltensweisen verstehen. Sie ist vertreten worden durch *James* (1890), *Suttie* (1935) und *Hermann* (1936), hat jedoch wenig Beachtung in analytischen Kreisen erfahren.

Diese letztere Hypothese habe ich mir selber zu eigen gemacht. Sie geht direkt aus meiner Hypothese hervor, daß das Kind an seine Mutter gebunden ist durch eine Reihe von Systemen instinktbedingten Verhaltens, von denen jedes primär ist und die gemeinsam eine große Rolle für das Überleben des Kindes spielen. Bald nach der Geburt aktiviert nach dieser Hypothese die Isolierung das Schreien; wenig später auch das Sichanklammern und das Nachfolgen. Außer wenn sich das Kind in nächster Nähe seiner vertrauten Mutter-Figur befindet, hören diese Systeme nicht auf, als bewegende Kräfte zu funktionieren. Solange sie aktiv sind — so ist anzunehmen —, hat das Kind das subjektive Erlebnis primärer Angst; ist die Mutter wieder da, fühlt es Wohlbehagen. Solche Angst kann nicht einfach als Warn-Signal vor etwas Schlimmerem aufgefaßt werden (obwohl sie in der Folge auch diese Funktion übernehmen kann). Sie wird vielmehr als elementare Erfahrung gedacht, die, wenn sie einen gewissen Intensitätsgrad erreicht, direkt zum Inkrafttreten der Abwehrmechanismen überleitet. Aus diesem Grund, und weil ich sie scharf von gewissen Angstzuständen unterscheiden möchte, die von einer Vorausschau abhängig sind, habe ich diese Angst als *Primärangst*[10] bezeichnet.

Obgleich ich meine, daß pathogene Zustände primärer Angst am häufigsten auf Erfahrungen des Verlassenwerdens zurückzuführen sind, setze ich voraus, daß Primärangst auch unter anderen Umständen entstehen kann — vielleicht immer wenn die Aktivierung irgendeines Systems instinktbedingten Verhaltens nicht aufgehoben wird. Die durch Verlassenwerden bedingte

10 Die Begriffe *primär* und *sekundär* beziehen sich auf die Entstehung der betreffenden Reaktion, nämlich ob sie angeboren oder mittels Lernens erworben ist (*Bowlby*, 1958).

Primärangst ist wahrscheinlich nur ein Sonderfall eines allgemeineren Zustandsbildes. Sie weist immerhin einige besondere Züge auf. Ein besonders charakteristisches Merkmal ist ihre enge Verkettung mit der kleinkindlichen Erfahrung von Schrekken und Furcht. Wenn kleine Kinder erschrecken, suchen sie Schutz bei der Mutter; wenn sie diese nicht auffinden können, sind sie doppelt verstört: beides fehlt, Trost und Schutz.

Es ist von Interesse, wenn auch in keiner Weise leicht, die Theorie von der Primärangst mit *Freuds* beiden Theorien zu vergleichen. Die Ähnlichkeit mit seiner ursprünglichen Theorie von der Umwandlung der Libido ist sehr groß. Obwohl sich *Freud* gelegentlich so ausdrückt, als ob Libido nur in Angst umgewandelt werden könne, nachdem sie verdrängt worden ist, scheint seine Formulierung diese Annahme nicht unbedingt vorauszusetzen. *Freud* erörtert die Bedingungen pathologischer Angst und mißt dem Prozeß der Verdrängung die Schuld zu. (Ges. Werke, »Analyse der Phobie eines fünfjährigen Knaben«, Bd. VII, S. 262.) In Abwesenheit von Verdrängung, so mögen wir schließen, bleibt immer noch Angst, aber in normalen Grenzen. Wenn wir *Freud* richtig verstehen, dann scheint der hauptsächlichste Unterschied zu der hier vertretenen Theorie folgender zu sein: In unserer Theorie ist die Primärangst eine unmittelbare Folge der dauernden Aktivierung bestimmter Systeme, deren Aufhebung (»termination«) ausbleibt; in *Freuds* Theorie wird die Angst verstanden als das Ergebnis einer »Verwandlung«, welche die Libido durchmacht.

Die Theorie der Primärangst scheint von *Freuds* zweiter Theorie, derjenigen der Signalangst, mehr abzuweichen als von seiner ersten. Der wichtigste Unterschied liegt darin, daß *Freud* einen ziemlich komplexen Prozeß motorischen Lernens voraussetzt. Ferner postuliert er, daß das Kind auch irgendeine Form von Wahrnehmung der kausalen Zusammenhänge besitzt. Unsere Theorie macht keine solchen Voraussetzungen; sie hält die Angst für primitiv und bloß von einfachsten Lernprozessen, die die Orientierung betreffen, abhängig. Immerhin müssen wir uns daran erinnern, daß auch *Freud* eine primitive, biologisch begründete Angst kennt, die durch Verlassenwerden hervorgerufen wird. So mag es von Interesse sein, die beiden Theorien zu vergleichen. *Freud* ist der Auffassung, daß diese primitive Angst von Triebregungen herrühre, die den kindlichen *Körperbedürfnissen,* z. B. nach Nahrung, dienen, wenn diese aktiviert und nicht befriedigt werden. In unserer Theorie wird sie als das Resultat der Systeme *instinktbedingten Verhaltens* betrachtet, die den Verhaltensweisen der Verbundenheit zugrunde liegen (in erster Linie Schreien, Nachfolgen und Anklammern); diese werden aktiviert und verharren in diesem Zustand. So wird die primitive Angst in beiden Fällen als das Ergebnis von Impulsen gedacht, die durch Handlungen oder Gegenwart der Mutter befriedigt werden, in ihrer Abwesenheit aber ungestillt bleiben. In der hier gebrauchten Begriffssprache würde dies heißen: sie ist das Ergebnis instinktbedingter Verhaltensweisen, die durch Handlungen oder Gegenwart der Mutter aufgehoben werden, in ihrer Abwesenheit jedoch nicht. Der wesentliche Unterschied liegt also in der Auffassung vom Wesen der betroffenen Impulse.

Auf den ersten Blick mag die Theorie von der Primärangst scheinbar auch etwas Gemeinsames haben mit der Theorie vom Geburtstrauma. Wenn Angst bei der Geburt erlebt wird — so könnte man beispielsweise argumentieren —, dann ist dies Primärangst, die bei einer Trennung entsteht. Dies scheint unwahrscheinlich, denn mit *Freud* (Ges. Werke, Band XIV, S. 165) glaube ich nicht, daß wirkliche Trennungsangst in den ersten Lebensmonaten schon vorhanden sein kann. Die Theorie vom Geburtstrauma ist nach unserer Meinung als Erklärung unbrauchbar.

Die Theorie der Primärangst, welche annimmt, daß es sich bei der Trennungsangst an sich um eine nicht erlernte, sondern biologisch begründete Angst handelt, ist jedoch nicht blind für die Existenz und pathogene Bedeutung von Ängsten, die von Lernprozessen und Vorwegnahme abhängig sind. Nur unterscheiden wir nützlicherweise mindestens zwei Hauptformen von vorwegnehmendem Verhalten beim Menschen: ein solches nämlich, das sich auf primitive Formen des Lernens, wie z. B. die Dressur, stützt; andererseits ein solches, das sich auf das Gedächtnis stützt, das mit Hilfe von Symbolen organisiert wird. Sobald die Kinder dressiert werden können, was schon früh der Fall ist, können sie sich eine einfache Form von vorwegnehmendem Verhalten erwerben; und soweit die Bedingungen, denen sie ausgesetzt werden, unangenehm sind, wie z. B. Schmerz, Hunger oder Entzug des menschlichen Kontaktes, erleiden sie wahrscheinlich Angst. Diese Angst nenne ich im folgenden *Dressat-Angst.* Als geistiger Akt ist sie noch eine recht primitive Form von Angst und in mancher Hinsicht der Primärangst näher verwandt als der nun zu beschreibenden Form. Später, wenn das Kind seine Fähigkeit zum Gebrauch von Symbolen entwickelt und damit in der Lage ist, eine Welt von Objekten zu konstruieren, die in Zeit und Raum existieren und kausal aufeinander bezogen sind, wird es in einem gewissen Ausmaß zu wirklicher Vorausschau fähig. Sind nun die erwarteten Ereignisse unangenehm, so wird es Angst empfinden. Diese Angst nenne ich *Erwartungsangst.* Ist einmal diese Stufe der psychischen Organisation erreicht, so können viele Arten von Gefahr, realer und vorgestellter, vorausgesehen und beantwortet werden. So spielen beispielsweise — was auch immer auf primitiveren Stufen geschehen mag —

auf dieser Stufe beide, die Verfolgungs- und die depressive Angst eine hervorragende Rolle. Denn alles, was das Kind glauben macht, es habe seine Mutter zerstört oder sich entfremdet, resp. es sei dazu in der Lage, wird unfehlbar seine Erwartungsangst vor vorübergehender oder dauernder Trennung verschärfen.

Es muß berücksichtigt werden, daß die Theorien von der Verfolgungs- und depressiven Angst ursprünglich von *Melanie Klein* unabhängig vom Problem der Trennungsangst gebildet wurden. *Klein* stellt sich Verfolgungs- wie depressive Angst in einer, zum mindesten zu Beginn, sehr primitiven Form vor, die entweder schon von Geburt oder doch von den ersten Lebenswochen an existiere. Ihre Manifestationen auf einer höheren psychischen Organisationsstufe — dieser Auffassung ist *Klein* — müssen als Ableger dieser primitiven Wurzeln verstanden werden. Ich bezweifle diese Anschauung. Sie ist zum Verständnis der Verfolgungs- und depressiven Angst nicht notwendig; es besteht kein zwingender Grund, letztere als Abkömmlinge von primitiveren Wurzeln zu konzipieren. Daß sie eine unerhört wichtige Rolle für die höher entwickelte psychische Organisation spielen, darüber kann kein Zweifel bestehen, nicht zuletzt, indem sie die Trennungsangst verschärfen und ihr ein pathologisches Ausmaß geben. Deshalb werde ich in der vorliegenden Arbeit der Verfolgungs- und depressiven Angst für die Entstehung der Trennungsangst auf höherer Entwicklungsstufe eine große Bedeutung beimessen, während ich offenlassen will, ob sie auf primitiverer Stufe bereits bestehen und was für eine Rolle sie da spielen mögen.

Bevor ich meine Hypothese über die Trennungsangst weiterverfolge, wird es von Vorteil sein, auf die entsprechende Literatur einzugehen und eine allgemeine Theorie der Angst zu entwerfen, auf deren Grundlage sie verstanden werden kann.

Abschnitt III

Einzelarbeiten zu speziellen Themen

1. *Oskar Pfister*: Das Kinderspiel als Frühsymptom krankhafter Entwicklung, zugleich ein Beitrag zur Wissenschaftspsychologie[1,2]

Was ich den Lesern im folgenden darbieten möchte, soll nur eine bescheidene Bereicherung der psychoanalytischen Forschung sein. Ich möchte an ein paar schlichten Beispielen zeigen, wie kleine Vorgänge, die der Lehrer kaum zu beachten pflegt, mitunter einen überaus wichtigen Hintergrund haben, dessen Sinn der Schüler in der Regel so wenig als sein Erzieher versteht, und nachweisen, wie jene unverstandenen Hintergründe als Schicksalsmächte das künftige Leben beherrschen können. Ferner werde ich zeigen, wie außerordentlich bedeutsame Ausblicke auf die Beurteilung des genannten Kulturlebens eine Individualanalyse verschaffen kann.
Ich beschränke mich zunächst auf einzelne Bemerkungen zu einer Lebensbeschreibung, die mir ein 25jähriger Kaufmann vor Beginn einer psychoanalytischen Behandlung aus freien Stükken einreichte. Es handelt sich um einen sogenannten Musterschüler, einen begabten, fleißigen Menschen, auf den die Lehrer stolz waren, der durch seine fast leidenschaftliche Pflichttreue und Lernbegierde, sein stilles, peinlich korrektes Verhalten den höchsten Ansprüchen genügte. Niemand ahnte, daß der ruhige und meistens heitere Knabe mit vollen Segeln einer nicht unbedenklichen Neurose entgegeneilte. Und doch waren alle Bedingungen erfüllt, dem sympathischen Burschen eine Anzahl von Lebensjahren zu vergällen, wenn auch von eigentlicher Erkrankung in den Schuljahren noch nicht die Rede sein muß.
Seinen Zustand beim Eintritt in die analytische Behandlung schildert der Jüngling mit den Versen:

»Meine Seele ist verbittert,
Mein Gemüt ringsum vergittert,
Meine Brust qualvoll verschlossen,
Hab' zu wenig Freud' genossen!

Konnte niemals fröhlich singen,
Nie in eitel Freude schwimmen,
Gram begann in jungen Tagen
Meine Seele zu zernagen.

1 Referat, gehalten am 14. Oktober 1916 am pädagogischen Ferienkurs der schweizerischen pädagogischen Gesellschaft in Sundlauenen.
2 [s. dazu auch E. H. Erikson: »Traumatische Konfigurationen im Spiel, z. Psa. Pädagogik 1937, 11, S. 262–292.]

Grau verstrichen meine Tage,
Sanglos, ach, auch ohne Klage,
Sonne wollte mir nicht scheinen,
Trotzdem konnt' ich niemals weinen.

Also leb' ich stumm auf Erden,
Mählich will's schon Abend werden,
Nebel schleichen hin und wieder
Mir durch Seele, Herz und Glieder.«

Es kann nicht unsere Aufgabe sein, die große Menge krankhafter Einzelerscheinungen zu schildern, die hinter dieser »Klage eines Stummen« — so ist das Gedicht betitelt — steckt. Erwähnen wir nur die wichtigsten Züge: Unfähigkeit, andere Menschen zu lieben, bei stärkstem Liebeshunger und heftigen Anklagen wegen Kälte gegen die wohlgesinnte Mutter und den trefflichen Bruder. Auf intellektuellem Gebiet tritt hervor die Unfähigkeit zu konzentriertem Denken; anstatt auf den Inhalt des Gelesenen einzutreten, verliert sich der Jüngling zwangsmäßig in sprachliche Äußerlichkeiten, was ihm die Berufstätigkeit bedeutend erschwert und zur Qual macht. Zwei Zustände stehen ihm zu Gebote: ein aktiver, in dem er zu denken vermag, aber einen heftigen Druck im Kopf empfindet, und ein passiver, bei welchem er sich glücklicher fühlt, aber seine Gedanken nicht zu konzentrieren imstande ist. Zahllose hysterische Symptome, wie ein deutlich lustbetontes und doch schmerzhaftes Zahnweh, Schwellungsempfindungen in Lippen, Wangen und Zunge, allerlei Zuckungen usw. wollen wir hier nur summarisch angeben. Das Tagebuch redet von andauernder schwerer Qual und Verzweiflung.
Julius, so nennen wir den Kranken, war ein sehr schwächliches Kind, das nur durch außergewöhnliche Sorgfalt am Leben erhalten werden konnte. Seine Mutter, die aus belasteter Familie stammt, ist durch Gefühlsüberschwenglichkeit und Überbesorgtheit für ihre Kinder ausgezeichnet. Als sie z. B. mit ihren Kindern für einige Tage zu Verwandten in die Ferien gegangen war, weinte sie des Abends vor Heimweh so heftig, daß der jüngere Sohn zuletzt sein Recht auf Schlaf energisch geltend machte, während der ältere, unser damals etwa fünfjähriger Julius, nach seiner konstanten Weichherzigkeit in Tränen ausbrach. Dabei war sie eine gutherzige, gelegentlich etwas derbe Frau, die ihren Kindern mit Freuden jedes Opfer darbrachte, sie aber von der ihrem Gefühlstypus meistens anhaftenden Gefahr der Übererziehung nicht zu schützen wußte. Die Kleinen liebten mehr als sie den Vater, einen geistig bevorzugten, aber stillen und bescheidenen Mann, der aus Edelmut eine bevorzugte Stellung verlassen hatte, weil sie ihn in Konflikt mit seinem sozialen Gewissen brachte.

Die ersten Erinnerungen, von denen die Lebensbeschreibung zu berichten weiß, lauten:
»Bis ins erste Schuljahr war ich ziemlich empfindlich für Husten, Schnupfen und andere kleine Übel, die der Winter bringt. Ich war körperlich etwas schwächlich, wohl deswegen auch schüchtern, ängstlich und folgsam, welch letzteres natürlich nicht seinen einzigen Grund in schwächlicher Körperkonstitution haben mochte. Den Lutscher konnte ich mir länger nicht abgewöhnen, als mein Bruder. Ich erinnere mich an ein tragikomisches Ereignis: Ich hatte eines Tages den mutigen Entschluß gefaßt, dies kindliche Ding zu lassen, worauf es denn — ich weiß nicht, ob ich selber die grauenhafte Tat begangen habe — in den Abort hinunter befördert wurde. Als nun der kraftvolle Tag dem Abend wich, da trat auch mein Heroismus gegen eine liebreiche, wehmütige Stimmung zurück, und ich betrauerte mit so viel Tränen das Märtyrertum des unschuldigen Lutschers an seinem finsteren Ort, daß man, um mich einzuschläfern, einen neuen Lutscher kaufen ging, der aber wenig Komplimente empfing, als er mir vorgestellt wurde, da ich ja nicht nach dem Lutscher Bedürfnis hatte, sondern den armen Verbannten bedauerte, wie ich denn auch späterhin zu meinen Spielsachen eine ungewöhnliche Anhänglichkeit hatte und bei ihrem Verluste weniger meinen Vermögensverlust als ihr trauriges Schicksal bedauerte.«
Wir beobachten somit bei dem später gefühlsstumpfen Julius in seinem Anfangsstadium eine ungewöhnliche Gefühlsstärke, die besonders in Mitgefühl zum Ausdruck kommt. Dieses setzt aber die Fähigkeit voraus, sich in die Leiden anderer einzufühlen, was wiederum eigene Leidenserfahrungen zur Voraussetzung hat. Es ist kein Zufall, daß das Kind den Lutscher gerade wegen seines finsteren Aufenthaltsortes beweint, leidet es doch unter Angstträumen, in denen es sich von einer Hexe in einem Backofen eingesperrt sieht, und treten doch etwas später Angstgefühle auf, wenn es im Dunkeln allein ist, ja, sogar dunkle Erscheinungen. Wir wollen davon jedoch nicht reden, sondern begnügen uns mit der weiter unten zu hoher Wahrscheinlichkeit erhobenen Vermutung, daß sich das Kind mit dem weggeworfenen Lutscher oder anderem Spielzeug identifiziere.
»Eine Art Weltschmerz empfand ich einmal«, erzählt unser Dokument weiter, »als mich meine Mutter barsch in die Wohnung hinaufwies, da die mit mir spielenden Kameraden irgend etwas Kleines verbrochen haben mußten, wobei ich aber nach meiner festen Überzeugung unbeteiligt und unschuldig war. Ich setzte mich nun in eine Ecke, stellte mich untröstlich und wäre gern krank geworden, um meine Mutter zu strafen.« — Dieses Erlebnis ist darum von außerordentlicher Wichtigkeit, weil es die Peripetie im Gefühsleben des Kindes einleitet und begründet. Von dem geschilderten kleinen Ereignis an, das wohl eine Reihe

ähnlicher vertritt, ist Julius verschlossen und insgeheim voll Groll gegen die Mutter, wiewohl er ihr durch seinen Gehorsam nur Freude bereitete. Für den durch Minderwertigkeitsgefühle bedrohten Knaben war es ein Glück gewesen, daß er in ein günstiges Verhältnis zu den Altersgenossen getreten war; nun zerstörte die mütterliche Strenge die glückliche Kanalisation der kindlichen Neigung. Von da an wuchs sich der Lebensdrang mehr nach innen aus.

Zunächst berichtet die Lebensbeschreibung von Angstträumen und Nachtschrecken, die den Vater bestimmten, sein Söhnchen zur Beruhigung in sein Bett zu nehmen. Wie weit es sich hier um eine Gefühlsstauung handelt, die mit der Abdrängung von Mutter und Kameraden zusammenhängt, wie weit andere Motive mitwirken, wollen wir hier nicht näher untersuchen. Unterdrücken dürfen wir freilich nicht, daß die Memoiren des Jünglings, der von der Psychoanalyse nur wenig weiß, eine Reihe von sexuellen Erlebnissen dem Bericht über die Angsterscheinungen anschließen: »Ich kam zu der Feststellung, daß ich zu einigen Bildchen ein besonderes Verhältnis hatte. Das waren badende Knaben auf einem Bildchen und ein Gratulationskärtchen mit einem unbekleideten Kutscher. Als ich ein andermal in einem Buche das Bild einer am Oberkörper ziemlich oder ganz entkleideten Verkäuferin aus dem Orient sah, phantasierte ich mich in diese Verkäuferin hinein, indem ich das Hemd vom Oberkörper streifte und anfing zu tun, als ob ich verkaufen wollte, wobei mir die Bettdecke als Ladentisch galt. Die Eltern und der Bruder durften zusehen. Ein eigenartiges Gefühl hatte ich, wenn ich mir mit den Armen über die Brust fuhr. Auch probierte ich einigemal, mit der großen Zehe zum Munde zu fahren, und konstatierte, daß das nicht ebenso mit einem anderen Körperteil ging, nachdem meinem Bruder und mir von Spielgenossen eine Geschichte zu Ohren gekommen.« (Ein kleiner Nachbarsjunge hatte sich mit seiner Schwester urethralerotisch vergangen) ... »Wir hatten die Geschichte unbefangen der Mutter erzählt, welche sich natürlich entsetzte. Mir blieb sie aber noch eine Zeitlang im Gedächtnis. Das mochte aber schon im ersten Schuljahr sein.« Während der Analyse stellte sich heraus, daß ein liederliches Dienstmädchen Julius zu Ende des ersten und anfangs des zweiten Lebensjahres sexuell reizte und zur Exhibition aufforderte. Sie wurde deshalb fortgejagt. Der Analysand vergaß das Erlebnis völlig und erfuhr es erst vor zwei Jahren durch die Mutter.

Diese Kinderszenen verdienen vergessen zu werden, wenn sie nicht augenscheinlich das künftige Leben sehr stark beeinflußt hätten. Man mag noch so ängstlich der Begegnung mit kindlichen Sexualäußerungen aus dem Wege gehen, sie drängen sich eben gelegentlich mit unerbittlicher Keckheit auf und beanspruchen, in ihrer ganzen Tragweite und leider oft auch Tragik berücksichtigt zu werden. Julius hatte die unbedeutenden Vorfälle fast sein ganzes Leben lang zu vergessen getrachtet und keinem Menschen von ihnen Kenntnis gegeben. Ohne die Psychoanalyse näher zu kennen, ahnt er, daß seine ganze, immer bedrohlicher werdende Entwicklung ohne sie unverständlich bleiben müßte, und befindet sich mit dieser Mutmaßung völlig im Rechte, wie wir noch sehen werden.

»Auf die Schule freute ich mich sehr, war zwar den ganzen ersten Vormittag dem Weinen nahe, da ich mich unter so fremden Leuten befand, ging aber dann stets gern und mit Erfolg, mit etwelcher Schüchternheit vor meinen Kameraden und scheuer Bewunderung der stämmigsten Buben der zwei Jahre älteren Klasse, die mit uns zusammen unterrichtet wurde. Zu Hause erzählte ich viel vom Lehrer, von einem sehr schwächlichen Knaben, der alle Morgen weinte und schließlich entlassen werden mußte, und von einem Mädchen, das geschickte Antworten gab.«

Der schwächliche und weinerliche Knabe machte Julius so tiefen Eindruck, weil er positiv oder negativ, durch Identifikation oder Unterscheidung zu ihm Stellung nehmen mußte. War er doch selbst weinerlich und schwächlich gewesen. Die Erwähnung des Mädchens stellt vielleicht einen Versuch dar, die Gefühle auf eine Kameradin zu übertragen, nachdem der Verkehr mit Knaben bei der Mutter auf Widerstand gestoßen war.

Wie wenig der leise Wunsch in Erfüllung ging, sollte recht bald zutage treten.

»Mit Spielsachen wußte ich viel anzufangen und konnte mich oft stundenlang dabei verweilen. Es war daher nie schwierig, mich zu Hause zu behalten. Im Gegenteil, mein Vater schickte mich öfters an die frische Luft und zum Spiel. Ich glaube aber, nicht viel Naturgefühl besessen zu haben. Eine Stelle gab's zwar, wo ich die Natur recht lieb hatte. Das war in dem kleinen Stück unseres Gartenlandes hinter dem Hause, das mir zur Bebauung zugewiesen war, worin Eichen und Tannen mit besonderer Liebe gepflegt wurden. Ich sah sie je nach der Lektüre für Kokos- oder Dattelpalmen an. In meinem Gärtchen erblickte ich alle Wunderländer, nordamerikanische Wildnis, durch welche Indianer streifen, Australien, das wegen seiner Abgelegenheit für mich immer ein Land der Sehnsucht mit wehmütigen Auen war. Die geheimnisvollsten Gegenden unseres Erdkörpers waren und sind eigentlich noch jene weiten, verlorenen Bezirke des Weltmeeres zwischen Südamerika und Australien. Ich verfehlte auch nicht, eines Tages aus meinem Gärtchen eine Robinsoninsel zu machen.

Ein anderes, beinahe kolossales Vergnügen bereitete mir das Anschauen eines Atlanten oder sonstiger Landkarten. Während

ich, wie sich später zeigte, nur durch Fleiß auch im Zeichnen gute Leistungen zustande brachte, aber nie zu den mit Zeichnertalent Ausgestatteten gehörte, die aus Erinnerung zeichnen können, so hätte ich doch jederzeit aus dem Gedächtnis gute Landkarten zu entwerfen vermocht. Ich zeichnete denn auch solche immer wieder, hauptsächlich Weltkarten, wobei jedes Land sein besonderes Geheimnis barg. Mit besonderem Schauer sah ich auf die öden Steppen und Wüsten meiner selbstgeschaffenen Welt hinaus und suchte immer wieder die sturmumtobten, einsamen Kaps auf. Mit echt mystischen Gedanken verfolgte ich aber ein Kartenschiffchen in die schaurigen Weiten des Stillen Ozeans hinaus, dessen Name mir wie ein Zauberwort klang. ›Jetzt ist es am weitesten draußen‹, dachte ich und erbebte fast dabei; alsdann mußte es dem Sehnsuchtsland Australien zusteuern. Als Schiffe konnte ich für meine Zwecke aber nur kleine Kartondinger gebrauchen, die symbolisch für Schiffe genommen wurden. Eigentliche Papierschiffchen wären im besten Falle noch zu groß gewesen im Verhältnis zur Größe meiner Meere und Länder, was mich ungeheuer gestört hätte. Einmal, als ich wieder ein solches Schiffchen in das große Weltmeer hinaussteuerte, spielte ich auf der Mundharmonika recht wehmütige Weisen und hörte sie ordentlich über die endlosen Wellen hinschweben, immer leiser werdend, bis sie niemand mehr hören konnte. Aber es war ja überhaupt niemand da. Dann erfolgte der Untergang des Schiffes an der Stelle, wo das Meer am tiefsten war und von wo keine Kunde an irgendeine Küste dringen konnte. Von diesem Schatz geheimer Erinnerungen habe ich eigentlich später viel mehr gezehrt, als ich wußte. Bei allen geschichtlichen Studien in der reiferen Jugend, beim Lesen von Biographien, wenn ich zum Helden oder zur Tragik der geschichtlichen Handlung kaum ein Verhältnis fand, in die geographischen Beziehungen fühlte ich mich mit Blitzesschnelle ein, sie blieben mir auch am längsten im Gedächtnis, sehr zu meinem Bedauern, denn das war doch wahrlich nicht das Wesentliche.
Ich hatte auch eine sonderbare Leidenschaft zum Sortieren. So stellte ich Verzeichnisse der wichtigsten Städte jedes Landes dar, wobei mir die fremden Namen wunderbar geheimnisvoll in den Ohren klangen, Verzeichnisse der Stationen von Eisenbahnlinien, von Berufen, Gebäuden, Fahrzeugen usw. Aus derselben Quelle stammte auch die Neigung zum Sammeln von Briefmarken. Etwas Ähnliches war wohl auch der Hunger nach fremden Vokabeln; in den ersten Schuljahren wollte ich auch einmal allen Ernstes für mich Italienisch lernen.
Ein ungewöhnlich lehrreiches Material für unsere Spiele waren Holzabfälle aus einer Fabrik. Die verschiedenen, höchst eigenartigen Formen dieser Hölzer, besonders die »Brücklein«, enthielten eine Unmenge von Verwendungsmöglichkeiten. Ich baute

damit die Chinesische Mauer, Dämme, Viadukte und phantasierte mich in sie auf ähnliche Weise wie in die Landkarten hinein, so daß ich halbe Tage nicht mehr davon wegzubringen war.«

Ein wichtiges Ereignis war für Julius das Sonnen der Betten. »Es hatte einen eigenartigen Reiz für mich, im Schatten unter den auf Sägeböcken und Leitern ausgebreiteten Bettdecken zu verweilen, verborgen hinter den beiderseits herunterhängenden Leintüchern. Der Reiz bestand darin, daß ich mich als Araber in einem Zelt wähnte, mitten in der Wüste, und ich streckte einen Fuß (ich war zur Zeit der ›Sonnete‹ gewöhnlich barfuß) in die Sonne hinaus, um mich zu vergewissern, daß die Wüstensonne niederbrenne.«

Können wir in diesen Beschäftigungen, solang wir ihnen nur von außen zusehen, irgend etwas Krankhaftes entdecken? Ähnlich verhalten sich viele kindliche Träumer. Und doch verlohnt es sich, die wichtigsten Merkmale dieser Spiele hervorzuheben und auf ihre Motive zurückzuführen:

1. Die *gesteigerte Phantasietätigkeit* entspringt aus der uns bereits aufgewiesenen Absperrung gegen Mutter und Kameraden. Der von der Wirklichkeit zurückgewiesene Lebensdrang schafft sich seine eigene Wunschwelt.

2. Diese liegt für unseren kleinen Träumer in weiter, *einsamer Ferne*. Die Wildnis nordamerikanischer Wälder, das abgelegene Australien mit seinen angeblich wehmütigen Auen, die Robinsoninsel, die Geheimniswelt der Landkarten, welche besonders die Schauer der Steppen und Wüsten oder die einsamen Kaps ahnen lassen, das unheimliche und doch süße Zauberwort des Stillen Ozeans, die Chinesische Mauer und andere geographische Größen bilden eine Einheit, welche die Sehnsucht nach der Ferne und der Einsamkeit deutlich verrät. Während andere Knaben meistens von Abenteuern träumen, wenn ihre Gedanken in unkultivierte Ferne schweifen, sucht Julius nur die Einsamkeit.

3. Als Indianer oder Araber phantasiert sich das Kind auch aus einem anderen Grund, der später nur zu deutlich hervortrat, weil die aus ihm entspringende Triebrichtung enorme Gefühlsmassen an sich riß und die gesunde Entfaltung aufs schwerste schädigte: Die Sucht nach *Entblößung* vor sich selbst macht sich bereits geltend, wenn auch in einer höchst unschuldig aussehenden Form. Daß der Araber seinen Fuß ins Sonnenlicht hält, daß der Indianer, wie mündliche Erkundigung ergab, bloße Arme und teilweise entblößte Brust trägt, wird doch sicherlich niemand anstößig finden.

4. Auch die *Freude an Systematisierung* kann man nicht als abnorm bezeichnen. Höchstens ist sie zu stark gefühlsbetont. Der Kundige sieht allerdings in dieser abstrakten Betätigung, die

zum Teil (nicht durchwegs) den intellektuellen Vorgang als solchen mit Lustwerten ausstattet und das Wohlgefallen vom Gegenstande zurückzieht, bereits eine Verdrängungswirkung, die unter Umständen gefährlich werden kann und Julius wirklich in schwere Not trieb, wie wir noch hören werden. Man darf jedoch eine zweckmäßige Aufgabe dieser Hinwendung zur logischen Operation nicht übersehen. Die Unfähigkeit, den Lebenstrieb in der Wirklichkeit anzubringen, führte, wie uns bekannt, zu kühnen Phantasien, die der Zucht des streng logischen Denkens entzogen waren und lediglich des Herzens Sehnsucht befriedigen sollten. Und dieses alogische Treiben, das in Gefühlsüberschwang ausmünden mußte, bildet eine heilsame Reaktion auf die systematisierende, rein intellektuelle Beschäftigung. Allein sicherlich ist die rein rubrizierende Tätigkeit, über die sogar manche Gelehrte nicht wesentlich hinauskommen, einseitig, zudem kann sie dem Stoffe doch nicht gerecht werden, indem sie sich um manche seiner wichtigsten Beziehungen nicht kümmert. Hier öffnen sich weite Perspektiven auf die leider so schwer vernachlässigte und doch so wichtige *Psychologie der Wissenschaft*. Wir müssen sie vorläufig mit Tüchern verhängen. Einstweilen konstatieren wir, daß sich bei Julius, wie bei jedem Neurotiker — und so vielen Normalen! — eine Polarisation vollzogen hat. Wir stehen in unserem Falle vor einer *phantastischen* Beschäftigung mit der Wirklichkeit, die sich von logischer Durchdringung fernhält und nur auf Sättigung subjektiver Gelüste ausgeht, daneben vor einer *logischen* Arbeit, welche diese persönlichen Ansprüche gänzlich ignoriert und die Wirklichkeit höchst energisch in Angriff nimmt, aber nicht um ihrer selbst willen, sondern lediglich damit der Geist sich an irgend etwas betätigt. In der Flucht vor der Wirklichkeit stimmen Phantastik und Abstraktion (Katalogisierung) überein. Das Gefühl ist das eine Mal der Wirklichkeit treu geblieben, allerdings einer geträumten, fernen Wirklichkeit, in der das Ich die Hauptrolle spielt. Das andere Mal ist es der Wirklichkeit gänzlich entzogen und in die subjektive Funktion, das Ordnen, verlegt.

5. Eine Spielphantasie, die leicht gefährlich hätte werden können und die uneingestandene, innere Not am deutlichsten verrät, ist der feierlich gemimte Schiffsuntergang. Das nach dem Sehnsuchtsland Australien fahrende Schiffchen stellt natürlich den Träumer selbst dar. Die von wehmütigen Liedern begleitete Katastrophe, die auch für die spätere Zeit einen Erinnerungsschatz liefert, drückt den Todeswunsch aus. Dieser äußerte sich später u. a. auch dadurch, daß Julius von einer Ermordung träumt, als deren Opfer er sofort sich selbst assoziiert. Die Schiffchen mußten winzig klein sein, um sein Minderwertigkeitsgefühl zu verkörpern. Dadurch erklärt sich auch der anscheinend übertriebene Ausdruck, ein etwas zu großes Schiff

hätte »ungeheuer gestört«. Tatsächlich ist der Ausdruck keineswegs so stark, denn es handelt sich um die wuchtigsten Gefühlswerte, deren der Knabe überhaupt fähig war. Gute Erfolge, die namentlich die größte Wohltäterin unseres Analysanden, die Schule ihm eintrug, verhinderten den Sieg der Selbstvernichtungstendenz. Ist es nun zu kühn, wenn wir die übertriebene Wehmut über den in den Abort gefallenen Lutscher auf dieselbe Wurzel zurückführen wie diejenige über das untergegangene Kartonschiffchen, so daß also der Todesgedanke schon vor der Schulzeit dunkel aufgetaucht war?

Unser Schmerzenskind hatte das Glück, vortrefflichen Lehrern übergeben zu werden. Mit Leidenschaft widmet er sich dem Unterricht und lieferte ausgezeichnete Leistungen. Keiner ahnte, was in dem stillen, fleißigen Bürschlein vorging. Der erste Anlaß, der einen psychoanalytisch gebildeten Lehrer nachdenklich hätte stimmen können, ist folgender: »Ein aufregendes Ereignis war es, als ich zum erstenmal an einem Schulbad teilnehmen sollte. Ich hatte eine unbezwingliche Scheu, mich unter fremden Leuten auszuziehen. Ich wollte nicht gehen, wurde aber vom Lehrer mit einem anderen Knaben, der anfänglich auch nicht baden wollte, nachträglich hingeschickt. Unter dem Vorwand, es sei zu spät gewesen, kehrte ich dann in die Klasse zurück, wo ich vom Lehrer, der mit den Mädchen allein Schule hielt, natürlich ausgelacht wurde. Das zweitemal ging ich dann mit, ohne diese Scheu zu empfinden, und benutzte das gemeinsame Bad regelmäßig auch noch in der sechsten Klasse, als es nicht mehr obligatorisch war.« Mit etwa zehn Jahren, nachdem ihn der Anblick seiner toten Großmutter heftig erschreckt hatte, traten Angstanfälle auf: »Einige Abende befürchtete ich beim zu Bette gehen, hinter dem Bett herauf oder um den Türpfosten herum einen schwarzen Mann aufsteigen zu sehen, wenn ich nicht rechtzeitig den Blick abwendete. Ich beeilte mich auch mit dem Auskleiden, um mich recht bald im Bette bergen zu können.« Man sieht hier deutlich die Reaktionen des verdrängten Entblößungstriebes: übermäßiges Schamgefühl und Angst.

Ich enthalte mich des Versuches, diese Erscheinung genauer zu erklären, bis wir noch weiteres Material berücksichtigen können. Um vorerst die bedeutsamsten Tatsachen der ersten Lebensphase zu überblicken, erwähne ich zuvor noch einen auffallend starken *Quältrieb*, der sich in passiver und aktiver Form äußerte, in beiden Fällen auf jene zahme Weise, die unserem schüchternen und ängstlichen Zögling allein offen stand. Ob schon das heldenmütige Herumspringen auf den Stoppelfeldern mit nackten Füßen hierher gehört, läßt sich nicht ausmachen, wenn auch die Bevorzugung des schmerzenbereitenden Bodens verdächtig ist. Deutlich aber reden folgende Bekenntnisse: »Die abendlichen Spiele unter den großen Birnbäumen waren mir besonders lieb. Dabei dachte ich etwa an die nackten Füße eines Mädchens. Ich bevorzugte daher das Spiel: ›Trittst dem Herrn auf Füßlein‹. Als einmal ins Nachbarhaus ein Töchterchen eingezogen war, das ich recht hübsch fand, war es mir, als ob etwas Schönes passiert sei. Indessen setzte ich mich, als das Mädchen strickend auf einem Schemel im Schatten eines Baumes saß, zu ihm hin, fragte es aus über die Schule und fühlte dabei einen eigensinnigen Antrieb, die eine Frage beantwortet zu erhalten, wieviele Tatzen es schon bekommen habe. Diese Frage hätte ich mir eigentlich verbieten sollen, denn sie war gewiß etwas indiskret, und jedermann hätte gewiß in ihr einen unschönen Eigendünkel gesehen. Er hätte aber unrichtig geschlossen, denn ich war von ihm so weit entfernt, daß ich vielmehr bedauerte, daß ich meinerseits noch keine erhalten hatte, um gewissermaßen eine Sünde gestehen zu können. Um so befriedigender lautete aber die Antwort, die ich von dem Mädchen erhielt, nämlich, daß es einmal sechs Tatzen auf einmal erhalten habe. ›Ei, die große Sünderin!‹ hätte ich etwa sagen müssen, wenn ich meinen Gefühlen hätte Ausdruck geben müssen, wobei mir aber die Sünderin eben recht sein mochte, denn ich dachte nachher noch ein paarmal an die kleine Verworfenheit des Mädchens zurück. Schon einmal war mir eine kleine weibliche Sündhaftigkeit zu Herzen gegangen, denn als einmal ein Mädchen, das mir wohl damals etwas mehr als die anderen sein mochte, wie ich aber nur rückschließend annehme, mit der halben Klasse nach Glockenschlag sich noch vor der Schultür befand und alle im Gänsemarsch vor dem Lehrer defilieren mußten, um je einen Tatzen zu empfangen, da war es mir bedeutungsvoll, daß jenes Mädchen auch darunter war, etwa wie wenn eine hochgestellte Persönlichkeit plötzlich in eine fatale Lage verwickelt wird. Genau schaute ich hin, wie das Lineal auf das hingestreckte flache Händchen fiel, und sah die Schuldige nicht ungern weinen.

Ein andermal, als dasselbe Mädchen zu spät kam, aber von seiner Mutter einen schönen Gruß und ein Briefchen an den Lehrer mitbrachte, und trotzdem, ganz gegen seine Erwartungen, bestraft wurde, verspürte ich nichts mehr von jener zufriedenen Wehmut, womit ich, es reizt mich zu sagen, ›noble Gefallene‹ bedachte. Ich war voll Schadenfreude.

Im Zusammenhang mit den erwähnten Begebenheiten mag hingegen eine der sonderbarsten Launen, die mich wohl schon angekommen sind, stehen. Es war im Sommer meines vierten Schuljahres, als im Hause vernommen wurde, mein Bruder habe in der Schule Tatzen bekommen. Diese Kunde bewegte mich so, als hätte ich vernehmen müssen, mein Bruder habe sich verliebt. (Das sage ich natürlich heute so, wo ich mich nach einer angemessenen Bezeichnung für jenes Gefühl umsehe, damals war es nur ein eigenartiges Ereignis.) Es war mir gleichsam, er habe damit etwas Großes überstanden, er sei ein anderer Mensch geworden. Immer mußte ich mir vorstellen: Mein Bruder hat Tatzen bekommen, das ist doch unerhört! Und zugleich beneidete ich ihn darum. Von meinen Eltern erwartete ich, daß sie ihm ins Gewissen redeten. Da sie es nicht taten, erfaßte mich etwas wie geheimer Groll, und ich sagte mir: Ach was, was will ich denn so brav sein, da man zu meinem Bruder nichts sagt? Ich mag auch einmal Tatzen kriegen! Dieser Gedanke stellte nun wiederum mich selber in ein ganz neues Licht; ich hatte dabei wiederum den Gedanken von etwas Bedeutsamem, fast einer Wendung meines Lebens und Charakters, nicht anders, als ob ich mich verlieben wollte (welch letztere Bezeichnung ich wieder nachträglich anwende). Diese Stimmung dauerte denn auch an, so daß ich in der Schule auf einmal nicht mehr so still und fleißig war und alle Augenblicke zum Fenster hinausschaute und im geheimen lachte. Andere schauten auch hinaus, bis der Lehrer auf uns aufmerksam wurde. Er fragte, was denn los sei, worauf ich auf eine frühere Mitschülerin wies, die auf der nahen Wiese mit Emden beschäftigt war. Ich interessierte mich aber gar nicht für das, was draußen vorging, sondern suchte nur mit all meinen Manövern eine Art Sündenfall herbeizuführen. Es kam, beinahe zu meiner Enttäuschung, abgesehen von jener Frage des Lehrers wegen meiner Unaufmerksamkeit, nicht zu einem solchen. Die sehr hohe Achtung, die ich vor jenem Lehrer hatte, trug den Sieg davon bei meinem inneren Zwiespalt, das frühere Verhältnis zum Lehrer beizubehalten oder mich in die Sünderreihe zu stellen. Die Strafe hatte ich mir in Form von Tatzen vorgestellt. Die Gedanken von Kindern sind wohl wunderlicher, als viele Pädagogen sich träumen lassen.«

Uns fällt vor allem auf die Freude an der Bestrafung der beiden gern gesehenen Mädchen. In einem Falle spielt die Schaubegierde eine deutliche Rolle (Defilee vor dem Lehrer). Die »zufriedene Wehmut« weicht offener Schadenfreude, wie das Mädchen sich durch Berufung auf die Mutter der Strafe entziehen will. Der Bruder steigt in seiner Achtung und wird beneidet, weil er Tatzen bekommen hat, und das Fehlschlagen des Versuches, ebenfalls zu körperlicher Bestrafung zu gelangen, hinterläßt Unlust. Wie sollen wir uns dieses seltsame, dem Handelnden selbst unverständliche Treiben erklären?

Zwei Tendenzen wirkten zweifelsohne zusammen: zunächst der Quältrieb. Freilich ist auch der Name »Quältrieb« nicht einwandfrei, da unser Musterschüler eine grausame Tat weder plant noch begeht. Wir dürfen jedoch annehmen, daß der Freude am Leiden der anderen eine geheime Sucht, sie hervorzulocken, innewohnt.

Es wäre jedoch oberflächlich, bei dieser Erklärung stehenzubleiben. In den uns mitgeteilten Fällen handelt es sich nicht um irgendein zugefügtes oder zugestoßenes Leiden, sondern um Strafen. Die Gezüchtigten hatten sich gegen die Autorität des Lehrers aufgelehnt. Wie wichtig dieses Motiv ist, zeigt das schadenfrohe Verhalten gegen die Schuldige, die sich unter Anlehnung an die Mutter der Strafe entziehen will. Die Bewunderung gilt somit augenscheinlich der *Auflehnung*. Wir können dies gut verstehen: Julius fühlte sich von der Mutter bedrückt. Man denke nur an den Traum vom Knaben, den eine Hexe in einen Backofen einsperrte (s. o.). Aus der Analyse ging hervor, daß die Hexe die Mutter, der arme Hänsel unser Julius ist. In dieser Anspielung liegen auch grausame Todeswünsche gegen die Mutter enthalten, denn die Hexe des Märchens wird verbrannt. Biologisch betrachtet, wäre es sogar wünschbar, daß der Knabe sich gegen die Zermalmung seiner Individualität durch die Autorität auflehnte. Ein Menschenkenner kann an der passiven Unterwerfung des Kindes keine Freude empfinden. Hier liegt einer der Fälle vor, in denen vorübergehende Ungezogenheit der absoluten Gefügigkeit vorzuziehen wäre, muß doch die letztere, wie uns noch gezeigt wird, unter Umständen mit heftigem Gemütsleiden bezahlt werden. Daß Julius aus redlichsten Motiven sein mutiges Vorhaben, die Autorität des geliebten Lehrers anzugreifen, preisgab, kam ihn teuer zu stehen. Die Erdrosselung seiner unveräußerlichen Lebens- und Freiheitsansprüche nahm ihren Fortgang. Freilich hätte es ja auch wenig geholfen, nur den wohlgesinnten Lehrer zu bekämpfen. Die eigentliche Emanzipation war gegenüber den Eltern durchzusetzen. Auch bestand die Gefahr, daß sich der Anarchismus festgesetzt hätte, so daß Julius ein Querkopf geworden wäre und sich dabei in andere Not getrieben hätte.

Der Pädagoge wird auch einen Wink über die Anwendung der *Strafe* empfangen haben. Schon früher wies ich darauf hin, daß die Strafe oft bewußt oder unbewußt gewünscht wird, so daß der Züchtigende auf die unverschämte Zumutung des Zöglings hereinfällt und unter Umständen gerade das Gegenteil des beabsichtigten pädagogischen Erfolges bewirkt.[3] Auch Julius wäre durch eine Strafe wahrscheinlich in der Unbotmäßigkeit bestärkt worden.

Es erheben sich nun einige wichtige psychologische Fragen. Eine von ihnen lautet: Woher stammt die Grausamkeit? Ist sie aus einem elementaren Triebe herzuleiten, der durch Verriegelung anderer, wertvoller Triebbahnen aufgebauscht worden wäre? Oder ist sie aus Trotz gegen die Vergewaltigung der Persönlichkeit genügend erklärt? Letzteres ist entschieden nicht der Fall; die Schaubegierde bei der Züchtigung z. B. ist nicht so einfach bewirkt. Wenn einmal gesagt wird, die vom Bruder erlittene

3 Vgl. mein Buch: »Die psychanalytische Methode«, S. 73. Leipzig–Berlin 1913.

Züchtigung habe den Berichterstatter bewegt, als hätte er vernommen, jener habe sich verliebt, und danach, die geplante selbsterlittene Bestrafung sei für ihn so bedeutsam gewesen, als wollte er sich verlieben, so gibt dies nicht an, was einst das Kind fühlte. Wichtig ist ja sicherlich, daß der Jüngling diese Gleichsetzung vollzieht, aber das kinderpsychologische Problem ist damit nicht gelöst. Es ist möglich, daß *erst jetzt* der Jüngling den damals wichtigsten Imperativ, die Auflehnung gegen die Tyrannis, die Durchsetzung des Eigenwillens gegen die äußere Schranke des autoritären Verbotes, mit dem gegenwärtig bedeutsamsten inneren Gebot, dem erotischen, auf eine Linie setzt. Jedenfalls wäre es verwegen, aus unserem ziemlich undurchsichtigen Material die Psychologie des Quältriebes aufhellen zu wollen.

Die Unterdrückung der freiheitlichen Regung befestigte die Abkehr von der Außenwelt und die Einwickelung in sich selbst. Die glänzenden Schulerfolge halfen Julius über viel Not hinweg. Aber auch die Stellung zum Lehrer, so günstig sie äußerlich war, litt unter gewissen Untergrundshemmungen, wie der folgende Vorfall zeigt:

»Unangenehm wurde mir auch der Abschied von jenem Lehrer durch ein rätselhaftes Versäumnis meinerseits. Man sammelte, wie üblich, für ein Geschenk. Dabei wurde ich einmal angefragt, ob ich auch etwas gebe, und sagte natürlich zu, unterließ es aber, zu Hause etwas davon verlauten zu lassen und vergaß die Geschichte, bis es zu spät war und das Geschenk schon gekauft war. Meine Eltern hätten natürlich sofort gewünscht, daß ich etwas daran gebe. Ich hätte ja natürlich auf andere Weise das Geschenk bereichern können, besaß aber durchaus nicht die Fähigkeit, schnell zu überlegen, was in solchen Fällen zu tun war und dem Gedanken die Tat folgen zu lassen. Ich dachte nachher öfters, was sich wohl der durch das Geschenk tiefgerührte Lehrer gedacht haben möge, als er das Verzeichnis der Spender las, das dem Geschenk beigelegt war. Mit ganz merkwürdigen Gefühlen hatte ich ihm auch zum Abschied die Hand gegeben. Die Geschichte war mir um so peinlicher, als jener Lehrer durch einige Beziehungen unserer Familie etwas näherstand und auch die drei besten Schüler, unter ihnen mich, weil wir schlecht sangen, zu sich eingeladen hatte, um uns ein Konzertchen zu geben und mit Nidelzeltli (Rahmbonbons) zu bewirten, und schließlich noch deswegen, weil jenes Geschenk die Mutter der Berta (s. u.) besorgt hatte, der es schäbig vorkommen mußte, daß kein Beitrag von mir, als einem der bestbemittelten Schüler der Klasse eingelaufen war.«

Den trefflichen Lehrer schmerzte das Erlebnis, an dem er unschuldig war, sicherlich. Allein wenn er ein guter Menschenkenner war, schloß er auf ein nicht geringes Leiden in seinem Zög-

ling. Daß er für Julius eine Verkörperung der gehaßten freiheitsfeindlichen Autorität war, lag ja in der Natur der Sache, nicht in der Person des Lehrers begründet.
Bis zum Beginn der Pubertätsentwicklung darf der Knabe, dem wir unser Interesse zuwandten, für gesund, vielleicht sogar für normal in der landläufigen Bedeutung des Wortes gelten, denn die vorübergehenden Angsterscheinungen spielten schließlich eine verschwindende Rolle. Die Klippe, an der jedoch innerlich gehemmte Kinder am ehesten Schiffbruch leiden, ist die Sexualität oder das Liebesleben. Auch bei Julius war es der Fall. Mit zehn Jahren verliebte er sich in die vorhin erwähnte Berta, die das hübscheste Gesicht in der Klasse hatte und allem Anschein nach ein vortreffliches Persönchen war. Der unglückliche Liebhaber wußte es aber so einzurichten, daß ihm aus dieser Gefühlsbeziehung vorwiegend Leid erwuchs. »Jenes Mädchen, dessen Leidwesen mir einst so eigenartig angenehm zu Herzen gegangen war und dessen Bestrafung mich mit Schadenfreude erfüllt hatte, war mir nun doch etwas lieb geworden, wenigstens so, daß es mir eine Zeitlang halbbewußt war. Als ich nun wieder einmal auf Schwätzer hatte aufpassen müssen und eine kleine Sünderliste abgegeben hatte, machte mich ein Kamerad darauf aufmerksam, daß Berta auch darauf stehen müsse, da sie geschwätzt habe. Ich hatte nichts davon gesehen, zögerte aber nicht, ihren Namen sogleich hinzuschreiben, vielleicht mehr, um meine Neigung nicht zu verraten, als um nicht ungerecht zu erscheinen. Das verhängnisvolle Papier wurde abgegeben, die Sündhaften erhielten einen kleinen Tadel, und die arme Unschuldige verließ unter Tränen den Schulsaal, denn, wie es sich herausstellte, hatte sie eine erlaubte Bemerkung gemacht, da sie einen Botengang besorgt hatte und erfahren sollte, bei welcher Aufgabe man stand. Die Sache lastete schwer auf meinem Gewissen.« Das Mädchen trug ihm aber nichts nach, ließ ihn vielmehr immer deutlicher ihre Neigung fühlen, die denn auch erwidert wurde, aber in seltsamer Verbrämung: »Den Höhepunkt erreichte mein Glück an einem Februartag. Die Schule war um 10 Uhr aus; ich kam in Begleitung meiner gleichaltrigen Nachbarin und ihrer Freundin Berta nach Hause. Die beiden wurden rätig, mir eine kleine Falle zu stellen. Ein Pfosten zum Aufhängen der Wäsche eignete sich zu Zielübungen. Traf ich nicht, so sollte ich mit ihnen springseilen. Ich ging in den Vertrag ein, traf richtig nicht, entzog mich aber meiner Pflicht, vielleicht weil sie mir zu süß war. So stieg ich denn in die Wohnung. Meine Mutter, zu Späßen gern aufgelegt, sah die beiden unten und fand, sie könnte Hilfe brauchen, die Mädchen könnten ihr Äpfel im Keller holen. Ich hörte das Gelächter der beiden Schelminnen im Gang, zog mich aber in meine Kammer, die ich verschloß, zurück. Ich gab der Mutter an, soeben an einer Stelle

meines Buches aus der Schulbibliothek zu sein, von der ich nicht weg käme. Während die Stimmen der beiden Mädchen mir in den Ohren tönten, las ich lediglich Buchstaben. Mein Rückzug vor dem Liebchen in die Kammer mochte sich das erstemal ganz gut ausnehmen und drollig erscheinen, für später lag etwas Unseliges darin.« Wirklich war Julius auch in den folgenden Jahren zu schüchtern, als daß er seiner Neigung Ausdruck gegeben hätte. Eine seiner höchsten Leistungen war, daß er Berta, als sie einmal Zahnweh hatte, in sein Gebet einschloß, ein Zeichen dafür, daß ein Quältrieb wirklich nur bei anarchistischen Handlungen einsetzte, gleichsam als Bestätigung der Korrektheit des selbstgeleisteten Gehorsams.

Er vermied die Unterredungen mit Berta, die in ihren Liebesgeständnissen durchaus nicht zimperlich war, ließ sie ihm doch sogar ein verliebtes Zettelchen durch eine Kameradin zustellen, als er etwa 14 Jahre zählte. Doch fühlte er sich glücklich. Besonders die Geschichte begeisterte ihn, zumal die großen Willensnaturen, in denen er das feierte, was ihm selbst fehlte. Dabei machte er aber nicht die geringste Anstrengung, mit seinen Idealen in der Wirklichkeit etwas anzufangen.

Mit Beginn der Pubertätsentwicklung nun wird die Sexualität in jene verkehrte Richtung abgedrängt, die allmählich den ganzen Menschen in die Tiefe zog, nicht weil er sich treiben ließ und zu wenig sittliche Kraft aufbot, sondern im Gegenteil, weil er den Kampf ungewöhnlich ernst nahm, allein den im Unbewußten verschanzten Feind nicht vor die Klinge ziehen konnte. Wer es mit seinem pädagogischen Gewissen vereinbaren kann, seine Zöglinge in ihren sexuellen Nöten untergehen zu lassen, wird wohl daran tun, die folgenden Geständnisse unseres jungen Klienten zu überspringen. Wer aber unglückliche, junge Leute da, wo es die pädagogische Pflicht erheischt, zu retten bereit ist, darf sich ihren sexuellen Defekten so wenig verschließen wie der Leibesarzt den ekelhaften Geschwüren und Sekreten. Ist es nicht eigentlich betrübend, daß man dies erst sagen muß? Und müssen wir Erzieher es nicht aufs tiefste beklagen, daß so viele junge Menschen schweren Schaden leiden, weil die berufenen Helfer den Schein erwecken, über solche Dinge dürfe man unter keinen Umständen sich aussprechen, und weil die Pädagogen auch vielfach die nötigen Kenntnisse nicht besitzen, welche die Beseitigung jener recht bedenklichen Störungen voraussetzt?

»Nun kam aber die fürchterliche Strafe. Ich hatte gelernt, in Gedanken zu suchen, was ich in Wirklichkeit nicht erreichte. In Gedanken kann man aber beliebig weit gehen. Erst gefiel mir mein Liebchen, wie es war und ging und ich es gesehen hatte, nur mußte es etwa wegen eines Küßchens erröten, dann erwischte ich es mit offenem Haar und ohne Schürzchen, ich half ihm Schuhe und Strümpfe ausziehen, es erschien hemdärmelig, huschte im Unterröckchen vorbei, im Hemdchen und streifte errötend auch dieses ab. Ich erwischte es im Bade, es zappelte in allen Ängsten. Das waren offenbar verbotene Gedankengänge, und in meinem Gewissen stand das Liebchen frierend da und klagte mich an. In den seltenen Fällen, wo ich später wieder einmal vor dem Liebchen stand, das ich weder umarmt noch geküßt, noch im Unterröckchen gesehen hatte, so war wohl das zitternde Ding in meinem Gewissen schuld, daß ich nichts fühlte, wenn ich ihm in die Augen schaute, und seinen warmen Händedruck erst fühlte, wenn es wieder fort war.«

Beim Auskleiden wurde Julius jetzt wohlig zumute. Er berichtet: »Ich verweilte nun manchmal länger beim An- und Auskleiden und ging so weit, daß ich mich etwa ohne jeden Grund auszog, weil es mir stille Freude gewährte. So lag ich einmal nach dem Bade unbekleidet auf dem Diwan und zögerte noch, mich anzuziehen. Es wurde mir wohler und wohler zumute, und auf einmal bange, und ein Ereignis geschah, worüber ich erschrecken mußte. Ich wußte nicht, ob ich nun krank würde, und war an jenem Tage sehr gedrückt.« Einer Schuld war er sich jedoch nicht bewußt. Einige Zeit badete er ohne Badekleid in einem See, aber schon nach einigen Schwimmzügen wiederholte sich die Pollution automatisch. Nun erhob sich das stärkste Schuldgefühl.

Von da an stellten sich alle drei Wochen, später ungefähr alle zehn Tage nächtliche Pollutionen ein, die der etwa 15jährige Knabe für eine schwere Krankheit hielt. »Meine Angst vor der vermeintlichen Geschlechtskrankheit war fürchterlich, und ich begann einen Riesenkampf zur Verhinderung jener Pollutionen, die ich als größten Kraftverlust fürchtete. Die Folgen blieben nicht aus: Mit schweren Gliedern, stumpfem Gefühl im Kopfe, Überempfindlichkeit gegen Liebe, auch etwas Schmerz im Magen, Stechen in der Kreuzgegend, veränderter Blutzirkulation stand ich auf und wußte alle diese Symptome nur zu gut im Sinne einer ausbrechenden Geschlechtskrankheit zu deuten.«

Und nun beginnt die Periode der inneren Verwicklungen, die in etwa zehnjährigem, heroisch geführtem Kampfe schließlich zu unerträglichen Leiden und darum zur offenen Aussprache führten. Als es dem Jüngling endlich gelungen war, die sexuellen Versuchungen, die *nie* anders als in Gestalt von Schaulust auftraten, vollständig zu verdrängen, war auch das Gefühlsleben vollständig erstickt und das Leben ganz und gar verödet. Bemerkenswert ist, daß die Schaubegierde sich vom weiblichen Geschlecht ablöste und auf Kameraden mit feinen, mädchenhaften Gesichtszügen übertrug, doch kam es nie zu einem Versuch, derartige Wünsche zu verwirklichen, außer dem, beim Baden die Blicke in sexueller Absicht schweifen zu lassen. Julius blieb in ethischer Hinsicht im übrigen vollkommen Sieger, aber er verlor auf dem Schlachtfeld das Herzblut lebendiger Gefühle. Er versank in derartigem Formalismus, daß er sich wie ein lebendig Begrabener vorkam. Hören wir ihn selbst:

»Während und nach dem Konfirmationsunterricht hatte ich noch recht religiös begeisterte Stimmungen — der Hauptstrom meiner religiösen Neigung war damals ein unerbittliches Streben nach Vollendung und Erneuerung, eine furchtbare Kampfesstimmung, die ans Wahnhafte grenzte —, dann nahmen sie rasch ab. Einzig zur Philosophie und später mehr und mehr zur Psychologie hatte ich recht starke Neigung. Dazu hatte ich lange Zeit ein naturwissenschaftliches Stadium und begeisterte mich an der Erhabenheit astronomischer Wunder. Ein gewisses Verhängnis trieb mich in einen Intellektualismus hinein. Im Grunde lag in der immer wieder versuchten Flucht ins Geistige etwas Richtiges, aber ich beging den Grundfehler, daß ich in einem Sprung ins Geistige hineinkommen wollte, während nur ein Weg möglich war: vorerst wieder Rückkehr zur erlaubten Sinnlichkeit. Es drückte mich allmählich eine ungeheure Last von angefangenen Dingen aller Art, halbgelesenen Büchern, unvollendeten Arbeiten usf. Das Pathologische meines Zustandes kam mir nach und nach zum Bewußtsein: Ich sah mich überall aufs Formale und Intellektuelle hingedrängt. Was erfaßte ich denn bei meiner Lektüre? Grauenhafte Entdeckung! Sprachbilder. Wendungen des Ausdrucks, Worte, Klänge, aber den eigentlichen Inhalt an Stimmungen und Strebungen, an Bildern und Vorstellungen, den tiefen, wertvollen Inhalt erreichte ich nur mühsam. Es mußten grauenhafte Zerrbilder sein, die ich bei der Lektüre erhielt, denn es fiel alles nach allen Seiten auseinander. Es war zum Teil alte Leidenschaft für Sprachformen, zum Teil aber auch eine Art Zwangsmechanismus. Also nicht nur sonst verfolgten mich auf Schritt und Tritt Zwangsmechanismen, sondern auch, wenn ich mich tief in ein Studium versenkt zu haben glaubte, verfolgten mich diese Furien. Ich war in der Tat eine geistige Leiche. Wo waren Nächstenliebe, gerechter Zorn, Mitleid? Ich hatte sie in den Kot geworfen samt der Liebe, die ich mir nicht mehr erlaubte. Ich war ja noch freundlich, ich tat niemand ein Leid an, aber ich liebte nicht und haßte nicht.«

Wir finden mühelos in den Leitlinien dieser Entwicklung die direkte Fortsetzung derjenigen, die sich in den ersten Lebensjahren gebildet und festgesetzt hatten. Die Absperrung von der Wirklichkeit rückt vor. Die Phantasiewelt soll die Wirklichkeit ersetzen. Julius liebt, aber sobald die Liebe verwirklicht werden soll, verkriecht sie sich. Dadurch an der Weiterentwicklung verhindert, muß die Sexualität nach dem bekannten Gesetz der Re-

4 Vgl. mein Buch »Die psychanalytische Methode«, S. 193—206.

gression[4] in die Vergangenheit zurückfallen und infantile Betätigungen wieder aufleben lassen. Wir erinnern uns an die Darstellung der entblößten Obsthändlerin und an die Entblößung durch das Dienstmädchen. Offenbar stimmt mit jenen Szenen die ganze spätere willkürliche Sexualbetätigung überein. Die übertriebene Schamhaftigkeit im Schulbad ist eine deutliche Reaktionswirkung, wie ja Prüderie bekanntlich immer einen unreinen Hintergrund hat. Die verhängnisvollen Erlebnisse nach und in dem Bade können als vergröberte Neuauflage jener narzißtischen Betrachtung in der dramatischen Darstellung der Orientalin aufgefaßt werden, die unerlaubten Phantasien, die sich der Freundin bemächtigten, repräsentieren die lustbetonte Versenkung in das nämliche Bild. Kleine Ursachen, große Wirkungen! Jedenfalls tritt die ganze psychische Sexualleistung unter die Herrschaft jener Kinderszenen.

Dazu trug bei, daß die Sexualregungen, die sich bei gesunder und pädagogisch vorbildlicher Entfaltung mit ästhetischen und ethischen Erfahrungen zu einem Ganzen verbinden und dabei eine wertvolle Läuterung erfahren, so daß das Sexuelle hinter den hohen Gemütserlebnissen mehr oder weniger zurücktritt, durch die Flucht vor dem weiblichen Geschlecht isoliert wurden. Daher mußten sie, soweit sie einmal verwirklicht worden waren, aufgebauscht werden. Nie hätte sich der gewissenhafte Knabe und Jüngling eine Phantasie herausgenommen, die den Wünschen einer normalen Sinnlichkeit entsprochen hätte, so wenig er sich jemals masturbatorisch an seinem Körper vergriff. Desto krasser wuchsen sich, wie wir konstatieren mußten, die infantilen Phantasien aus.

Auch das zweite Hauptsymptom (die Menge der körperlichen Stigmata lasse ich als unwichtig beiseite), die Verödung des Gemütslebens und Auslieferung des Intellektes an öden Formalismus entlarven wir unschwer als Abkömmling kindlicher Leistungen. Das Rubrizieren und Systematisieren war einst eine Ablenkung von der Realität, sofern sie an das Gefühl Ansprüche erheben könnte. Es war ein Surrogat für das Wirklichkeitsgefühl, eine Überleitung des Gefühles von der Realität auf das eigene Tun, vom Objekt auf das Subjekt, nach *Bleulers* trefflichem Ausdruck ein Autismus[5]. Die Intellektualisierung gelang nur zu gut. Alles Gefühl strömte in diese Kanäle, und für das Gemüt blieb nichts übrig. War es daher nicht eine wertvolle Reaktion auf dieses gewagte Vogel-Strauß-Spielen, daß der sterile Formalismus selbst zur Qual werden mußte? Indem der innerlich bedrängte Denker der Realität das Gefühl entzog, entzog sie sich ihm in ihren wichtigsten Verhältnissen; indem der bedauernswerte Jüngling seiner eigenen Gefühlsrealität oder

5 Die psychanalytische Methode, S. 259 ff.

Natur Gewalt antat, verscherzte er die ganze Natur, auch ihre wertvollsten Güter. Eine Einzelheit möge hier noch erwähnt werden: Julius war mit etwa 16—18 Jahren Vegetarier, sehr gegen den Wunsch seiner Eltern. Man findet dieses Symptom ziemlich häufig bei Individuen, die ihre Sexualität verdrängen, d. h. als peinlich aus ihrem Gedankenkreis werfen, statt sie zu beherrschen, also bewußt der sittlichen Forderung untertan zu machen.[6] Der gute Bursche meinte damit natürlich die »Fleischesnatur« und wollte den »Sünden des Fleisches« ausweichen. Was für Werte er sich durch die falsche Direktion seiner Lebensenergie raubte, ahnte er freilich nicht.

Wir hielten uns bisher nur an die Aufzeichnungen, die uns vor der heilpädagogischen Behandlung eingehändigt wurden.

Die nachfolgende direkte Analyse bestätigte nur die Deutungen, zu denen wir uns durch die Untersuchungen des uns eingereichten Tagebuches veranlaßt sahen.

In heilpädagogischer Hinsicht gehört unser Fall zu den schwierigeren. Schon nach wenig Traumanalysen war allerdings der Druck auf dem Kopfe, den er nach einem eigenen Ausdruck gleichzeitig erzeugen und abwehren mußte, um überhaupt denken zu können, und der ihm neun Zehntel seiner Kraft raubte, verschwunden. Der Schlaf, der bisher entweder *aktiv* herbeigeführt war, dann aber statt behaglicher Entspannung lästigen Kopfdruck brachte, oder *passiv*, wobei sofort Zuckungen in den Beinen und anderen Automatismen aufwachten, aber doch Lustgefühle vorherrschten, wurde besser. Die Aufmerksamkeit konnte schärfer konzentriert werden, das Gefühlsleben reagierte normal, die Kluft zwischen lieben wollen und lieben können wich, die altruistischen und religiösen Gefühle feierten ihren Einzug und erzeugten jenen Lebensfrühling, dessen Beobachtung zu den schönsten Erlebnissen des Pädanalytikers gehört. Allein selbst nach Monaten waren noch Hemmungen vorhanden. Erst nach etwa acht Monaten fühlte sich der Jüngling lebensfroh und arbeitsfähig. Der Fall ist noch nicht ganz erledigt.[7]

War es nicht bedauerlich, daß Julius sich so viele Jahre mit seinen Leiden herumschlug, anstatt sich einem kundigen Erzieher oder Arzt zu erschließen? In seinen Arbeiten wurde er schwer gehemmt, in seinen sozialethischen Leistungen beeinträchtigt, in seinem Recht auf Lebensglanz verkürzt. Man darf freilich nicht übersehen, daß auch der so heroisch geführte Kampf um die sittliche Reinheit seinen Segen eintrug, denn sicher wäre der Knabe hoher ethischer Werte beraubt worden, wenn er sich von seinen unsauberen Phantasien hätte treiben lassen. Freilich

6 Die psychanalytische Methode, S. 354.

7 Die Analyse wurde zu Ende geführt und endete wenige Wochen später mit vollkommener Heilung. Seither ist Julius ein glücklicher, sehr leistungsfähiger Mann.

hätte mit demselben Kraftaufwand ein viel erfreulicheres ethisches Ergebnis eintreten müssen, wenn die unbewußten Bindungen gefehlt hätten. So aber vermehrten die mit 15–18 Jahren getriebenen asketischen Übungen im Sinne des Franklinschen Tagebuches und *F. W. Försters* nur die Not und beschleunigten sozusagen die Verkrüppelung. Statt solcher egozentrischen Bemühungen hätten Übungen im Sinne der Nächstenliebe eher in Frage kommen können; sie hätten wenigstens die Konzentration auf das Ich nicht noch verstärkt, wie es jene Askese tat. Allein wo einmal die Verdrängung zu weit vorgerückt ist, versagen auch solche Mittel. Da muß die analytische Seelenorthopädie eintreten, die viel sicherer, gründlicher und leichter als das oft so peinliche suggestive Drängen vom Abweg auf die zweckmäßige Bahn zurückführt.
Möchten doch alle Erzieher endlich einmal einsehen, wie unweise und unverantwortlich sie handeln, wenn sie ihren Zöglingen zurufen: »Ein junger Mensch sollte mit seinen Konflikten allein fertig werden!« Er »sollte« auch ohne den Leibesarzt auskommen! Beinahe ein Jahrzehnt rang Julius mit seinen inneren Nöten, bis er die unnötige Pein nicht mehr aushielt und sich vom Untergang bedroht sah. So wenig man vor Zuziehung des Mediziners im allgemeinen warnen soll, obwohl Weichlinge ihn unnötig und darum verwerflicherweise rufen, so wenig soll man die Beanspruchung des seelsorgerlichen Erziehers als fatal hinstellen. Es handelt sich ja um Individuen, die sonst schon sich überaus ungern aufschließen. Deshalb sollte man eher Mut zusprechen als ihre Qual vermehren, und nicht außer acht lassen, daß gerade solche Erlösungsbedürftige häufig zu den wertvollsten Menschen gehören.
Es gelüstet mich, aus unseren Beobachtungen, die wir Julius verdanken, einige *wissenschaftspsychologische* Folgerungen abzuleiten. Es ist für den Psychoanalytiker keine Frage, daß diese neue Disziplin einmal kommen muß und hochwichtige Ergebnisse zeitigen wird, wenn erst einmal die Seelenkunde über die in Ewigkeit unergründlichen Elemente hinausgelangt sein und aufgehört haben wird, diejenigen mit Steinen zu bewerfen, die sich an die konkreten höheren psychischen Funktionen hinanwagen. Ich möchte zeigen, wie nicht nur bei Julius, sondern überall in der Weltgeschichte Triebverdrängung die Wissenschaft beeinflußt bis hinauf in die Metaphysik. Ich würde gern ausführen, wie der des elementaren Trieblebens beraubte Mikrokosmus, das der Gefühlsverdrängung ausgesetzte Ich, den Makrokosmus, die Welt, ihres Reichtums beraubt. Ich hätte darzustellen, wie die Ausschaltung der Elementartriebe und Gemütswerte zu einem Intellektualismus führt, welcher der Naturerkenntnis und Naturbeherrschung wenig nützt, da er sich in Formalismus und wirklichkeitsfeindlicher Abstraktion erschöpft.

Ich könnte zeigen, wie die weltnegierende Philosophie des Brahmanismus eine notwendige Folge jener Triebverdrängung ist, die auch zur Askese treibt, wie die mittelalterliche Scholastik mit ihrer wertlosen Begriffsakrobatik die notwendige Folge des mittelalterlichen Lebensideals ist, das am deutlichsten in den Mönchsgelübden des Zölibats, des Gehorsams und der Armut ausgedrückt ist. Ich müßte die Parallele zwischen Julius und einem Plato, Jakob Böhme, Spinoza, Kant, Fichte und anderen im Zeichen der Verdrängung stehenden Denkern ziehen. Doch da müßte ich viel Material aus anderen psychanalytischen Beobachtungen herbeiziehen und würde den hier aufgestellten Rahmen überschreiten.

Zum Schlusse weise ich noch auf die Bedeutung hin, die bei Julius das *Spiel* besaß: Es bahnte schon sehr früh die verhängnisvolle Entwicklungsrichtung an, die später ins Elend trieb. *Carr* wies darauf hin, daß das Spiel die künftige Lebensaufgabe vorwegnehme und im Kind vorhandene unverbrauchte Kraft betätige. Vortrefflich! Mir scheint jedoch, daß der Erzieher nicht nur auf die prophetisch wertvollen, sondern auch auf die bedenklichen Züge des Kinderspieles achten lernen sollte.[8] Bei der Betonung des Teleologischen (Zweckmäßigen), das auch den schlimmsten Verkrüppelungen irgendwo zukommt, läuft man Gefahr, den Kampf gegen die Gefahr zu wenig energisch zu führen, wie man bei jener psychoanalytischen Behandlung, die in allen neurotischen Gebilden und sonstigen Manifestationen stets den wertvollen, geheimen Sinn aufsucht, der fatalen Versuchung ausgesetzt ist, das Schädliche zu wenig entschieden abzustoßen, indem man es für im Grunde zweckmäßig ansieht. Ein guter Pädagoge wird daher die Frage nach dem Ursprung der gewählten und erfundenen Spiele sehr ernst nehmen und, sofern sie nicht offenkundigen Sachschaden anstiften, in sie erst eingreifen, wenn ihm ihre Motivierung deutlich geworden ist. Man hüte sich, einseitig nur nach den Begabungen zu fragen, die im Spiele zum Ausdruck kommen, man deute vielmehr die wertvolle Symbolsprache, die einen Zugang in die unbewußten Distrikte der Kinderpsyche führt, so versteht man auch das bewußte Kinderleben fortan besser.

8 Vgl. auch: »Die psychanalytische Methode«, S. 138, 172, 248.

2. *Anna Freud*: Die Rolle der körperlichen Krankheit im Seelenleben des Kindes

I. EINLEITUNG

Wir möchten wissen, welchen Einfluß die zahlreichen und unvermeidlichen körperlichen Erkrankungen des Kindesalters auf die seelische Entwicklung des Kindes haben, finden uns aber bei der Bewertung ihrer Rolle durch die Begrenztheit und Einseitigkeit des vorhandenen Beobachtungsmaterials gehindert. In unseren Zeiten ist die Spezialisierung in der Berufsarbeit mit Kindern eine weitgehende. Pflegen, Erziehen, Lehren, Heilpädagogik, Kinderanalyse und Kinderheilkunde sind voneinander abgetrennte Arbeitsgebiete. Wer auf dem einen Gebiet arbeitet, hat wenig oder keine Gelegenheit, auch nur als Beobachter in eines der andern Gebiete Einblick zu gewinnen.

Kindergärtnerinnen, Lehrer und Kinderanalytiker sehen die ihnen anvertrauten Kinder nicht, sobald sie krank werden; Kinderärzte und Pflegerinnen verlieren den Kontakt mit ihren jungen Patienten, sobald sie gesund werden. Schließlich sind es nur die Mütter, die ihre Kinder in allen Stadien sehen, als Gesunde, Kranke und Rekonvaleszenten, in normalen und abnormen körperlichen und seelischen Zuständen. Aber die Mütter kranker Kinder sind keine objektiven Beobachter. In Zeiten schwerer Erkrankung ist ihr Blick durch die Angst um Leben und Gesundheit des Kindes getrübt; und auch in Zeiten leichterer Krankheiten ist ihre Aufmerksamkeit unvermeidlich auf die Notwendigkeiten der körperlichen Pflege konzentriert.

Eine Anzahl analytischer Autoren hat in den letzten Jahren den Versuch unternommen, die Wirkung von Spitalaufenthalten auf Kleinkinder zu studieren. Wir verdanken unter anderen R. Spitz aus New York, Dr. John Bowlby und Mr. James Robertson in London aufschlußreiche Untersuchungen und Dokumentarfilme dieser Art, die aber nicht auf die Wirkung der Krankheit selbst, sondern vor allem auf die durch die Krankheit bedingte Trennung des Kleinkindes von der Mutter gerichtet sind. Die Reaktion des Kindes auf Krankheit, körperliche Eingriffe und körperlichen Schmerz steht bei diesen Untersuchungen an zweiter Stelle.

Unser Material ist etwas reichhaltiger, wo es sich auf die seelischen Nachwirkungen körperlicher Krankheiten bezieht. Eltern, die in einer Konsultation die neurotischen Störungen ihrer Kinder beschreiben, datieren oft den Beginn der Schwierigkeiten von dem Ausbruch einer körperlichen Krankheit an, von der an das Kind in seinem Wesen verändert schien. In manchen Fällen treten ferner Stimmungsschwankungen, Veränderungen in den

Beziehungen zu Eltern und Geschwistern, Verlust des Selbstvertrauens, Wutausbrüche, zum erstenmal in der Rekonvaleszens nach schwerer Krankheit auf. Bettnässen, Kotschmieren, Eß- und Schlafstörungen, Schulängste und viele früher aufgetretene und längst überwundene Symptome tauchen unter solchen Umständen von neuem auf. Kinder, deren Intelligenz vorher glänzend funktioniert hatte, zeigen sich nach Krankheiten in der Schule oft gelangweilt und apathisch; andere Kinder wieder erscheinen nach denselben Erfahrungen in merkwürdiger Weise gereift und entwickelt. Wie die oben zitierten Autoren beschreiben, können solche Veränderungen als Folge eines Spitalaufenthaltes mit Trennung von den Eltern vorkommen; sie ereignen sich aber auch, wo das Spital keine Rolle spielt und Kinder ihre Krankheiten im Elternhaus unter Obhut und Pflege der Mutter durchmachen. In der Rolle der körperlichen Erkrankung für das Seelenleben des Kindes ist der Spitalaufenthalt nur ein einzelner Faktor in einer Mehrzahl von traumatisch wirkenden, die Entwicklung störenden und schädigenden Einflüssen.

II. DIE AUSWIRKUNGEN DER KRANKENPFLEGE, DER ÄRZTLICHEN MASSNAHMEN UND CHIRURGISCHREN EINGRIFFE

Ehe wir die potentielle traumatische Wirkung der Krankheiten selbst richtig bewerten können, müssen wir uns durch das Verständnis einer ganzen Reihe von Faktoren durcharbeiten, die zwar nur Nebenwirkungen der Krankheitssituation, für das Kind aber unlösbar mit ihr verbunden sind. Für das Kind gibt es keine Unterscheidung zwischen den von der Erkrankung selbst verursachten Leiden und den Leiden, die ihm von der Umwelt auferlegt werden, um die Krankheit zu heilen. Verständnislos, hilflos und passiv muß es beide Arten von Erfahrungen über sich ergehen lassen. Nicht selten sind die Leiden der zweiten Art diejenigen, die die größere affektive Bedeutung für spätere Nachwirkungen oder für die psychische Schädigung des Kindes in der Krankheitsperiode haben.

a) Veränderungen der affektiven Atmosphäre während der Krankheit

Die meisten Eltern benehmen sich dem kranken Kinde gegenüber anders als dem gesunden Kinde gegenüber. Eltern mit asketischen Tendenzen haben Angst davor, das Kind in Krankheitszeiten zu verwöhnen; ihre Methode ist es, das Kind sich so viel als möglich selbst zu überlassen, keine »Geschichten« zu machen und die Herstellung seiner gesunden Natur und den spontanen Heilungsprozessen zu überlassen. Die Mehrzahl der Eltern verfällt ins andere Extrem. Viele Kinder fühlen sich nie so von Liebe umgeben wie in Krankheitszeiten; Kinder aus kinderreichen Familien erreichen auf Grund einer ansteckenden Krankheit mit Isolierung von den Geschwistern das sonst unerreichbare Ziel ihrer Wünsche: den ungeteilten und unumstrittenen Alleinbesitz der pflegenden Mutter. Manche Mütter schieben in der Besorgnis um das Kind alle Erziehungsforderungen für die Zeit der Krankheit beiseite zugunsten einer ihnen sonst fremden Nachgiebigkeit. Andere vergessen auf Grund derselben Angst die elementarsten Grundregeln psychologisch richtigen Umgehens mit dem Kind, die ihnen sonst geläufig sind: Schocks durch Zwangsfütterung und Klistiere, plötzliche Trennungen (für Spitalaufenthalt), Lügen und Täuschungen gelten ihnen für nichts, solange sie nur die Genesung des Kindes gewährleisten. Das Kind seinerseits reagiert traumatisch auf diese ihm unverständlichen Veränderungen im Benehmen der Mutter, findet sich in dem Umsturz der sonst geltenden affektiven und moralischen Werte nicht mehr zurecht oder kann nach der Genesung auf den ihm während der Krankheit gewährten Lustgewinn nicht mehr verzichten.

b) Die Wirkung der Krankenpflege

Wir verstehen die Reaktion der Kinder auf die Situation der Krankenpflege am besten im Vergleich mit den häufigen und besser beschriebenen Reaktionen Erwachsener in der gleichen Lage.

Ein affektiv gesunder, körperlich schwerkranker Erwachsener kann nicht umhin, sich unter den Bedingungen der Krankenpflege in seiner menschlichen Würde bedroht zu fühlen. Man mutet ihm zu, auf jedes Bestimmungsrecht über den eigenen Körper zu verzichten und passiv mit sich geschehen zu lassen, was andere für gut halten. Man zieht ihn an und aus, füttert und wäscht ihn, hilft ihm beim Urinieren und Defäzieren, dreht ihn von einer Seite auf die andere, entblößt ihn vor der Krankenschwester und dem Arzt, ohne Ansehen des Geschlechts, des Schamgefühls und der Konventionen. Die hygienische Routine, der er unterworfen ist, nimmt keinerlei Rücksicht auf seine persönlichen Gewohnheiten, Abneigungen und Wünsche. Charakteristischerweise beschreiben viele Erwachsene solche Erfahrungen als »Rückkehr zur Hilflosigkeit ihrer Kindheit«.

Aus diesem Vergleich der Krankenpflege mit der Kinderpflege dürfen wir nur nicht den Schluß ziehen, daß es leichter für das kranke Kind als für den kranken Erwachsenen ist, sich mit der Lage des Pfleglings abzufinden; eher ist das Gegenteil der Fall. Die schrittweise Beherrschung der eigenen Körperfunktionen, das heißt, die Selbständigkeit im Essen, Urinieren, Defäzieren, Waschen, Anziehen usw. sind für das Kind wichtigste Stationen auf dem Weg der Ich-Entwicklung; die wachsende Besitznahme des eigenen Körpers ist gleichzeitig der Maßstab für seine wachsende Unabhängigkeit vom mütterlichen Körper und der mütterlichen Oberherrschaft. Jeder Rückschritt auf diesem Wege zugunsten der Krankenpflege (oder auf Grund der Schwächung des Körpers) bedeutet darum einen gleich großen Verlust an Ichfunktion, das heißt, eine Regression zu früheren, passiveren Niveaus der kindlichen Entwicklung. Kinder, die ihre Passivität mit besonderer Stärke abwehren, widersetzen sich einer solchen, von außen erzwungenen Regression aufs heftigste und sind schlechte, schwierige Patienten; andere fallen widerstandslos in den Zustand infantiler Hilflosigkeit zurück, der ihnen noch vor kurzer Zeit der natürliche war. Neu erworbene und noch nicht fest verankerte Ich-Fähigkeiten gehen unter diesen Umständen als erste verloren. Viele Mütter berichten, daß ihre Kleinkinder nach der Krankheit von neuem zur Sauberkeit und zum selbständigen Essen erzogen werden mußten; viele Kleinkinder weigern sich nach der Krankheit, die Mutter überhaupt von sich zu lassen.

c) Einschränkungen der Bewegungsfreiheit, Diät usw.

Noch schwerer als das Aufgeben der oben geschilderten Ich-Fortschritte ist für die meisten kranken Kinder das Aufgeben oder die Einschränkung der Bewegungsfreiheit. Wo die Art oder Schwere der Krankheit selbst es nicht unmöglich macht, verteidigen Kinder ihr Recht auf Bewegung bis aufs äußerste. Jede Mutter weiß, daß Kinder bei leichteren Erkrankungen zu Hause kaum im Bett gehalten werden können. Manche Kleinkinder, die das Gehen eben erst gelernt haben, stehen in ihren Gitterbetten (selbst bei schwereren Kinderkrankheiten, wie zum Beispiel Masern), bis Erschöpfung sie zum Niederlegen zwingt. Manche fortschrittliche Kinderärzte, die den Sachverhalt kennen, verzichten unter diesen Umständen sogar darauf, auf Bettruhe zu dringen.

Was die Bewegungsfreiheit für das Kind bedeutet, läßt sich am besten an den Fällen studieren, in denen Kinder nach einem chirurgischen Eingriff oder zur orthopädischen Behandlung immobilisiert werden müssen. Die Folgen solcher Bewegungsbeschränkung sind von einer Anzahl analytischer Autoren beschrieben und diskutiert worden. So verweist David Levy (8,9) auf den Einfluß der Bewegungsbeschränkung der Glieder auf anderswo im Körper auftauchende stereotype oder Tic-artige Bewegungen; Mahler, Luke, Daltroff (11) beschreiben die Unterschiede zwischen mechanisch oder psychisch erzwungener Bewegungseinschränkung; Greenacre (4) diskutiert die Bedeutung der Bewegungseinschränkung für die Herabsetzung der Aggressionsentladung, der Spannungsentladung überhaupt und der sich daraus ergebenden Übererotisierung des ganzen Körpers.

Thesi Bergmann (1) beschreibt auf Grund dreijähriger Arbeit auf einer orthopädischen Abteilung die Abwehrmechanismen, die das kranke Kind instand setzen, die ihm auferlegten Einschränkungen zu ertragen. Sie schildert, daß manche Kinder um so gefügiger werden, je schärfer die einschränkenden Maßnahmen sind, beschreibt aber auch ihre Zorn- und Wutausbrüche, die auftreten, wenn die Einschränkungen wieder erleichtert (nicht aufgehoben) werden oder wenn dem Kind zusätzliche, unerwartete, mit den ärztlichen Vorschriften nicht in Zusammenhang stehende Versagungen zugemutet werden. Dieselbe Autorin betont eine zweifache Beziehung zwischen den stillgelegten Gliedern und anderen Körperteilen oder Funktionen: In manchen Fällen dehnt sich die Stillegung eines Gliedes als neurotische Hemmung auf andere, gesunde Teile des Körpers aus; in anderen kompensiert das Kind für den Verlust der Bewegungsfreiheit am kranken Glied mit einer Überentwicklung von Fähigkeiten und Funktionen auf anderen Gebieten (zum Beispiel Sprache). Sara Dubo (2) beschreibt ähnliche Vorkommnisse bei Kindern mit Lungentuberkulose.

Viele, nicht schriftlich niedergelegte Beobachtungen von Eltern und Lehrern bestätigen die letztgenannten Erfahrungen. Die Verstärkung der aggressiven Neigungen während und nach Immobilisierung (zum Beispiel im Gipsverband) ist allgemein bekannt. Die eingedämmte Aggression äußert sich gewöhnlich in Ruhelosigkeit, gesteigerter Reizbarkeit, dem Gebrauch von Schimpfworten usw.[9]

Verglichen mit dieser massiven Sperrung eines ganzen Abfuhrsystems sind die Esseneinschränkungen, die man Kindern während der Krankheit auferlegt, weniger bedeutsam. In der akuten Krankheit hilft der normalerweise herabgesetzte Appetit dem Kind, die Krankenkost zu akzeptieren. Nur Kinder mit starken oralen Fixierungen, für die die Nahrung oder ihre Entbehrung erhöhte libidinöse Bedeutung haben, reagieren auf die Diät mit Phantasien von schlechter Behandlung und Liebesentzug. In chronischen Krankheiten (wie Diabetes, Nierenstörungen, Kolitis, Allergien) mit chronischer Diät besteht die Gefahr, daß die betroffenen Kinder mit Gefühlen des Anders-, Ausgestoßen-, Vernachlässigtseins reagieren oder — um sich nicht passiv beraubt zu fühlen — asketische, selbstverleugnende Tendenzen entwickeln.

Im großen ganzen schadet die Versagung einer begehrten Speise dem kranken Kinde wesentlich weniger, als wenn eine ängstliche Mutter ihm unwillkommene Nahrung aufdrängt. Mütter,

9 Die Autorin kennt aus analytischer Erfahrung eine junge Patientin, die als Kind zu orthopädischen Zwecken durch lange Perioden immobilisiert war. Sie pflegte von ihrem Taschengeld ihre Freundinnen für jedes neue Schimpfwort zu bezahlen, das sie ihr aus der Schule nach Hause brachten. Der Gebrauch von Kraftausdrücken war das *einzige* Ventil für ihre aufgestaute Aggression.

die ihr krankes Kind zum Essen zwingen, verwandeln oft eine sonst leichte, vorübergehende Krankheit in den Ausgangspunkt schwerer, langanhaltender Eßstörungen. Sie rufen auf diese Art Kämpfe wieder ins Leben, die ihren Ursprung in der Säuglingszeit, der Abstillperiode usw. haben.
Manchen Kindern bereitet das Einnehmen von Medizinen große Schwierigkeiten, was sie mit dem schlechten Geschmack oder Geruch der Arznei zu rationalisieren pflegen. Eine analytische Untersuchung deckt hinter diesen manifesten Gründen unweigerlich das Vorhandensein unbewußter Phantasien auf, in denen das Kind sich von der Mutter attackiert, vergiftet oder befruchtet glaubt. Das Einnehmen von Abführmitteln, die ohne Zutun des Kindes den Stuhlgang erzwingen, bildet vielleicht das Bindeglied zwischen der Realität und diesen unbewußten Ängsten.
In bezug auf Bewegungseinschränkung und Essensentzug ist es nicht unwichtig, sich zu erinnern, daß beide Arten von Maßnahmen seit jeher auch als Erziehungsmittel im Gebrauch waren. Eltern schicken noch heute ihre Kinder strafweise auf ihr Zimmer oder ins Bett oder entziehen ihnen ihre Lieblingsspeisen. In manchen Kreisen wird sogar das zwangsweise Verabfolgen von Abführmitteln verwendet.

d) Operationen

Seit der Entdeckung des Kastrationskomplexes haben Analytiker immer wieder Gelegenheit gehabt, sich zu überzeugen, welchen Einfluß ein chirurgischer Eingriff auf die normale oder abnorme Entwicklung haben kann. Wir wissen heute, daß jede, wo immer am Körper des Kindes ausgeführte Operation als Kernpunkt für die Aktivierung, Reaktivierung und Rationalisierung von Vergewaltigungs- und Kastrationsphantasien dienen kann. Ob es sich um kleine oder große Chirurgie handelt, das Kind deutet die Aktion des Chirurgen im Sinne seiner aktuellen oder regressiv erniedrigten Triebkonstellation. Was die Operation für das Kind bedeutet, hängt darum nicht von ihrer Art oder Schwere ab, sondern von der Art und dem Niveau der Phantasien, die durch sie geweckt werden. Kinder, die ihre eigene frühinfantile Aggression auf die Mutter projizieren, empfinden die Operation als Racheakt, von der Mutter am Kind verübt (Melanie Klein); Kinder in der ödipalen Phase erleben die Operation als Symbol dessen, was sich ihrer Vorstellung nach im Geschlechtsakt zwischen den Eltern abspielt, wobei das Kind selbst in der Phantasie die Rolle des passiven Partners spielt. Kinder unter dem Druck des Kastrationskomplexes empfinden die Operation als Verstümmelung, als Strafe für aggressive Tendenzen, für exhibitionistische Wünsche, für ödipale Eifersucht und onanistische Betätigung. Wird die Operation am

Penis selbst ausgeführt (Beschneidungen nach dem ersten Lebensjahr), dann entsteht im Kind unweigerlich Kastrationsangst, auf welcher Stufe der Libidoentwicklung es sich auch befinden mag. Auf der phallischen Entwicklungsstufe andererseits kann jeder operierte Körperteil durch Verschiebung die Rolle des Geschlechtsteils übernehmen. Das Erlebnis der Operation verleiht den verdrängten Phantasien einen Aspekt von Wirklichkeit und steigert dadurch die mit ihnen verknüpften Ängste um das Vielfache. Das Kind steht jetzt unter dem Druck von zwei Gefahren: einer Realgefahr, die vom Chirurgen, und einer inneren Gefahr, die von der Steigerung der phantastischen Ängste ausgeht. Manche Kinder bewältigen diese Situation mit Hilfe ihrer Ich-Mechanismen; andere steigern unter dem Druck der Ängste ihre Abwehrmethoden bis zur Bildung neurotischer Symptome; noch andere, Ich-schwächere, reagieren mit panikartigen Zuständen auf das erlebte Trauma.

In einem vor kurzem erschienenen Symposium über ›Die affektiven Reaktionen von Kindern auf Mandel- und Wucherungsoperationen‹ diskutierten Analytiker, Psychiater, Kinderärzte und Psychologen Verhütungsmaßnahmen, um die traumatische Wirkung der Operation für das Kind herabzusetzen. Sie unterscheiden drei hauptsächliche Gefahrenmomente: die Anästhesie, die Spitalunterbringung, den chirurgischen Eingriff. Unter den vorgeschlagenen Maßnahmen spielen folgende die größte Rolle: Auswahl des richtigen Zeitpunktes für die Operation; sorgfältige psychische Vorbereitung[10]; psychiatrische Hilfe während des Erlebnisses; Möglichkeit der Aussprache und Affektabfuhr.

Wir haben oft Gelegenheit, in der Analyse Erwachsener die Nachwirkung von Kindheitsoperationen zu studieren. Beim männlichen Patienten ist es im allgemeinen nicht die Kastrationsangst, sondern der Kastrationswunsch, die passiv-femininen Tendenzen, die durch die Operation angeregt werden. Das Kind erlebt dann den chirurgischen Eingriff als Verführung zur Passivität, der es entweder mit verheerenden Folgen für seine Männlichkeit nachgibt oder gegen die es sich mit Hilfe einer pathologisch übersteigerten Abwehr verteidigen muß. Beide Reaktionen führen zu dauernden postoperativen abnormen Charakterveränderungen.

10 Eltern fragen oft, wie lange vor der Operation sie dem Kind Mitteilung von dem ihm Bevorstehenden machen sollen. Die Antwort ist nicht ganz leicht zu geben. Wo die Periode der Erwartung zu lang ist, nehmen die Es-Phantasien überhand, wo sie zu kurz ist, hat das Ich nicht genügend Zeit, um seine Abwehr aufzubauen.

a) Die psychische Bedeutung des Schmerzes

Kinder reagieren auf die Geschehnisse in ihrem eigenen Körper in sehr wechselnder, von Individuum zu Individuum verschiedener und für den Erwachsenen oft schwer verständlicher Weise. Was das eine Kind als heftigen, unerträglichen Schmerz erlebt, wird vom andern kaum zur Kenntnis genommen. Die analytische Untersuchung dieser auffallenden Verschiedenheiten zeigt, daß der Unterschied nicht im Schmerzerlebnis selbst liegt, sondern in dem Grad, in dem der körperliche Schmerz mit psychischer Bedeutung überlagert ist. Was immer sich in den inneren Organen ereignet oder dem Körper von außen zustößt, das Kleinkind neigt jedenfalls dazu, den peinlichen Vorfall einer äußerlichen Urheberschaft (oder ihrer verinnerlichten Imago) zuzuschreiben. Das Kind empfindet also seine Schmerzen als die Folge eines Angriffs und fühlt sich darum im Schmerz schlecht behandelt, bedroht, bestraft, verfolgt, gefährdet. Das tapfere Kind, das sich nichts aus Schmerzen macht, ist nicht wirklich weniger wehleidig als andere; es steht nur weniger unter der Herrschaft unbewußter Phantasien, die sich mit dem Schmerz verbinden. Auch heftige Schmerzen werden vom Kinde gut ertragen, solange sie nicht mit aus unbewußten Quellen stammenden Ängsten besetzt sind. Wo Angst den Schmerz steigert, wird er für das Kind zum wesentlichen Ereignis, das lange erinnert wird und gegen dessen Wiederholung es sich mit phobischen Abwehrmaßnahmen zu schützen sucht.

Je nach der psychischen Bedeutung des einzelnen Schmerzerlebnisses reagiert das Kind außer mit Angst auch mit Ärger, Wut- und Rachegefühlen, eventuell auch mit masochistischer Unterwerfung, Schuldgefühlen und depressiven Haltungen.

b) Schmerz und Angst bei Kleinkindern

Noch schwerer als im späteren Kindesalter ist es, bei der Beobachtung des ersten Lebensjahres das Mischungsverhältnis von psychologischen und physiologischen Elementen im Schmerzerlebnis richtig abzuschätzen. Auf dieser Entwicklungsstufe empfindet das Kind wahrscheinlich jede Unlustspannung als schmerzhaft, ohne viel Unterscheidung zwischen dem mehr diffusen Unbehagen und dem klar umschriebenen Schmerz, der von einer bestimmten Körperstelle oder einem Organ ausgeht. In den ersten Lebensmonaten ist die Reizschwelle niedriger als später; es braucht nicht viel, um eine Sensation der Unlust zum Trauma zu steigern. Der Beobachter muß sich ferner davor hüten, die Größe des Schocks auf Grund der Reaktion des Kindes zu beurteilen. Kinder unter dem ersten Lebensjahr reagieren auf Schmerzreize manchmal umgehend, manchmal nach verschieden

langer Pause; manchmal löst der Schmerz überhaupt keine manifeste Reaktion aus.
Die analytischen Autoren der verschiedenen Schulen sind sich nicht darüber einig, von welchem Lebensalter an das körperliche Schmerzerlebnis von psychischen Vorstellungen begleitet wird. An älteren Kleinkindern (2–3jährig) kann man beobachten, daß Impfungen, Injektionen und Höhensonnebestrahlungen fast identische psychische Reaktionen auslösen, obwohl die zwei ersteren Schmerz und Angst verursachen, die letzteren nur Angst ohne Schmerz.

c) Passive Bindungen an den Kinderarzt

Die psychische Bedeutung des Schmerzerlebnisses macht verständlich, warum viele Kinder den Arzt (und andere Personen, die ihnen Schmerzen zufügen müssen) nicht nur fürchten, sondern auch lieben. Das Schmerzerlebnis appelliert an passiv-masochistische Regungen, die im kindlichen Liebesleben eine große Rolle spielen. Die Bindung des Kindes an Arzt oder Krankenschwester ist oft am Tag nach einer schmerzhaften medizinischen Prozedur besonders stark.

d) Wehleidigkeit als diagnostischer Faktor

In der ödipalen Phase des Knaben ist die Wehleidigkeit – oder ihr Gegenteil – ein nützlicher Fingerzeig für die Differentialdiagnose zwischen echter phallischer Männlichkeit und dem exzessiv-männlichen aggressiven Benehmen, das zur Abwehr passiv-femininer Tendenzen entwickelt wird. Der echt männliche Knabe macht sich nichts aus Schmerzen, während der nur reaktiv männliche schon bei der geringsten Körperverletzung sein psychisches Gleichgewicht verliert.

IV. DIE AUSWIRKUNGEN DER KRANKHEIT

a) Libidinöse Veränderungen

Die manifesten Reaktionen des Kindes auf Krankenpflege und Diät, Schmerz und Angst sollen unser Interesse nicht von andern bedeutsamen und folgenschweren Vorgängen abziehen, die sich zur gleichen Zeit lautlos und unter der Oberfläche abspielen. Es handelt sich hier um Veränderungen in der Libidobesetzung, bedingt durch den erhöhten Libidoanspruch des kranken Körpers. Manche Mütter haben ein scharfes Auge für die äußeren Anzeichen dieser inneren Prozesse und sind imstande, aus ihnen das Herannahen einer Erkrankung zu erraten, manchmal lange ehe sich die ersten bedeutsamen körperlichen Symptome zeigen.

Kinder reagieren auf zwei verschiedene Arten auf den erhöhten Libidoanspruch ihres Körpers. Manche, die als Gesunde guten Kontakt mit ihrer Umwelt, ihrem Spielzeug, den täglichen Ereignissen haben, ziehen sich am Beginn einer Erkrankung von allem zurück und kauern matt und gelangweilt in irgendeinem Winkel.[11]

Auf der Höhe der Krankheit liegen sie bewegungslos im Bett, kehren das Gesicht an die Wand und lehnen Spielzeug, Nahrung und liebevolle Annäherungen ab. Sie machen den Eindruck von Schwerkranken, auch wenn ihnen nichts fehlt als Halsweh, Bauchweh, leichtes Fieber oder eine der gewöhnlichen Infektionskrankheiten, und jedenfalls jagen sie ihren Müttern durch die auffallende Veränderung ihres ganzen Wesens keinen geringen Schrecken ein. In Wirklichkeit ist diese Veränderung aber nicht körperlich bedingt, sondern psychisch, und man tut recht, aus ihrer Schwere auf die Schwere der Krankheit zu schließen. Das Kind zieht seine Libido von der Umwelt ab und besetzt mit ihr seinen durch die Krankheit bedürftig gewordenen Körper. Der Vorgang macht einen unheimlichen, bösartigen Eindruck, ist aber in Wirklichkeit gutartig, das heißt der Herstellung günstig.

Die Kinder eines zweiten libidinösen Typus verhalten sich aus noch unaufgeklärten Ursachen in umgekehrter Weise. Unfähig, ihrem eigenen kranken Körper die zusätzliche narzißtische Besetzung, die er verlangt, zuzuwenden, erwarten sie den Zusatz an Liebe und Aufmerksamkeit von der pflegenden Mutter und werden dadurch in einer ihrem Alter nicht mehr entsprechenden Weise anspruchsvoll, quälerisch und von der Anwesenheit der Pflegeperson abhängig. Sie verhalten sich wie Säuglinge, das heißt wie in der Lebenszeit, in der die Besetzung des kindlichen Körpers mit mütterlicher Libido der Hauptfaktor ist, der das Kind vor Schaden, Destruktion und Selbstdestruktion schützt.[12]

Der oberflächliche Beobachter sieht nur, daß die kranken Kinder des ersten Typus »anspruchslos« sind, die des zweiten »anspruchsvoll«. In beiden Fällen geht die allmähliche Gesundheit Hand in Hand mit der allmählichen Normalisierung der Libidoverteilung, allerdings nicht ohne Schwierigkeiten und Rückfälle, während deren das Kind noch nicht ganz wieder das frühere Wesen zurückgewinnt. In manchen Fällen bleibt die abnorme Libidoverteilung auch durch längere Zeit bestehen und erzeugt die oben geschilderten, nach vielen Krankheiten auftretenden, sonst unerklärten Veränderungen der Persönlichkeit.

11 Wir vergessen natürlich nicht, daß die Mattigkeit auch körperliche Ursachen hat.
12 Siehe W. Hoffer, 1950. [Lit. Verzeichnis Nr. 5]

b) Der Körper des Kindes als Eigentum der Mutter. Die Hypochondrie

Trotz aller gegenteiligen Erwartungen der Mütter sind Kinder — auch wenn sie dem Stadium des Kleinkindes längst entwachsen sind — nicht imstande, für ihren eigenen Körper zu sorgen oder ohne Überwachung die Vorschriften der Hygiene und Gesundheitspflege einzuhalten. So oft eine stolze Mutter sich rühmt, daß ihr Kind sich vor dem Essen ohne Aufforderung die Hände wäscht, können wir nachweisen, daß das betreffende Kind ein Zwangscharakter und seine scheinbar vernünftige Reinlichkeit eine zwangsneurotisch-magische Abwehr gegen phantastische Gefahren ist. Kinder, die sich selbst gegen Zugluft und Kälte schützen, tun es, weil sie Todesängste haben; wenn sie vorsichtig sind, was sie essen, hat es seinen Grund in Vergiftungsideen; wenn sie mäßig oder asketisch im Essen sind, wehren sie Schwangerschaftsphantasien ab. Normale Durchschnittskinder beobachten keine dieser Vorsichten. Sie essen mit schmutzigen Händen, überessen sich, freuen sich an grünen Äpfeln und sonstigem unreifem Obst, trotzen der Kälte und Nässe, solange die Mutter sie nicht mit Güte oder Strenge, Drohung oder Strafe davon abhält. Wenn ihrem Körper ein Schaden geschehen ist, lassen sie sich bestenfalls von der Mutter pflegen, wenn sie sich nicht auch da noch aus besten Kräften gegen die Pflege wehren. Sie benehmen sich, als wäre die Instandhaltung ihres Körpers nicht ihre Angelegenheit, sondern ausschließlich die der Mutter und beharren bei dieser Einstellung, die offenbar ein wichtiges Element der Mutter-Kind-Beziehung ist, bis zum Erwachsensein. Noch in der Pubertät, ehe der junge Mensch die volle Unabhängigkeit von den Eltern erwirbt, ist die Vernachlässigung aller Gesundheitsregeln oft ein zentraler Punkt in den erbitterten Meinungsverschiedenheiten, die sich zwischen den Halbwüchsigen und ihren Müttern abspielen.

Bei mutterlosen, verwaisten und Anstaltskindern ist der Sachverhalt ein völlig anderer. Weit entfernt davon, die Freiheit von ängstlicher mütterlicher Fürsorge zu genießen (wie wir es auf Grund der ständigen Revolte der bemutterten Kinder erwarten würden), geben mutterlose Kinder in ganz erstaunlicher Weise auf ihren eigenen Körper acht. In einer der Autorin bekannten Anstalt für Kleinkinder war es oft schwierig, ein Kind dazu zu bringen, auch bei warmem Wetter seinen Pullover oder seinen Mantel abzulegen. »Ich könnte mich erkälten«, war die Einwendung. Andere wieder verlangten und trugen gewissenhaft Überschuhe, »um keine nassen Füße zu bekommen«. Manche Kinder verfolgten ängstlich, ob sie auch lang genug schliefen, andere, ob sie auch richtig ernährt würden. Es schien, als ob alle Ängste um die Gesundheit des Kindes, die den abwesenden

Müttern zugehörten, nach der Trennung oder nach dem Verlust der mütterlichen Fürsorge von den Kindern selbst übernommen worden wären und ihr Benehmen bestimmten. In Identifizierung mit der zeitweise oder für immer verlorenen Mutter nimmt das Kind seinem Körper gegenüber ihre Stelle ein und beginnt, auf ihn acht zu geben, wie sie es in der Vergangenheit getan hat.[13]

Ein solches Verhalten der Kinder zu ihrem eigenen Körper erinnert in auffallender Weise an das Benehmen des erwachsenen Hypochonders, zu dessen Verständnis wir vielleicht von hier aus Zugang gewinnen können. Das der mütterlichen Fürsorge beraubte Kind übernimmt die Rolle der pflegenden Mutter sich selbst gegenüber und spielt »Mutter und Kind« mit seinem eigenen Körper. Der erwachsene Hypochonder, der seine Libido von der Objektwelt abzieht, um sie auf seinen Körper zu konzentrieren, handelt ähnlich. Sein mit Libido übersetzter Körper repräsentiert ihn selbst als Kind, über das sein erwachsenes Ich in der Rolle der Mutter die Obhut übernimmt. Je stärker die Identifizierung mit der liebenden Mutter und ihrer Fürsorge für ihren Säugling ist, desto höher steigert sich die Empfindlichkeit für alle Vorgänge in seinem Körperinnern. Die hypochondrische Phase, die so vielen psychotischen Erkrankungen vorangeht, entspräche somit einer Regression, das heißt der symbolischen Wiederherstellung der frühesten Körpereinheit zwischen Mutter und Kind.

V. ZUSAMMENFASSUNG

Im Anschluß an eigene und fremde Untersuchungen über das Phänomen der infantilen Trennungsangst (Folgen der Hospitalisierung usw.) setzt die Autorin sich in der vorstehenden Arbeit mit weiteren Faktoren auseinander, die bei der psychischen Reaktion des Kindes auf körperliche Erkrankung eine Rolle spielen. Die Folgen der von der Umwelt beeinflußbaren pflegerischen und ärztlichen Maßnahmen werden unterschieden von Erscheinungen, die — wie Schmerzwirkung und Libidoverschiebungen — durch den Krankheitsprozeß selbst bedingt sind. Das Verhalten verwaister Kinder, die in der Rolle der Mütter den eigenen Körper pflegen, wird verglichen mit dem des erwachsenen Hypochonders, der nach dem Libidoabzug von der Objektwelt Mutter und Kind mit seinem Körper spielt.

Rückkehrend zu den Problemen der Trennungsangst und Ho-

13 Zur Illustration das Beispiel eines sechsjährigen mutterlosen Knaben. In einer langdauernden nächtlichen Attacke von Brechdurchfall hörte man ihn zu sich selbst sagen: »Ich, mein Liebes«. Auf die Frage, was das bedeute, antwortete er: »Daß ich mich lieb habe. Man soll sich doch lieb haben, nicht wahr?«

spitalisierung, betont die Autorin noch einmal, wie schwerwiegend und gefährlich es ist, ein junges Kind gerade dann von der rechtmäßigen Besitzerin seines Körpers zu trennen, wenn dieser Körper krank, das heißt, von äußeren und inneren Gefahren bedroht ist.

Literaturhinweise

1. Bergmann, T.: Observation of Children's Reaction to Motor Restraint. Nerv. Child., IV, 1945.
2. Dubo, S.: Children with Pulmonary Tuberculosis. Am. J. Orthopsychiatry, XX, 1950.
3. Fries, M. E.: The Child's Ego Development and the Training of Adults in His Environment. The Psychoanalytic Study of the Child, II, 1946.
4. Greenacre, Ph.: Infant Reactions to Restraint, Trauma, Groth, and Personality. New York 1952.
5. Hoffer, W.: Oral Aggressiveness and Ego Development. Int. J. Psychoanalysis. XXXI, 1950 und The Yearbook of Psychoanalysis, VII, 1951.
6. Jackson, E. B.: Treatment of the Young Child in the Hospital. Am. J. Orthopsychiatry, XII, 1942.
7. Jessner, L. – S. Kaplan: Reactions of Children to Tonsillectomy and Adenoidectomy: A Preliminary Report. Problems of Infancy and Childhood, hrsg. v. M. J. E. Senn. New York 1949.
8. Levy, D. M.: Finger Sucking and Accessory Movements in Early Infancy. Psychiat., VII, 1928.
9. –: On the Problem of Movement Restraint, Tics, Stereotyped Movements, Hyperactivity. Am. J. Orthopsychiatry, XIV, 1944.
10. –:Psychic Trauma of Operations in Children. Am. J. Dis. Children, LXIX, 1945.
11. Mahler, M. S. – J. A. Luke – W. Daltroff: Clinical and Follow-up Study of the Tic Syndrome in Children. Am. J. Orthopsychiatry, XV, 1945.
12. Pearson, H. H. J.: Effect of Operative Procedures on the Emotional Life of the Child. Am. J. Dis. Children, LXII, 1941.

3. *Anna Freud:* Die psychoanalytische Psychologie der Kindheit und ihre Quellen

Die Einsicht, daß Hysteriker vor allem an ihren Erinnerungen leiden, steht am Anfang der psychoanalytischen Erkenntnis und ist ausschlaggebend für die weitere Richtung aller analytischen Forschung. Mit der Erfahrung, daß die Analyse nichts aufklären kann, außer durch Zurückführung auf früher vorgefallene psychische Vorgänge, verschiebt sich die analytische Therapie von der Gegenwart des Patienten zu seiner Vergangenheit und von den Problemen des Erwachsenen zu denen der ersten Lebensjahre. Hand in Hand mit dem Verständnis für das reife Triebleben geht auf diese Art der allmähliche Aufbau einer Vorstellung von seinen Vorstufen, d. h. ein Bild von den Phasen der infantilen Sexualität und den ersten Zusammenstößen zwischen Ich und Trieb. Als Hintergrund der psychoanalytischen Neurosenlehre entstehen so, mit ihr Schritt haltend, die infantile Sexualtheorie und, auf ihr aufgebaut, die ersten tastenden Umrisse einer psychoanalytischen Psychologie und Psychopathologie der Kindheit.

Zu Beginn der psychoanalytischen Bewegung war diese neue Sachkenntnis noch weit entfernt von jeder praktischen Verwertung. Was die Analyse zur Zeit beschäftigte, waren ganz andere Aufgaben. In der Technik der Therapie war es wichtig, den Übergang von Hypnose und Suggestion zur freien Assoziation und zur Deutung von Widerstand und Übertragung zu befestigen. In der wissenschaftlichen Arbeit war es wesentlich, das durch Deutung zutage geförderte neue Material zu ordnen. Die Aufeinanderfolge der libidinösen Entwicklungsphasen (oral, anal, phallisch), die Einzelheiten von Ödipus- und Kastrationskomplex, das regelmäßige Vorkommen einer Amnesie für die frühe Kindheit waren als Funde ausnahmslos das Ergebnis der Analyse von Erwachsenen. Was im Mittelpunkt des analytischen Interesses stand, war keineswegs eine direkte Beschäftigung mit dem Kind, sondern Rückschlüsse auf Kindererlebnisse, wie sie in der Erwachsenenanalyse gemacht werden konnten. Die Ausfüllung der Erinnerungslücken und die Aufdeckung immer neuer Einzelheiten des Entwicklungsvorgangs mit Hilfe der Rekonstruktionsmethode waren zur Zeit der Ehrgeiz jedes Analytikers.

Die Anwendung der aus der Erwachsenenanalyse gewonnenen Kenntnisse kam erst nach ein bis zwei Jahrzehnten analytischer Arbeit, in einer Ära, in der es die Analytiker aus guten Gründen drängte, sich in der praktischen Pädagogik zu versuchen. Die Analyse der erwachsenen Neurotiker hatte eine steigende Zahl von schwerwiegenden Erziehungsfehlern aufgedeckt und über ihre Rolle bei der Neurosenbildung keinen Zweifel gelassen. Unaufrichtigkeit der Eltern in sexuellen Fragen, unrealistisch hohe moralische Anforderungen, übermäßige Strenge oder übermäßige Nachsicht, unnötige Versagungen, Strafmaßnahmen, frühe Verführungen offenbarten sich als pathogene Einflüsse, denen das Kind von seiten einer unwissenden Außenwelt ausgesetzt war. Es schien keine unmögliche Aufgabe, durch Aufklärung der Erwachsenenwelt die Lage entscheidend zu verändern und eine nächste Generation von Kindern unter günstigeren Bedingungen aufzuziehen. Was den Analytikern in dieser Hinsicht als Zukunftsideal vorschwebte, war eine auf die neu erworbenen Kenntnisse gegründete »psychoanalytische Erziehung«.

Der Erfahrung nach sind Ideale dieser Art leichter aufzustellen als zu verwirklichen. Was Eltern, Lehrer und Erzieher von der Psychoanalyse erwarteten, war ein geschlossenes System von Regeln und Vorschriften. Was die Analytiker zu bieten hatten, waren Mahnungen, Warnungen, Einsichten, bestenfalls Ratschläge. Das analytische Wissen um den Entwicklungsvorgang wuchs zur Zeit langsam, von den Phasen der Triebentwicklung zu den Stufen der Objektbeziehung, von der Objektliebe zur Identifizierung und Idealbildung; von den Ichfunktionen zu den Ichapparaten; von Angst und Abwehr zur Kompromiß- und Symptombildung; von den Symptomen zurück zu den Fixierungspunkten und zur pathogenen Regression; von den Neurosen zu den Entwicklungsstörungen und Charakterabweichungen. Für den Analytiker eröffnete jeder einzelne Fund, in pädagogisches Denken und Handeln umgesetzt, eine neue Hoffnung auf Neurosenverhütung. Für die pädagogische Welt blieb es enttäuschend, daß die neue psychoanalytische Erziehungslehre nicht vollkommener war als die ihr zugrunde liegende Theorie, mit der sie Schritt halten mußte, nämlich lückenhaft, unsystematisch und in fortwährender Veränderung begriffen.

Die Umsetzung der psychoanalytischen Funde in pädagogische Vorschriften und Handlungen ging Stück für Stück vor sich, und Beispiele für sie sind nicht schwer zu finden. Viele Analysen brachten überzeugende Beweise von der traumatischen Wirkung der sogenannten »Urszene«, d. h. der Beobachtung des elterlichen Koitus, und von der sexuell stimulierenden Wirkung des Schlafens mit Vater oder Mutter; die pädagogische Folge war eine Warnung an die Eltern, ihr Sexualleben vor den Kindern zu verbergen, und schließlich die Verbannung aller Kinder, auch der jüngsten, aus dem elterlichen Schlafzimmer und elterlichen Bett. Viele intellektuelle Hemmungen entpuppten sich in der Analyse als die Folge unbefriedigter Sexualneugier in der Kindheit; wer sein Kind davor bewahren wollte, wurde angehalten, frühe sexuelle Aufklärung zu geben. Frigidität und Impotenz im erwachsenen Leben erwiesen sich als die Folgen des kindlichen Onanieverbots im speziellen und der kindlichen Sexualverdrängung im allgemeinen; analytisch aufgeklärte Eltern entwickelten daraufhin eine bisher ungeahnte Toleranz für die Äußerungen der prägenitalen, oralen, analen und phallischen Sexualität.

Der Fortschritt in der analytischen Trieblehre zur Anerkennung eines der Sexualität gleichwertigen Aggressionstriebs mahnte zur Duldung für die Äußerungen der kindlichen Ambivalenz und Aggression und erlaubte den Kindern des Bewußtwerden ihrer feindseligen Gefühle gegen Geschwister und Eltern. Besonders eindrucksvoll für jeden Kenner der Analyse war die pathogene Rolle von Angst und Schuldgefühl, und die Erzeugung einer angstfreien Atmosphäre in der Kindheit erschien damit als die beste Garantie für Neurosenverhütung. In pädagogische Vorschriften umgesetzt, hieß das die Vermeidung aller elterlichen Strenge in der Außenwelt sowie die Vermeidung aller autoritären Vorbilder für eine strenge Über-Ich-Bildung in der Innenwelt. Die analytische Theorie, die dem Ich die Vermittlerrolle zwischen den inneren Instanzen und den Außenweltsforderungen zuerkennt, sah ihrerseits die Neurosenprophylaxe in der Intaktheit des kindlichen Ichs und machte den Eltern die Stärkung der Ichfunktionen zur erzieherischen Aufgabe. Das in den letzten Jahrzehnten im Vordergrund stehende Interesse an den Entwicklungsvorgängen des ersten Lebensjahrs und der frühesten Mutter-Kind-Beziehungen gab Anlaß zu neuen und in vielen Beziehungen revolutionären Methoden in der Säuglingspflege etc.

Ein Rückblick auf das erste halbe Jahrhundert psychoanalytischer Erziehungslehre läßt keinen Zweifel an ihrem unfertigen und widerspruchsvollen Charakter. Im Ziel an die Neurosenprophylaxe gebunden, wechseln die pädagogischen Ratschläge mit den wechselnden Vorstellungen vom Ursprung der Neurosen und mit dem Vordringen der Analyse in immer tiefere und ältere Schichten der Persönlichkeit. Was psychische Gesundheit zu gewährleisten scheint, ist in historischer Aufeinanderfolge zuerst die Triebfreiheit, dann die Stärke der Ichinstanzen und Funktionen, dann wieder die Intaktheit der infantilen Liebesbeziehungen, nicht alles Ziele, die sich in Einklang miteinander bringen lassen.

Trotz mancher berechtigten Einwände gegen sie hat die auf die Psychoanalyse gegründete pädagogische Umwälzung ihre großen Erfolge zu verzeichnen. Das neue Verständnis für die Bedürfnisse der oralen Phase (Stillen nach Bedarf, allmähliches Abstillen, Vermeidung von Zwang mit Bezug auf Quantität und Qualität der Nahrung) wirkt günstig auf die Herabsetzung der späteren Eß-Störungen; die neue Toleranz für autoerotische Betätigungen (Lutschen, Masturbation) leistet das Gleiche für die Einschlafstörungen; Neuerungen in der Reinlichkeitserziehung (Verspätung, Verlangsamung, größere Nachsicht) beseitigen den in der Analität wurzelnden Eigensinn der Kleinkinder; Freiheit für Schau- und Zeigelust in der phallischen Phase steigern die Lernlust und Freude am Erfolg; Aggressionsfreiheit bringt ungehemmte Aktivität im Körperlichen und Geistigen; größere Aufrichtigkeit in sexuellen Dingen erlaubt ein bis dahin ungeahntes Vertrauensverhältnis zwischen Kindern und Eltern.

Als Kehrseite dieser Gewinne gibt es gleichzeitig auch eine Anzahl von Enttäuschungen und Mißerfolgen. Die sexuelle Aufklärung der Kinder zum Beispiel erreicht trotz aller auf sie gesetzten Hoffnungen im allgemeinen nicht das beabsichtigte Ziel. Was hier im Widerspruch miteinander steht, sind einerseits die realen Tatsachen des erwachsenen Sexuallebens, andererseits die Unreife der infantilen Sexualkonstitution. Aufgrund der letzteren fahren die Kinder fort, auch die sorgfältigsten Aufklärungen in die Sprache ihrer prägenitalen Sexualtheorien zu übersetzen (Empfängnis durch den Mund, Geburt durch den Anus, Koitus als aggressiven Angriff auf den weiblichen Partner etc.), d. h. auf Mißverständnissen zu beharren, die in der Entwicklung selbst verankert sind und erst durch spätere Reifungsvorgänge zum Verschwinden gebracht werden. Auch die Auswirkungen der Masturbationsfreiheit sind nicht nur die erwünschten. Was die neue Erlaubnis beabsichtigt hatte, war die Herabsetzung von quälenden Schuldgefühlen; was sie gleichzeitig zur Folge hat, ist ein unerwartetes Defizit auf der Seite der Moralentwicklung, wo dem Onanieabgewöhnungskampf als frühem inneren Konflikt zwischen Ich und Trieb eine entscheidende Rolle in der Charakterbildung zugefallen war. — Noch aussichtsloser ist es, Kindern die beabsichtigte Angstfreiheit zu verschaffen. Wo die Angst vor der elterlichen Strenge verschwindet, steigt die Gewissensangst; wo die Strenge des Über-Ichs sich mildert, finden die Kinder sich überwältigt von der Angst vor der eigenen Triebstärke, der sie ohne den Einspruch von äußeren oder inneren Instanzen hilflos ausgesetzt bleiben.

Im großen und ganzen bleibt also die psychoanalytische Pädagogik hinter dem Ziel zurück, das sie sich eingangs gesteckt hat. Die unter dem neuen Regime aufgewachsenen Kinder mögen in mancher Hinsicht anders sein als die Kinder früherer Generationen. Sie sind aber nicht freier von Angst und von Konflikten und darum neurotischen und anderen psychischen Störungen nicht weniger ausgesetzt. Der Fehler liegt hier nicht in einem Versagen des erzieherischen Handelns, sondern in unseren unberechtigten Erwartungen. Streng analytisches Denken sollte uns darauf vorbereiten, daß die Suche nach einer eindeutigen »Wurzel der Neurose« so unrealistisch ist wie die Hoffnung auf eine auf Erziehung gegründete Neurosenprophylaxe. Psychoanalytische Erfahrung zeigt, daß die Neurosen der Preis sind, den die Menschheit für die Kulturentwicklung zahlt. Es, Ich und Über-Ich als psychische Instanzen haben jede ihre eigene Herkunft, ihre eigenen Absichten und ihre eigenen Arbeitsmethoden. Daß sie im Widerspruch miteinander sind, ist naturgemäß und so unvermeidlich wie die Folgen, die dem Individuum in der Form von inneren Konflikten bewußt werden. Konfliktfreiheit und Einheitlichkeit der Person sind also unerfüllbare Ideale für den Kulturmenschen. Das meiste, was eine verständnisvolle Erziehung hier leisten kann, ist, dem einzelnen Kind zu Konfliktlösungen zu verhelfen, die mit einem Modikum von psychischer Gesundheit verträglich sind. Wo der innere Zwiespalt zu groß ist, bleiben pathologische Kompromißbildungen zwischen Trieb, Ich und Über-Ich trotz aller äußeren Bemühungen unvermeidlich.

Anhang

A. Quellennachweis der wiedergegebenen Arbeiten

B. Biographisches über die Autoren

C. Register

A. Quellennachweis

Karl Abraham Zur Psychogenese der Straßenangst im Kindesalter. In: K. Abraham, Psychoanalytische Studien zur Charakterbildung I, hrsg. v. Johannes Cremerius, S. Fischer, Frankfurt/M. 1969, S. 41 f.

Alice Balint Versagen und Gewähren in der Erziehung. In: Zeitschrift für psychoanalytische Pädagogik X (1936), H. 2, S. 75–83

Michael Balint Ichstärke, Ichpädagogik und »Lernen«. In: Internationale Zeitschrift für Psychoanalyse; und in: Imago XXIV (1939), S. 417–427

Steff Bornstein Unbewußtes der Eltern in der Erziehung der Kinder. In: Zeitschrift für psychoanalytische Pädagogik VIII (1934), S. 108 bis 118

John Bowlby Die Trennungsangst. Engl. Fassung in: International Journal of Psycho-Analysis XLI (1960), S. 89–113; deutsch in: Psyche XV (1961/62), S. 411–422

Erik H. Erikson Der Sohn des Bombenschützen. In: E. H. Erikson, Kindheit und Gesellschaft, E. Klett, Stuttgart 1968, S. 232–235

Anna Freud Die Rolle der körperlichen Krankheit im Seelenleben des Kindes. Engl. Fassung in: The Psychoanalytic Study of The Child, 7 (1952) S. 69–81; deutsch in: A. Freud, Einführung in die Psychoanalyse für Pädagogen, H. Huber, Bern—Stuttgart 1964, S. 61–73

Anna Freud Die psychoanalytische Psychologie der Kindheit und ihre Quellen. In: A. Freud, Wege und Irrwege der Kinderentwicklung, E. Klett, Stuttgart 1968, S. 13–32

Sigmund Freud Der Verbrecher aus Schuldbewußtsein. Aus: Einige Charaktertypen aus der psychoanalytischen Arbeit. In: S. Freud, Ges. Werke, S. Fischer, Frankfurt/M. 1960 ff., Bd. X, S. 389 ff.

Lydia Jacobs Methoden der Mütterberatung. Ein Beitrag zur Behandlung von Entwicklungsschwierigkeiten bei Kindern unter fünf Jahren. Engl. Fassung in: The Psychoanalytic Study of The Child 3/4 (1949), S. 409–422; deutsch in: Erziehung in früher Kindheit, hrsg. v. G. Bittner u. E. Schmid-Cords, R. Piper, München 1968, S. 251–270

Carl G. Jung Über Psychoanalyse beim Kinde. In: Ier Congrès international de Pédagogie, Vol. 2, Brüssel 1912, S. 332–343

Melanie Klein Eine Kinderentwicklung. Imago VII (1912), S. 251–309

Carl Müller-Braunschweig Die pädagogische grundlegende Bedeutung der Epoche der Reinlichkeitsgewöhnung und des Gehenlernens. Die Neue Erziehung 10 (1928), S. 94–98

Oskar Pfister Das Kinderspiel als Frühsymptom krankhafter Entwicklung, zugleich ein Beitrag zur Wissenschaftspsychologie. Aus: Zum Kampf um die Psychoanalyse. In: Internationale Psychoanalytische Bibliothek Nr. VIII, Wien 1920

Melitta Schmideberg Die durch die Strafe ausgelösten psychischen Vorgänge. Zeitschrift für Psychoanalytische Pädagogik V (1931), H. 8/9, S. 148–158

René A. Spitz unter Mitwirkung von *Katherine M. Wolf* Die anaklitische Depression. Eine Untersuchung der Genese psychischer Störungen in der frühen Kindheit. Engl. Fassung in: The Psychoanalytic Study of The Child 2 (1946), S. 313–342; deutsch in: Erziehung in früher Kindheit, hrsg. v. G. Bittner und E. Schmid-Cords, R. Piper, München 1968, S. 104–135

René A. Spitz Die Bedeutung der ersten Lebensjahre. In: Das Kind in unserer Zeit (Kröners Taschenausg. Bd. 262). Kröner, Stuttgart 1958, S. 23–36

Hans Zulliger Psychoanalyse und Pädagogik. In: Freud in der Gegenwart (Frankfurter Beiträge zur Soziologie, Bd. 6). Europäische Verlagsanstalt, Frankfurt/M. 1957, S. 327–339

Hans Zulliger Psychoanalyse und die Entwicklung und Erziehung des Gewissens, ebenda, S. 379–400

B. Biographisches über die Autoren

Karl Abraham (†), der erste Psychoanalytiker in Deutschland (Berlin), gilt neben Sandor Ferenczi als der bedeutendste Schüler und Mitarbeiter Sigmund Freuds. Mitbegründer des Berliner psychoanalytischen Institutes (1920). Namhafte Schüler: Helene Deutsch, Edvard Glover, Melanie Klein, Sandor Radó, Theodor Reik, Karin Horney, Ernst Simmel, Felix Boehm, Carl Müller-Braunschweig. Veröffentlichungen über die psychoanalytische Psychosentheorie (Schizophrenie u. Melancholie), psychoanalytische Charakterlehre und die Entwicklungsgeschichte der Libido. Werke: Karl Abraham, *Psychoanalytische Studien*, Ges. Werke, 2 Bde. (1968, 1971)

Alice Balint (†), Schülerin von Ferenczi und Abraham, Psychoanalytikerin in Budapest. Mit ihrem 1. Buch *Psychoanalyse der ersten Lebensjahre* (1931) erwarb sie internationale Beachtung. Es ist der erste Versuch, eine Pädagogik der ersten Lebensjahre des Kindes auf psychoanalytischer Basis zu entwickeln. Diese Pionierrolle fiel ihr vor allem deshalb zu, weil sie sich auf Grund ihrer ethnologischen Vorbildung mit der Frage der vergleichenden Erziehungslehre beschäftigt hatte.

Michael Balint (†), Psychoanalytiker in Budapest bis zur Emigration nach England. Schüler Sandor Ferenczis und Herausgeber seines Nachlasses. Heute als freipraktizierender Psychoanalytiker und als Professor (an der Tavistock Klinik) in London tätig. Von seinen vielen psychoanalytischen Schriften nenne ich: *Angstlust und Regression* (dtsch. 1960) und *Die Urformen der Liebe und die Technik der Psychoanalyse* (dtsch. 1969). Seit 1950 leitet er ein Forschungsseminar, das sich die Aufgabe gestellt hat, die psychologischen Probleme innerhalb der medizinischen Allgemeinpraxis zu studieren. Das Buch, das die gewonnenen Erfahrungen darstellte *Der Arzt, sein Patient und die Krankheit* (dtsch. 1957) machte ihn in weiten Kreisen auch außerhalb der Psychoanalyse bekannt. Seit 1957 gibt es in allen Ländern der westlichen Welt sog. Balint-Gruppen, in denen praktische Ärzte lernen, die psychologischen Probleme ihrer Patienten zu verstehen und damit therapeutisch umzugehen.

Steff Bornstein (†), verfaßte in den Jahren 1933–1937 einige sehr beachtete Arbeiten auf dem Gebiet der psychoanalytischen Pädagogik.

John Bowlby, in London lebender Psychoanalytiker, Professor an der Tavistock Klinik, arbeitet seit 1938 vor allem über psychoanalytische Kinderpsychologie und Jugendkriminalität. In Deutschland wurde er durch seinen Lehrfilm *A two – year old goes to the hospital* bekannt. 1951 verfaßte er für die Welt-Gesundheits-Organisation eine Monographie *Maternal Care and Mental Health.*

Erik H. Erikson, nach seiner psychoanalytischen Ausbildung in Wien und ersten psychoanalytischen Arbeiten über Kinderpsychologie (*Bilderbücher*, 1931, *Traumatische Konfigurationen im Spiel*, 1937) wandte er sich der psychoanalytischen Forschung von Indianerstämmen zu, um den Einfluß verschiedener Erziehungssysteme auf die Charakterstruktur des einzelnen wie des gesamten Stammes zu zeigen. Erhielt später eine Professur an der Harvard Universität, wo er heute noch lehrt. Er wurde durch Veröffentlichungen international bekannt, deren wichtigste auch ins Deutsche übersetzt sind: *Kindheit und Gesellschaft* (dtsch. 1960), *Der junge Mann Luther* (dtsch. 1962), *Identität und Lebenszyklus* (dtsch. 1966), *Einsicht und Verantwortung* (dtsch. 1968), *Jugend und Krise* (dtsch. 1970).

Anna Freud, Tochter von Sigmund Freud, floh mit ihrem Vater 1938 aus Wien nach London. Seitdem dort als Kinderpsychoanalytikerin tätig. Leitet die Hampstead Child Therapie Clinic in London, die namhafteste Ausbildungsstätte auf dem Gebiet der Psychoanalyse des Kindes in Europa. Viele Publikationen auf dem Gebiet der Theorie der Psychoanalyse und dem der Kinderpsychoanalyse. Werke (in dtsch. Sprache und im Buchhandel derzeit erhältlich): *Das Ich und die Abwehrmechanismen* (1936), *Einführung in die Psychoanalyse für Pädagogen* (1965), *Wege und Irrwege in der Kinderentwicklung* (1968). Demnächst erscheinen von ihr in der Reihe ›Conditio Humana‹ im S. Fischer Verlag: *Normales und pathologisches kindliches Verhalten; Heimatlose Kinder; Kranke Kinder* (zusammen mit Thesi Bergmann).

Sigmund Freud (†), Begründer der Psychoanalyse, lebte bis zur Emigration nach London 1938 in Wien. Die Psychoanalyse wird heute in allen Ländern, außer den Ostblockstaaten, wo sie verboten ist, praktiziert und verfügt über Ausbildungsinstitute und Forschungszentren (in Deutschland z. Z. 7). Werke: *Ges. Werke* in 18 Bde. und *Sigmund Freud Studienausgabe* in 10 Bde., beide im S. Fischer Verlag, Frankfurt am Main. Über S. Freud: *Ernest Jones, Das Leben und Werk Sigmund Freuds*, Bde. I–III, dtsch. Ausgabe Bern 1961 bis 1962.

Lydia Jacobs (†), namhafte amerikanische Psychoanalytikerin.

Carl G. Jung (†), Schweizer Psychiater. Jung ging von der Psychoanalyse Sigmund Freuds aus und entwickelte eine eigene Lehre von der psychischen Energie, von der Entwicklung der individuellen Persönlichkeit, vom kollektiven Unbewußten, vom Archetypus und den Typen der Bewußtseinseinstellung (intro – und extravertiert). Hauptwerke: *Über psychische Energetik* (1948), *Von den Wurzeln des Bewußtseins* (1954), *Symbole der Wandlung* (1952), *Ges. Werke*: Zürich 1958 ff.

Melanie Klein (†), Schülerin und Mitarbeiterin von S. Ferenczi in Budapest, entwickelte eine eigene psychoanalytische Behandlungstechnik für Kleinkinder und Kinder, die vor allem das Spiel als therapeutisches Mittel einsetzte. 1921 ging sie nach Berlin, 1926 von dort nach London. Aus ihren Kinderbeobachtungen gelangte sie zu eigenen Ansichten über gewisse Teile der psychoanalytischen Theorie, aus denen sie eine neue Behandlungstechnik auch für

Erwachsene ausbildete. Die Schule der ›Kleinianer‹, die sich um sie bildete, besonders zahlreich in England und Südamerika, hat in Deutschland kaum Anhänger gefunden. Ihr Werk ist der Erforschung der Psyche des Kleinkindes, vor allem in den von Freud weniger beachteten ersten zwei Lebensjahren gewidmet. In Deutschland erschienen von ihr: *Die Psychoanalyse des Kindes* (1932), *Das Seelenleben des Kleinkindes und andere Beiträge zur Psychoanalyse*, Hrsg. von V. H. A. Thorner (1962).

Carl Müller-Braunschweig (†), Psychoanalytiker in Berlin, Schüler von Karl Abraham und H. Sachs. Nach dem Tod Abrahams 1925 hat er das von ihm begonnene Werk der Institutionalisierung der psychoanalytischen Ausbildung forgesetzt und Ausbildungsrichtlinien entwickelt, die später für die Internationale Psychoanalytische Vereinigung verbindlich wurden. Neben Arbeiten zur Theorie und Praxis der Psychoanalyse, vor allem Arbeiten auf dem Gebiet der Kinderpsychoanalyse.

Oskar Pfister (†), Pfarrer in Zürich, war der erste, der die Bedeutung der Psychoanalyse für die Erziehung erkannte und sie an Seminarschülern erprobte. Zusammen mit E. Bleuler, dem Direktor der Universitätsnervenklinik (Burghölzli) Zürich, gründete er die Schweizer Psychoanalytische Vereinigung, in der sich Forscher von internationalem Ruf versammelten. Seine Arbeit galt, neben der Erziehung junger Menschen im Sinne der Psychoanalyse, vor allem der Verbreitung der Psychoanalyse; insbesondere bemühte er sich, sie dem Christentum verständlich zu machen. Mit Freud verband ihn eine lebenslange Freundschaft (s. seinen Briefwechsel mit Freud von 1909 bis 1939, Frankfurt 1963). Werke: *Die Frömmigkeit des Grafen Ludwig Zinsendorf* (1910), *Die psychoanalytische Methode* (1913), *Was bietet die Psychoanalyse dem Erzieher?* (1917), *Die Liebe des Kindes und ihre Fehlentwicklungen* (1922), *Die Aufgabe der Wissenschaft vom christlichen Glauben in der Gegenwart* (1923).

Melitta Schmideberg, Tochter von Melanie Klein, Psychoanalytikerin in Amerika, die noch vor ihrer Emigration deutschsprachige Aufsätze über psychoanalytische Kinderpsychologie geschrieben hat. Auf diesem Gebiet und dem der Jugendkriminalität hat sie dann später in Amerika gearbeitet.

René A. Spitz, praktizierte nach seiner Ausbildung als Kinderarzt und Psychoanalytiker in Wien in den USA, wo er am medizinischen Zentrum der Universität Colorado in Denver eine Professur für Kinderpsychologie erhielt. Die hier durchgeführten experimentellen Arbeiten über das Verhalten des Säuglings und Kleinkindes machten ihn in der ganzen Welt berühmt. Seine Bücher sind fast alle auch in deutschen Übersetzungen erschienen: *Die Entstehung der ersten Objektbeziehungen* (1957), *Nein und Ja* (1959), *Vom Säugling zum Kleinkind* (1967).

Hans Zulliger (†), Volksschullehrer in Ittingen bei Bern, wurde durch Oskar Pfister ermutigt, die Lehre Freuds in der Schulerziehung anzuwenden. Seine international beachteten und anerkannten Arbeiten sind auf diesem Gebiet führend. Werke: *Psychoanalytische Erfahrungen aus der Volksschulpraxis* (1921), *Schwierige Kinder* (1935), *Heilende Kräfte im kindlichen Spiel* (1952), *Umgang mit dem kindlichen Gewissen* (1953), *Helfen statt Strafen auch bei jugendlichen Dieben* (1956), *Die Angst unserer Kinder* (1966).

C. Register

Abfuhr 225
–, motorische 226
Abhängigkeitspsychologie 100
Ablehnung 201
– d. Schule 130
Ablösungsprozeß von d. Mutter (s. a. Mutter, Trennung von d.) 79 f.
Abraham, K. 62, 118, 164–166, 211–214
Abschreckung(s-) 103
–strafe (s. a. Strafe) 121
Abstraktion 256, 268
Abwehr 106, 115, 133, 238–240, 276, 284
–mechanismen 93, 139, 148, 214, 242, 274, 276 f.
Achtmonatsangst 218 f.
Adler, A. 215
Ärger 277
Ästhetik 99
Affekt(e) (s. a. Gefühl)
–abfuhr 276
–, Intensität d. 109
–reaktionen 216
–störung 216
»Agent provocateur« 105
Aggression(s-) [Aggressivität] (s. a. Wünsche, aggressive) 12, 40, 60, 75, 78–80, 105, 123, 128 f., 132 f., 137, 140, 142, 148, 239, 242, 275, 278, 284
–freiheit 285
–, frühinfantile 275
–lust 132
–, männliche 132, 278
–trieb 223–227, 284
Aichhorn, A. 117
Alexander, F. 103 f., 118
Alleinsein 164
Allmacht der Gedanken [Allmachtsgefühl] 25, 36–40, 48, 133
–, Abbau d. 40, 48
–, Korrektiv d. 48
Alloplastik 100
Allwissenheit der Eltern 38 f.
ambivalente Einstellung 38 f., 71, 150
Ambivalenz 116, 167 f., 241, 284
–konflikt 183
Amnesie 283
Anästhesie 276
anale Phase s. Phase, anale
Analerotik (s. a. Phase, anale; Sexualität, infantile) 35, 62, 142
anal-sadistische Tendenzen 231 f.
Analytikerinnen (s. a. Erziehung, Ziel d.) 83
Anamnese 217, 219
Angst [Furcht] (s. a. pavor nocturnus) 16 f., 47, 68–72, 82, 108 f., 111, 114–116, 123, 129, 132 f., 136, 140–142, 145, 148, 151, 154, 156, 158, 164 f., 169, 172, 175, 178, 183, 187, 189, 201, 214, 217 f., 225, 234, 239–244, 257, 262, 276, 278, 284–286
–anfälle, nächtliche s. pavor nocturnus
–auflösung 115
–, depressive 241, 245
–freiheit 286
–, Intensität d. 109
–, latente 83, 110
–neurose (s. a. Neurose) 130, 241
–, pathologische 158, 243
–schutz 110
–theorie 240 f.
–träume (s. a. pavor nocturnus) 72, 157 f., 251 f.
– vor Tieren s. Phobie; Tierphobien
– vor d. Vater 159
Animismus 173
»Anlehnungstypus« 204, 224
Anpassung(s-) 86, 103, 199–201
– an Realität 40, 104
–, soziale 88, 203
–, tierische 88
--übungen s. Realitätsanpassungsübungen
Anregung 200
Anstaltspflege 224 f.
Anstaltsroutine 227
Anstrengung 97
Anthropologie 10
Apathie 236
Aphanisis 241
Apperzeption 216
Appetitverlust (s. a. Eßstörung; Eßunlust) 208, 229, 231
Armut 269
Asepsis 222
Askese 269, 271, 274, 280
Assoziation 42, 47, 56, 158, 160, 163, 256
–, freie, s. Freie Assoziation
Astralmythos 157
Atmung 199
Aufgabe d. Erziehung s. Erziehung, Ziel d.
Aufgabe d. Psychoanalyse 122 f.
Aufklärung s. Sexualaufklärung
Auflehnung 260 f.
Aufmerksamkeit(s-) 216
–entziehung 44
–erziehung 44
Aufrichtigkeit 96
Aufschrecken aus d. Schlaf s. pavor nocturnus
Aufstauung von Reizen 241
Außenwelt (s. a Umwelt) 12, 46, 229, 261, 283, 285
–, Ablehnung d. 221
–reize s. Umweltreize
Australier 89, 107
Autismus 266
Autoplastik 100
Autorität(s-) 9, 39, 45–49, 75, 79, 116, 170, 179, 182 f., 225, 260–262, 286
–bedürftigkeit 45, 47 f.
–, elterliche 30, 38
–milderung 23–50, 78 f.

Bagatellisierung d. Straftat s. Straftat, Bagatellisierung d.
Balint, A. 12, 16, 83–91
Balint, M. 12, 16, 92–102
Bandenbildung 176
Barberino, A. da 107
Bearbeitung, sekundäre 57
Bedingter Reflex 203
Befriedigung s. Triebbefriedigung
Befriedigung d. Schuldgefühls s. Schuldgefühl, Befriedigung d.
Beherrschung s. Triebbeherrschung
Beichte 179
Bekenntniszwang s. Geständniszwang
Belehrung 103
Belohnung 103
Bender, L. 239
Benedek, T. 239
Beobachtungsperiode 66
Bergmann, T. 274
Bernfeld, S. 239
Beschneidung 151, 276
Bestrafung s. Strafe

Betrügereien 124
Bettnässen 13, 271
Bewegungsfreiheit 228 f., 273
Bewußte [Das] (s. a. Unbewußte) 47, 77, 118, 131, 182, 284
Bewußtmachung 93 f., 100 f.
Bewußtsein 116, 132, 154, 164 f., 168, 175, 183, 188, 265
Bewußtwerden 52, 186, 284
Biologie 100
Bittner, G. 17
Bleuler, E. 154, 266
Böhme, J. 269
Bornstein, S. 13, 15, 126 bis 134
Bowlby, J. 14, 234–245, 270
Brahmanismus 268 f.
Brandstiftung 124, 190 f.
Brann, L. 75
Bravheit (s. a. Schlimmheit) 104, 131
Burlingham, D. 234, 239
Buxbaum, E. 118

Carr 269
Charakter (s. a. Ich; Ichpsychologie; Persönlichkeit) 79
—bildung 51, 74, 215, 286
—entwicklung 13
—entwicklung, günstige 24
—entwicklung, ungünstige 16, 23, 51 f., 73, 81, 276, 284
Child Guidance Service 135, 152
Chirurgie 275 f.

Daltroff, W. 273
Darm 163
Dementia praecox 153
Denken (s. a. intellektuelle Entwicklung d. Kindes) 25, 40, 45, 48–50
—, begriffliches 216
—, Breitendimension d. 42 f., 56
—, folgerichtiges 42, 50, 256
—, konzentriertes 250
—, Schädigungen d. 42 f., 49, 56
—, Tiefendimension d. 42 f., 56
—, wissenschaftliches 48
Denkfreiheit 47, 49 f.
Denkhemmung, religiöse (s. a. Hemmung) 48
Denkorganisation 224
Denkprozesse, gestörte 216
Denkrichtung s. Denken, Breitendimension; Denken, Tiefendimension
Depression 208–210, 212 f., 221 f., 227–229, 233, 277
—, anaklitische 204–233
—, einfache 212
—, prä-ödipale 212
depressive Position 212 f.
Desorientierung 216
destruktive Neigungen 190
Diät 273 f., 278
Diebstahl (s. a. Einbruch) 124
Differentialdiagnose 278
Disziplin (s. a. Dressur; Gehorsam; Zucht) 91, 198
Dornröschen (s. a. Märchen) 160
Dressat-Angst 244
Dressur (s. a. Disziplin; Gehorsam; Gewaltmaßnahme) 122, 170, 172, 196, 203, 244
Drohung 52, 103, 108, 240, 277, 280
Dubo, S. 274
Dürfen 36
Dummheit 131
»Durcharbeiten« 93, 96 f.

Egoismus 171
Ehrfurcht 99
Eifersucht, ödipale 275
Einbruch (s. a. Diebstahl) 176
Einordnung, soziale 200, 202
Einsamkeit (s. a. Isolierung) 255
Einsicht 88 f.
Ejaculatio praecox 98
Ekel 74, 85, 98 f., 137, 139
Ekzem 205
Elterneinfluß 170
Elterninstanz 105, 170
Elternwechsel 27
Emanzipation 260
Empfängnis durch d. Mund (s. a. Sexualtheorien, infantile) 286
Endlust 101
Entbehrung 106
Entblößung s. Exhibition
Entfaltungsmöglichkeiten 78
Entsagung 86, 91
Enttäuschung s. Frustration
Entwicklung(s-)
— d. Denkens s. Intellektuelle Entwicklung d. Kindes
—quotient 205, 208, 210, 221, 230, 232
—schub 54, 77
—schwankungen 55
—schwierigkeiten 135–152, 284
Entwöhnung 89 f., 103, 199
Entziehung s. Versagung
Entzug von Triebkraft 42
Erbfaktoren 170, 195, 215
Erbrechen 16, 163
Erfüllung s. Triebbefriedigung
Erikson, E. H. 190–192
Erinnerungen (s. a. Gedächtnis) 282
Erinnerungsspuren 170, 182
Erkältung 205
Erkennen d. Wirklichen (s. a. Realitätsprinzip) 44
Erkenntnis, freie 50
Erlebnis d. Geburt 215
Ermahnen 101
Ernährungsschwierigkeiten s. Eßunlust; Eßstörung
Erregung 93, 97 f., 100
—, sexuelle s. Sexualerregung
Ersatz
— d. Kastration 108
—Liebesobjekt 212, 229
—mutter s. Mutterersatz
—person (s . a. Mutterersatz) 105, 236
—objekt 223, 226, 228
Erstickungsgefahr 199
Erwachsenenanalyse 51 f., 85, 283
Erwartungsangst (s. a. Angst) 244
Erzählen 57, 68
Erziehen, Befähigung zum 134
Erzieher
—, Analyse d. 83
—, nichtanalysierte 52, 126
Erziehung(s-)
—beratung 121, 129, 152
—beratungsstellen 147
—fehler 84, 283
—forderung 52, 182
—, frustrationslose 121
—hilfe 119, 121
—, ideale 86
— d. Kulturmenschen (s. a. Kultur) 90
— mit analytischem Einschlag 73
—mittel 103 f.
—nachhilfe 83
—prinzipien, bewährte 74 f.
—, psychoanalytische s. Pädagogik, psychoanalytische
—, Schädlichkeit d. 77
—, systematische 89
—, Ziel d. 83 f., 87, 91, 103, 107 f., 111, 184, 268 f., 284–287

– zum Realitätsprinzip (s. a. Realitätsprinzip) 91
– zur Reinlichkeit s. Reinlichkeitserziehung
Erzogenwerden zur Analyse 96, 101 f.
Es 11, 87, 92–94, 107 f., 166, 187, 211, 244
–funktion 98
–phantasie 276
–psychologie 100
Essensentzug 106, 110
Essensschwierigkeiten s. Eßstörungen
Eßinstinkt 137
Eßlust 55, 90
Eßstörungen 136, 138 f., 141 f., 149, 208, 271, 275, 285
Eßunlust 82, 136–138, 141, 208
Es-Triebe 223 f.
Ethik (s. a. Moral) 47, 50
Ethnologie 89 f.
Europäer 107
Exhibition [Entblößung] 252, 255, 257, 275
Exkretion(s-) (s. a. Fäkalspiel) 186
–lust 186 f., 189
Experimente 195

Fäkalspiel (s. a. Analerotik; Exkretion; Koprophilie) 207, 232 f., 271
Fairbairn, W. R. D. 239 f.
Fallbeispiele 205–207
Aethelberta 231–233
Anna O. 100
Franz Singer 112–115, 117, 120 f.
Fritz 24–41, 53–73, 75
Hektor 179–181
J. 141
Julius 249–269
Kleiner Hans 51, 81
Knabe, 4 Jahre 132
Knabe, 5 Jahre 164–166
Knabe im 1. Schuljahr 129–131
Lenz s. Fallbeispiele, Franz Singer
Mädchen, 6 Jahre 119 f.
Mädchen, 7 1/2 und 6 1/2 Jahre 127–129
Mädchen, 11 Jahre 155–164
Mrs. B. 142, 148 f.
Mrs. H. 150
Mrs. L. 140 f., 148 f., 152
Mrs. W. 137–147
Mrs. X 150
N. 137–140
Paul 177–179
R. 150
S. 141–148
Singer s. Fallbeispiele, Franz Singer
T. 150 f.
Zwillingstöchter, 10 Jahre 133 f.
falsche Scham (s. a. Scham) 24
Federn, P. 94, 118
Fehlleistungen [Fehlhandlungen] 44, 166, 178–180
Feigheit 183
Feindseligkeit 155, 201
Fenichel, O. 118, 212 f.
Ferenczi, S. 39, 42, 48, 62, 85, 96, 107, 110
Fichte, J. G. 269
Findelhaus (s. a. Krankenhaus; Säuglingsheim; Waisenhaus) 15, 197, 202, 221 f.
Fingerlutschen 231, 285
Fixierung 165, 212, 222, 284
–, orale 213, 274
Fliegen 41
Fliess, W. 238
Flucht vor d. weiblichen Geschlecht 266
Flucht vor d. Wirklichkeit 256
Förster, F. W. 268
Folgsamkeit 52
Forderung, soziale 225
Forschungsdrang [Wißtrieb] (s. a. Fragelust; Neugier, sexuelle) 24, 39, 43–45, 54–56, 74, 78
– Beschädigung d. 43
– Schädigungsursache d. 45
Fragefreiheit 74
Fragelust (s. a. Forschungsdrang; Neugier, sexuelle) 25, 31, 43, 45, 53–56, 77
Frau mit Penis 71
frei flottierende Energie 97
Freie Assoziation 96, 283
Freiheit(s-) 49 f., 59, 91, 260
–beschränkung 85
– d. Denkens s. Denkfreiheit
–, innere 42
French, Th. M. 96
Freud, A. 10, 15, 85, 96, 99, 118, 234, 270–287
Freud, S. 10–13, 17, 44, 47 f., 51, 81 f., 87, 90, 92–94, 97–99, 105 f., 110, 116–118, 121, 123 bis 125, 153 f., 158, 161, 163, 165–169, 178 f., 182–184, 211 f., 214, 223 f., 238, 241, 243 f.
Freude am Schmutz 139
Freude an Systematisierung 155
Freund, A. 56, 80
Frieden 184
Friedijung, J. 118
Fries, M. 135, 152
Frigidität 284
Fromm-Reichmann, F. 118
Frühanalyse s. Kinderanalyse
Frühlingsmythus 160
Fruchtbarkeitsmythus 160
Frustration (s. a. Versagung) 215
Führung 101, 122
Fürsorge 281
Furcht s. Angst

Geborgenheit (s. a. Sicherheit; Schutz) 213
Gebote (s. a. Verbote) 17, 50, 87, 98, 187
Geburt(s-) 53, 90, 242
–angst 241
–enfrageperiode 30, 33
–, Erlebnis d. (s. a. Geburtstrauma; Sexualaufklärung) 215
–, Symbolik d. 158
–theorien s. Sexualtheorien, infantile
–trauma (s. a. Trauma) 215, 241, 244
Gedächtnis (s. a. Erinnerung) 25, 244
–störung 216
Gedankenassoziation s. Assoziation
Gedanken, böse 133
Gefügigkeit s. Gehorsam
Gefühl(s-) (s. a. Affekte) 116, 146, 203
–ambivalenz (s. a. Ambivalenz) 167 f.
–stauung 252
Gegenübertragung (s. a. Übertragung) 118
Gehenlernen 185–190, 196
Gehorsam (s. a. Disziplin) 260, 269
Geisteskrankheit (s. a. Krankheit) 214 f.
geistige Entwicklung s. intellektuelle Entwicklung d. Kindes
geistige Unabhängigkeit 46
Geldverkehr 35
Gelehrte 49
Gemeinschaft(s-) (s. a. Gesellschaft) 171, 176
–bedürfnis 77, 176
Gemütsleiden 260
Genuß 14
–fähigkeit 91, 99
Gerechtigkeit 174
Geschenk 103
Geschlechtsakt s. Koitus
Geschwisterhaß 133
Geselligkeitsbedürfnis s. Gemeinschaftsbedürfnis

Gesellschaft (s. a. Gemeinschaft) 10–12, 14, 195, 198 f., 202 f.
—, Kampf mit d. 125
Gesprächigkeit 77
Geständnis 176
—zwang (s.a. Selbstverrat) 177–179
Gestaltsprinzipien 214
Gesundheit(s-) pflege 280
—, physische 24, 82, 187
—, seelische 84, 99, 129
Gewähren 12, 83–91, 198 f., 203
Gewaltmaßnahme (s. a. Dressur; Strafe; Züchtigung) 52, 185–187
Gewichtsverlust 208
Gewissen(s-) (s. a. Schuldbewußtsein; Schuldgefühle; Sünde; Über-Ich) 85, 105, 122, 126, 133, 166–184, 264
—angst 169 f., 173
—bisse 104
—erziehung 184
—haftigkeit 168 f.
—, Intoleranz d. (s. a. Über-Ich, Strenge d.) 105
—vorbilder 183
Gewöhnung 91, 170
Glauben an die Allmacht der Gedanken s. Allmacht der Gedanken
Gleichgewicht, seelisches 106 f., 109
Gleichgültigkeit 221, 236–238
Glücksfähigkeit (s. a. Genußfähigkeit) 91
Goldfarb 239
Gottesbegriff [Gottvorstellung] (s. a. Religion) 29–31, 47–49, 169, 183 f.
Grausamkeit (s. a. Aggression; Quältrieb; Sadismus) 184, 260
Greenacre, P. 273
Grimms Märchen 68
Groddeck, G. 103 f.
Groß, O. 42
Grübelsucht 76
Gruppenarbeit 152

Haß 104–106, 110, 133, 153
—, Überkompensierung d. 108
Heilung [Selbstheilung] 73, 223 f., 227
Heimann, P. 213
Heinicke, R. von 234
Heldenverehrung 183, 190 f.
Hemmungen (s. a. Phantasie, Hemmung d.; Widerstand) 23, 35, 44, 46 f., 49, 75–78, 124 f., 132, 169, 212, 229, 261 f., 267, 274
—, Geschichten zu hören 76
—, intellektuelle (s. a. Denkhemmung) 284
Hermann, G. 240, 242
»Herzensgüte« 79
Hetzer-Wolf-Test 224
Heuchelei 43
Hexen 173, 251, 260
Hilfsbedürftigkeit [Hilflosigkeit] 47, 195, 232, 272 f.
Höhensonnenbestrahlung 278
Höherentwicklung der Menschheit (s. a. Kultur) 50
Hoffer, W. 118
Homosexualität 69, 71, 110
—, primäre 106
Hortleiter s. Pflegepersonal
Hospitalismus [Hospitalisierung] 211, 221, 281 f.
Hug-Hellmuth, H. 51, 239
Hunger 244
Husten 155, 251
—, nervöser 117
Hygiene 121, 222, 272, 280
Hypermotilität (s. a. Motilität) 216
Hypnose 283
Hypochondrie 100, 280 f.
Hypomotilität (s. a. Motilität) 216
Hysterie 99 f., 102, 142, 145, 238, 250, 282

Ich (s. a. Körper-Ich) 11 f., 16, 39, 43, 86 f., 92 bis 102, 104 f., 109, 121, 166, 170, 181, 185–188, 211–213, 216, 223–227, 231, 256, 268, 283, 285 bis 287
—apparat 284
—entwicklung 94, 102, 185, 214, 272
—erweiterung 94, 231
—funktionen 98, 101, 166 f., 273, 284 f.
—identität 191 f.
—instanzen 285
—interessen 92
—leistung 95
—mechanismen 276
—organisation 94, 212, 215
—pädagogik 92–102
—psychologie 93, 95, 100
—, rudimentäres 223
—schrumpfung 94
—schwäche 92, 276
-stärke 92–102
—, Stärkung d. 93, 96 f., 100–102, 116, 224, 285
—veränderung 94, 102
Idealbildung (s. a. Über-Ich) 284
Identifizierung [Identifikation] 116, 146, 183, 190–192, 202–204, 253, 281, 284
Ideologie 215
Imago 71, 105, 116, 183, 226 f., 277
Impfung 278
Impotenz 284
infantile Geburtstheorien s. Geburtstheorien, infantile
infantile Sexualtheorien s. Sexualtheorien, infantile
Initialphase 236
Injektion 278
Innenwelt (s. a. Außenwelt; Realität, psychische) 285
Instanzen, psychische (s. a. Autorität; Eltern) 286
Instinkt 50, 242–244
Intellektualisierung 265 f., 268
intellektuelle Entschädigung 89
intellektuelle Entwicklung d. Kindes 23–51
Intelligenz 171, 209, 271
Interesselosigkeit s. Gleichgültigkeit
Internalisation 147
Internationale Zeitschrift für psychoanalytische Pädagogik 118
Intoleranz d. Gewissens s. Gewissen, Intoleranz d.
Introjektion(s-) 94 f., 97, 182
—, orale 213
—Phantasien 231
Inzest 124, 165
—schranke 91
—wünsche s. Wünsche, inzestuöse
Isaacs, S. 213
Isolierung (s. a. Einsamkeit; Kontaktverweigerung) 205, 242

Jacobs, L. 13, 15, 135 bis 152
»Jahrhundert des Kindes« 121
James, W. 242
Jones, E. 241
Juden 173
Jung, C. G. 16, 153–164, 215

Kachexie 222
Kannibalismus 106 f.
Kant. I. 269
Kastration(s-)
—angst 108, 110, 148, 276

–drohung 108 f.
–komplex 78, 140, 275, 283
–komplex, ontogenetische Wurzel d. 77
–phantasie 275
–, symbolische 109 f.
–wunsch 150 f., 276
Katalogisierung 256
Kataplexie 216
Katatonie 216, 222
»kategorischer Imperativ« 16, 102
Ketzer 173
Kinder
–analyse [Frühanalyse] 51–83, 85, 154, 161
–behandlung 135
–fürsorge 197
–gärten 83
–gärtnerinnen s. Pflegepersonal
–neurose (s. a. Neurose) 82, 155
–pflege 229
–pflegerinnen s. Pflegepersonal
–psyche 51
–psychotherapie 119
–träume s. Traum
–wünsche, unerfüllte (s. a. Wunsch) 129
Kindheitsängste s. Angst
Kindheitserlebnisse 126, 134
Klein, M. 12, 14–16, 103, 105, 110, 213–215, 239–242, 245, 275
Kleinmädchenangst (s. a. Angst) 132
Kleinmädchenrache 132
Können 36
Körperbedürfnisse 243
Körper-Ich (s. a. Ich) 100, 224, 230 f.
Koitus 90, 275
– als Aggression (s. a. Sexualtheorie, infantile) 286
kollektive Unbewußte [Das] 170
Kommunikation 217
Komplexe 42, 48, 78, 153 f., 158
Kompromiß[bildung] 37, 48, 63, 92, 106, 166, 284
Kondensator [Beispiel] 94 f., 97 f.
Konfabulation 216
Konfessionalität (s. a. Gottesbegriff; Religiosität) 29, 49
Konflikt(e) 268
–freiheit 286
–lösung 287
kongenitale Ausstattung 214
Kontakt, sozialer 225
Kontaktverweigerung (s. a. Isolierung; Ungeselligkeit) 204 f., 208, 219 f., 229
Konversion 100
Kopfgeburt d. Pallas (s. a. Sexualtheorien, infantile) 163
Kopfschmerzen 16, 155
Koprophagie (s. a. Fäkalspiel) 232
Koprophilie (. a. Analerotik; Exkretion; Fäkalspiel) 35
Kot s. Exkretion; Fäkalspiel; Koprophagie; Koprophilie
Kräfteverfall 222
Krankenanalyse (s. a. Erwachsenenanalyse) 84 f.
Krankenhaus (s. a. Findelhaus; Säuglingsheim; Waisenhaus) 235–237, 270–282
Krankenpflege 271–273, 278
Krankheit 14, 23
–, körperliche 223, 270, 282
–, psychische (s. a. Geisteskrankheit) 76, 223
Krieg 184
Kriminalität (s. a. Verbrechen; Verbrecher) 121
Kris, E. 239
Kultur 10, 12, 14, 17, 42, 50, 52, 78, 81, 90 f., 171, 249
–bedingtheit d. Triebversagung 90
–entwicklung 46, 74, 78, 169, 286
–güter d. Menschheit 78
–hebung 50
–neigung 52
–, westliche 199
Kummer 238

Lähmung 145, 212
Lamarck, J. B. 94
Langeweile 55, 65
Latenzphase 135
Latenzzeit 45, 147
Lebensangst 114
Lebensfreude 99
Lebenskampf 88, 91
Lehren 121
Leistungsfähigkeit 91, 187
Lern(en) 92–102, 121, 130, 133, 203
–angst 130
–begierde 60, 249
–beginn 130
–freude 97
–lust 285
–, motorisches 243
–prozeß 203, 243 f.
–störung 117
Lesenlernen 130
Levy, D. 239, 273
Libido 68, 104, 106 f., 136, 164, 169, 215, 241, 274, 278 f., 281
–abzug 281
–besetzung 278
–entwicklung 136, 276
–verschiebung 281
–verteilung 279
–, Verwandlung d. 241, 243
Liebe(s-) 12, 17, 105, 110, 172, 182–184, 188, 191, 199, 202, 214, 237, 279
–beweis 129, 170
–entzug 52, 101, 103, 106, 274
–fähigkeit 184
–hunger 250
–leben s. Sexualleben
–objekt (s. a. Objektliebe) 221 f., 224–228, 230
–objekt, Entzug d. 225 f., 229
–objekt, Ersetzung d. 228
–objekt, erstes 48, 149
–objekt, Rückkehr d. 230 f.
–objekt, Verlust d. (s. a. Objektverlust; Trennung von d. Mutter) 211 f., 220, 224, 229
–unfähigkeit 211
–verlust (s. a. Liebesobjekt, Verlust d.; Objektverlust) 110, 157, 170, 172, 211
Liebkosung 103
Lob 103
Lohn 200, 203
Lokomotion 224–226, 228 f.
Lokomotorik 192
lokomotorisches System 224
Lüge 43, 81, 142, 272
Luke, J. A. 273
Lust 85 f., 98, 105 f., 169, 185 f., 188 f.
–abfuhr 101
– am Schmutz s. Schmutzlust
–befriedigung 106
–gewinn 80
–hunger 106
–prinzip 38, 48, 87, 97
–, sexuelle 158
– Unlust-Prinzip 223
Lutschen s. Fingerlutschen
Luxation 215

Macht (s. a. Autorität) 35, 40, 45
Männlichkeit, phallische 278
Männlichkeitswünsche 131
Märchen 82 f., 157, 160
– (Grimm) 68, 70, 82

Magen (s. a. Mutterleibsphantasie; Sexualtheorie, infantile) 60, 62 f., 69, 163
Mahler, M. S. 273
manisch-depressiv 213
Masochismus 103–105, 277
Masturbation(s-) [Onanie] 78, 84, 181, 184, 205, 207, 232 f., 275, 285
–freiheit 286
–, mutuelle 158
–phantasien 141
–, Verbot d. 284
Mead, M. 90
Medizin 195, 238, 268
Melancholie 99 f., 211 f., 214 f., 222 f., 225–227, 230 f., 238
Meng, H. 118
Metaphysik 268
Milieu 192
Minderwertigkeit(s-) 42, 131
–gefühle 252, 256
Mißbildung 212
Mißtrauen 216
Mitleid [Mitgefühl] 98 f., 251
Mobilität 216
Mönchsgelübde 269
Moral (s. a. Ethik) 16, 47, 98 f., 183
–entwicklung 286
Moralisieren 101
Motilität(s-) 228
–störung 216 f.
motorische Aktivität 225, 227 f.
Müller-Braunschweig, C. 16, 185–190
Müssen 36
Mütterberatung 135–152
Musterschüler 249, 259
Mutter
–, Ablösungsprozeß von d. 79 f.
–brust 77, 199 f.
–ersatz [Ersatzmutter] 219, 226–228, 232, 237
–imago (s. a. Imago) 71, 80
–inzest (s. a. Inzest) 124
–Kind-Beziehung 120, 137, 148, 202 f., 226, 228, 235, 237, 239 f., 243, 280
–kindchen 165, 190
–leibsphantasie 33–63, 71
–sprache 202
–, Trennung von d. 79 f. 210, 219, 221 f.
–, Verlust 237
Mythologie 157, 160, 168
Mythus 162

Nachsicht 283, 285
Nachtangst s. pavor nocturnus
Nacktheit 84, 86
Nächstenliebe 184, 268
Nahrungsverweigerung s. Eßstörungen; Eßunlust
Narzißmus 13 f., 179, 279
narzißtischer Schock 213
Naschen 183
Natur 14, 169, 198
– d. Menschen 11, 50
–wissenschaften, exakte 95
Nauseasymptome 163
Neger, amerikanische 173
nervöse Leiden 24
»neuer Glaube« 50
Neugier (s. a. Forschungsdrang; Fragelust) 60, 141
–, natürliche 43
–, oberflächliche 43
–, sexuelle 52 f., 56, 143, 148, 151, 158 f., 284
–, unbewußte 31
Neurologie 153, 195
Neurose(n) (s. a. Angstneurose; Zwangsneurose) 16 f., 51–53, 73, 75, 81 f., 86, 106 f., 115, 121, 146 f., 149, 153, 156, 163 f., 166, 168, 187, 215, 249, 270, 284, 286
–bildung 283
– d. Erziehers 123
–lehre 84, 165, 283
–prophylaxe 9, 110 f., 284–286
–prophylaxe, kollektive 118
–verhütung s. Neurosenprophylaxe
Neurotiker 51 f., 86, 96, 106, 109 f., 167, 256, 283
Nichtwissenwollen 53
Nietzsche, F. 125
Normalität 212

Objekt
–beziehung 202, 284
–liebe (s. a. Liebesobjekt) 14, 239, 284
–verlust (s.a. Liebesobjekt, Verlust d.; Liebesverlust) 239 f.
–wahl (s. a. Liebesobjekt) 80, 204
–welt (s. a. Außenwelt; Realität; Umwelt) 223, 281
Odier, C. 239
Ödipus 168, 191
–komplex (s. a. Wünsche, ödipale) 63, 78, 81 f., 84, 104, 106, 108, 110, 124, 165 f., 183, 213, 215, 283
–komplex, weiblicher 120
Ökonomie 93
Offenheit 96
Onanie s. Masturbation
Operation 275
Opfer 200
Optimismus 48
orale Entbehrung 111
orale Phase s. Phase, orale
»oraler Optimismus« 89
Oralerotik (s. a. Phase, orale; Sexualität, infantile) 231
orales Beißen 231 f.
Oralität 235
Ordnung 186 f., 227
Orgasmus, Funktion d. 98

Pädagogik, psychoanalytische 10, 99, 102, 116 bis 119, 121, 123, 284 f.
Panik 173, 218, 276
Papuas 90
Paralyse, infantile 142
Paramnesie 161
Parathymie, primäre 212 f.
Partialtriebe (s. a. Triebentwicklung) 106
passiv-feminin 278
passiv-homosexuelle Einstellung (s. a. Homosexualität) 110
Passivität 273, 276
pavor nocturnus (s. a. Angst) 13, 68, 112, 119 f., 136, 140 f., 252
pedantische Ordnungsliebe (s. a. Ordnung) 187
Penismangel 151
Penisneid 144, 148, 150 f.
Persönlichkeit(s-) (s. a. Charakter; Ich; Ichpsychologie) 148, 188, 214
–störung 216 f.,
–struktur 135
–veränderung 190, 212, 228, 279
Perversion 17, 106
Pessimismus 48
Pfister, O. 13, 15, 117, 249–269
Pflege 280
–personal 119, 225, 227, 232, 279
Phallus, geflügelter 162
Phantasie (s. a. Traum; Wunsch) 34, 48, 57–61, 63, 65–67, 69–71, 76, 78, 80–82, 107 f., 114 f., 120, 132, 141–143, 147 f., 157, 161–164, 190 f., 252, 255 f., 266 f., 274, 276
–, Hemmung d. 65
–tätigkeit, gesteigerte 255
–, unbewußte 65, 275, 277
–welt 255, 265
Phantasmus 48
Phantastik 256

Phase (s. a. Sexualität, infantile)
–, anale (s. a. Analerotik) 136, 283
–, hypochondrische s. Hypochondrie
–, manische 231
–, ödipale (s. a. Ödipuskomplex) 190 f., 226, 275
–, orale 212, 214 f., 283, 285
–, phallische 276, 283, 285
Phobie (s. a. Tierphobie) 72 bis 74, 81, 102, 164 f., 276
–objekt, Bedeutung d. 114
–tier 114 f.
Plato 269
Pollution 264
Präokkupation 236
Primärangst (s. a. Angst) 240, 242–244
primäre Parathymie 212 f.
Primärvorgang 97, 101
Projektion (s. a. Schuld) 66, 94 f., 114, 149, 163, 172 f., 242
Prophylaxe (s. a. Neurosenprophylaxe) 51 f., 73, 135
Protest 127, 236–238
Prüderie 266
Psychiatrie 153, 201
psychoanalytische Erziehung s. Pädagogik, psychoanalytische
Psychologie d. Gerüchts 162
Psychologie d. Verbrechers 124 f.
Psychologie der Wissenschaft s. Wissenschaftspsychologie
Psychose 86, 96, 163, 216
psychosomatische Erkrankung 222
Pubertät 124, 262 f., 280
Pünktlichkeit 89

Quältrieb (s. a. Aggression; Grausamkeit; Sadismus) 257, 259, 261, 263

Rache 275, 277
Rank, O. 215, 241
Rationalisierung 47, 89, 125, 181, 275
Reaktion(s-) 203, 223
–bildung 79, 139, 186
–, Intensität d. 109 f.
Realgefahr 276
Realität(s-) [Wirklichkeit] 104, 108, 114, 142, 163, 199 f., 255 f., 263, 266, 275 f.
–, Absperrung von d. 265
–anpassung (s. a. Anpassung) 111
–anpassungsübungen (s. a. Anpassung) 88 f.
–prinzip 24, 34, 36 f., 39, 43, 46, 48 f., 87, 91
–prüfung 101
–, psychische (s. a. Innenwelt) 109, 111
Recht auf Schlimmheit (s. a. Schlimmheit) 103
Redl, F. 118
Regression 106, 212, 214, 231, 265, 273, 281
–, pathogene 284
Rehm, W. 17
Reich, W. 215
Reife 196, 199, 202
–, sexuelle 161
–, soziale 203
Reifung 191, 195, 197, 286
Reik, Th. 103, 118
Reinlichkeit(s-) 89 f., 99, 186 f., 227, 280
–erziehung 136, 139, 285
–gewöhnung 103, 185 bis 190, 196, 200
Reizbarkeit 274
Reizschwelle 277
Religion (s. a. Gottesbegriff) 50
Religiosität 47, 265
Remission 223
Respekt 154
Restitution(s-) 229 f.
–versuch 223
Retardierung 229
Rezidiv 162
Richtung d. Denkens s. Denken, Breitendimension d.; Denken, Tiefendimension d.
Rickman, J. 213
Rivalität mit d. Mutter 134
Riviere, J. 213
Robertson, J. 234, 270
Róheim, G. 62, 89 f.
Rosenfeld, E. 213
Rotkäppchen-Motiv (s. a. Märchen) 157
Rousseau, J. J. 104
Ruben, M. 135
Rückfälle 119
Rückkehr in d. Mutterleib (s. a. Mutterleibsphantasie) 241
Rückkehr zur Hilflosigkeit d. Kindheit (s. a. Hilfsbedürftigkeit) 272
Rücksichtnahme 172

Sachs, H. 106
Sadismus (s. a. Aggression; Grausamkeit; Quältrieb) 67, 105, 226
Säuglingsheim (s. a. Findelhaus; Krankenhaus; Waisenhaus) 204, 208, 221 f., 226 f., 229, 235–237
Samoa 90
Samurai-Kaste 122
Sanftmut 132
Sauberkeit(s-) 273
–erziehung s. Reinlichkeitserziehung
Schadenfreude 258–260, 262
Schädigung d. Denkens s. Denken, Schädigungen d.
Scham 85, 98 f., 257, 266, 272
Schaulust 185, 259 f., 264
Schicklichkeit 89
Schimpfwörter 274
Schizophrenie 213, 223
Schlaflosigkeit 205, 208, 232
Schlafstörung 271, 285
Schlimmheit (s. a. Bravheit) 103
Schmerz 110, 177, 238, 240, 244, 278
Schmid-Cords, E. 17
Schmideberg, M. 13, 15, 103–111
Schmutz 139, 148
–lust 148, 185 f., 189
Schneewittchen (s. a. Märchen) 160
Schneider, E. 117
Schnupfen 251
Schock (s. a. Schreck; Trauma) 234, 272, 277
Schrecken (s. a. pavor nocturnus) 243
Schreien 218, 242 f.,
Schüchternheit 130, 253
Schulangst 129, 130, 271
Schularbeiten 130
Schulbeginn 200
Schuld 173, 176 f.,
–bewußtsein (s. a. Gewissen; Sünde) 50, 124 f., 168 f.
–gefühls (s. a. Gewissen; Sünde) 9, 17, 103–105, 107–111, 119, 124 f., 133, 168, 174, 181, 184, 191, 264, 277, 285 f.
–gefühl, Befriedigung d. 103–105, 107, 166, 200, 204, 213
–gefühl, Verstärkung d. 109
–projektion (s. a. Projektion) 174
Schuldummheit 131
Schuleintritt 145
Schulerziehung 91
Schutz (s. a. Geborgenheit) 203, 243
Schwachsinnige (s. a. Geisteskrankheit) 170
Schweigsamkeit 76 f.
Schweizerische Gesellschaft für Psychoanalyse 117

Schwermut (s. a. Depression; Melancholie; Traurigkeit) 208, 219, 229
Scott, J. P. 213
Searl, N. 108
Seelenleben, normales 23
Sekundärtrieb 235
Sekundärvorgang 97
Selbständigkeit (s. a. Unselbständigkeit) 188 bis 190, 200
Selbstbeherrschung (s. a. Disziplin; Triebbeherrschung) 91, 198
Selbstbestrafung (s. a. Selbstverrat) 181
Selbstgefühl s. Selbstvertrauen
Selbstheilung s. Heilung
Selbstkontrolle 148
Selbstmord 223
—neigung 211
—, symbolischer 181
Selbstopfer, 115
Selbstverletzung s. Selbstzerstörung
Selbstverleugnung 274
Selbstverrat (s. a. Geständniszwang) 178, 181
Selbstvertrauen 113, 115, 271
Selbstvorwürfe 211
Selbstzerstörung (s. a. Selbstmord; Todestrieb; Todeswunsch) 181, 184, 257, 275, 279
Sexualaufklärung 16, 23—83, 134, 151, 161, 266, 284, 286
—, Widerstand gegen (s. a. Verleugnung d. Sexuellen; Widerstand) 53
Sexualerregung 98, 241
Sexualität (s. a. Sexualleben) 12, 23 f., 123, 262—267, 278, 283—286
—, infantile 23, 215, 262, 278, 283—286
Sexualleben (s. a. Sexualität) 11, 169, 262, 284
Sexualneugier s. Neugier, sexuelle
Sexualpsychologie 153, 162 f.
Sexualtheorien, infantile 62, 70 f., 161, 163, 283, 286
Sexualtheorien d. Primitiven 62
Sexualtrieb (s. a. Sexualität; Trieb) 92, 223 f.
—, Domestikation d. 123
Sexualverdrängung, kindliche (s. a. Verdrängung) 284
Sexualvorgänge (s. a. Koitus) 157
Sicherheit (s. a. Geborgenheit; Schutz) 201 f.
Sich-Versprechen (s. a. Fehlleistungen) 166
Signalangst (s. a. Angst) 243
Signal-Theorie 241
Sinneseindrücke 95
Situation, traumatische s. Trauma
Skeptizismus 48, 78
Sock, B. 197
Spannung(s-) (s. a. Triebspannung) 91
—entladung 273
—, Ertragen von 98
Spielanalyse 120
Spiel(e) [Spielen], 57, 59 f., 65—68, 72, 76, 81 f., 119, 122, 132, 192, 207, 218, 269
—, gemeinschaftspsychologische 118
—hemmung 65, 76
—lust 65
—phantasie 256
—; sexuelle 90
—, soziale 233
—unlust 54 f.
—zeug 197, 207, 211, 218 f., 231—233, 236 f., 251, 253, 279
Spielrein, S. 118
Spinoza, B. 269
Spital s. Krankenhaus
Spitz, R. A. 10, 14 f., 195—234, 239, 270, 241
Spracherwerb 202 f.
Sprachschatz s. Wortschatz
Staabs, G. v. 120
Stärcke, A. 77
Steinthal, H. 162
Sterba, E. 118
Sterben s. Tod
Sterblichkeitsquote 222
Stillzeit (s. a. Entwöhnung) 213
Störungen, seelische 85
Stolz 200
Stottern 117
Strafangst (s. a. Angst) 172, 175, 182, 184
Strafe (s. a. Dressur; Gewaltmaßnahme; Züchtigung) 12 f., 17, 84, 103—111, 125, 133, 166, 170, 172, 174 f., 178, 203, 259 f., 263, 275, 277, 280, 283
— aus Masochismus 103—105
—, Härte d. 109
—, körperliche s. Gewaltmaßnahme; Züchtigung
— d. Kollektivs 183
— milde 110
—, Wirkung d. 104
Straferwartung 172, 175
Straftat, Bagatellisierung d. 175 f.
Strampeln 161
Straßenangst (s. a. Angst) 164—166
Streit 127 f.
Strenge 105, 110, 283
»Studien über Hysterie« 102
Stupor 208, 229
Sublimierung 16, 35, 42, 52, 56, 79, 100, 186, 192
Substitution 229
Sühne 181
—wunsch, unbewußter (s. a. Geständniszwang; Selbstverrat) 178 f.
Sünde(n-) (s. a. Gewissen; Schuldbewußtsein; Schuldgefühle) 103 f., 173, 258,
—bock-Prinzip (s. a. Projektion) 172 f.
—fall 259
»süße Unschuld« 134
Suggestion 283
Suttie, J. D. 239, 242
Symbol 244
— für Frau 71
—sprache 269
Symptomarmut 217
Symptombildung 284
Szenotest (s. a. Testverfahren) 120

Tabu 167 f.
Tadel 103, 108
Tavistock-Gruppe 234
terribles simplificateurs 174
Testverfahren 217
Thomas, R. 135
Tick 117, 273
Tierphobie (s. a. Phobie) 82, 150
Tierquälerei (s. a. Grausamkeit; Quältrieb; Sadismus) 117
Tod(es-) [Sterben] 14, 41, 58, 213, 239
—angst 280
—gedanke 257
—trieb (s. a. Selbstmord; Selbstzerstörung) 239
—wunsch (s. a. Selbstmord; Selbstzerstörung) 40, 70, 165, 256, 260
Toepfer, R. 182
Topik 93
Totemismus 173
Trauer (s. a. Depression; Melancholie; Traurigkeit) 217, 221 f., 236, 238, 240
—, pathologische 211 f.
Traum (s. a. Phantasie) 47, 57—59, 63, 68—72, 155, 157 f., 160, 162 bis 164, 255, 259 f.
—arbeit 47
—inhalt 47

–, kompensatorische Bedeutung und Funktion d. 159
–phantasie 59, 63
–wunsch 166
–zensur 166
Trauma (s. a. Geburtstrauma; Schock; Schreck) 51, 76, 90, 140, 211 f., 221, 271 f., 276 f.
– d. Geburt s. Geburtstrauma
–, narzißtischer (s. a. Narzißmus) 241
Traurigkeit (s. a. Depression; Melancholie; Trauer) 208, 221, 229
Trennung(s-) 238 f.
–angst 234–245
– von d. Mutter s. Mutter, Trennung von d.
Trieb 10 f., 43, 50, 52, 86, 107, 121, 147, 166 f., 186 f., 260, 275, 283, 286 f.
–ansprüche 87, 141, 166, 187
–befriedigung 10, 13, 16, 86, 103, 106 f.,
–beherrschung 11, 87–91
–einschränkung 17, 87, 90
–entwicklung (s. a. Partialtrieb) 185, 284
–erziehung 90
–freiheit 285
–gefahr (s. a. Abwehr) 91
–glück 17, 90
–haushalt 86
–kraft 56
–leben 85, 185 f., 240, 268
–lehre 284
–lust (s. a. Lust) 189
–organisation 186
–regungen 78, 82, 91, 189, 243
–richtung 255
–schicksal 185
–spannung (s. a. Spannung) 86 f., 94
–spannung, Ertragen d. 102
–stärke 286
–umsetzung 188
–verdrängung s. Verdrängung
–versagung (s. a. Versagung) 16
–verzicht 86, 105 f., 111
–wünsche 146
–ziele 107
Trotz 47, 75, 142, 187 f., 243
Tüchtigkeit s. Leistungsfähigkeit

Übelkeit 155 f., 163
Übererotisierung 273
Überfütterung 144
Übergehorsam (s. a. Gehorsam) 187
Über-Ich 11 f., 85, 87, 92, 97–102, 104–109, 147, 169 f., 178, 181, 187 f., 211, 216, 223–227, 286 f.
–bildung 91, 99, 285
–pädagogik 99, 101 f.
–psychologie 100
–, sadistisches (s. a. Aggression; Sadismus) 226
–, Strenge d. (s. a. Gewissen, Intoleranz d.) 109, 111, 286
Überkompensierung 15 f., 108
Übertragung(s-) 79, 99, 118, 145, 283
–heilungen 119
–mechanismen 146
–verhältnis 154
Umgebung s. Umwelt
Umwelt (s. a. Außenwelt) 29, 37, 52 f., 80, 82, 92, 146 f. 184, 195, 199 f., 203–205, 208, 213–216, 219–221, 226, 228, 236, 271, 279, 281
–, Ablehnung d. 208
–reize 197 f.
Unarten 13, 133
»Unbehagen in der Kultur« (s. a. Kultur) 90
Unbeschäftigtsein (s. a. Langeweile) 55
Unbewußte [Das] 55 f., 63, 77 f., 108, 115, 118, 126–134, 148–150, 152 f., 164, 166, 169, 174, 178, 182, 184, 216, 263, 269, 275
–, kollektive s. kollektive Unbewußte
–, Mechanismen d. 152
Ungehorsam (s. a. Ungezogenheit) 142
Ungeliebtsein (s. a. Liebesverlust) 211
Ungerechtigkeit 109
Ungeselligkeit (s. a. Kontaktverweigerung) 74, 76
Ungezogenheit (s. a. Ungehorsam) 260
Unlust (s. a. Lust) 104 f., 107 f., 110, 186, 189, 259, 277
–überwindung 39
Unordnung (s. a. Ordnung) 138, 187
Unschuld 134
Unselbständigkeit (s. a. Selbständigkeit) 47, 188
Unsicherheit 162
Unternehmungslust 48
Unterschied d. Geschlechter s. Sexualaufklärung
Unterwerfung 46 f., 277
Unwissenschaftlichkeit, Vorwurf d. 164
Urszene 284
Utopie 50
Utopismus 48

Vater-Imago 115
Vaterleibsphantasie 71
Vatermord (s. a. Ödipuskomplex) 124
»Vater- und Mutterhypnose« 110
Verachtung alles Weiblichen 122
Verbote (s. a. Gebote) 17, 43, 87, 146, 200
Verbrechen, kollektiv begangenes 176
Verbrechen (s. a. Kriminalität 124 f.
Verdrängtes, Ertragenlernen d. 101
Verdrängung(s-) 23 f., 33, 43–46, 50, 52 f., 56, 65, 79, 83, 101, 105–109, 111, 126, 133, 165, 169, 186, 243, 256, 267-269
– der Intellektualität 56
–neigung 33, 39, 42, 46, 55
–neigung, Überwindung d. 39
Verfolgungsangst 242, 245
Verführung 283
Vergewaltigungsphantasie 275
Verhalten(s-)
–forschung 195
–muster 148
–, puritanisches 84
–, soziales 143
–störungen 136
Verheimlichung d. Sexuellen 43
Verlangsamung d. Bewegungen 208
Verlassenheitsangst 238
Verleugnung d. Sexuellen (s. a. Sexualaufklärung, Widerstand gegen) 45
Verminderung d. Autorität s. Autoritätsminderung
Vernachlässigen d. formalen Disziplin (s. a. Disziplin) 91
Versagung 12, 16, 83–91, 105–107, 109, 198 bis 202, 213, 274, 283
–, aktuelle 103
–, reale 106
Verschiebung 100
Versöhnungsszene 129
Verständnislosigkeit d. Mutter 129
Verstöße 98
Verstopfung 141–146, 150

Verstümmelung (s. a. Selbstzerstörung) 275
»Versuch und Irrtum« (s. a. Lernen) 203
Versuchung 172, 183, 264
Vertrauen 237
Verwahrlosung 121
Verwerfung 168 f.
Verwirrung, geistige 216
Verwöhnung 16
Verzicht(s-) (s. a. Versagung) 171, 199
— auf primitive Wünsche 106
— auf Triebbefriedigung 103
—leistungen, frühkindliche 185
Verzweiflung 236—238, 250
Vorbeugung 229
Vorbild s. Imago
Vorlust 101
Vorpubertät (s. a. Pubertät) 124
Vorschulpflichtige 147 f., 151

Wahn 216, 265
Wahrheit(s-) 81
—drang 34
Wahrnehmung(s-) 214, 216
—, bewußte 195
—fähigkeit 198
—, innere 168
Waisenhaus (s. a. Findelhaus; Krankenhaus; Säuglingsheim) 197
Wandel im sozialen Verhalten (s. a. Verhalten, soziales) 143
Watson, J. B. 214
Wechsel von Strenge und Freundlichkeit (s. a. Strenge) 110
Wegner, A. T. 108
Wehleidigkeit (s. a. Weinerlichkeit) 278
Weinen 218 f., 229
Weinerlichkeit 204—206, 208, 232, 236, 253
Weltschmerz 251
West Sussex Child Guidance Service 152
Widerstand (s. a. Sexualaufklärung, Widerstand gegen) 46, 51—83, 90, 93, 97 f., 130, 147, 154, 156, 162, 283
Widerwillen (s. a. Ekel) 201
Wiedervereinigung mit d. Mutter 207, 220 f., 239
Wilde 168
Winnicott, D. W. 213
Wirklichkeit s. Realität
Wißbegierde s. Forschungsdrang
Wissen 168
—schaftspsychologie 249 bis 269
Wißtrieb s. Forschungsdrang
Wohlbehagen 242
Wolf, K. M. 157 f., 204 bis 234
Wollen 36, 165, 168
Wortschatz 203
Wünsche (s. a. Phantasien) 34, 37 f., 43, 48, 71, 78, 81, 106, 133 f., 159, 165 f., 168 f., 172, 198, 203, 264, 266, 272
—, aggressive 66, 148
—, auf d. Mutter gerichtete (s. a. Ödipuskomplex; Wünsche, ödipale) 67
—, Aussprechen d. 81
—, exhibitionistische 275
—, inzestuöse (s. a. Inzest) 79, 165
—, kannibalistische (s. a. Kannibalismus) 106
—, latente 107
—, ödipale (s. a. Ödipuskomplex) 141, 148
—, verschüttete 107
Wunderkind 201
Wunschphantasie (s. a. Phantasie) 162
Wunschwelt s. Phantasiewelt
»Wurzel d. Neurose« (s. a. Neurose) 286
Wutausbrüche (s. a. Zornausbrüche) 271, 274, 277

Zahlenbegriff 130
Zartheit 131
Zeigelust (s. a. Schaulust) 285
Zeitbegriff 27
Zerstreutheit 55, 75 f.
Zeugung, Symbolik d. (s. a. Sexualtheorien, infantile) 158
Ziel d. analytischen Therapie 94
Zivilisation (s. a. Kultur) 23
Zölibat 269
Zornausbrüche (s. a. Wutausbrüche) 214, 274
Zucht 198
Züchtigung (s. a. Dressur; Gewaltmaßnahme; Strafe;) 103, 106, 116, 260
Zufall 178
Zulliger, H. 10, 13, 15, 112—123, 166—184
Zuneigung s. Liebe
»Zur-Analyse-Erziehen« s. Erzogenwerden zur Analyse
Zwang(s-) 157
—charakter 280
—, fremder 129
—fütterung 272
—haftigkeit 65, 79
—mechanismus 265
—neurose (s. a. Neurose) 99 f., 168 f., 187, 223, 280
—ritual 223
—system 223
Zweifel 162